Wachstum – Krise und Kritik

Der Arbeitskreis entstand aus einer Diskussionsgruppe im Kontext des Jenaer DFG-Forschungskollegs Postwachstumsgesellschaften. Zu ihm gehören: *Thomas Barth, Ulf Bohmann, Stefanie Graefe, Stephan Lorenz, Jörg Oberthür, Tilman Reitz, Stefan Schmalz* und *Peter Schulz*.

AK Postwachstum (Hg.)

Wachstum – Krise und Kritik

Die Grenzen der kapitalistisch-industriellen Lebensweise

Campus Verlag
Frankfurt/New York

ISBN 978-3-593-50652-4   Print
ISBN 978-3-593-43471-1   E-Book (PDF)

Umschlaggestaltung: Campus Verlag GmbH, Frankfurt am Main
Gesetzt aus: Garamond
Druck und Bindung: CPI buchbücher.de, Birkach
Gedruckt auf Papier aus zertifizierten Rohstoffen (FSC/PEFC).
Printed in Germany

www.campus.de

Inhalt

III. Entwürfe der Postwachstumsgesellschaft

IV. Akteure der Transformation

V. Degrowth und Demokratie

Einleitung:
Wachstum – Krise und Kritik

AK Postwachstum

Der Ausgangspunkt für den vorliegenden Band liegt gewissermaßen mehr als vier Jahrzehnte zurück: Zum einen begann in den 1970er Jahren, prominent angestoßen durch den 1972 veröffentlichten Bericht an den Club of Rome zu den *Grenzen des Wachstums*, eine ökologisch orientierte wachstumskritische Diskussion. Zum andern geriet die Weltwirtschaft in eine veritable Wachstumskrise, die rückblickend oft als »Krise des Fordismus« begriffen wurde. Schon ab Mitte der 1970er Jahre bezogen wachstumskritische Analysen wie die von Hans-Christoph Binswanger, E. F. Schumacher und André Gorz die ökonomische Krise und die politischen Antworten darauf in ihre Argumentation ein. Ein Zurück zum Wachstum erschien ihnen weder ökologisch noch gesellschaftlich wünschenswert (und teilweise auch ökonomisch verfehlt). In den vorherrschenden Krisenanalysen und Krisenbewältigungsstrategien spielten ökologische Grenzen allerdings keine nennenswerte Rolle. Stattdessen setzten sich ab Ende des Jahrzehnts in den frühindustrialisierten kapitalistischen Ländern neue ökonomische und politische Strategien durch, die für die abhängig Beschäftigten massive materielle Einbußen und Verluste von Organisationsmacht bedeuteten, während sie zugleich eine extreme Umverteilung nach oben, die Herausbildung einer globalen Finanzmarktelite sowie einen folgenschweren Umbau des Sozialstaats beförderten. Diese »neoliberale« Konstellation ist zunehmend in die Kritik geraten – von den globalisierungskritischen Protesten in Seattle oder Genua bis zu vielfältigen sozialwissenschaftlichen Analysen marktliberaler Politik und ihrer sozialen, ideologischen und ökonomischen Auswirkungen. Dabei ist seit einiger Zeit eine Wendung erkennbar, die den Impuls der 1970er Jahre in veränderter Weise fortführt: Die Kritik sozialer Ungleichheit und alternativloser Märkte verbindet sich mit ökologisch motivierter Wachstumskritik, und die letztere bewegt sich zunehmend im Horizont der Vermutung, dass das ökonomische Wachstum an seine geschichtlichen Grenzen stößt.

Möglich wurde diese Wendung erstens, weil sich die politischen Problemwahrnehmungen verschoben haben. Die Ökobewegungen verschafften ökologischen Fragen seit den 1970er Jahren steigende gesellschaftliche Anerkennung, was sich nicht zuletzt in einer breiten Institutionalisierung der Thematik zeigt. Nichtsdestotrotz spitzen sich in globalen Entwicklungen wie Klimawandel, Biodiversitätsverlusten oder der Gefährdung der Meere die ökologischen Probleme zu. Entsprechend gab und gibt es immer neue Anlässe für Mobilisierung und Protest, von der Anti-Atom-Bewegung über Stuttgart 21 bis zur geforderten Agrarwende. Die ökologische *Wachstums*kritik war allerdings früh zugunsten von Lösungs- und Konsenssuche in den Hintergrund getreten. Nach Überlegungen zu ›qualitativem Wachstum‹ und ›ökologischer Modernisierung‹ versprach seit Ende der 1980er Jahre die Idee ›nachhaltiger Entwicklung‹ eine Ökologie, Ökonomie und Soziales versöhnende Perspektive, sogar im globalen Maßstab. Faktisch dominiert das Bestreben, Konflikte mit ökonomischen Ansprüchen zu vermeiden, gepaart mit der Hoffnung auf technologische Lösungen. Die erneuerte Wachstumskritik macht deutlich, dass man an den Versprechen der Nachhaltigkeit nur festhalten kann, wenn man über solche Rücksichten hinausgeht.

Sie trifft zweitens auf eine veränderte ökonomische Situation. Während die Wirtschafts- und Finanzkrise von 2008 plastisch gezeigt hat, dass die wachstumsgenerierenden Potenziale neoliberaler (Wirtschafts-)Politik grundsätzlich erschöpft sind, hat sich parallel, zunächst vor allem in Südeuropa, eine neue politische Bewegung gegen den ökologisch wie sozial destruktiven Wachstumsimperativ formiert. Auch sachlich bestehen zwischen der »säkularen Stagnation« der Gegenwart und der Degrowth-Bewegung offenkundige Verbindungen. Letztere hat wesentlich dazu beigetragen, den vermeintlich zwingenden Zusammenhang von Wachstum und Wohlstand in Frage zu stellen. Zugleich betonen heute viele, die kapitalistische Zwänge, Ausbeutungs- und Zerstörungsprozesse kritisieren, die zunehmend scheiternde Expansionslogik des Systems und suchen Alternativen jenseits des Wachstums.

Analysen und Diagnosen zur ökonomischen und ökologischen Krise können sich vor diesem Hintergrund heute mehr als je zuvor wechselseitig befruchten. Zugleich erneuert sich aber auch der Konflikt zwischen Kritikformen, die entweder die ökologischen Grenzen des Wachstums oder die fatalen sozialen Effekte seines Ausbleibens betonen. Auf der einen Seite neigt man weiterhin dazu, die Opfer von Stagnations- und Schrumpfungssituationen (wie etwa in Südeuropa) zu übersehen, auf der anderen Seite tut man sich weiterhin schwer, soziale Umverteilung ohne Wachstum zu denken. Der überstrapazierte Begriff der Krise erhält so einen plausiblen Sinn: Er benennt eine Notlage, aus der keine bereits erprobten Wege herausführen. Der vorliegende Band erörtert, wie es unter diesen Voraussetzungen mit der Kritik steht. Ist eine Wachstumskritik möglich, die konsequent soziale mit ökologischen Erwägungen verbindet und nicht von kapitalistischen Zwängen schweigt; sind sozial engagierte Stagnationsanalysen möglich, die nicht einfach auf produktivistische Gegenrezepte hinauslaufen?

Wir haben zu diesen Fragen ›rote‹ und ›grüne‹ Wachstumskritiken und Analysen der jüngsten Wachstumskrise zusammengebracht, die bereit sind, ihre unterschiedlichen Perspektiven aufeinander zu beziehen. Arrangiert sind sie nach Grundfragen, die wir für elementar und – nicht zuletzt aufgrund der Spaltungen im kritischen Feld – für noch nicht zufriedenstellend beantwortet halten.

Uns interessiert *erstens*, inwiefern die Dynamik destruktiven Wirtschaftswachstums mit unablässig wachsendem Ressourcenverbrauch genuin kapitalistisch bedingt ist oder als Folge allgemeiner industriegesellschaftlicher Weichenstellungen verstanden werden muss. Auch der Staatssozialismus war ja wachstumsorientiert und umweltzerstörend. In ökologischer Hinsicht können daher (wie Stephan Lorenz im ersten Beitrag des Bands hervorhebt) industrielle, nicht kapitalistische Wachstumsdynamiken als primär angesehen werden. Gleichzeitig scheinen aber (wie Thomas Barth und Tilman Reitz dagegen argumentieren) Profitakkumulation und ökologische Indifferenz derart grundlegend für kapitalistisches Wirtschaften zu sein, dass sie ökologisch-sozialer Politik enge Grenzen setzen. In der nach 1989 unverkennbar kapitalistisch gewordenen Weltwirtschaft stellt sich *zweitens* besonders die Frage, ob ein allgemeiner Stagnationstrend erkennbar oder sogar unvermeidlich ist. Eine Antwort (die Karl-Georg Zinn vertritt) lautet, dass Kapitalismus ohne Wachstum möglich und aus keynesianischer Sicht sogar längerfristig unausweichlich ist; die Alternativen bestehen dann wesentlich darin, ob das stagnierende Gesamtprodukt zunehmend »neo-feudal« nach oben verteilt wird oder ob man durch öffentliche Kontrolle solidarisch mit nicht mehr wachsenden Erträgen haushaltet. Das Stagnationsszenario könnte allerdings (wie Ulrich Brand und Stefan Schmalz darlegen) irrtümlich eine nordwestliche Perspektive verallgemeinern. Trotz der Krise von 2008 hat sich in China, Indien und anderen Ländern des globalen Südens ein Wachstumstrend durchgehalten. Generell fragt sich ökonomisch, ökologisch und sozial vor allem, welche Weltteile auf wessen Kosten weiterhin zunehmend Arbeit einsetzen, Ressourcen verbrauchen und Güter verteilen können. Weitere Differenzierungen der Frage, wo und weshalb Stagnation droht, wären nötig. Besonders die Wachstumsprobleme in der notorisch nur begrenzt rationalisierbaren Sorgearbeit, die sich zunehmend aus dem Bereich unbezahlter weiblicher Hausarbeit in unterbezahlte, vorwiegend von Frauen ausgeübte Care-Berufe verlagert (ein in unserem Band durch Friederike Habermann angesprochenes Feld, s.u.), verdiente weitere Analysen.

Die ökonomische und die ökologische Krise lassen sich unter dem Titel »Degrowth by Disaster« zusammenfassen. Will man dagegen geplantes, vernünftiges Postwachstum bzw. »Degrowth by Design« setzen, sind nicht mehr diametrale Gegensätze, sondern verschieden angelegte Alternativen zu diskutieren. Unsere *dritte* Frage lautet, welche prinzipiellen Optionen für solche Entwürfe offen stehen. Eine Möglichkeit, die zwischen Vorschlägen qualitativen Wachstums und gezielter Wachstumsreduktion liegt, wäre ein Ausbau der weniger ressourcenintensiven Dienstleistungen, der sich (wie Norbert Reuter argumentiert) zudem in die Trends der Tertiarisierung und der allgemeinen Wachstumsabflachung einfügen würde. Vonnöten wäre dazu (ebenso wie im bei Zinn skizzierten positiven Szenario) eine deutlich erhöhte Staatsquote. Eine radikalere Möglichkeit bestünde darin, in allen Bereichen des Wirtschaftens auf Degrowth umzustellen, weil *keine* Branche ressourcenneutral wachsen kann und von jeder neu erzeugten Kaufkraft wieder ökologisch und menschlich schädliche Güter erworben werden. Für eine solche Version wäre (wie Niko Paech darlegt) ein Ausbau von lokaler Subsistenzproduktion, Reparaturarbeit und gegenseitigen Hilfeleistungen auf Kosten arbeitsteiliger, industrieller Massenproduktion nötig. Weniger Technik bedeutet allerdings mehr Arbeit. Eine neue, nicht auf Wachstum angelegte Konvivialität könnte (wie Jörg Oberthür und Peter Schulz ausführen) gerade auch technische Infrastrukturen und Artefakte einbeziehen.

Wie immer man die zu erreichende Postwachstumsgesellschaft beschreibt, ein geplanter statt desaströser Übergang zu ihr steht derzeit nur bei wenigen politischen Kräften auf dem Programm. Unsere *vierte* Frage lautet daher, wie eine Transformation von der Wachstumsgesellschaft zur Postwachstumsgesellschaft ermöglicht und begonnen werden kann. Dafür sollten zunächst die Akteure der Postwachstumsbewegung unter die Lupe genommen werden – wozu in Deutschland zuletzt die Leipziger Degrowth-Konferenz im Herbst 2014 die Gelegenheit bot. Eine (von Matthias Schmelzer ausgewertete) Erhebung von Hintergründen und Perspektiven der Teilnehmenden erlaubt die vorsichtige Hoffnung, dass hier wirklich eine soziale

Bewegung entstehen könnte, deren Mitglieder keine isolierte ökologische Sekte bilden: Neben traditionell ökologisch orientierten Beteiligten stehen moderne, urbane Reformerinnen und sozialistisch Engagierte sowie eine größere Gruppe herrschaftskritischer Teilnehmender, die zwischen den anderen Gruppen vermitteln. Von dieser Vielfalt und vom praktischen Engagement der Beteiligten lässt sich auch erhoffen, dass bereits im Hier und Jetzt Weisen des Wirtschaftens erreichbar sind, die mit Wachstumszielen und der Logik der Profitakkumulation brechen. Wie im Feminismus muss man (so Friederike Habermann in ihrem Beitrag) vielleicht auch im Antikapitalismus und in der Degrowth-Bewegung nicht auf die große Revolution warten, um die kritisierten Verhältnisse umzuwälzen. Vielmehr fordern die allgegenwärtigen Erfordernisse des Sorgens und Teilens, die in der Profitökonomie nur notdürftig und krisenhaft organisierbar sind, freiwillige Kooperation geradezu heraus. Diese Kooperation erweist sich bei genauerer Betrachtung der fraglichen Güter und Leistungen – in Erziehung, Bildung, Pflege, kollektiver Güternutzung, der Kultivierung von Infrastrukturen und Lebensgrundlagen – zumindest häufig als die angemessene Form. Dennoch sind die Hoffnungen, die man realistisch in eine massenhafte spontane Degrowth-Praxis setzen kann, begrenzt. Das könnte nicht allein an den Zwängen ökonomischer Konkurrenz liegen, die den Alltag der allermeisten Menschen durchziehen. Vielmehr erscheint Wachstum (wie Stefanie Graefe darstellt) heutigen Subjekten in vielfacher Weise als Horizont ihrer Selbstentfaltung; die mehr oder weniger explizite Annahme, dass »wir« ohne ausgedehnte Konsummöglichkeiten und affektiv besetzte Arbeit freier und glücklicher wären, lässt sich kaum aufrechterhalten.

Wenn Postwachstum zwar erforderlich ist, aber weder von den führenden Parteien gewollt noch von größeren gesellschaftlichen Gruppen gewünscht wird, stellt sich schließlich *fünftens* die Demokratiefrage. Man kann (wie Silke van Dyk zeigt) in Teilen der Degrowth-Bewegung eine lokalistische und antistaatliche Haltung erkennen, die mit den Nachteilen auch die Vorteile anonymisierter, verallgemeinerter sozialer Rechte und Verwaltungsformen aufgeben will. An die Stelle eines Anspruchs auf Sozialleistungen könnte dann wieder die Abhängigkeit von der Familie und anderen Gemeinschaftsinstanzen treten. Umgekehrt kann man (mit Bernd Sommer) überlegen, ob ein Abbau funktionaler Differenzierung – also eine verringerte Eigendynamik von Wirtschaft, Recht, Wissenschaft usw. – nicht die Voraussetzung für den Eintritt in eine Postwachstumsgesellschaft wäre. Im besten Fall könnte das bedeuten, demokratisch zu kontrollieren, was zuvor systemisch verselbstständigt war. Eine allgemeine Erkundung der Frage, was das spezifisch Demokratische an der Postwachstumsbewegung sein könnte (die hier Ulf Bohmann und Barbara Muraca unternehmen), zeigt die Neigung zu einer ambitionierteren, experimentelleren Demokratievorstellung. Sie wird im Beitrag auch mit Konzeptionen der »radikalen Demokratie« ins Gespräch gebracht, die auf eine Unterbrechung institutioneller Regelungen setzen. Die Schlussfolgerung ist, dass eine Transformation zur Postwachstumsgesellschaft nicht nur demokratisch organisiert werden sollte, sondern zugleich auch eine Transformation der gegenwärtigen Demokratie selbst bedeutet.

Die an der Entstehung dieses Sammelbandes beteiligten Personen haben in wechselnden Kontexten und seit mehreren Jahren intensiv über die Krise(n) wachstumsbasierter Gegenwartsgesellschaften und mögliche Alternativen diskutiert. Am Beginn stand der kritische Blick auf verschiedene Triebkräfte, Prozesse und Wirkungen des globalen Kapitalismus, deren Zusammenspiel sich später für die Analyse von Wachstumsregimen und ihrer Grenzen als zentral erwiesen hat. Eine wichtige Zäsur stellt dabei zunächst die Krise der Jahre 2007 und 2008 dar, die sich inzwischen als Ausgangspunkt einer Reihe weltweiter ökonomischer Verwerfungen begreifen lässt. Vor diesem Hintergrund konnten auch die Verhandlungen des 2008 in Jena veranstalteten Kongresses der Deutschen Gesellschaft für Soziologie unter dem Titel *Unsichere Zeiten* beanspruchen, für eine breite Öffentlichkeit Antworten zu suchen – und offenbarten vor allem immensen Klärungsbedarf: Während Beobachtungen und Analysen übereinstimmend eine ›Krise des Kapitalismus‹ festzustellen schienen, bestand und besteht selbst in der Fachgemeinschaft weder Einigkeit über die wesentlichen Merkmale des Kapitalismus noch darüber, wie sich eine ›echte‹ Krise definiert, ganz zu schweigen davon, wie sie angemessen zu erklären und zu bewerten wäre – es genügt ein Blick auf den damaligen Pressespiegel, um das zu bestätigen.

Wie soll man auch einen ›Kapitalismus‹ beschreiben, analysieren und wissenschaftlich kritisieren, zu dessen zentralen Merkmalen permanente Wandlungsfähigkeit gehört und der sich zumindest *prima facie* gerade durch die Krisen, die er induziert, stetig erneuert? Und wie ist seine Beziehung zu den Subjekten zu begreifen, die er in dieser Dynamik zugleich aktiviert und überfordert? Einen wesentlichen Klärungsimpuls haben Klaus Dörre, Stephan Lessenich und Hartmut Rosa mit ihrem Buch *Soziologie – Kapitalismus – Kritik* (Frankfurt/M. 2009) gegeben. Mit der aus verschiedenen Perspektiven entfalteten kritischen Analyse der *Wachstumslogik* kapitalistischer Akkumulationsregime sowie mit ihrem Bezug auf *innere und äußere Wachstumsgrenzen* legten sie zugleich einen Grundstein für die spätere, 2011 in Jena eingerichtete DFG-Kollegforschungsgruppe *Landnahme, Beschleunigung, Aktivierung. Dynamik und (De-)Stabilisierung moderner Wachstumsgesellschaften.* In diesem Kolleg kam auch explizit das Thema hinzu, das der vorliegende Sammelband gleichgewichtig mit dem ökonomischen diskutiert: die ökologischen Grenzen des Wachstums und die ökologisch motivierte Degrowth-Bewegung.

Viele Beteiligte des vorliegenden Sammelbands konnten sich im Zuge der geschilderten Entwicklungen frühzeitig mit eigenen Beiträgen zur neuen Kapitalismusdebatte positionieren (namentlich im Rahmen des Bands *Grenzverschiebungen des Kapitalismus*, Frankfurt/M./New York 2010), und mit dem Start der Kollegforschungsgruppe entstand vor diesem Hintergrund eine »interne«, am Jenaer Institut für Soziologie angesiedelte »Themengruppe«, die die Arbeit des Kollegs seither in unterschiedlichen Formaten begleitet. Durch ihre Arbeitsweise wird den Besonderheiten des (weder rein wissenschaftlichen noch bloß politischen) Gegenstands sachlich und in der Form der Diskussion Rechnung getragen: Ziel der gemeinsamen Arbeit ist es, ein breites Spektrum themenbezogener Positionen – auch solcher, die bislang möglicherweise randständig sind – aufeinander zu beziehen und hierbei zugleich Akzente zu setzen, die sich aus der eigenen Forschung herleiten. Dass eine kritische und kritikoffene Debatte möglich und machbar ist, konnten wir gemeinsam mit den Autorinnen und Autoren des Bandes während zweier Workshops in den Jahren 2013 und 2014 erfahren, die wir zu den Themen »Wachstumszwänge im Kapitalismus« und »Entwürfe der Postwachstumsgesellschaft« in Jena durchführten. Der Band präsentiert zentrale Ergebnisse dieser Veranstaltungen sowie daran anschließende Überlegungen. Wir hoffen, damit zu neuen Dialogrunden in einer Kontroverse beizutragen, die fast zwangsläufig weiter an Bedeutung gewinnen wird.

Über die Jahre haben viele Personen in wechselnden Konstellationen an der Jenaer Themengruppe mitgewirkt, mitdiskutiert und mitorganisiert. Aus ihrer Mitte entstand der *Arbeitskreis Postwachstum*, der als Kollektivherausgeber des vorliegenden Bandes fungiert. Die redaktionelle Betreuung wurde von Thomas Barth, Ulf Bohmann, Stefanie Graefe, Stephan Lorenz, Jörg Oberthür, Tilman Reitz, Stefan Schmalz und Peter Schulz übernommen. Für Hilfe bei der Manuskripterstellung danken wir insbesondere Anna Mehlis und auch Ramona Schmidt.

I. Kapitalismus oder Industriegesellschaft

Wachstumskritiken – ökologisch und sozial

Stephan Lorenz[1]

Vor drei Jahrzehnten sorgte Ulrich Beck mit seiner Formel:»Not ist hierarchisch, Smog ist demokratisch« (1986: 48) für Unruhe in der zeitdiagnostischen Soziologie. Dass ökologische Probleme nun alle betreffen, während elementare soziale Not in Zeiten des»Fahrstuhleffekts« als weniger dringlich erscheinen sollte, provozierte vor allem die Ungleichheitsforschung. Becks Aufwertung des Ökologiethemas folgte einem wachstumskritischen Impuls: Angesichts der existenziellen ökologischen Krise kann die Lösung sozialer Verteilungsprobleme in den reichen Ländern nicht mehr im Rezept der Nachkriegsjahrzehnte liegen. Denn immer mehr zu produzieren, um mehr verteilen zu können, erwies sich als ökologisch unhaltbar. Die folgenden Kontroversen liefen freilich oft – und bis heute – darauf hinaus, soziale und ökologische Problemdeutungen gegeneinander auszuspielen.

Zweifellos gab es viele Versuche, aus der Konfrontation von Ökologie und Sozialem herauszufinden. Beck bot im Jahre 2008 eine neue Formel an, nämlich:»Klimawandel ist beides: hierarchisch *und* demokratisch« (2008: 39). Der Klimawandel ist ein globales Phänomen, das deshalb alle betrifft, wenn auch auf ungleiche Weise. Aber bereits die Nachhaltigkeitsdebatte ist seit über 25 Jahren auf ein Zusammendenken von Ökologie und Sozialem aus. Sie präferiert freilich häufig optimistische Win-win-Situationen und sucht eher nach»Versöhnung« mit dem gesellschaftlichen Wachstumsmodell als sich den Konfliktlinien zuzuwenden (Brand 2014: 54ff.; Fuchs u.a. 2015). Gerade die häufige Aufforderung zur Integration verdeutlicht, dass es so leicht offensichtlich nicht ist. Der wahre Kern der älteren Beck'schen Formel ist deshalb darin zu sehen, dass ökologische und soziale Probleme eben verschiedenen Mustern folgen. Dies liegt jedenfalls als These meinen folgenden Ausführungen zugrunde. Ein Zusammenwirken beider ist sicher

---

1 Meine dem Beitrag zugrunde liegenden Arbeiten (Lorenz 2014) entstanden im Rahmen eines von der VolkswagenStiftung geförderten soziologischen Projekts zum»Bienensterben« (Az. 86.161).

oft zu beobachten, sowohl im Sinne einer wechselseitigen Verschärfung von Problemen (exemplarisch Lorenz 2015) als auch in Win-win-Optionen bei der Lösungssuche. Die folgenreiche Konsequenz der Ausgangsthese ist aber, dass sich soziale und ökologische Probleme nur dann konzeptuell im Sinne eines nachhaltigen Zusammenwirkens verbinden lassen, wenn gerade ihre Unterschiede verstanden und berücksichtigt werden.

Schnell ersichtlich werden die Differenzen daran, dass sich ökologische und soziale Problemlösungen nicht aufeinander reduzieren lassen. Daraus, dass es sozial gerecht zugeht, lässt sich nicht folgern, dass damit auch die ökologischen Probleme gelöst wären. Der soziale Ausgleich in den prosperierenden Nachkriegsgesellschaften etwa wurde, wie sich herausstellte, auf Umweltkosten geleistet. Umgekehrt bedeutet die Lösung ökologischer Probleme nicht zugleich eine Überwindung von Armut.

Ich möchte im Folgenden der Differenz von Ökologie und Sozialem weiter nachgehen und fragen, was diese für die wachstumskritische Debatte bedeutet. Ich vereinfache die Gegenüberstellung für die Diskussion, indem ich mich auf die immer wieder anzutreffende Konfrontation von ökologischer Wachstumskritik als Industrialisierungskritik und sozialer Ungleichheitskritik als Kapitalismuskritik konzentriere, was ich im folgenden Abschnitt weiter ausführe (1). Das ist zweifellos eine starke Einengung der Thematik, erlaubt mir aber in diesem Punkt eine detaillierte Auseinandersetzung, die zugleich meine bisherigen Ausführungen (Lorenz 2014) weiter fundieren kann (2). Die Diskussion wird darauf hinauslaufen, zu zeigen, dass Ökokritik und Kapitalismuskritik jeweils eigene Verständnisse von Wachstum verfolgen, das heißt unterschiedliche Triebkräfte für problematische Entwicklungsdynamiken der Gesellschaft verantwortlich machen, und dass dies mit ihrem jeweils primären Problemfokus zusammenhängt. Die im Beitrag genutzten Unterscheidungen lassen sich wie folgt gegenüberstellen:

	Soziales	Ökologie
Wachstumskonzept	Kapitalismus	Industrialismus
Problembezug	Ungleiche Verteilung	(Über-) Nutzung
Entwicklungsmodus	Kalkulierende Rationalität	Wissenschaftlich-technische Rationalität
Dynamik/Antrieb	Kapitalakkumulation/ Profitinteressen	Innovation + »Nebenfolgen«/ Naturbeherrschung

Tabelle 1: Gegenüberstellung Wachstumsverständnisse

Um die vorgenommene Einengung der Perspektive dennoch zu reflektieren, wird sodann (3) zumindest angedeutet, welche weiteren Aspekte in eine ausführlichere Analyse einzubeziehen wären. Schließlich (4) kann auf der im Beitrag geschaffenen Basis ein formal bestimmbarer Begriff von Wachstum beziehungsweise Wachstumskritik vorgeschlagen werden. Dieser bietet nicht zuletzt eine Grundlage, um Verbindungen von Ökologie und Sozialem untersuchen zu können.

1. Soziale Ungleichheit und Ökologie, kalkulierende und technische Rationalität

Wenn es um das Verhältnis von Sozialem und Ökologie gehen soll, müssen zuerst zwei Bedeutungen von ›sozial‹ unterschieden werden. Zum einen sind damit im Nachhaltigkeitskontext *sozial-ökologische* Perspektiven gemeint, die die in der Moderne – auch in den Wissenschaften – tradierte strikte Trennung von Natur und Kultur sowie Gesellschaft und Umwelt hinterfragen und die sozioökologische Zusammenhänge konzeptuell zu erfassen suchen. Hier geht es um die Einsicht, dass Natur für Menschen und Gesellschaften nicht einfach etwas Äußerliches, sondern eben auch etwas sehr Soziales ist. Was als *äußere Natur* erscheint, variiert historisch und soziokulturell, ist durch menschliche Deutungen und Praxis mitgestaltet. Mit sozioökologischen Problemen sind also solche gemeint, die sich aus dem Leben der Menschen in einer biophysischen Welt und aus ihrem Zusammenleben mit vielen nicht-menschlichen Wesen ergeben. In diesem Sinne werden ökologische Probleme im Folgenden immer als *sozial*-ökologische betrachtet.

Die am Beispiel Becks eingeführte Bestimmung von sozial (»Not«) meint dagegen etwas anderes. Als soziale Probleme gelten hier solche, die Menschen untereinander haben und die etwas mit ungleichem Zugang zu gesellschaftlichem Wohlstand zu tun haben, also *Ungleichheits- und Gerechtigkeitsfragen*. Offensichtlich sind beide Begriffe von *sozial* (sozial-ökologisch und sozial-ungleich) nicht in jeder Hinsicht trennscharf. Denn zur biophysischen Umwelt von Menschen gehören auch andere Menschen und die von ihnen verursachten Eingriffe oder Gestaltungen der geteilten Welt. Umgekehrt schließt der ungleiche Zugang zu gesellschaftlichem Wohlstand auch biophysische Grundlagen dieses Wohlstands ein. Analytisch ist es aber sinnvoll, die Eigenheiten beider Problemfelder in den Blick zu nehmen. Die *sozialen*

Probleme verweisen auf Verteilungsfragen (die »soziale Frage«), während (sozial-)*ökologische* Probleme solche der Nutzung bzw. Übernutzung sind. Die Unterscheidung wird dadurch unterstützt, dass es dementsprechende Diskurse und Konfliktlinien gibt, in denen problembezogen primär eigene Akteure und Repräsentanten auftreten. In diesem Sinne ordnet etwa Giddens (1997) die Arbeiterbewegung den sozialen Ungleichheitsfragen in der kapitalistischen Ökonomie zu, während er die ökologischen Bewegungen dem Engagement gegen industrielle Umweltnutzungen zurechnet.

Ich schließe an diese Unterscheidungen an und konzentriere die Gegenüberstellung sozialer und ökologischer Probleme in den folgenden Abschnitten auf Kapitalismus- und Industrialismus-Analysen im Hinblick auf die Wachstumsthematik. Andere Aspekte müssen dabei außer Acht gelassen bzw. können im Abschnitt (3) nur skizziert werden. Konkret werde ich kapitalismuskritische Ansätze daraufhin untersuchen, inwieweit sie zu ökologischer Wachstumskritik beitragen. Dabei wird sich zeigen, dass die Kapitalismusanalyse bezogen auf ökologische Probleme von Bedeutung, aber analytisch nicht vorrangig ist. Das liegt daran, so die hier vertretene These, dass sich Kapitalismuskritik und Industrialismuskritik auf unterschiedliche – wenn auch beide Male instrumentelle – Rationalitäten beziehen, die sich nicht aufeinander reduzieren lassen. Die kapitalismusanalytische Perspektive kritisiert die *kalkulierende Rationalität der Profitmaximierung*, die industrialismusanalytische dagegen die *szientistisch-experimentelle Rationalität technologischer Eingriffe* in die biophysische Welt und ökologischen Zusammenhänge.

Es ist offensichtlich zweierlei, ob man kalkulierend danach fragt, wie Gewinne zu maximieren sind oder ob man nach wissenschaftlich-technischen Manipulationen der Welt trachtet. In wachstumskritischer Hinsicht wird im ersten Fall die permanente Profitverfolgung kritisiert, die unmittelbar relevant für die Besitzverhältnisse und damit für *soziale* Ungleichheit ist. Was heißt dagegen *ökologische* Wachstumskritik, wie sie etwa in Becks Nebenfolgentheorem oder in verwandter Weise bei Illich (1998 [1973]), Latour (1998 [1991]) oder Sennett (2008) formuliert wird? Die ökologisch problematische Dynamik wird darin gesehen, dass technologische Problemlösungen in biophysische und ökologische Zusammenhänge eingreifen und damit typischerweise unerwartete oder unerwünschte Effekte hervorrufen, die wiederum wissenschaftlich-technischer Bearbeitung bedürfen. Wo Medikamente zu Resistenzen führen, Pestizide nicht nur »Schädlinge« töten, sondern im Trinkwasser auftauchen, wo die Energieversorgung strahlende Abfälle aufhäuft oder Plastikverpackungen sich im Meer versammeln – immer rufen vermeintliche Fortschritte und Problemlösungen neue Probleme hervor, die erneut wissenschaftlich-technischer Lösungen bedürfen. Solche werden immer wieder entwickelt und versprechen neue Möglichkeiten und noch bessere Optionen – und werfen doch sogleich neue Fragen auf: Beispielsweise werden energiesparende Glühlampen zu quecksilberhaltigem Sondermüll und gefilterte Luft führt zu Feinstaubbelastungen. Ökologische Wachstumskritik richtet sich also gegen diese eigendynamisch – und auch unabhängig von Profitinteressen – sich antreibenden Prozesse der permanenten Naturmanipulationen.

Auch wenn sich empirisch häufig eine enge Verknüpfung des Strebens nach Naturbeherrschung mit dem Profitstreben finden lässt, folgen sie doch prinzipiell voneinander unabhängigen eigenen Rationalitäten und Dynamiken. Aus kritischer Sicht gemeinsam ist ihnen, wie in den folgenden Abschnitten weiter ausgeführt wird, dass sie als sich selbst antreibende, selbstzweckhaft operierende Dynamiken nicht (mehr) an humanen Zwecken ausgerichtet sind.

2.   Kapitalismuskritik als Ökokritik?

Die Ökologie führt in der Kapitalismuskritik eine eher randständige Existenz, was VertreterInnen einer solchen Perspektive bestätigen. So schreibt der explizit einer marxistischen Gesellschaftsanalyse verpflichtete US-amerikanische Intellektuelle Benjamin Kunkel:

»Mit all dem will ich keineswegs bestreiten, dass der historische Materialismus Themen, die eigentlich grundlegend sein sollten – wie gesellschaftlichen Hierarchien und ihrer Komplexität, dem Verhältnis der Geschlechter oder der Logik des Krieges, des Nationalismus, der Ökologie und der Technik – bislang zu wenig Beachtung geschenkt hat. Er hatte nicht auf alles eine Antwort, ja allzu oft hat er nicht einmal die richtigen Fragen gestellt.« (Kunkel 2014: 29)

Gleichwohl traut Kunkel gerade dem Marxismus zu, »sich gesellschaftlichen Fragen in all ihrer Verwobenheit und scheinbaren Zusammenhanglosigkeit zu stellen, wie sie keine andere Theorie für sich in Anspruch nehmen kann« (ebd.). Allerdings widmet er selbst der ökologischen Problematik dann ebenfalls nur einen programmatischen Ausblick:

»Das Terrain, auf dem wir uns organisieren müssen, unterscheidet sich natürlich stark von dem, auf dem Lenin oder Gramsci dachten und arbeiteten, unter anderem deshalb, weil der Kapitalismus derzeit offenbar an ökologische Grenzen stößt, die zu ihrer Zeit noch nicht absehbar waren. *Blue Planet* von J.R. McNeill gibt einen alarmierenden (aber nicht alarmistischen) Überblick über ein verschwenderisches Jahrhundert, in dem die Umweltbilanz des Staatssozialismus schlechter ausgefallen sein dürfte als die des Kapitalismus. Wenn es den Marxismus im 21. Jahrhundert noch geben soll, muss er ein grüner Marxismus sein.« (Ebd.: 226)

Mit seiner Bezugnahme auf den Staatssozialismus und dessen noch desaströseren ökologischen Problemen ist ein Hinweis darauf gegeben, dass eine Überwindung des Kapitalismus allein nicht selbstverständlich die ökologischen Probleme löst. Folglich müssen (auch) andere Quellen für ökologische Probleme beachtet werden. Vielleicht werden noch weiterführende Analysen folgen, wenn diese Theorieperspektive die Ökologiethematik zu einem wichtigen Anliegen macht. Meines Erachtens ist es aber auch kein Zufall, dass dies bislang wenig geschah. Denn die Erkenntnisinteressen dieser Theorietradition sind anders gelagert, wie ich in den folgenden Abschnitten weiter ausführen werde. Dafür konzentriere ich mich auf die analytische Differenzierung von Kapitalismus und Industrialismus. Für die Kapitalismusanalyse sind typischerweise ungleiche Besitzverhältnisse und die Dynamik der Kapitalakkumulation zentral, für die Industrialismusanalyse stehen dagegen Dynamiken wissenschaftlich-technologischer Entwicklungen im Zentrum.

Meine bisherige Auseinandersetzung mit Kapitalismus- versus Industrialismus-Analysen (Lorenz 2014: 39ff., 72) machte zunächst auf zweierlei aufmerksam. Zum einen darauf, dass die marxistische Perspektive umweltsoziologisch vor allem erkenntnistheoretisch im Hinblick auf Möglichkeiten eines sozialwissenschaftlichen Zugangs zu *Natur* in Erscheinung trat; das betrifft das erste unter (1) eingeführte Verständnis von *sozial*. Im Spektrum zwischen Realismus, Konstruktivismus oder Alternativen zu diesen beiden (Groß 2006: 94ff.) bietet die marxistische Perspektive ein dialektisches Konzept eines metabolischen Naturverhältnisses an. Zum anderen ging es darum, aufzuzeigen, dass Kapitalismus- und Industrialismus-Perspektiven in der Regel nicht analytisch unterschieden werden und zwar weder auf kapitalismuskritischer noch auf ökologisch-kritischer Seite. Entweder wird Öko-Industriekritik letztlich auf Kapitalakkumulation reduziert oder umgekehrt ökonomische Verwertung von wissenschaftlich-technischen Industrialisierungsdynamiken her gedacht. Als hilfreich für einen ersten differenzierteren Zugang in marxistischer Terminologie erwies sich dabei die Arbeit von Adorno (1969). Für Adorno verbindet sich mit dem Begriff des Kapitalismus zentral die Analyse der Produktionsverhältnisse, während er dem Verständnis der Industriegesellschaft die Entwicklung der Produktivkräfte gegenüberstellt. Gegen eine dominierende Deutung der Gesellschaft als Industriegesellschaft setzt er seinerzeit die Analyse kapitalistischer Produktionsverhältnisse als kritisches Konzept. Gewissermaßen noch am Vorabend der »Ära der Ökologie« (Radkau 2011) verbindet Adorno allerdings mit seiner Bestimmung der Industriegesellschaft noch keine ökologischen Probleme.

Wie Adorno oder Giddens folge ich einer analytischen Unterscheidung in Kapitalismus und Industrialismus. Um meine Zuordnung ökologischer Probleme zum Industrialismus zu prüfen, werde ich im Folgenden zwei kapitalismuskritische Ansätze diskutieren, die ihrerseits die Kapitalakkumulation als zentrale treibende Kraft für ökologische Probleme auffassen. Inwieweit trägt Kapitalismuskritik als Perspektive ökologischer Wachstumskritik? Die erste Argumentation, von Moore (2014) vertreten, geht dahin, die Entstehung des Kapitalismus historisch weit vor der industriellen Revolution zu datieren und deshalb gewissermaßen als Wegbereiter und Antreiber der letzteren zu begreifen. Als zweiten Ansatz greife ich Foster, Clark und York (2011) auf, die »[d]as absolute allgemeine Gesetz der Umweltschädigung unter dem Kapitalismus« (ebd.: 195ff.) postulieren.

2.1   Gibt es einen historischen Vorrang des Kapitalismus vor dem Industrialismus?

Moore (2014) kritisiert zunächst die Debatte um das ausgerufene Anthropozän, also eines Zeitalters, in dem die Menschen zur wichtigsten geologisch prägenden Kraft auf dem Planeten geworden seien. Diese vom Ökodiskurs gern aufgenommene Deutung, zum Beispiel in der Klimadebatte, greift nach Moore zu kurz. Sie suche den Anfang dieser Entwicklung in der industriellen Revolution seit dem Ende des 18. Jahrhunderts und thematisiere vor allem die ökologischen Konsequenzen des Energie- und Ressourcenverbrauchs. Es werde aber nicht danach gefragt, was eigentlich die treibenden Kräfte dafür seien. Damit werde zum einen die Verantwortung für ökologische Probleme allgemein und undifferenziert »dem Menschen« zugeschrieben und zum anderen müsse auch die Suche nach Lösungen zu kurz greifen. Pointiert heißt es bei Moore: »Shut down a coal plant, and you can slow global warming; shut down the relations that made the coal plant, and you can stop it for good« (ebd.: 5). Statt von einem Anthropozän auszugehen, sollte besser von einem »Capitalocene« gesprochen werden, dessen Anfänge und damit auch die Ursprünge der heutigen ökologischen Krise im »langen 16. Jahrhundert« zu finden seien, das heißt im Zeitraum zwischen etwa 1450 und 1650. Damit grenzt er sich teilweise auch von anderen Kapitalismusanalysen ab. Seine zentrale These ist aber, dass eine fundierte ökologische Analyse erst die historisch erweiterte kapitalismuskritische Analyse sein könne.

Die kritische Sicht auf die Anthropozän-Thesen ist in weiten Teilen überzeugend, die dargelegte Anthropozän-Debatte als typisch für *die* Ökokritik zu behaupten allerdings weniger. So bleibt Moores Gegenüberstellung von *Anthropocene versus Capitalocene* in der Sache zu einfach. Völlig richtig an Moores Einwänden ist, dass die Analyse heutiger ökologischer Probleme in vielen Hinsichten zu kurz greift, wenn sie diese allein von der industriellen Revolution her denkt. Da ich selbst die Begriffe der Industriegesellschaft und des Industrialismus verwende, um ökologische Kritik von Kapitalismuskritik abzugrenzen (siehe auch Lorenz 2014: 39ff.), soll dies eigens vermerkt werden. Als treibende Kraft industrieller Entwicklung gilt aber in meiner Analyse die wissenschaftlich-technische Dynamik moderner Gesellschaften, womit die Anfänge ebenfalls im ausgehenden Mittelalter datiert sind. Moore wird mit seinem häufigen Verweis auf den cartesischen Dualismus von Subjekt und Objekt sowie Geist und Materialität als eines grundlegenden Problems moderner Gesellschaften auf viel Zustimmung in der ökologischen Kritik stoßen. Insofern ist sein historischer Rückgang keineswegs originell, sondern trifft sich zeitlich vielmehr mit anderen ökologischen Kritiken. Beispielsweise zitiert Moore (2014: 11) selbst Latours Arbeit *Wir sind nie modern gewesen* (1998 [1991]) im Zusammenhang mit der Dualismuskritik, ohne sich aber weiter damit auseinanderzusetzen. Dabei setzt Latour in seinem Essay den Beginn moderner Entwicklungen, die in die ökologische Krise führten, historisch ganz ähnlich wie Moore. Im *Parlament der Dinge* (Latour 2001 [1999]) geht er sogar bis auf antike Weichenstellungen zurück, wenn er mit Platons Höhlengleichnis beginnt. Wie sehr moderne Gesellschaften durch den Dualismus von Natur und Gesellschaft geprägt sind, zeigt sich gleichermaßen für Moore (2014: 11, 14) wie Latour unter anderem in der Schwierigkeit, diese Differenz im Sprachgebrauch *nicht* zu verwenden und Alternativen dafür zu finden. Moores Auswege ähneln ebenfalls denen Latours: Er spricht immer wieder von »human and extra-human natures«, Latour von menschlichen und nicht-menschlichen Wesen, ersterer vom »web of life«, letzterer von Netzwerken oder auch Akteur-Netzwerken.

Wenn aber die Differenz beider Kritikperspektiven nicht in der historischen Verortung zu finden ist und noch in der Sache wichtige Übereinstimmungen zu finden sind – was macht dann den Unterschied aus? Letztlich ist es auch hier die Perspektive, die einmal Produktionsverhältnisse und Kapitalakkumulation zentral setzt (Moore) und im anderen Fall Wissenschaft und Technik (Latour), einmal die kalkulierende Rationalität, einmal die szientistisch-experimentelle Rationalität. Ohne Frage ist es verdienstvoll, wenn Moore »capital, power, and nature« oder »mutually reinforcing transitions in science, production, and power« (Moore 2014: 1) analytisch zusammenbindet bzw. in ihrem Zusammenwirken verstehen will. Das ändert aber nichts daran, dass er dies immer schon unter dem Primat von *capital* und *production*, von Produktionsverhältnissen und Kapitalakkumulation, ausführt. Auf dieser Basis ruft er das »Zeitalter des Kapitals« aus, wo andere Theorien typischerweise von Moderne reden. Moore verwendet selbst immer wieder die Begriffe *modern*, *modernity* oder *modern world*, ohne diese aber näher zu bestimmen, sie vielmehr implizit synonym mit Kapitalismus bzw. *Capitalocene* setzend.

Was letztlich fehlt, ist eine tatsächliche Begründung für den Primat der Produktionsverhältnisse, der Moores Erklärungsansatz zugrunde liegt. Ein solcher Primat würde bedeuten, dass man die wissenschaftlich-technische Rationalität aus der kalkulierenden Rationalität, der »Erzeugung von Profit« (Altvater 2011: 10), ableiten kann und dass erstere der letzteren weitgehend untergeordnet wäre. Liest man einige Sätze Moores aus der Perspektive ökologischer Wissenschafts- und Technikkritik, lässt sich beinahe der umgekehrte Zusammenhang vermuten, beispielsweise:

»More fundamentally, the ›new‹ imperialism of early modernity was impossible without a new way of seeing and ordering reality. One could conquer the globe only if one could see it [...]. Here the early forms of external nature, abstract space, and abstract time enabled capitalists and empires to construct global webs of exploitation and appropriation, calculation and credit, property and profit, on an unprecedented scale [...].« (Ebd.: 21)

So gesehen bedarf es also im Ausgang des Mittelalters *zuerst* eines neuen Verständnisses von Natur, um mit Natur, vermittelt eben über den wissenschaftlich-technischen Zugriff, überhaupt kalkulieren zu können. Es dürfte nicht ganz leicht sein, historisch genau zu rekonstruieren, welche Form instrumenteller Rationalität, die kalkulierende oder die wissenschaftlich-technische, der jeweils anderen zeitlich vorausging. Mir scheint es vielmehr ein müßiges Unterfangen, weil es suggeriert, man könne die eine aus der anderen ableiten; dagegen gehe ich davon aus, dass sie nicht aufeinander reduzierbar, also auch nicht aus der jeweils anderen ableitbar sind. Entscheidend ist vielmehr zu klären, in welcher je spezifischen Weise sie sich auf ökologische Probleme beziehen lassen. Ergänzt werden sollte zudem, dass diese Rationalitäten zum Teil auch von verschiedenen Akteuren getragen bzw. entfaltet werden. Wissenschaft und Technik sind so weniger bei frühen Formen eines ökonomischen Bürgertums, das heißt vor allem des Handels, zu suchen als dass sie in frühen oder Vor-Formen von Wissenschaft und Ingenieurwesen zu finden sind.[2] Man denke etwa an frühe Universitätsgründungen oder an einen Exponenten wie Leonardo da Vinci. Die Herausbildung des modernen *wissenschaftlich-technischen* Naturzugangs in der Renaissancezeit beschreibt Gloy wie folgt:

»[...] organizistische und mechanistische Naturauffassung [...] versuchen (beide), durch Praxis – im einen Fall durch magische Praktiken, im anderen durch Experimente – hinter die Geheimnisse der Natur zu kommen und die verborgenen Kräfte und Qualitäten (*qualitates occultae*) zu enthüllen. Trotz des gemeinsamen Ziels unterscheiden sie sich gravierend in Methode und ethischer Einstellung. [...] Was die ethische Haltung gegenüber der Natur anbelangt, so manipulieren und variieren zwar sowohl magischer Naturphilosoph wie mechanistischer Experimentator die Natur, doch versteht sich der eine als Diener und Gehilfe der Natur, der andere als ihr Meister und Beherrscher. Angesichts der Auffassung, daß die Schöpfung nicht vollendet ist und es dem Menschen obliegt, sie zu vollenden, greifen beide in die Natur ein, allerdings in verschiedener Einstellung. Während der eine den Spuren der Natur folgt [...], schreibt der andere der Natur die Wege und Gesetze vor und untersucht sie daraufhin, ob sie ihnen folgt. Der eine bleibt der Natur untertan, der andere wirft sich zum Herrn über sie auf. Freilich ist die Trennung anfangs keineswegs so klar und deutlich, wie sie sich später entwickelt hat, zumal Astrologie und Astronomie, Alchimie und Chemie, alternative Naturheilkunde und klassische Medizin den gleichen Ursprung haben. Ihr Unterschied liegt zunächst nur in der Intention. [...] Das organizistische Weltbild bleibt gebunden durch ethische Handlungshemmungen, die das mechanistische Weltbild beseitigt zugunsten ungehemmter, schrankenloser Eingriffe, Umweltausbeutung und kommerzieller Interessen. Der Standpunkt des Organizismus überschreitet nie gewisse Grenzen; für ihn bleibt ein lebendiges Band zwischen Natur und Mensch bestehen, das der Experimentator des mechanistischen Standpunktes gerade zerreißt, indem für ihn die Natur zum Anderen, Fremden, zum manipulierbaren Objekt wird.« (Gloy 1996: 36)

---

2 Und wenn man diese Differenzen in Kapital-Begriffen formulieren wollte, müsste man, wie dies etwa Bourdieu (1999 [1979]) tat, unterschiedliche Arten von Kapital zugrunde legen.

Wie im Zitat deutlich wird, gibt es schließlich ein Zusammenwirken zwischen wissenschaftlich-technischer (»mechanistischer«) und ökonomischer Entwicklung (»kommerzieller Interessen«) in der »Umweltausbeutung«. Beide folgen instrumenteller Rationalität (im Gegensatz zur »organizistischen«) in einem jeweils spezifischen Sinne. Analytisch handelt es sich um zwei verschiedene Prozesse, die auch oft, wie oben mit Giddens (1997 [1990]) bereits bemerkt, von verschiedenen Akteuren repräsentiert werden.[3] Für die wissenschaftlich-technische Entwicklung wird das für die heutige Zeit vielleicht am deutlichsten an den Phantasiewelten der *Science Fiction* und den Geschichten über Superhelden, verrückte Professoren und wahnsinnige Ingenieure. Die analytische Differenz zur kalkulierenden Rationalität wird im folgenden Abschnitt weiter herausgearbeitet.

2.2   Lassen sich ökologische Probleme aus der Kapitalakkumulation ableiten?

Die Diskussion der Frage nach einem historischen Vorrang des Kapitalismus führt schließlich zurück zu einer systematischen Fragestellung, nämlich inwiefern Produktionsverhältnisse und Kapitalakkumulation als Treiber ökologischer Probleme gelten können. Bislang wurde festgehalten, dass die ökologische Wachstumskritik die Dynamik ökologischer Probleme primär von der wissenschaftlich-technischen Entwicklung moderner Gesellschaften her denkt. In historischer Hinsicht gibt es dabei keinen offensichtlichen Vorrang der Kapitalismusanalyse. Dass es ein wechselseitiges Zusammenwirken (»mutually reinforcing transitions«, s.o.) von *science* und *production* gibt, konnte Moore zweifellos zeigen. Solange von Wechselseitigkeit die Rede ist, impliziert das eine relative Eigenständigkeit verschiedener Dynamiken, die sich nicht aufeinander reduzieren lassen. Allerdings wird in der Diskussion auch ein systematischer Vorrang der Kapitalismusanalyse vertreten, so von Foster, Clark und York (2011). Anhand deren Arbeit soll nun gefragt werden, ob oder inwiefern ökologische Probleme aus kapitalistischer Produktion hergeleitet werden können. Die Autoren postulieren aus ihrer kapitalismuskritischen Perspektive heraus ein »absolutes allgemeines Gesetz der Umweltschädigung«:

---

3 Selbstverständlich schließt das auf Akteursebene nicht aus und lässt sich auch an vielen Beispielen zeigen, dass technisch Innovative zugleich als gute Geschäftsleute in Erscheinung treten.

»Der Kapitalismus ist ein System von Widersprüchen. Wir geben hier in Kürze wieder, was von James O'Connor als ›erster und zweiter Widerspruch‹ des Kapitalismus bezeichnet worden ist. Der erste Widerspruch kann Marx zufolge dem ›absoluten allgemeinen Gesetz der kapitalistischen Akkumulation‹ zugeordnet werden. Der zweite Widerspruch kann demnach als ›das absolute allgemeine Gesetz der Umweltschädigung unter dem Kapitalismus‹ ausgewiesen werden. Es ist für den Kapitalismus charakteristisch, dass das zweite dieser ›absoluten allgemeinen Gesetze‹ seine Schwungkraft aus dem ersten ableitet; folglich ist es unmöglich, das zweite auszuschalten, ohne das erste niederzuwerfen.« (Ebd.: 195f.)

Mit dem zweiten Widerspruch ist gemeint, dass mit der Erzeugung von Reichtum auch eine Ausbeutung der Umwelt – eine »Akkumulation von Ressourcenverarmung, Umweltverschmutzung, Arten- und Lebensraumzerstörung, urbaner Überlastung, Überbevölkerung und [...] Verschlechterung des gesellschaftlichen Lebensumfeldes« (ebd.: 196) – und dadurch eine Gefährdung der Produktionsbedingungen einhergeht. Für den systematischen Zusammenhang ist von Interesse: Wie ist der zweite Widerspruch aus dem ersten »abgeleitet«? Im Kern läuft die Argumentation darauf hinaus, dass »die kapitalistische Art der Aneignung mit ihrem Ziel der Förderung privater Profite unter geringer Rücksichtnahme auf gesellschaftliche und umweltbezogene Kosten« (ebd.: 197) operiert.

Das zentrale Moment ist folglich Rücksichtslosigkeit bei der Profiterzeugung. Diese Analyse ist aus kapitalismuskritischer Sicht folgerichtig und überzeugend. Dass Profitverfolgung typischerweise wenig Rücksicht auf Umweltbelange nimmt, ist zweifellos eine verbreitete Erfahrung – wer wollte das bestreiten? Die Analyse ist aber auch erhellend im Hinblick auf die hier verfolgte Frage, inwiefern ökologische Probleme im Zentrum der Kapitalismuskritik stehen können. Denn neben Kapitalakkumulation, Produktionsverhältnissen und Erzeugung von Profiten erhält das Ökothema den Status eines »abgeleiteten« Problems. – Das erinnert an andere Kontroversen, etwa seitens der feministischen Kritik, die aus kapitalismuskritischer Perspektive ebenfalls regelmäßig als sekundär (»Nebenwiderspruch«) erscheint, was immer wieder für Widerspruch sorgte.

Wenn man also die kapitalismuskritische Perspektive einnimmt, dann ist der Zusammenhang meines Erachtens richtig dargestellt. Sie zeigt zum einen, inwieweit kapitalistische Produktion tatsächlich zu ökologischen Problemen beitragen kann, aber auch, dass die Ökothematik eben nicht im Zentrum der Kapitalismuskritik steht. Denn es ist damit nicht aufgezeigt, dass Profitverfolgung notwendigerweise ökologisch relevant oder problematisch wäre, sondern dass Umweltbelange eben nicht berücksichtigt werden, was analytisch ein großer Unterschied ist. Stellt man sich ein Unternehmen vor, das in idealtypischer Weise Profitinteressen verfolgt, dann wird es, wo es dem Profit dient, vor Umweltschädigung nicht zurückschrecken – und wenn der größte Profit mit den Mitteln zu erreichen ist, die im Hinblick auf Umweltbelange am meisten schädigend sind, dann wären zweifellos genau diese die Mittel der Wahl. Primär ist dabei aber immer das Profitziel – ob dies zu ökologischen Problemen führt, ist gerade deshalb nur sekundär von Belang und bleibt zunächst offen.

In analytischer Hinsicht muss festgehalten werden, dass die Umweltschädigung nicht in Abhängigkeit von der Profitverfolgung per se, sondern von den dabei eingesetzten Mitteln steht.[4] Wenn man die Analyse von Foster, Clark und York teilt, dass Umweltprobleme als aus Profitinteressen abgeleitete begriffen werden sollen, muss man auch eingestehen, dass Umwelt nicht automatisch und prinzipiell immer geschädigt wird. Aus derselben Logik, derselben Rücksichtslosigkeit heraus darf Umwelt nämlich *nicht* geschädigt werden, wenn es den Profitinteressen entgegenstehen würde beziehungsweise wenn sich Profite gerade aus umweltverträglichen Nutzungen ergeben. Zwar treten die Autoren gegen Strategien auf, die darauf aus sind, »grüne« Profite zu ermöglichen und dadurch Umweltbelastungen zu vermindern – genau diese Option eröffnet aber ihre eigene Analyse ebenfalls.

Insofern stellt sich auch die Kontroverse zwischen unterschiedlichen ökologischen Kritiken noch einmal in anderer Weise dar, als Foster u.a. (2011: 21f.) sie präsentieren. Die Autoren grenzen sich in besonderer Weise vom Ansatz der Ökologischen Modernisierung in den Sozialwissenschaften ab. Sie kritisieren diesen als illusorischen Versuch, Ökonomie mit Ökologie versöhnen zu wollen. So solle es durch neue »grüne« Technologien möglich werden, Ökologie nicht mehr per se als Gegensatz zur kapitalistischen Ökonomie zu begreifen, sondern einen grünen – sie zitieren Ulrich Beck – »Weg zu Profiten« (ebd.: 22) zu eröffnen. Obwohl ihre eigene Problemdiagnose dem nicht grundsätzlich entgegensteht, wollen die Autoren dies mit Verweis auf die Dynamik der Kapitalakkumulation zurückgewiesen wissen. Aus der von mir vorgetragenen Perspektive sieht die Konstellation dagegen noch einmal anders aus. Von hier aus ist das Problem der Ökologischen Modernisierung viel mehr ihr Technikoptimismus, die Vernachlässigung der Refle-

---

4 Was die Autoren (Foster u.a. 2011) im Anschluss an Marx als »ökologischen Bruch« (metabolic rift) diskutieren, entspricht vielmehr dem, was im vorliegenden Beitrag unter Industrialismus diskutiert wird und ist nicht direkt aus Produktionsverhältnissen abzuleiten.

xion technologischer Eigendynamiken (Lorenz 2014: 49ff.). Diese Vernachlässigung muss freilich an der Kapitalismusperspektive von Foster u.a. ganz genauso kritisiert werden. Die meinerseits vertretene ökologische Wachstumskritik liegt deshalb quer zu beiden Ansätzen.

Was heißt das für die Beantwortung der Eingangsfrage nach dem Beitrag der Kapitalakkumulationsdynamik zu ökologischen Problemen? Ich bediene mich eines Bildes aus Rosas Beschleunigungstheorie: Kapitalistische Ökonomie trägt zwar als »äußerer Motor« zur Beschleunigung moderner Gesellschaften bei, die Beschleunigung funktioniert aber auch unabhängig davon, als eigendynamischer Prozess (Rosa 2005: 471). So lässt sich auch hier sagen, dass Profiterzeugung als »äußerer Motor« fungieren kann. Was ist dann das »Innen«, das durch den »äußeren Motor« zusätzlich angetrieben werden kann? Wie bereits dargestellt, gehe ich davon aus, dass es Dynamiken wissenschaftlich-technischer Entwicklungen sind, die im Hinblick auf ökologische Probleme primär sind. Denn die Erzeugung von Profit folgt einer kalkulierenden Rationalität, für die ökologische Fragen nur insofern – »abgeleitet« (s.o., Foster u.a. 2011) – von Belang sind, als sie vermehrte Profite betreffen. Für die wissenschaftlich-technische Rationalität ist dagegen die Manipulation der biophysischen Gegebenheiten, der Eingriff in ökologische Zusammenhänge gerade das, worum es primär geht – und wofür dann alles andere als jeweils abgeleitetes Problem erscheint. Damit ist deutlich geworden, dass die Kapitalismuskritik zwar eine eigene Perspektive auf ökologische Probleme entwickeln und sich damit in den Chor ökologischer Kritik einfügen kann. Freilich bedeutet es aber auch, dass sie darin nicht die erste Stimme singt, dass sie die Grenzen des eigenen Zugangs zur Thematik sehen und nicht zuletzt anerkennen muss, dass Produktionsverhältnisse für ökologische Kritik analytisch sekundär sind. Ich betone dabei das »analytisch«. Denn einerseits können ökologische Probleme nie allein auf ökonomische Kalkulation reduziert werden, weil diese *immer nur vermittelt über die Technologien wirken* kann. Deshalb könnte auch die Abschaffung kapitalistischer Ökonomie nicht einfach die ökologischen Probleme lösen. Andererseits spielen bei Auswahl und Einsatz von Technologien zweifellos auch ökonomische Kalküle – und das heißt für die kapitalistische Ökonomie: Profitinteressen – eine Rolle. Wie sich das Verhältnis zwischen »äußerem Motor« und eigendynamischer Entwicklung »innen« tatsächlich gestaltet, kann folglich nicht allein theoretisch bestimmt werden, sondern bedarf der empirischen Untersuchung. Dabei können zweifellos Fälle aufgezeigt werden, in denen ökologisch verträglich nutzbare Technologien durch »äußere« Antriebe, wie

Profit- oder Machtinteressen, in einer Weise verwendet werden, dass sie ökologisch destruktiv wirken – wie sich umgekehrt Fälle finden lassen werden, in denen »grüne Profite« möglich sind.[5]

3. Zu weiteren Aspekten ökologischer und sozialer Kritik

Wie eingangs vermerkt, wurde die Analyse der Differenzen ökologischer und sozialer Probleme auf die Kontroverse zwischen Industrialismus versus Kapitalismus fokussiert. An dieser Stelle kann nur darauf hingewiesen werden, was in umfassendere Untersuchungen einzubeziehen wäre (siehe auch Lorenz 2014).

Wenn vor allem gezeigt wurde, dass Kapitalismuskritik für ökologische Probleme analytisch sekundär ist, so dürfte doch deutlich geworden sein, dass umgekehrt Industrialismuskritik für soziale Probleme im Sinne von Ungleichheitsverhältnissen nicht die primäre Adresse ist. Man könnte hier also parallel ökokritische Ansätze untersuchen und zeigen, inwiefern sie bestimmte soziale Probleme nicht ausreichend in den Blick nehmen.[6] Unter einer Nachhaltigkeitsperspektive, die sowohl ökologische als auch soziale Probleme berücksichtigen will, lässt sich die eine Kritik nicht durch die andere ersetzen. Vielmehr müssen beide in Beziehung zueinander gesetzt werden.

Dies vorausgeschickt ist es gleichwohl so, dass industrielle Entwicklungen nicht nur ökologische, sondern auch soziale Konsequenzen haben (im Sinne der ersten unter (1) genannten Bedeutung von *sozial*), insofern unterschiedliche Technologien zum Beispiel verschiedene Arbeits- und Organisationsweisen begünstigen, vielleicht sogar erfordern. Auch Sicherheitsanforderungen stellen sich beispielsweise bei der Nutzung von Atomkraft in

---

5 Hier trifft sich meine Analyse mit der, die Kallis (2015) in einer Antwort auf einen Text von Foster prägnant vorträgt. Aus Kallis' Sicht der ökologischen Ökonomik spricht empirisch einiges dafür, dass ökonomisches Wachstum (gemessen am Bruttoinlandsprodukt, BIP) in der Regel mit einer Zunahme an Ressourcen- und Energieverbrauch einhergeht – aber einen gesetzmäßigen Zusammenhang, wie von Foster behauptet, sieht Kallis nicht. Darüber hinaus widerspricht er der Gleichsetzung von Kapitalakkumulation mit ökonomischem Wachstum. Beispielsweise an Griechenland ließe sich zeigen, wie steigende Profite trotz schrumpfender Ökonomie möglich seien, nämlich über steigende Ungleichheit. Daran wird einmal mehr die unterschiedliche Logik sozialer und ökologischer Probleme deutlich.

6 Am Beispiel von Huber (2011) finden sich Hinweise dazu in Lorenz (2014: 42f., 50).

anderer Weise als bei der Nutzung von Solarenergie. Äußerst instruktiv sind in diesem Zusammenhang die Arbeiten von Mitchell (2009), die die jeweiligen sozialen Konsequenzen aus der Nutzung unterschiedlicher Energiequellen – analysiert sind bei ihm vor allem Kohle und Erdöl – aufzeigen. Vorkommen und Ressourcen sowie deren technologische Erschließung haben demnach massive Auswirkungen nicht zuletzt auch auf Machtkonstellationen in Verteilungskonflikten (berühren also auch die zweite oben genannte Bedeutung von *sozial*).

Neben der Industrialismuskritik ist für die ökologische Kritik die Rolle des Konsums von großer Bedeutung. Konsumkritik stellt Fragen, die sowohl auf Seiten der Technologiekritik als auch der Kapitalismuskritik (im Sinne einer Kritik an *Produktions*verhältnissen) leicht aus dem Blick geraten: Die Ökologische Modernisierung strebt immer effizientere technische Lösungen an und die Verteilungskritik sucht gegebenenfalls danach, immer mehr immer besser zu verteilen; das allein liefert aber keine Antworten darauf, *wozu* das geleistet werden soll. Konsumkritik fragt von den Zwecken her, warum und wofür produziert, verteilt und technologisch optimiert wird. Für sich genommen bleibt Konsumkritik freilich ebenfalls unvollständig. Denn wo nur kritisiert wird, was bereits als zu Konsumierendes verfügbar ist, kommt Konsumkritik immer schon zu spät, hat keinen Einfluss mehr darauf, was wie produziert wird.

4.   Was heißt Wachstumskritik?

Die vorangegangenen Überlegungen entwerfen ein Verständnis moderner Gesellschaften, demzufolge ihre Entwicklungsdynamiken sich aus mehreren Quellen speisen und entsprechend verschiedene Problemfelder hervorbringen. Für ökologische Probleme, so das Ergebnis der Rekonstruktion, bilden wissenschaftlich-technische Entwicklungen eine primäre Quelle, während Profiterzeugung eine sekundäre oder »äußere« Quelle darstellt. Das heißt nicht, dass letztere von geringer Bedeutung ist, sondern dass sie vermittelt über technologische Prozesse ökologisch wirkt. Die Dynamik privater Profitverfolgung betrifft unmittelbar die Besitzverhältnisse, weshalb sie ihrerseits direkt und primär für soziale Ungleichheit relevant ist. Dagegen entspringt die problematische Eigendynamik wissenschaftlich-technischer Prozesse – mit ihren Eingriffen in biophysische und ökologische Zusammenhänge – im Wesentlichen daraus, dass mit jeder Problemlösung neue Probleme und Veränderungen hervorgerufen werden, die wiederum nach technischen Lösungen verlangen – die noch bessere Optionen versprechen und immer neue Möglichkeiten sichtbar machen, die verfolgt werden »müssen« (Lorenz 2014: 46ff.).

Die Tatsache, dass verschiedenste Akteure versuchen, Einfluss auf die wissenschaftlich-technologischen Entwicklungen zu nehmen und für ihre Zwecke zu nutzen, zeigt, wie wichtig diese Entwicklungsprozesse für die Gesellschaft sind. Das können ökonomische Akteure mit Profitinteressen sein, staatliche mit Machtinteressen, zum Beispiel der Überwachung oder zivilgesellschaftliche, zum Beispiel im Zuge der Energiewende. Zweifellos macht es einen bedeutenden Unterschied, von wem Technologien genutzt werden – aber ebenso, um welche Art Technologien es sich handelt. Es muss in jedem Fall mit einer eigenen Wirkmächtigkeit von Technologien und der Eigendynamik wissenschaftlich-technischer Prozesse gerechnet werden. Oder, wie es Ivan Illich formulierte: »Man kann nicht Eigentümer eines Werkzeugs sein, über das man keine Kontrolle hat« (Illich 1998 [1973]: 48).

Moderne Gesellschaften sind dynamische Gesellschaften und das muss folglich auch für mögliche Optionen von »Postwachstums«-Gesellschaften gelten, sofern diese weiterhin entwicklungsoffene Gesellschaften sein sollen und wollen. Deshalb sind die Begriffe »Postwachstum« oder »degrowth« wenigstens teilweise irreführend. Wachstumskritik sollte Entwicklungsprozesse analysieren, aber nicht per se aufhalten wollen, und wo sich etwas entwickelt, wird auch etwas wachsen, anderes abnehmen. Meine allgemeine soziologische Formel für Wachstumskritik lautet deshalb, dass es sich um eine Kritik an gesellschaftlichen Eigendynamiken handelt, die permanent ihre Mittel reproduzieren und steigern, ohne dabei an humane Zwecke gebunden zu sein. Das erfasst Dynamiken der Profitverfolgung ebenso wie solche technologischer Nutzungen oder des Konsums. Zugleich ist damit gesagt, dass Entwicklungsdynamiken nicht an sich kritisiert sind, dass auch nicht jegliches Wachsen ausgeschlossen wird. Strategien des »Weniger« gewinnen ihre Attraktivität daraus, dass sie Komplexität reduzieren und dadurch Menschen möglicherweise überhaupt erst wieder handlungsfähig machen. Handlungsfähig soll dabei heißen, dass sie ihre Lebensverhältnisse gestalten können statt destruktiven Entwicklungsdynamiken nur mehr oder weniger reparierend hinterherzulaufen. Aber auch wenn Reduktionen hilfreich sein können, als alleinige Lösungsstrategie wäre das zu einfach, denn es wird immer wieder Neues entstehen und die gesellschaftlichen oder ökologischen Entwicklungen erfordern neue Auseinandersetzungen und Lösungsversuche.

Die überzeugendste Alternative zur Reduktionsstrategie – ohne Reduktionen auszuschließen – ist meines Erachtens die Demokratisierungsstrategie. In ökologischer Hinsicht bedarf dies erweiterter Konzepte von Demokratisierung, in der sich die biophysische Welt und ökologische Zusammenhänge besser als bislang repräsentiert finden können. Aussichtsreiche gesellschaftstheoretische Entwürfe bieten dafür Bruno Latours (2001 [1999]) *Parlament der Dinge* sowie die von Richard Sennett (2008, 2012) am Beispiel handwerklicher Arbeit vorgeschlagenen Erneuerungen der materiellen Kultur. Demokratie soll dabei bedeuten, dass heterogene Akteure, Interessen und Perspektiven trotz dieser Heterogenität, also auch und gerade wenn sie nicht übereinstimmen, auch und gerade wenn sie – wie Ökologie und Soziales – unterschiedlichen Logiken folgen, entlang geregelter Verfahren und eingeübter Praktiken zusammenfinden können.[7] Viel wäre gewonnen, um eine Bestimmung Latours (2008: 10) für Ökologie aufzugreifen, wenn man schließlich»an erträglichen Orten zusammenleben kann«.

Literatur

Adorno, Theodor W. (1969), Einleitungsvortrag zum 16. deutschen Soziologentag, in: Adorno, Theodor W. (Hg.), *Spätkapitalismus oder Industriegesellschaft?*, Stuttgart, S. 12–26.

Altvater, Elmar (2011),»Wer von der Akkumulation des Kapitals nicht reden will, soll zum Wachstum schweigen«. Interview mit Christian Zeller, *Emanzipation,* Jg.1, H. 1, S. 1–21.

Beck, Ulrich (1986), *Risikogesellschaft. Auf dem Weg in eine andere Moderne,* Frankfurt/M.

Beck, Ulrich (2008), *Die Neuvermessung der Ungleichheit unter den Menschen. Soziologische Aufklärung im 21. Jahrhundert,* Eröffnungsvortrag zum Soziologentag»Unsichere Zeiten« am 6. Oktober 2008 in Jena, Frankfurt/M.

Bourdieu, Pierre (1999 [1979]), *Die feinen Unterschiede. Kritik der gesellschaftlichen Urteilskraft,* Frankfurt/M.

---

7 Vgl. exemplarisch für eine solche Demokratisierungsperspektive die empirische Analyse des Stadtumkreitrends (Lorenz/Stark 2015).

Brand, Karl-Werner (2014), *Umweltsoziologie. Entwicklungslinien, Basiskonzepte und Erklärungsmodelle*, Weinheim/Basel.

Foster, John Bellamy/Clark, Brett/York, Richard (2011), *Der ökologische Bruch. Der Krieg des Kapitals gegen den Planeten*, Hamburg.

Fuchs, Doris/Di Giulio, Antonietta/Glaab, Katharina/Lorek, Sylvia/Maniates, Michael/Princen, Thomas/Røpke, Inge (2015), Power. The Missing Element in Sustainable Consumption and Absolute Reductions Research and Action, in: *Journal of Cleaner Production*, 08.03.2016, *http://www.sciencedirect.com/science/article/pii/S0959652615001109*.

Giddens, Anthony (1997 [1990]), *Konsequenzen der Moderne*, Frankfurt/M.

Gloy, Karen (1996), *Das Verständnis der Natur. Die Geschichte des ganzheitlichen Denkens*, Bd. 2, München.

Groß, Matthias (2006), *Natur*, Bielefeld.

Huber, Joseph (2011), *Allgemeine Umweltsoziologie*, 2., vollst. überarb. Aufl., Wiesbaden.

Illich, Ivan (1998 [1973]), *Selbstbegrenzung. Eine politische Kritik der Technik*, München.

Kallis, Giorgos (2015), Is there a growth imperative in capitalism? A commentary on John Bellamy Foster (Part I), in: ENTITLE blog, 08.03.2016 *http://entitleblog.org/2015/10/27/is-there-a-growth-imperative-in-capitalism-a-response-to-john-bellamy-foster-part-i*.

Kunkel, Benjamin (2014), *Utopie oder Untergang. Ein Wegweiser für die gegenwärtige Krise*, Berlin.

Latour, Bruno (1998 [1991]), *Wir sind nie modern gewesen. Versuch einer symmetrischen Anthropologie*, Frankfurt/M.

Latour, Bruno (2001 [1999]), *Das Parlament der Dinge. Für eine politische Ökologie*, Frankfurt/M.

Latour, Bruno (2008), Selbstportrait als Philosoph. Rede anlässlich der Entgegennahme des Siegfried Unseld Preises, Frankfurt/M., 26.10.2010, *http://www.brunolatour.fr/articles/article/114-UNSELD-PREIS-DE.pdf*.

Lorenz, Stephan (2014), *Mehr oder weniger? Zur Soziologie ökologischer Wachstumskritik und nachhaltiger Entwicklung*, Bielefeld.

Lorenz, Stephan (2015), An der Tafel – Vom Umgang mit Überfluss, in: Claus Leggewie (Hg.), Tafeln, teilen, trennen – Nahrung und Essen als Gaben, *Global Dialogues 9*, Duisburg, 08.03.2016, *http://www.gcr21.org/fileadmin/website/daten/pdf/Publications/Nahrung-und-Essen-als-Gaben_2198-0403-GD-9.pdf*.

Lorenz, Stephan/Stark, Kerstin (2015), Saving the Honeybees in Berlin? A Case Study of the Urban Beekeeping Boom, *Environmental Sociology*, Jg. 1, H. 2, S. 116–126.

Mitchell, Timothy (2009), Carbon democracy, *Economy and Society*, Jg. 38, H. 3, S. 399–432.

Moore, Jason W. (2014), The capitalocene. Part I. On the nature and origins of our ecological crisis, 08.03.2016, *http://www.jasonwmoore.com/uploads/The_Capitalocene__Part_I__June_2014.pdf*.

Radkau, Joachim (2011), *Die Ära der Ökologie. Eine Weltgeschichte*, Bonn.
Rosa, Hartmut (2005), *Beschleunigung. Die Veränderung der Zeitstruktur in der Moderne*, Frankfurt/M.
Sennett, Richard (2008), *Handwerk*, Berlin.
Sennett, Richard (2012), *Zusammenarbeit. Was unsere Gesellschaft zusammenhält*, Berlin.

Strukturprobleme der Krisenbewältigung: Weshalb die Wachstumskritik vom Kapitalismus nicht schweigen sollte

Thomas Barth und Tilman Reitz

Viele wünschenswerte Maßnahmen, die mit dem Wachstumsparadigma brechen, scheinen weit unterhalb der Großalternative ›kapitalistisch‹ oder ›sozialistisch‹ zu liegen, nicht wenige setzen einfach bei veränderbarem individuellen Verhalten an. Die Menschen reicher Staaten müssten Anreize erhalten, weniger ressourcenintensive Produkte zu kaufen und wegzuwerfen, solche Güter öfter zu reparieren und nicht ständig von der anderen Seite der Welt zu beziehen; komplementär scheint ein Ausbau personaler Dienstleistungen von der Erziehung bis zur Pflege ökonomisch im Trend, sozial sinnvoll und (wenn man nicht den Tourismus dazuzählt) ökologisch verträglich zu sein; statt kleiner Teile der gebildeten Mittelklassen könnten auch die Vermögenden und die relativ Armen auf bewussten Konsum umstellen; in Fragen der Energieversorgung, Ressourcenerhaltung und Müllentsorgung sollten alle Betroffenen effektiv mitentscheiden können. Wenn nicht mehr davon rascher umgesetzt wird, könnte das an tief verwurzelten Wachstumsdispositionen liegen – *oder* an Systemzwängen der kapitalistischen Wirtschaft und Politik. Um klarer zu sehen, was von beidem zutrifft, ist noch einige Arbeit zu leisten. Während sich marxistische Intellektuelle erst seit einiger Zeit vermehrt kritisch auf das Thema Wachstum einlassen, thematisieren Wachstumsgegnerinnen selten konsequent die wirtschaftlichen und politischen Mechanismen, die eine Umstellung schwierig machen und sind besonders skeptisch gegenüber der Analyse kapitalistischer ›Systemzwänge‹.

Unser Beitrag setzt sich mit wachstumskritischen Positionen auseinander, die Kapitalismuskritik nicht nur vermeiden, sondern explizit ablehnen, weil sie davon ausgehen, dass das Thema Kapitalismus für ihre Anliegen sowohl analytisch als auch praktisch-politisch nicht entscheidend ist. Wir wollen dagegen zeigen, dass die von ihnen problematisierten Aspekte gegenwärtigen Wirtschaftens (wie Konsum als Wachstumsmotor,

Industrialismus, lange Zulieferketten) nur im Zusammenhang kapitalistischer Vergesellschaftung adäquat zu verstehen sind. Dabei gehen wir über rein ökonomische Fragen hinaus und diskutieren, inwiefern die Politik der kapitalistischen Gesellschaft als Wachstumstreiber wirkt oder wirken muss. Abschließend fragen wir, ob sich zukünftig auch eine kapitalistische Demokratie ohne Wachstumsimperativ etablieren könnte.

1.   Kapitalismus oder Industriegesellschaft?

Ob eine kapitalismuskritische Perspektive die Krise gesellschaftlicher Naturverhältnisse erklären und mögliche Lösungsperspektiven erschließen kann, ist schon lange umstritten. Auch in der wachstumskritischen Debatte der Gegenwart wird diese Auseinandersetzung geführt (vgl. zum Beispiel Foster 2011; Latouche 2012; Mahnkopf 2012; Brand 2014; Lorenz 2014). Wenngleich schon bei Marx und Engels viele verstreute Hinweise auf die Bedeutung von Natur und die Spezifik kapitalistischer Naturverhältnisse zu finden sind (vgl. zum Beispiel Schmidt 1993 [1964]; Foster 2000; Eagleton 2011: 226ff.), ist marxistischen Ansätzen nicht ganz zu Unrecht vorgehalten worden, für ökologische Fragestellungen unsensibel zu sein.[1] Eine Kluft zwischen den ›Grünen‹ und den ›Roten‹ bestand bzw. drohte besonders aufgrund der unterschiedlichen Bewertung der Produktivkraftentwicklung (vgl. zum Beispiel Gorz 1980; Lipietz 1993): Der ›Wachstumssozialismus‹ wurde ebenso Gegenstand der Kritik wie der ›Wachstumskapitalismus‹. Auch wenn dem Marxismus dabei vorgehalten wurde, »seinen prophetischen Wert verloren« (Gorz 1980: 8) zu haben, blieb Kapitalismuskritik für die Analyse der Wachstumskrise doch unverzichtbar.

Viele Wachstumskritiken der Gegenwart schreiben ›dem Kapitalismus‹ dagegen theoretisch wie praktisch allenfalls eine sekundäre Rolle zu. Einerseits identifizieren diese Beiträge analytisch andere, spezifischere Faktoren als die wirklichen Wachstumstreiber. Die wissenschaftlich-technische Entwicklung industrialisierter Gesellschaften, die kapitalintensive, kreditfinanzierte industrielle Arbeitsteilung, der Konsumismus sowie falsche politische Anreize sind einige maßgebliche Kandidatinnen (vgl. zum Beispiel

---

1 Vgl. Flemming/Pichler/Plank 2015, die von dieser Beobachtung ausgehen, um dann aber verschiedene marxistische Ansätze zur Analyse zerstörerischer kapitalistischer Naturverhältnisse zu diskutieren.

Lorenz 2014: 40f.; Paech 2012: 103ff.; Seidl/Zahrnt 2010). Immerhin – so führt etwa Lorenz (2014: 40) an – haben gerade auch die industrialisierten staatssozialistischen Gesellschaften destruktiv in die Ökosysteme eingegriffen. Auch hier stand das Wirtschaftswachstum »an erster Stelle« (Leibiger 2003: 35), sodass die kapitalistische Verwertungs- und Eigentumslogik für die Erklärung des Zusammenhangs von Wachstum und Umweltzerstörung nicht hinreichend sein kann.

Sich bloß kritisch auf ›den Kapitalismus‹ zu beziehen, führe – so etwa die prominenten Wachstumskritiker Tim Jackson und Niko Paech – *andererseits* auch in der Frage *praktischer* Veränderung nicht weiter. Beide Autoren fordern zwar einen grundlegenden Bruch mit den herrschenden Wirtschafts- und Vergesellschaftungsformen. Eine revolutionäre Abschaffung des Kapitalismus gilt ihnen jedoch als problematisches Ziel. Jackson (2011: 80) argumentiert aus Sicht einer ›Reform von oben‹, dass ein Neuanfang auf den Trümmern der »alten Institutionen« in einer Welt von knappen Ressourcen, Klimawandel und wirtschaftlicher Instabilität »nicht ungefährlich« sei. Die notwendige »gewaltige Umgestaltung« müsse »in konkreten Schritten erfolgen, und dazu benötigen wir die Regierungen und all die, die politische Strategien entwerfen oder beeinflussen können«. Für Paech (2012: 139ff.; vgl. Paech in diesem Band), der eine ›Reform von unten‹ favorisiert, verspricht die revolutionäre Perspektive umgekehrt zu wenig Wandel. Für ihn »hat das Festhalten an der sogenannten Macht- oder Systemfrage bislang nur in eine Sackgasse geführt. Einem Überfluss an wohlfeilen politischen Forderungen [...] stehen umso eklatantere Defizite an gelebten sozialen Praktiken gegenüber, die mit der Situation vereinbar wären, die dann resultierte, wenn der geforderte Wandel einträte« (ebd.: 140).

Wir werden im Folgenden zunächst die analytischen Einwände gegen kapitalismusbezogene Wachstumskritik diskutieren und dabei spezifisch kapitalistische Probleme von *Profitorientierung, Konsum* und *Technologie* hervorheben. Im anschließenden zweiten Hauptteil zur Rolle des Wachstums in kapitalistischen Demokratien kommen wir dann auch auf die praktisch-politischen Einwände zu sprechen.

(1) Insofern in kapitalistischen Gesellschaften das vorrangige Ziel der Warenproduktion quantitative Profitgenerierung und nicht die qualitative Bedürfnisbefriedigung ist, unterliegen sie strukturellen Wachstumszwängen,

die, wo sie unbeeinträchtigt wirken, ökologisch destruktive Folgen haben.[2] Der Kern der kapitalistischen Produktionsweise, die Aneignung von Mehrwert durch die Kapitalbesitzenden, bedingt in doppelter Hinsicht einen hochgradig dynamischen und expansiven Prozess: Einerseits impliziert schon die Grundformel des Kapitals, G–W–G', auf der Zirkulationsebene stetiges Wachstum: Am Ende jeder erfolgreichen Nutzung von Geld (G) als Kapital, das Waren (W) zu Produktionszwecken kauft, muss eine größere Summe (G') stehen, die wieder den Ausgangspunkt eines neuen Zyklus bildet. Andererseits agieren die Unternehmen unter Bedingungen der Konkurrenz, was sie im Produktionsprozess dazu zwingt, die Produktivkräfte laufend weiterzuentwickeln, um profitabler zu produzieren als konkurrierende Unternehmen. »Bei Strafe des Untergangs« (Engels 1987: 217) sind die Unternehmer demnach gezwungen, die Mehrwertproduktion fortlaufend auszuweiten und zu intensivieren. Die Dynamik der Kapitalakkumulation ist nicht zuletzt deshalb ökologisch destruktiv, weil die auf Unendlichkeit abzielende, tauschwertorientierte Produktion von der qualitativen Dimension abstrahiert, dass endliche Naturstoffe unter Nutzung von Energie durch Arbeit transformiert werden (vgl. Karathanassis 2003: 89ff.; Jones 2011: 56f.). Die Verselbstständigung der quantitativen (wertmäßigen bzw. monetären) gegenüber den qualitativen (stofflichen) Aspekten der Produktion bedingt eine auf Endlosigkeit angelegte Umformung begrenzter Ressourcen und eine Überlastung ökologischer Tragekapazitäten. Eine überwiegend kapitalistisch produzierende Gesellschaft ist folglich der Form nach eine Wachstumsgesellschaft ohne ökologische Sensibilität. Die in ihr gleichwohl fortlaufend erzielten Effizienzgewinne zahlen sich ökologisch nicht aus, weil die frei werdenden Mittel aus dem Kreislauf der Akkumulation nicht herausgenommen, sondern wieder investiert werden, um die Grundlage eines weiteren Wachstumszyklus zu bilden. Derartige systemisch bedingte Rebound-Effekte machen die Einsparungen umweltfreundlicher Technologien weitgehend zunichte (vgl. Santarius 2012).

(2) Der *Konsum* gilt mit guten Gründen als zentraler Teil der Wachstumsproblematik: Zum einen, sozial-ökologisch betrachtet, weil ein Teil der Menschheit weitaus mehr konsumiert, als es einer einigermaßen gleichen

---

2 Hier ist nicht der Raum, um den auf der marxistischen Kapitalismusanalyse aufbauenden Theorien der Krise gesellschaftlicher Naturverhältnisse im Detail und differenzierend nachzugehen. Vgl. für einen Überblick zum Beispiel Dietz/Wissen 2009 und Flemming/Pichler/Plank 2015.

Verteilung der Tragekapazitäten der Erde auf alle Menschen der Welt entspräche, sodass ein Teil der Weltbevölkerung »über die Verhältnisse anderer« lebt (Lessenich 2014; Prell/Sun 2015); zum anderen, sozial-kulturell betrachtet, weil der »demonstrative Konsum« (Veblen 1899) der oberen und mittleren Klassen nicht nur besonders ressourcenintensiv ist, sondern Nachahmung bei den unteren Klassen provoziert (die inzwischen auch selbst mit stilistischen Innovationen Wellen demonstrativen Konsums auslösen). Soziale Ungleichheit wirkt demnach mehrfach konsumsteigernd. Konsum macht unter diesen Bedingungen jedoch nicht glücklich, weil der Nutzen eines distinktiven Konsumgutes mit steigender Quantität und Verbreitung sinkt, was die Konsumspirale weiter antreibt (vgl. Stengel 2011: 185; Paech 2012: 110ff.). Schließlich resultiert, wenn Bedürfnisbefriedigung, Glücks- und Ansehenssteigerung trotzdem in Warenform versprochen werden kann, ein massiver Ausbau privater, erwerbbarer Konsumgüter und ein Rückbau bzw. Verfall öffentlicher Güter (vgl. Jones 2011: 63).

Jedoch wäre es verfehlt, die Probleme des Konsums lediglich als solche der Konsumierenden zu begreifen. Dazu tendiert aber eine Lesart, die beim Konsum als dem »Kern des Wachstumsmotors« (Røpke 2010: 103ff.) ansetzt und nicht bei den historisch-spezifisch eingebetteten Konsumweisen und -normen kapitalistischer Gesellschaften (vgl. Sablowski 2010). Sie verfehlt so drei wesentliche Punkte:

Erstens kann eine Analyse, die vom Ende der Wertschöpfungskette, also von den konsumierenden Haushalten ausgeht, nicht fragen, welche Rolle der zu realisierende Tauschwert von Waren für die Produktion von Gütern in kapitalistischen Gesellschaften spielt (vgl. zum Beispiel Foster u.a. 2010: 391ff.). Vieles spricht dafür, dass die andauernde Expansion konsumierbarer Waren eher durch den erwarteten Profit als durch spontane Nachfrage-schübe ausgelöst wurde. Die »Überflussgesellschaft« ist nur bei einer Wirtschaftsweise möglich, in der ökonomische Krisen nicht aus Knappheit, sondern aus Überakkumulation und -produktion resultieren, weil über kurz oder lang die Nachfrage nicht hoch genug ist, um die produzierten Waren abzunehmen (vgl. Zinn in diesem Band). Die bereits besprochene charak-teristische Trennung von quantitativen und qualitativen Aspekten, von Tausch- und Gebrauchswert, bedingt folglich auch eine Problematik des Konsums.

Zweitens ist auch die Nachfrage nicht losgelöst von den sozialen Verhält-nissen zu sehen, in denen sie sich entwickelt – weder von einer Lebenswelt, in der zunehmend alle Bedürfnisse und Wünsche an Konsum gekoppelt werden (vgl. etwa die Studien von Hochschild (2006) und Illouz (2003) zum emotionalen Kapitalismus) noch von einer Warenästhetik und Werbung, die durch eine Art *hidden curriculum* an die »konsumgebundenen Standards und Leitbilder« heranführt und »einen konsumorientierten Way of Life selbstverständlich macht« (Stengel 2011: 185). Klassisch-marxistisch hat diesen Zusammenhang Haug (1972; 1980) analysiert, eine betont nicht-reduktionistische Analyse bietet Baudrillard (2000 [1970]), für den die Orientierungs- und Abgrenzungsfunktionen des Konsums eigenständig zu betrachten, aber trotzdem durch kapitalistische Glücksversprechen und Ungleichheit bedingt sind.

Weniger der Konsum als solcher und aus sich heraus ist somit ein ökologisch problematischer Wachstumstreiber. Entscheidend ist *drittens* vielmehr, weshalb sich die Formen der Bedürfnisbefriedigung überhaupt in der umrissenen Weise verändert haben. Hier wird bereits der Nexus von Politik und Kapitalismus sichtbar, den wir im zweiten Teil ausführlich betrachten werden. Einerseits macht es erst die kapitalistische Freisetzung großer Bevölkerungsteile aus subsistenzwirtschaftlichen Kontexten, ihre Konstitution als Lohnabhängige, notwendig, die Bedürfnisbefriedigung vorrangig über den Markt zu organisieren. Die andere Seite dieses Strukturwandels ist, dass erst eine breite Masse von Konsumierenden die nötige Nachfrage für eine kapitalistische Wirtschaft erzeugt. Die Regulationstheorie hat eindrücklich die Kopplung von Massenproduktion und Massenkonsum im fordistischen Akkumulationsregime analysiert (vgl. Karathanassis 2003: 124ff.). Für die Phase seit den 1980er Jahren wurde schließlich sogar das Aufkommen von »Konsumentendemokratien« (Blühdorn 2013: 24) behauptet. Im Zuge der Digitalisierung und Internationalisierung der Produktion konnte nicht nur der Konsum von Waren in immer kürzeren Produktzyklen beschleunigt und intensiviert werden. Zugleich wurden auch gesellschaftliche (Alternativ-)Bewegungen, ihre Lebensformen und Normen, in kapitalistische Verwertungskreisläufe einverleibt. Individualisierter Konsum als Ersatz für Politik – oder optimistischer betrachtet als Ergänzung von Politik – steigert die Bedeutung des Warenerwerbs und -verbrauchs weiter (vgl. Candeias 2009: 324ff.; Blühdorn 2013, 2006; Heath/Potter 2005). Derartige Entwicklungen lassen sich nun nicht nur im historischen Rückblick studieren, sondern (*mutatis mutandis*) auch aktuell in Entwicklungs- und Schwellenländern, zumal bei den dortigen Mittelklassen (vgl. Lange/Meier 2009; Boris 2013).

(3) Die Umgestaltung der Mensch-Natur-Verhältnisse durch technischen Fortschritt und Industrialisierung scheint weniger offensichtlich an die Dynamik kapitalistischer Akkumulation gebunden zu sein. So betont zum Beispiel Lorenz (2014: 44; vgl. Lorenz in diesem Band) im Anschluss an Giddens (1996: 75ff.), dass es sich bei Kapitalismus und Industrialismus um zwei verschiedene »institutionelle Dimensionen der Moderne« (ebd.: 75) handele. Dies müsse beachtet werden, »wenn ihre jeweilige Relevanz für ökologische Fragen beurteilt werden soll« (Lorenz 2014: 44), wobei »Industrialismus und Kapitalismus in ihren Eigenheiten und ihrem Zusammenspiel« (ebd.: 45) zu betrachten wären. Eine solche analytische Differenzierung ist wohl sinnvoll (wenn man den ›Industrialismus‹ als institutionelle Realität betrachten kann), aber was bedeutet sie konkret?

Giddens (1996: 80) benennt als Kernmerkmale von Kapitalismus die »Kapitalakkumulation im Kontext wettbewerbsorientierter Arbeits- und Produktionsmärkte«; kennzeichnend für die »moderne Industrie« sei hingegen das Ziel der »Umgestaltung der Natur« bzw. ein »Bündnis von Wissenschaft und Technik«, das eine umfassend »gestaltete Umwelt« erzeugt (ebd.: 81). Offen bleibt dabei, was die *Richtung* des technisch-industriellen Fortschritts bestimmt. In Verbindung mit den angesprochenen Zwängen der Produktivitätssteigerung ergibt sich ein Bild, das unmittelbar auf grundlegende Kennzeichen des Kapitalismus zurückführt: Das vornehmliche Kriterium der industriellen Umgestaltung der Natur ist in unserer Gesellschaft ihre Profitabilität. Zwar erklärt sich die Dynamik des wissenschaftlich-technischen Fortschritts ebenso wenig wie die Dynamik des Konsumierens allein aus der Kapitalbewegung, da etwa auch Strategien staatlich-militärischen Machtausbaus und eine (institutionell variabel gestaltete) Eigenlogik wissenschaftlichen Erkenntnisstrebens eine Rolle spielen. Doch die Weiterentwicklung von Technologien wird überwiegend durch die Privatwirtschaft genutzt, häufig von ihr beauftragt und ist selbst im öffentlich-akademischen Sektor zunehmend auf sie ausgerichtet. In diese Richtung mussten die früher staatszentrierten Prognosen der »Wissensgesellschaft« (wie Bell 1973 und Gouldner 1979) korrigiert werden; jüngere Diagnosen seit Reich (1991), Castells (1997) oder Willke (1998) setzen übereinstimmend bei der privaten Wissensproduktion und -verwertung an.[3]

---

3 Der staatliche Anteil an Innovationen bleibt hoch – doch er dient privaten Profitzwecken. Mariana Mazzucato hat zum Beispiel gezeigt, wie stark Apple öffentliche Forschungen nutzt: »Tatsächlich steckt in einem iPhone nicht eine einzige Technologie, die nicht

In den USA wurde mit dem Bayh-Dole-Act von 1980 und umliegenden Entscheidungen die akademische Forschung durchgreifend auf privatwirtschaftliche Nutzung orientiert (vgl. etwa Slaughter/Leslie 1997; Slaughter/ Rhoades 2004; Berman 2012). Das aber bedeutet, dass sich in der Regel nur jene technischen Entwicklungen in der Breite durchsetzen, die sich als ökonomisch profitabel erweisen, sodass die Dynamik des wissenschaftlich-technischen Fortschritts und die Richtung der Naturtransformation eng an die Ziele von Unternehmen gebunden sind. Zur Sache der Allgemeinheit – also politisch – werden sie nur im Notfall, nämlich wenn Teilen dieser Allgemeinheit Gefahr droht oder sich sozialer Protest regt. Gefahren oder Schäden ohne hinreichend starke Betroffenengruppen bleiben unbearbeitet.

Ökologische Sensibilität wird also nur unter bestimmten Bedingungen politisch relevant und durchsetzbar. Das ökonomische Wachstum, das wir bisher mit Blick auf Kapitalverwertung dargestellt haben, ist bereits seit Langem auch eine allgemeine Angelegenheit. Es erschöpft sich nicht in strukturellen Zwängen und einzelkapitalistischen Interessen, sondern stellt ein übergreifendes politisches Ziel dar, und sein Ausbleiben treibt kapitalistische Demokratien offenkundig in die Krise. Fälle wie die südeuropäischen Länder sprechen für sich – zumindest beinahe. Denn wenn Wachstum in einer Mehrheit technisch fortgeschrittener Gesellschaften ökologisch und ökonomisch fragwürdig wird, muss die Wachstumsabhängigkeit ihrer Politik eigens und neu untersucht werden.

2.　　Der Staat der kapitalistischen Wachstumsgesellschaft

Der systemische Zusammenhang von Kapitalismus und Wachstum lässt sich nach dem Gesagten leicht formulieren: Die ›Wirtschaft‹ muss wachsen, damit der profitgetriebene Wettbewerb in Gang bleibt, und dieser Wettbewerb zwingt umgekehrt die Unternehmen zu stetiger Expansion. Etwas technischer kann man festhalten, dass unternehmerische Tätigkeit einen positiven »Durchschnittsprofit« erbringen muss, denn »sonst besteht

---

staatlich finanziert wurde« (2013: 22). Obwohl Mazzucato die gleichzeitige Steuervermeidung Apples skandalisiert (ebd.: 211–229), sieht sie den Staat allerdings selbst als »Katalysator neuer Investitionen«, der »Chancen für künftiges Wachstum eröffnet« (ebd.: 20).

im Durchschnitt kein Anreiz für Unternehmen zu investieren. Gleichzeitig forciert die Wettbewerbsdynamik auf [...] deregulierten Märkten einen Wachstumsdrang, durch den Unternehmen bestrebt sind, möglichst hohe Umsätze und Gewinne zu erwirtschaften« (Schmelzer/Passadakis 2011: 46). Für »Stagnations- oder Schrumpfungsphasen« (ebd.) oder sogar im Horizont einer »säkularen Stagnation« (Summers 2013, siehe auch die Beiträge von Zinn und Reuter in diesem Band) sollte man allerdings ergänzen, dass auch ein Nullsummenwettbewerb mit »Beschleunigung der Kapitalkonzentration« möglich ist (ebd.: 47) und dass nicht reinvestierbare Überschüsse auch unproduktiv, in Form von »Luxuskonsum« (ebd.) verbraucht werden können. Im einen Fall lohnt sich das Investieren nur noch für wenige Gewinner, sodass immer mehr Geld in immer kleineren Kreisen (von Unternehmen oder Familien) zusammenfließt, im anderen Fall greifen deren Mitglieder zunehmend direkt auf die Güter und vor allem Dienste der anderen zu. Eine ›neofeudale‹ Mischung aus beidem, die Wachstum durch wachsende parastaatliche Machtkonzentration und ostentativen Konsum ersetzt, sehen einige Autoren als lang- und inzwischen mittelfristige Zukunft des Kapitalismus (so Keynes und, ihn zuspitzend, Zinn in diesem Band). Damit gerät allerdings das kapitalistische Wirtschaften in eine merkliche Spannung zu sozial effektiver Demokratie. Um die Rolle und konkrete Gestalt staatlicher Wachstumspolitik zu begreifen, muss diese Spannung genauer untersucht werden. Wenn die etablierten politischen Akteure sich auf das Ziel eines kontinuierlich wachsenden Bruttoinlandsprodukts verpflichten, vollstrecken sie nicht einfach ökonomische Imperative, sondern sind zusätzlich in Strukturzwängen kapitalistischer Staatlichkeit und Regierung befangen.

Worin bestehen diese Zwänge genau, und wie verhalten sie sich zu den Grunderfordernissen kapitalistischer Wirtschaft? Für unsere Antwort setzen wir bei staatstheoretischen Konzeptionen der 1970er Jahre an (a), um dann historisch-differenzierend herauszuarbeiten, dass es immer schon verschiedene kapitalistische Wachstumsregimes gab (b).

(a) Zur Verdeutlichung der Problematik hilft es, einen ökonomisch-sozialstrukturellen Zusammenhang auszuführen, der im bisher Gesagten bereits impliziert (und eigentlich eine Tautologie) ist, vor kurzem jedoch eindrucksvoll von Thomas Piketty (2013) belegt wurde: »Liegt die Kapitalrendite deutlich und dauerhaft über der Wachstumsrate, so trägt das [...] konstitutiv zu wachsender Vermögensungleichheit bei« (ebd.: 479). Umgekehrt wird

also nur unter Wachstumsbedingungen ein umverteilender Wohlfahrtskapitalismus möglich sein. Das ist unmittelbar wichtig für kapitalistische
Demokratien, in denen *zwei* Triebkräfte wirken: der Akkumulationsdrang
der auf Profit angelegten Wirtschaft *und* der Anspruch der gesamten wahlberechtigten Bevölkerung, am gesellschaftlichen Reichtum teilzuhaben. Es
betrifft aber auch nicht-demokratische Staaten, da selbst autoritäre oder diktatorische Herrschaft massenhafte Zustimmung organisieren muss. Piketty
zeigt historisch, dass tatsächlich nicht nur Demokratien auf Massenwohlstand hingearbeitet haben. Erst die Erschütterungen der beiden Weltkriege,
der in ihnen beteiligten und ihnen nachfolgenden Systemkämpfe führten zu
massiven Vermögensverlusten und einer bis weit in die gesellschaftliche
Mitte verbreiteten »Infragestellung des Privateigentums« (Therborn 2000:
39). Als Folge wurde Wohlstand in die Mitte und sogar in die ärmeren Teile
der Gesellschaft umgeleitet, bevor sich der Trend seit den 1970er Jahren
wieder umgekehrt hat (vgl. auch Crouch 2008; Streeck 2013).

In diesem Horizont hat (neben anderen) Claus Offe die Wechselabhängigkeit von ›Kapitalismus‹ und ›Demokratie‹ theoretisch rekonstruiert.
Er hebt dabei drei Faktoren hervor, die alle weiter in Kraft sind: 1) die
Angewiesenheit der herrschenden Klasse(n) bzw. der kapitalistischen
Unternehmen auf eine Ordnungsinstanz, die ihre Konkurrenz einhegt, die
Verhältnisse zu den unteren Klassen pazifiziert und Infrastrukturen bereitstellt; 2) die komplementäre Angewiesenheit des regulierenden Staates auf
Steuereinnahmen; 3) die Tendenz dieses Staats, zur Bewältigung seiner Aufgaben sowie besonders zur Sicherung seiner (demokratischen) Legitimation
zunehmend mehr Geld auszugeben. Alle drei Punkte schließen Wachstumsziele ein, etwa das einer möglichst ausgedehnten Erwerbsarbeit. Der tendenziell immer weiter steigende Steuerbedarf (oder entsprechender Bedarf an
privater, typisch durch Steuererleichterungen geförderter Spendenaktivität),
der aus 3) folgt, kommt zudem direkt als Wachstumstreiber in Frage. Er
erklärt sich nicht allein daraus, dass die in 1) genannten Aufgaben (wie etwa
bei Bankenrettungen) oft kostspielig sind, sondern auch aus der Alternative,
ob Regierungen demokratischer Staaten etwas umzuverteilen haben – oder
ob sie unmittelbar große Teile ihrer Wählerschaft enttäuschen müssen, weil
die öffentlichen und privaten Budgets enger werden. Hier könnte also das
»Interesse des Staates an sich selbst« (Offe 2006 [1975]: 130f.) unmittelbar
die politische Form von Wachstumszwängen erklären.

Doch eben dieser Punkt ist auch so variabel, dass eine rein theoretische Bestimmung nicht hinreicht. Staatsinterventionistischen Wachstumsmodellen stehen marktliberale gegenüber; Regierungen setzen nicht immer auf wachsende Steuereinnahmen, sondern auch auf Kredite und Inflation, allgemeine Prosperität und private Philanthropie; das ökonomische Interesse größerer Bevölkerungsgruppen kann zweitrangig werden, weil sie nicht zur Wahl gehen, eher religiösen und nationalen Prioritäten folgen oder quasi-religiös an den freien Markt glauben; politische Parteien können konträre Haltungen zur Verteilung pflegen und die Allerreichsten können auf ihren Wettbewerb und die Gesetzgebung Einfluss nehmen (vgl. Winters/Page 2009; Winters 2011). Schließlich ist auch nicht gesagt, dass alle Kräfte im Staat an einem Strang ziehen; der Bundesrechnungshof verfolgt in der Regel andere Interessen als der bereits Vorwahlkampf führende Wirtschaftsminister. Mit Autoren wie Offe (2006 [1975]: 136) und Nicos Poulantzas (2002 [1978]: 163ff.) kann man daher einander widerstreitende Staatsapparate sehen, die erst durch übergreifende »Staatsprojekte« (Jessop 2002: 41f.) temporär auf gemeinsame Ziele ausgerichtet werden.

Ein solches Staatsprojekt könnte auch die Ausrichtung auf Wachstum selbst sein. Zwar konnten in der Geschichte der ›Carbon Democracy‹, der erst durch Kohle, dann durch Erdöl umgestellten Sozialordnung, die Arbeitenden der industriellen Kernländer auf verschiedene Weise Anteile am gesteigerten Güterausstoß erkämpfen (vgl. Mitchell 2009, 2011). Doch das Versprechen, dass alle Erwerbstätigen ständig mehr Konsumgüter zur Verfügung haben, wurde erst in der Zeit nach dem Zweiten Weltkrieg systematisch an ›Wachstum‹ gebunden. Matthias Schmelzer (2015) hat anhand der Diskurspolitik der OECD (und ihrer Vorgängerorganisation) nachgezeichnet, wie das BIP als zentraler Indikator für ökonomisches Wachstum fixiert, dieses Wachstum seinerseits als Allheilmittel für soziale Probleme entdeckt sowie als universeller Fortschrittsmaßstab etabliert wurde (vgl. auch Steurer 2004). Mit ihm war ein diskursiver Horizont für Klassenkompromisse gefunden:

»Most importantly, growth promised to turn difficult political conflicts over distribution into technical, nonpolitical management questions of how to collectively increase GDP. By thus transforming class and other social antagonisms into apparent win–win situations, it [...] played a key role in producing the stable postwar consensus around embedded liberalism« (Schmelzer 2015: 5).

Die sozialistischen Staaten und die neoliberale Politik konnten hier anschließen bzw. noch mehr Wachstum versprechen.

Die Massengesellschaften vor dieser Phase haben ihre Kompromisshorizonte dagegen anders dargestellt – und es ist nicht ausgemacht, ob sich die gemeinsame BIP-Orientierung in Zeiten sinkender Wachstumsraten aufrechterhalten lässt. Zudem erlaubt die allgemeine Staatstheorie keine näheren Aufschlüsse über verschiedene Wachstumsmodelle. Offe hat zwar bereits reflektiert, wie die durch Meadows u.a. (1972) prominent gewordene Wachstumsskepsis politisch verarbeitet werden kann. Sein Ergebnis ist jedoch, dass sich das Resultat funktional kaum prognostizieren oder erklären lässt. Absehbar sind allein Interessenkonflikte: »Solange staatliche Wachstumspolitik sich darauf beschränken konnte, materielle Voraussetzungen [...] für ökonomisches Wachstum bereitzustellen«, habe sie es »vermocht, die Interessen von Einzelkapitalien mit gesamtwirtschaftlichen Imperativen und diese wiederum mit den institutionalisierten Interessen des Wählerpublikums verträglich zu machen; sobald aber [...] nicht mehr nur quantitative, sondern auch qualitative Kriterien für wirtschaftliches Wachstum durchgesetzt werden müssen, versagt die einheitsstiftende Kraft der Wachstumsstrategie« (Offe 2006 [1972]: 73f.). Wenn nicht mehr alle Bereiche wachsen sollen, sondern einige »Industrien [...] einem administrativ verfügten Schrumpfungsprozess zum Opfer« fallen (ebd.), sind stattdessen Durchsetzungskämpfe zu erwarten. Um zu sehen, welche Interessen hier weshalb chancenreich werden, hilft eine regulations- oder hegemonietheoretische Perspektive, die konkrete Klassenbündnisse und ethisch-politische Neuerungen erörtert.

(b) Die Stichworte hierfür liegen vor, sie wurden jedoch bisher nicht systematisch auf unser Problem angewendet. Wichtig ist *erstens* ein Begriff für politisch-ökonomische Wachstumsstrategien, der unterhalb des historischen Wachstumsparadigmas ansetzt. Hier bietet sich der Begriff des ›Akkumulationsregimes‹ an, der seit Michel Agliettas (2000 [1976]) Analysen des US-amerikanischen Fordismus die spezifischen Weisen bezeichnet, in denen die Möglichkeit profitabler Kapitalverwertung sichergestellt wird. Der Begriff hebt hervor, dass immer schon bestimmte Staatsleistungen (vom Kolonialismus bis zum Sozialstaat) die Möglichkeiten dieser Verwertung sichern, dass dabei verschiedene ›Kapitalfraktionen‹ (etwa Finanz- oder Industriekapital) und auch die abhängig Arbeitenden (etwa als Konsumentinnen) eine Rolle spielen. Er verweist auf allgemeines ökonomisches Wachstum, entscheidet jedoch nicht vor, wie es angelegt ist und gestaltet wird. Einen entscheidenden Anhaltspunkt dafür gibt *zweitens* der Ansatz, dass in verschiedenen Regimes unterschiedlich zusammengesetzte ›Machtblöcke‹ das Geschehen bestimmen. Sie bilden »eine von inneren Widersprüchen gekennzeichnete Einheit von politisch herrschenden Klassen und Fraktionen« (Poulantzas 1980 [1968]: 239) dieser Klassen oder des Staatsapparats. Als Beispiel hierfür bietet sich ein Vergleich des (stark vereinfacht gesprochen) industriell-sozialbürokratischen Machtblocks der 1950er bis 1970er Jahre mit dem finanzkapitalistisch-marktliberalen in den 1990er und 2000er Jahren an. Doch für die Machtfrage sind auch die untergeordneten Klassen essenziell, zumal dann, wenn man Akkumulationsregimes *drittens* mit Antonio Gramsci (1991 [1948ff.]: 499, 1567) an einen ethisch-politischen Grundkonsens bzw. an ›Hegemonie‹ bindet. Die eine Seite ihrer Einbindung besteht darin, dass auch die Untergeordneten Vorteile und Mitspracherechte erhalten, die sich in verbindlichen ethischen Standards (bis hin zu ›Nachhaltigkeit‹) niederschlagen; die Rückseite kann kollektiver Egoismus des ethisch-politischen Kollektivs gegenüber Nichtzugehörigen sein (etwa gegenüber ausgebeuteten oder zur Auslagerung von Müll genutzten anderen Weltteilen).

Bezogen auf Wachstum macht diese Liste zweierlei deutlich. Einerseits setzen alle bisher bekannten Akkumulationsregimes unter anderem auf Versprechen allgemeiner Wohlstandssteigerung – nur so konnte der Industriekapitalismus im späten 19. und frühen 20. Jahrhundert auch für die wahlberechtigte Arbeiterschaft legitimiert, der demokratische und der totalitäre Fordismus weithin attraktiv gemacht, der neoliberale Abbau sozialer Sicherheiten beworben werden. Andererseits haben diese Versprechen aber sehr verschiedene Gruppen und Orientierungen aktiviert: Unternehmerinnen, Manager und Funktionärinnen, Staats- und Finanzeliten, Facharbeiterinnen und Kreative; individuelle Profitsuche und korporatistische Kooperation, Disziplin und Flexibilität, Opferbereitschaft und Rücksichtslosigkeit, zukünftig vielleicht transparentes, formal legitimiertes Entscheiden. Und jedes Mal haben diese Akzente bedeutet, dass einige faktisch mehr profitieren, zuletzt das Finanzkapital.

Jede Wachstumsaussicht, die sich heute herausbildet, wird ebenso eine Entscheidung für bestimmte Gruppen und Leitorientierungen beinhalten, die umgekehrt andere benachteiligt – und die Frage stellt sich (wieder) verschärft als eine der internationalen Verteilung. In ressourcen-, klima- und abfallpolitischen Auseinandersetzungen wird zunehmend deutlich (und seit dem Leitbild der Nachhaltigen Entwicklung explizit), dass der nordwestliche Lebensstil nicht universalisierbar ist. Ulrich Brand und Markus Wissen haben ihn daher als »imperiale Lebensweise« bezeichnet – und darauf hingewiesen, dass er immer weiteres Wachstum verlangt.[4] Gleichzeitig ist er hochgradig attraktiv für breite Bevölkerungsschichten der *emerging economies*, deren wachsende Güternachfrage fest in den Bilanzen westlicher Konzerne eingeplant ist (vgl. Brand/Schmalz in diesem Band). So wie die internationale Konkurrenz unter diesen Vorzeichen unter anderem ein Kampf darum ist, welche Region ihre Natur zerstören muss, damit andere unbegrenzt konsumieren können, ist die globale Klimapolitik auch ein Kampf darum, welche Regionen ökonomisch noch in welcher Weise wachsen dürfen. Die Regierungen der »Konsumentendemokratien« können ihre sozial disparaten Bevölkerungen hierbei zumindest als Zwangsgemeinschaften (potenziell) global Privilegierter ansprechen. Vielleicht ist die Frage nach den möglichen Akkumulationsregimes inzwischen allerdings nicht mehr identisch mit jener nach der dominanten Wachstumspolitik. Es scheint zumindest denkbar, dass sich auch kapitalistische Sozialordnungen herausbilden, die mit der Stagnation zu leben lernen. Die Frage nach politischer Legitimation bzw. Zustimmung stellt sich dann allerdings verschärft.

3. Kapitalistische Demokratien in der säkularen Stagnation

Wenn kapitalistische Demokratien bisher strukturell auf Wirtschaftswachstum basieren bzw. versprechen, eine insgesamt wachsende Gesamtmenge an Gütern zu verteilen, ist völlig offen, wie ihre Funktionstüchtigkeit anders gewährleistet werden könnte. Stellt man die Frage hegemonietheoretisch, erhält man weder eine notwendige Lösungsrichtung noch eine klare Zusammenbruchsprognose, sondern eine Reihe alternativer Szenarien. Vorab lässt sich dann nur sagen, dass das Spektrum aussichtsreicher Hegemonieprojekte systemisch bedingte Grenzen hat – Postwachstum mit Umverteilung nach unten ist, wie sich zeigen wird, nicht kapitalistisch denkbar – und dass es durch verschiedene mögliche Klassenbündnisse strukturiert ist. Mario Candeias (2014) hat verschiedene solcher Projekte und Szenarien diskutiert. Allgemein macht seine Analyse deutlich, dass auch eine ökologisch neu

---

4 »The ability to promise and secure growth and progress is particularly important in this respect. It provides the material basis of the imperial mode of living« (Brand/Wissen 2012: 552).

orientierte Politik, von der Förderung umweltfreundlicher Wirtschafts-
sektoren bis zum sozialstaatlich regulierten Green New Deal, in der Regel
nicht ohne Wachstumsversprechen auskommt und sei es in der Form
»ökosozialer Wachstumsökonomie« (ebd.: 315). Rechnet man dagegen mit
einem anhaltenden Stagnationstrend, stellt sich die Frage tendenziell als
Systemfrage. Unter dieser Bedingung bleiben nämlich wohl nur zwei
Grundmöglichkeiten (mit internen Variationen) übrig:

(a) Da bei einer stagnierenden kapitalistischen Wirtschaft auch die Möglichkeiten schrumpfen, Legitimation zu organisieren, sind die Ressourcen
demokratischer Zustimmung als solcher gefährdet. Ein denkbares Szenario
wäre damit ein *autoritärer Neoliberalismus* (Candeias 2014: 306), der weder
ökologische Nachhaltigkeit noch Wachstumsimpulse versprechen kann und
deshalb eher auf Zwangs- als auf Konsensinstrumente setzen muss. Den
Trend, dass der Kapitalismus zukünftig mit reduzierter Demokratie
auskommen wird, haben verschiedene Autoren gesehen. Wolfgang Streeck
(2013: 77f.) erwägt, dass die Entscheidungen im überschuldeten Staat nun
dauerhaft »unter der Kontrolle internationaler, gegen demokratische
Beteiligung isolierter Regierungs- und Finanzdiplomatie« stehen könnten.
Griechenland wäre dann das erste Opfer einer Politik des permanenten
ökonomischen Ausnahmezustands (Vogl 2015), in dem auch gegen die
Bevölkerungen Austerität durchgesetzt wird. Nutznießer und treibende
Kräfte der Entwicklung wären die Eigentümer großer Vermögen, politisch
einflussreiche Unternehmen, Teile der politischen Eliten sowie der um ihren
Wohlstand besorgten Mittelklassen.

Auch die autoritäre Politik braucht allerdings Zustimmungsquellen, die
diese Klassen ansatzweise untereinander und mit untergeordneten verbindet. Integrierend könnten vor allem neue bzw. striktere Grenzziehungen
zwischen Anspruchsberechtigten und Ausgeschlossenen wirken. Ingolfur
Blühdorn (2013: 20) nimmt an, dass die Demokratie »zwar zur gerechteren
Verteilung von Wohlstandszugewinnen geeignet [ist], weit weniger jedoch
zur gerechten Verteilung von Einschnitten.« Die westlichen Demokratien
erlebten daher eine Transformation, die als »ein großer Prozess der Entsolidarisierung, ein umfassender Ausstieg aus dem egalitär-redistributiven
Projekt« (ebd.: 158) begriffen werden müsse. Konkret sind verschiedene
Linien der Entsolidarisierung erkennbar, von der internationalen bis auf die
lokale Ebene. Das europäische Projekt ist seit der Durchsetzung der

deutschen Position gegen Griechenland, aktuell im Streit um Flüchtlingsaufnahme, von nationalen Egoismen bedroht. National blühen rechtspopulistische Parteien und Bewegungen auf, die das Wohlstandsniveau ihrer Klientel gegen die noch Ärmeren abzusichern versprechen, teils mit sozialstaatlichen Elementen (wie im Front National), teils mit antisozialer Schlagseite (wie in der AfD oder FPÖ). Regional oder lokal verteidigen wohlhabende Schichten ihre Privilegien und ihre Lebensqualität, vom Hamburger Schulstreit über die bayerische Stromtrassenpolitik bis hin zu den Protesten gegen den Frankfurter oder Münchner Flughafenausbau und den Stuttgarter Bahnhofsumbau. Bei fortgesetzt autoritärer Sparpolitik bieten sich mithin alle Arten von Partikularismus als Ventil an.

Die Vielfalt der Spaltungslinien zeigt allerdings auch, dass das neoliberalautoritäre Projekt anhaltend von Klassenkonflikten bedroht ist. Denkbar wäre sogar eine Entwicklung, in der sich eine umfassende Klassenopposition bildet: eine breite Front der bedrohten Mittelklassen gegen eine zunehmend delegitimierte Oberschicht. Ein praktisches Anzeichen dieser Front bilden die bürgerlichen Protestbewegungen der letzten Jahre: Occupy, die gemäßigten Teile von Podemos und Syriza, die erwähnten Gegnerinnen technisch-infrastruktureller Großprojekte, vermutlich sogar Teile der rechtsbürgerlichen und rechtspopulistischen Elitenkritik. Theoretisch ist sie noch deutlich klarer artikuliert: Autoren wie Thomas Piketty (2013), Joseph Vogl (2015), Sighard Neckel (2013) oder (weniger polemisch) Jeffrey Winters (2011) kritisieren zunehmend das Finanzkapital, die Vermögenden und Superreichen, die nicht durch Leistung im Wettbewerb, sondern durch Erbe, Schließungsstrategien und Monopole in eine nahezu unangreifbare ökonomische Machtstellung gelangt sind und sie auf Kosten der arbeitenden Allgemeinheit ausnutzen. Politisch könnte ihre Stellung weniger sicher sein – gerade auf dem Feld ökologisch destruktiven Wachstums, wo die Konzerne des Kohle-, Öl- und Atomzeitalters zunehmend in die Defensive geraten.

(b) Diese Konstellation könnte die Grundlage für ein *zweites, alternatives Szenario* bilden, wenn es den Vertreterinnen linker Alternativen gelänge, sich programmatisch oder in der Substanz ihrer Vorschläge auf einen Postwachstums-Horizont zu orientieren. Zur Debatte stünde dann ein »grüner Sozialismus« (Candeias 2014: 318), der die private Akkumulation einschränkt, um stattdessen effektive öffentliche Infrastrukturen auf- und auszubauen. Dies könnte den abhängig Beschäftigten, Prekären und Ausgeschlossenen, aber auch den Mittelklassen wirkliche Verbesserungen versprechen. Die konzeptionell und politisch aktive »Mosaiklinke« (ebd.) hätte dabei eine doppelte, umfassende strategische Aufgabe: Sie müsste neue Regeln entwickeln, mit denen die Allgemeinheit wieder vermehrt und legitimiert auf privaten Reichtum zugreifen kann, und sie müsste die Mittelklassen aus ihren Bündnissen mit denjenigen lösen, die Kapital kontrollieren und anhäufen. Eine verstärkte Bereitstellung öffentlicher Güter (Bildung, Wissen, Betreuung, medizinische Versorgung, Wohn- und Interaktionsraum ...), deren Produktion ökologisch verträglich ist und deren Nutzung die Lebensqualität steigert, eine demokratisierte Technikentwicklung, weniger irreversible Ressourcenvernutzung, freie individuelle Zeit und kulturelle Entwicklung jenseits der Gewinnmaximierung wären dann keine zwangsläufigen Folgen, aber zumindest realistische Ziele. Mit dieser Restrukturierung der Produktions- und Lebensweise würde die politische und ökonomische Logik nicht mehr dem Wachstumsimperativ folgen, aber auch nicht primär wachstumsbegrenzend operieren. Wachsen müsste nicht das Bruttoinlandsprodukt, sondern der Anteil kollektiv nützlicher und individuell erwünschter Arbeitsverhältnisse, schrumpfen würde etwa der Anteil von Erwerbsarbeit im Leben der Einzelnen.

Ein solches Projekt hätte allerdings nicht allein mit »starkem Widerstand von Kapital und alten Eliten« (ebd.: 327) zu rechnen. Es würde vielmehr rasch in politische und ökonomische Engpässe führen. Der Absatz führender Unternehmen (etwa in der deutschen Exportindustrie) würde beschränkt, der Staat würde bei der Umstellung auf teure und wenig profitable, weil kaum rationalisierbare Dienstleistungen massiv Steuereinnahmen verlieren[5] und müsste zugleich die Ausgaben für öffentliche Dienste erhöhen, reiche Nationen müssten ihre gesamte Energie-Infrastruktur umbauen und sich verpflichten, bisher auf den globalen Süden abgeschobene ökologische Lasten umfassend mitzutragen. Eine Regierung mit diesem Programm würde also voraussehbar scheitern – und Parteien, die es vertreten, hätten bereits davor Schwierigkeiten, Unterstützung zu finden. Die strukturellen und strategischen Selektivitäten des kapitalistischen Staats machen somit den Erfolg verantwortlichen Postwachstums in vielfacher Hinsicht unwahrscheinlich. Schließlich ginge es um eine grundlegend neue Art des Wirtschaftens, das seinen Zweck nicht mehr in sich selbst bzw. in

---

5 Besonders lukrativ sind ja gerade die ökologisch schädlichen Dienstleistungen, namentlich Transport und Tourismus (Jackson 2009: 132, 196).

der Profitmaximierung hat, und um neue Formen demokratischer Staatlich-keit oder Politik, die mehr bieten müssten als eine liberale Rahmenordnung für kapitalistische Akkumulation. Diese Überlegung verdeutlicht grund-sätzliche Probleme des zweiten Szenarios. Ob es aber realistischer ist, in den kapitalistischen Demokratien des Nordens wieder Wachstumsraten wie zur Mitte des 20. Jahrhunderts zu erreichen, ohne direkt auf die ökologische Katastrophe zuzusteuern, darf bezweifelt werden.

Literatur

Aglietta, Michel (2000 [1976]), *A Theory of Capitalist Regulation: The US Experience,* Neuausg. m. Nachw., London.

Baudrillard, Jean (2000 [1970]), *Die Konsumgesellschaft. Ihre Mythen, ihre Strukturen,* hg. v. Kai-Uwe Hellmann u. Dominik Schrage, Wiesbaden.

Bell, Daniel (1973), *The Coming of Post-industrial Society. A Venture in Social Forecasting,* New York.

Blühdorn, Ingolfur (2006), Billig will ich. Post-demokratische Wende und simulative Demokratie, *Forschungsjournal NSB,* Jg. 19, H. 4, S. 72–83.

Blühdorn, Ingolfur (2013), *Simulative Demokratie: Neue Politik nach der postdemokra-tischen Wende,* Berlin.

Boris, Dieter (2013), Neue Tendenzen in den Sozialstrukturen Lateinamerikas, *Prokla,* Jg. 43, H. 170, S. 137–152.

Brand, Ulrich (2014), Kapitalistisches Wachstum und soziale Herrschaft. Motive, Argumente und Schwächen aktueller Wachstumskritik, *Prokla,* Jg. 44, H. 175, S. 289–306.

Brand, Ulrich/Wissen, Markus (2012), Global Environmental Politics and the Imperial Mode of Living: Articulations of State–Capital Relations in the Multiple Crisis, *Globalizations,* Jg. 9, H. 4, S. 547–560.

Candeias, Mario (2009), *Neoliberalismus – Hochtechnologie – Hegemonie: Grundrisse einer transnationalen kapitalistischen Produktions- und Lebensweise. Eine Kritik,* 2., verb. Aufl., Hamburg.

Candeias, Mario (2014), Szenarien grüner Transformation, in: Michael Brie (Hg.), *Futuring. Perspektiven der Transformation im Kapitalismus über ihn hinaus,* Münster, S. 303–329.

Castells, Manuel (1997), *The Rise of the Network Society. The Information Age: Economy, Society and Culture,* Oxford u.a.

Crouch, Colin (2008), *Postdemokratie,* Frankfurt/M.

Dietz, Kristina/Wissen, Markus (2009), Kapitalismus und »natürliche Grenzen«: Eine kritische Diskussion ökomarxistischer Zugänge zur ökologischen Krise, *Prokla,* Jg. 39, H. 156, S. 351–369.

Eagleton, Terry (2011), *Why Marx was Right*, New Haven.

Engels, Friedrich (1987 [1875–1883]), *Die Entwicklung des Sozialismus von der Utopie zur Wissenschaft*, Marx Engels Werke, Bd. 19, Berlin, S. 189–228.

Flemming, Jana/Pichler, Melanie/Plank, Christina (2015), Alle knechtenden Verhältnisse umwerfen – und doch ein paar Bäume stehen lassen. Zum Verhältnis von marxistischer Theorie und sozial-ökologischen Fragen, in: Alex Demirović/Sebastian Klauke/Etienne Schneider (Hg.), *Was ist der »Stand des Marxismus«? Soziale und epistemologische Bedingungen der kritischen Theorie heute*, Münster, S. 141–156.

Foster, John Bellamy (2000), *Marx's Ecology: Materialism and Nature*, New York.

Foster, John Bellamy (2011), Capitalism and Degrowth. An Impossibility Theorem, *Monthly Review*, Jg. 62, H. 8.

Foster, John Bellamy/Clark, Brett/York, Richard (2010), *The ecological rift: Capitalism's war on the earth*, New York.

Giddens, Anthony (1996), *Konsequenzen der Moderne*, Frankfurt/M.

Gorz, André (1980), *Ökologie und Freiheit. Beiträge zur Wachstumskrise 2*, Reinbek bei Hamburg.

Gouldner, Alvin (1979), *The Future of Intellectuals and the Rise of the New Class*, New York.

Gramsci, Antonio (1991 [1948ff.]), *Gefängnishefte. Kritische Gesamtausgabe*, Bd. 9, H. 22, hg. v. W. F. Haug u.a., Hamburg.

Haug, Wolfgang Fritz (1972), *Kritik der Warenästhetik*, Frankfurt/M.

Haug, Wolfgang Fritz (1980), *Warenästhetik und kapitalistische Massenkultur*, Berlin.

Heath, Joseph/Potter, Andrew (2005), *Konsumrebellen: Der Mythos der Gegenkultur*, Berlin.

Hochschild, Arlie R. (2006), *Das gekaufte Herz. Die Kommerzialisierung der Gefühle*, erw. Neuausg., Frankfurt/M./New York.

Illouz, Eva (2003), *Der Konsum der Romantik. Liebe und die kulturellen Widersprüche des Kapitalismus*, Frankfurt/M.

Jackson, Tim (2009), *Prosperity without Growth. Economics for a Finite Planet*, London/Sterling/VA.

Jackson, Tim (2011), *Wohlstand ohne Wachstum: Leben und Wirtschaften in einer endlichen Welt*, München.

Jessop, Bob (2002), *The Future of the Capitalist State*, Cambridge/Malden/MA.

Jones, Andrew W. (2011), Solving the Ecological Problems of Capitalism: Capitalist and Socialist Possibilities, *Organization & Environment*, Jg. 24, H. 1, S. 54–73.

Karathanassis, Athanasios (2003), *Naturzerstörung und kapitalistisches Wachstum: Ökosysteme im Kontext ökonomischer Entwicklungen*, Hamburg.

Lange, Hellmuth/Meier, Lars (Hg.) (2009), *The New Middle Classes: Globalizing Lifestyles, Consumerism and Environmental Concern*, New York.

Latouche, Serge (2012), Can the Left Escape Economism?, *Capitalism Nature Socialism*, Jg. 23, H. 1, S. 74–78.

Leibiger, Jürgen (2003), Die Linke und das Wirtschaftswachstum. Versuch einer Positionsbestimmung, *Supplement der Zeitschrift Sozialismus* 4/2003, Hamburg.

Lessenich, Stephan (2014), Westlicher Wohlfühlkapitalismus lebt nicht über seine Verhältnisse. Er lebt über die Verhältnisse anderer, *Süddeutsche Zeitung*, Nr. 250, 30.10.2014, S. 9.

Lipietz, Alain (1993), Politische Ökologie und Arbeiterbewegung. Ähnlichkeiten und Unterschiede, *Prokla*, Jg. 23, H. 92, S. 387–95.

Lorenz, Stephan (2014), *Mehr oder weniger? Zur Soziologie ökologischer Wachstumskritik und nachhaltiger Entwicklung*, Bielefeld.

Mahnkopf, Birgit (2012), Wachstumskritik als Kapitalismuskritik, in: Klaus Dörre/Dieter Sauer/Volker Wittke (Hg.), *Kapitalismustheorie und Arbeit: Neue Ansätze soziologischer Kritik*, International labour studies, Frankfurt/M., S. 389–409.

Mazzucato, Mariana (2013), *Das Kapital des Staates: Eine andere Geschichte von Innovation und Wachstum*, München.

Meadows, Dennis/Meadows, Donella/Zahn, Erich/Milling, Peter (1972), *Die Grenzen des Wachstums: Bericht des Club of Rome zur Lage der Menschheit*, Stuttgart.

Mitchell, Timothy (2009), Carbon Democracy, *Economy and Society*, Jg. 38, H. 3, S. 399–432.

Mitchell, Timothy (2011), *Carbon Democracy. Political Power in the Age of Oil*, London/ New York.

Neckel, Sighard (2013), »Refeudalisierung« – Systematik und Aktualität eines Begriffs der Habermas'schen Gesellschaftsanalyse, *Leviathan*, Jg. 41, H. 1, S. 39– 56.

Offe, Claus (2006 [1972]), Tauschverhältnis und politische Steuerung. Zur Aktualität des Legitimationsproblems, in: Jens Borchert/Stephan Lessenich (Hg.), *Strukturprobleme des kapitalistischen Staates*, veränderte Neuausg., Frankfurt/M., S. 67–94.

Offe, Claus (2006 [1975]), Berufsbildungsreform: Eine Fallstudie über Reformpolitik, in: Jens Borchert/Stephan Lessenich (Hg.), *Strukturprobleme des kapitalistischen Staates*, veränderte Neuausg., Frankfurt/M., S. 127–152.

Paech, Niko (2012), *Befreiung vom Überfluss. Auf dem Weg in die Postwachstumsökonomie*, München.

Piketty, Thomas (2013), *Das Kapital im 21. Jahrhundert*, München.

Popp Berman, Elisabeth (2012), *Creating the Market University. How Academic Science Became an Economic Engine*, Princeton/NJ.

Poulantzas, Nicos (1980 [1968]), *Politische Macht und gesellschaftliche Klassen*, Frankfurt/M.

Poulantzas, Nicos (2002 [1978]), *Staatstheorie: Politischer Überbau, Ideologie, autoritärer Etatismus*, Hamburg.

Prell, Christina/Sun, Laixiang (2015), Unequal Carbon Exchanges: Understanding Pollution Embodied in Global Trade, *Environmental Sociology*, Jg. 1, H. 4, S. 256– 267.

Reich, Robert (1991), *The Work of Nations. Preparing Ourselves for 21st Century Capitalism*, New York.

Røpke, Inge (2010), Konsum: Der Kern des Wachstumsmotors, in: Irmi Seidl/ Angelika Zahrnt (Hg.), *Postwachstumsgesellschaft: Konzepte für die Zukunft*, Marburg, S. 103–115.

Sablowski, Thomas (2010), Konsumnorm, Konsumweise, in: Wolfgang Fritz Haug/Frigga Haug/Peter Jehle (Hg.), *Historisch-kritisches Wörterbuch des Marxismus*, Bd. 7.2, Berlin, S. 1642–1654.

Santarius, Tilman (2012), *Der Rebound-Effekt. Über die unerwünschten Folgen der erwünschten Energieeffizienz*, Wuppertal.

Schmelzer, Matthias (2015), The Growth Paradigm: History, Hegemony, and the Contested Making of Economic Growthmanship, *Ecological Economics 118*, S. 262–271.

Schmelzer, Matthias/Passadakis, Alexis (2011), *Postwachstum. Krise, ökologische Grenzen, soziale Rechte*, Hamburg.

Schmidt, Alfred (1993 [1964]), *Der Begriff der Natur in der Lehre von Marx*. 4., überarb. u. verb. Aufl. mit einem neuen Vorwort, Hamburg.

Seidl, Irmi/Zahrnt, Angelika (Hg.) (2010), *Postwachstumsgesellschaft: Konzepte für die Zukunft*, Marburg.

Slaughter, Sheila A./Leslie, Larry L. (1997), *Academic Capitalism. Politics, Policies, and the Entrepreneurial University*, Baltimore/Md./London.

Slaughter, Sheila A./Rhoades, Gary S. (2004), *Academic Capitalism and the New Economy. Markets, State, and Higher Education*, Baltimore/Md./London.

Stengel, Oliver (2011), *Suffizienz: die Konsumgesellschaft in der ökologischen Krise*, München.

Steurer, Reinhard (2004), Politische Manifestationen einer wissenschaftlichen Auseinandersetzung: Die Wachstumskontroverse im Spiegel der deutschen Wirtschafts- und Umweltpolitik, ZfU, Jg. 27, H. 3, S. 349–390.

Streeck, Wolfgang (2013), *Gekaufte Zeit. Die vertagte Krise des demokratischen Kapitalismus*, Berlin.

Summers, Lawrence (2013), Why stagnation might prove to be the new normal, *Financial Times*, 15.12.2013, http://www.ft.com/cms/s/2/87cb15ea-5d1a-11e3-a558-00144feabdc0.html.

Therborn, Göran (2000), *Die Gesellschaften Europas 1945–2000. Ein soziologischer Vergleich*, Frankfurt/M.

Veblen, Thorstein (1986 [1899]), *Theorie der feinen Leute: Eine ökonomische Untersuchung der Institutionen*, Frankfurt/M., S. 79–107.

Vogl, Joseph (2015), *Der Souveränitätseffekt*, Zürich u.a.

Willke, Helmut (1998), Organisierte Wissensarbeit, *Zeitschrift für Soziologie*, Jg. 27, H. 3, S. 161–172.

Winters, Jeffrey/Page, Benjamin (2009), Oligarchy in the United States?, *Perspectives on Politics*, Jg. 7, H. 4, S. 731–751.

Winters, Jeffrey (2011), *Oligarchy*. Cambridge u.a.

II. Stagnationstendenz oder ungleiches Wachstum?

Vom Industriekapitalismus zum Neofeudalismus? Überlegungen zu einer Zukunft auslaufenden Wirtschaftswachstums

Karl Georg Zinn

Die folgende Argumentation tritt der weit verbreiteten Meinung entgegen, Kapitalismus wäre ohne Akkumulation nicht möglich. Am Zukunftshorizont zeichnen sich für die hoch entwickelten kapitalistischen Volkswirtschaften prinzipiell zwei Optionen für die Gestaltung der Produktionsverhältnisse ab: Kapitalismus ohne Wachstum, also *Neofeudalismus* in verschiedenen Versionen, oder der Übergang zu einem *nicht-kapitalistischen System* im Sinn von Postwachstums-Entwürfen.[1] Es mag jede(r) selbst einschätzen, welche Alternative für die nicht sehr ferne Zukunft der kommenden zwei bis drei Generationen als die realistischere erscheint. Die beiden Szenarien, die im Folgenden umrissen werden, lassen sich als neofeudal kennzeichnen.

Der Ausdruck »Neofeudalismus« wird gegenwärtig aus politikwissenschaftlicher Sicht rein pejorativ verwendet – als eine Art postindustrielle Perversion des Kapitalismus. Doch auch ein freundlicheres Szenario eines »Kapitalismus ohne Wachstum« (Zinn 2015a: 205ff.) ist möglich, wie sich zeigen wird. Wesentlich ist für jede Art von Neofeudalismus, dass die Akkumulation endet. Historisch bedenklicher mag der Begriff Neofeudalismus erscheinen, weil sich Assoziationen zum mittelalterlichen Feudalsystem aufdrängen. Der Begriff erscheint dennoch angemessen, sofern drei wesentliche Gemeinsamkeiten von vorindustriellem Feudalismus und nachindustriellem Neofeudalismus herausgestellt werden.

Erstens sind beide Formationen durch *einfache Reproduktion* im Sinn der Marxschen Definition charakterisiert.[2] Kapitalakkumulation, also *profitwirtschaftliche* Nettoinvestition, spielt keine oder nur eine nachrangige Rolle. Das

---

1 Vgl. zum Überblick Schmelzer/Passadakis (2011); Rätz/von Egan-Krieger u. a. (2011).
2 Wesentlich für die einfache Reproduktion bzw. eine stationäre Wirtschaft ist die konsumtive Verwendung des gesamten Mehrprodukts, das heißt keine Akkumulation bzw. keine Nettoinvestition. Das ist durchaus vereinbar mit weiterem Produktivitätswachstum,

bedeutet, dass die Vermögensbildung zwecks gewinnorientierter Produktionssteigerung gegenüber anderen Arten der Vermögenskumulation in den Hintergrund tritt – und treten kann, weil das Gesamtvermögen weit mehr als nur profitsuchendes Kapital umfasst. Dieser ökonomische Sachverhalt ist die wesentliche Gemeinsamkeit von vorindustriellem Feudalismus und neofeudalistischen Formationen.

Zweitens bleiben im Neofeudalismus die gesellschaftliche Spaltung in Arm und Reich, das Privateigentum an Produktionsmitteln und damit auch die Besitzeinkommen prinzipiell bestehen. Wie im alten Industriekapitalismus kann jedoch die sozialökonomische Ungleichheit variieren, das Ausmaß der Mehrwertproduktion und der Umfang der Aneignung fremder Arbeit schwanken. Im alten Feudalismus basierten die Besitzeinkommen vornehmlich auf Eigentum an Grund und Boden bzw. an der Natur im weiten Sinn. Im Neofeudalismus verlagert sich diese Funktion in großem Ausmaß auf Beteiligungen an den produzierten Produktionsmitteln (unter anderem Aktien), wie das bereits aus dem Industriekapitalismus hinlänglich bekannt ist.

Drittens bedeutet der Neofeudalismus einen historischen Wechsel – vom dynamischen Industriekapitalismus zu einer wachstumsträgen bzw. stagnierenden Sozialökonomie. Solche Veränderungen der materiellen »Basis« bleiben nicht ohne Folgen für den »Überbau«, insbesondere nicht für die institutionalisierten Machtstrukturen. Der Wechsel zu einer anderen sozialökonomischen Formation wird zudem nach einer gewissen zeitlichen Anpassungsverzögerung auch die mentale Einstellung der Gesellschaftsmitglieder neu prägen und bleibt nicht ohne ideologische Reflexe. Jedenfalls wird sich das Problemlösungsversprechen der Politik nicht mehr mit Wachstumsverheißungen glaubwürdig propagieren lassen, wenn Akkumulation und Wachstum schwinden.

---

da gegebenenfalls durch den Ersatz verbrauchter Produktionsmittel produktivitätswirksamer technischer Fortschritt realisiert wird. Es ist somit auch möglich, dass das statistische Durchschnittseinkommen noch steigt, sofern das Arbeitsvolumen unverändert gehalten wird (siehe Abschnitt 4.2). Ob Stagnation zugleich auch demografisches Wachstum ausschließt, hängt von der präzisen Definition der einfachen Reproduktion bzw. stationären Wirtschaft ab.

Die Argumentationsschritte dieses Textes sind, dass die Stagnationstendenzen[3] des gegenwärtigen Kapitalismus dauerhaft sein dürften (1) und woraus sie sich erklären (2), welche auch politisch bedingten Ungleichheitsstrukturen den Wandel zur Nicht-Wachstumsökonomie vorstrukturieren (3), welche Versionen von Neofeudalismus prinzipiell möglich sind (4) und wie sich der Übergang dorthin vollziehen könnte (5).

1. Die längste Krise des Industriekapitalismus und kein Ende in Sicht

Als sich in der zweiten Hälfte der 1970er Jahre abzeichnete, dass die Arbeitslosigkeit eher zu- als abnehmen würde und damit die Verteilungsquoten wieder zu Lasten der abhängig Beschäftigten verändert würden, lag die Einschätzung nahe, dass diese Entwicklung tendenziell »neofeudale« Verhältnisse hervorbringen könnte – sozusagen eine moderne Domestikengesellschaft mit extremem Einkommensgefälle zwischen Dollar-Milliardären und Prekariat (Zinn 1978: 79ff.). Leider war die Befürchtung zutreffend. Seit dem wirtschaftspolitischen Wechsel vom Keynesianismus der ersten Jahrzehnte nach Ende des Zweiten Weltkriegs zum Neoliberalismus sank in fast allen Ländern der OECD (Organisation of Economic Cooperation and Development) die Wirtschaftsaktivität unter das Vollbeschäftigungsniveau. Inzwischen dauert die Phase der Massenarbeitslosigkeit schon mehr als 30 Jahre. So lange hatte dieser Zustand in den altindustrialisierten Volkswirtschaften zuvor noch nie angehalten. Überall wirkte der Disziplinierungsdruck der Massenarbeitslosigkeit und in den angelsächsischen Ländern kam es zur offen antigewerkschaftlichen Politik. Die Lohnquoten sanken und die realen Arbeitseinkommen blieben meist hinter dem gesamtwirtschaftlichen Produktivitätswachstum zurück oder stagnierten völlig. Die als »Umbau« deklarierten Einschränkungen sozialstaatlicher Lei-

---

3 In der Literatur findet sich zwar kein einheitlicher Stagnationsbegriff, aber stets ist ein relativ geringes oder ganz ausbleibendes Wachstum gemeint. Als wesentliches Stagnationskriterium wird im Folgenden ein Wachstumstrend unterhalb der Beschäftigungsschwelle verstanden, das heißt das Beschäftigungsvolumen geht ceteris paribus zurück. Vgl. die entsprechende Definition, die hier als verbindlich betrachtet wird, von Edith Penrose (1972: 137ff.).

stungen gingen einher mit einer wieder stark zunehmenden Verteilungsungleichheit und mehr sozialen Abstiegs- als Aufstiegsbewegungen. Die kommerzialisierten Massenmedien propagierten die privatkapitalistische Landnahme als »alternativlose Reformpolitik« (Müller 2004).

Die neue Situation dauerhafter Wachstumsabschwächung wird von den Wirtschaftswissenschaften, der Politik und den Medien vorwiegend als vorübergehend, als eine Art reparierbarer Maschinenschaden beschönigt. Warnungen, dass die Epoche industriellen Wachstums und anhaltender Akkumulation ausläuft, werden von Konservativen lächerlich gemacht, vom grünen Wirtschaftsliberalismus mit Verweis auf »innovatives Wachstum durch Umweltschutz« zurückgewiesen und von nicht wenigen orthodoxen Wachstumskeynesianern ignoriert. Der unverdrossene Wachstumsglaube versperrt sich dem einfachen Sachverhalt, dass in den reichen Gesellschaften das geschwächte Wachstum längst keine Wohlstandssteigerungen mehr beschert, sondern seine Kosten die Vorteile überwiegen. Die Lasten werden den abhängig Beschäftigten, ihren Familien und generell den einkommensschwächeren Schichten aufgebürdet (Marterbauer 2011).

2. Bewegungsgesetze des Industriekapitalismus – Stagnation statt Zusammenbruch

Von kapitalistischen Bewegungsgesetzen zu reden ist etwas ungenau, denn dabei handelt es sich – von spezifischen Lehrmeinungen abgesehen – stets um die Bewegungsgesetze des *Industriekapitalismus* (Zinn 2015a: 47–83). Charakteristisch für ihn sind sowohl die wiederkehrenden Krisen als auch langfristige Veränderungen, die sich beide aus seinen endogenen Mechanismen erklären. In vorindustriellen Wirtschaftssystemen finden sich keine vergleichbaren Entwicklungsmuster.

2.1 Das gesellschaftliche Mehrprodukt ist die wirtschaftliche Grundlage der Zivilisation

Der Zivilisationsprozess und selbst bestimmte vorstaatliche Herrschaftsformen wären ohne den über Jahrtausende erreichten Anstieg des gesellschaftlichen Mehrprodukts (auch: Überschuss, Surplus) nicht möglich gewesen

(Breuer 2014).[4] Das sei kurz in naturalwirtschaftlicher Dimension erläutert, um die durch geldwirtschaftliche Verhältnisse bedingte Intransparenz der Zusammenhänge zu vermeiden. Deshalb werden auch nicht systematisch die in der (monetären) Volkswirtschaftlichen Gesamtrechnung üblichen Begriffe benutzt.

Die jährliche *Bruttoproduktion* eines Wirtschaftsgebietes (Volkswirtschaft) besteht aus einer Gütermenge, die sich aus Sachgütern und Dienstleistungen zusammensetzt. Um die verbrauchten Produktionsmittel (zum Beispiel Saatgut, Materialien, Werkzeuge usw.) zu ersetzen, also die bisherige Produktionsfähigkeit aufrechtzuerhalten (Substanzerhalt), wird von der Bruttoproduktion der *Ersatzbedarf* abgezogen. Das sei als *Ersatzprodukt* bezeichnet. Die verbleibende *Nettoproduktion* entspricht der *Wertschöpfung* bzw. dem Volkseinkommen.[5] Hiervon kann der Existenzbedarf der Bevölkerung abgezogen werden, der vor allem die Reproduktionskosten der gesellschaftlichen Arbeitskraft umfasst. Es handelt sich um das *notwendige Produkt*. Der verbleibende Rest ergibt das *Mehrprodukt* (Überschuss, Surplus). Entsprechend der Unterscheidung zwischen notwendigem Produkt und Mehrprodukt umfasst die wertschöpfende Arbeit die beiden Komponenten *notwendige Arbeit* und *Mehrarbeit*.

Das *gesellschaftliche* bzw. gesamtwirtschaftliche Mehrprodukt stieg über die Jahrtausende vorwiegend infolge des Bevölkerungswachstums. Denn auch wenn das von der einzelnen Arbeitskraft produzierte Mehrprodukt konstant bleibt, gar sinkt, wird mit der demografisch bedingten Vermehrung der Arbeitskräfte das makroökonomische Mehrprodukt zunehmen.

Der existenznotwendige Güterkorb variiert in geschichtlich beweglichen Grenzen. Wenn die Masseneinkommen über das historisch notwendige Existenzminimum steigen, wie das in den sogenannten Wohlstandsgesellschaften des 20. Jahrhunderts geschah, und das Einkommen nicht mehr voll für den lebensnotwendigen Reproduktionsbedarf aufgewendet werden muss, sondern Komfort- oder gar Luxusgüter konsumiert und Ersparnisse

---

4 Es mag als Paradoxon oder als Widerspruch bezeichnet werden, dass mit steigendem Mehrprodukt der herrschenden Klasse die Mittel verfügbar wurden, die Arbeitskräfte noch rigoroser auszubeuten und ihnen eine noch höhere Mehrarbeit abzupressen. Die arbeitende Menschheit trug und trägt gezwungenermaßen dazu bei, die Ausbeutungsverhältnisse zu stabilisieren und zu verschärfen.

5 Das »Volkseinkommen« umfasst nach landläufigem Verständnis bzw. statistischer Definition auch jene Einkommen, die soziologisch gesehen doch als »Herrschaftseinkommen« bezeichnet werden müssten, aber dafür haben die Ökonomen keinen Fachbegriff kreiert.

gebildet werden, erscheint es prinzipiell sinnvoll, auch einen Teil der Masseneinkommen dem Mehrprodukt zuzurechnen. Im historischen Rückblick und erst recht global[6] gesehen, kam bzw. kommt nur eine Minderheit der Weltbevölkerung in den Genuss, in einer Wohlstandsgesellschaft zu leben. Die Regel ist gesellschaftliche Aufspaltung – in Wohlhabende und Reiche im oberen Bereich der Verteilungspyramide und kärgliche Einkommen, Arbeitsplatzunsicherheit, Abstiegsängste, Deformierung der Lebensverhältnisse, bittere Armut und sozialen Ausschluss weiter unten. Selbst in der wegen ihres Reichtums und der vermeintlich sinkenden Arbeitslosigkeit beneideten Bundesrepublik Deutschland nimmt die Prekarisierung zu. Die tatsächliche, nicht von der Arbeitslosenstatistik geschönte Unterbeschäftigung zeigt sich an dem seit Jahren fast unveränderten Arbeitsvolumen, das heißt an der jährlich geleisteten Arbeitsstundenzahl.[7] Vollzeitstellen werden in Teilzeit und atypische Beschäftigungsverhältnisse aufgespalten und viele Familien erleben die Denormalisierung ihres Daseins. Zumindest für das untere Drittel der deutschen Gesellschaft sind neofeudale Verhältnisse schon halbwegs Realität geworden.

2.2 Das monetäre Mehrprodukt übersteigt tendenziell die Summe der Besitzeinkommen – das historische Novum im Industriekapitalismus

Es ist zumindest ungewohnt, das gesamtwirtschaftliche Mehrprodukt als eine naturalwirtschaftliche Größe, als einen Haufen ganz verschiedener Güter, zu denken. In naturalwirtschaftlichen Größen zu denken ist schon lange

---

6 Das durchschnittliche Jahreseinkommen pro Kopf der Weltbevölkerung erreichte am Ende des ersten Jahrzehnts unseres Jahrhunderts 10.103 US-Dollar. Die reichen Länder erwirtschafteten ein Pro-Kopf-Einkommen von 32.931 US-Dollar; in den ärmsten Ländern (ca. 18,1 Prozent der Weltbevölkerung) lag es bei 1.623 US-Dollar. Auf die 16,8 Prozent der Weltbevölkerung in den reichen Ländern (hoher Wert des Human Development Index) entfielen 53,9 Prozent des globalen Bruttoinlandsprodukts; die armen 18,1 Prozent der Weltbevölkerung darbten mit 2,8 Prozent des globalen BIP (UNDP 2013: 165, 197).

7 Im Jahr 1991 betrug die jährlich geleistete Arbeitsstundenzahl der Erwerbstätigen (Voll- und Teilzeit) 52,089 Milliarden Stunden. Bis 2000 sank das Arbeitsvolumen auf 48,837 Milliarden und erreichte 2005 mit 46,215 Milliarden einen Tiefpunkt. Seitdem stieg das Arbeitsvolumen wieder an – auf 47,846 Milliarden im Jahr 2010 und auf 49,783 Milliarden im Jahr 2014. Vgl. Institut für Arbeitsmarkt- und Berufsforschung: Anhangtabellen zu IAB-Kurzbericht 4/2015; hier zitiert nach: http://doku.iab.de/kurzber/2015/kb0415_Anhang.pdf (18. 07. 2016).

vor dem Finanzkapitalismus aus der Mode gekommen. Unter geldwirtschaftlichen Verhältnissen mutiert das naturale Mehrprodukt zu einer unanschaulichen monetären Größe. Sie ergibt sich als Summe der mit Geldpreisen bewerteten Warenmenge des Mehrprodukts. Alle Besitzeinkommen, also Kapitalprofit, Zins und Bodenrente, werden aus dem monetären Mehrprodukt gespeist. Die Summe der Besitzeinkommen entspricht dem Marxschen Begriff »Mehrwert«. In der vorindustriellen Epoche bestand zwischen monetärem Mehrprodukt und Mehrwert keine große Differenz. Die Arbeitseinkommen überstiegen kaum den notwendigen Reproduktionsaufwand und lagen häufig darunter. Das noch relativ kleine Mehrprodukt wurde (fast) vollständig von der herrschenden Klasse und ihrer Klientel angeeignet, das heißt es entsprach dem Besitzeinkommen, das auf Machtausübung gründet. Im Verlauf der industriekapitalistischen Entwicklung änderte sich die Situation. Das Mehrprodukt stieg stark infolge der wachsenden Arbeitsproduktivität, also der *Zunahme des Mehrprodukts pro Arbeitskraft*, und es gelang der arbeitenden Klasse, in Lohnkämpfen einen Teil vom Mehrprodukt einzubehalten bzw. durch Reallohnsteigerungen zurück zu holen. Der materielle Lebensstandard breiter Bevölkerungsschichten wurde angehoben. So entstanden die besagten Wohlstandsgesellschaften, und mit dem zunehmenden Lebensstandard veränderte sich nicht nur der konsumierte Warenkorb, sondern die steigenden Masseneinkommen schlugen sich auch in einem erheblichen Anstieg der Ersparnisse breiterer Bevölkerungskreise, speziell der wachsenden Mittelschicht nieder. Der Anstieg des Konsumniveaus eines wachsenden Teils der Bevölkerung und seine beachtliche Ersparnisbildung veranschaulichen, dass auch die Arbeitseinkommen über den notwendigen Reproduktionsaufwand stiegen und somit einen Mehrproduktanteil enthalten. Das (monetäre) Mehrprodukt übersteigt die Summe der Besitzeinkommen, also den Marxschen Mehrwert.

2.3   Bewegungsgesetze: Konjunkturzyklus und langfristige Veränderungen

Wie schon kurz erwähnt, lassen sich grob zwei Typen endogen erzeugter Bewegungsmuster des Industriekapitalismus unterscheiden: zyklische und langfristige Veränderungen. Die »gesetzmäßigen« Abläufe werden jedoch durch unvorhersehbare *Zufallsereignisse* im weiten Sinn mehr oder weniger modifiziert. Deshalb gleicht kein Konjunkturzyklus genau seinen Vorgängern und Nachfolgern. Auch die langfristigen Veränderungen mäandern unter dem Einfluss von Zufallsfaktoren. Dennoch bleibt die Entwicklung in einer Art Korridor voraussehbar. Das zeigt sich beispielsweise an der relativ lange im Voraus zutreffend prognostizierten Anteilssteigerung der Dienstleistungsproduktion.[8] Die Tertiarisierung kann wirtschaftspolitisch beschleunigt oder verlangsamt werden. Vor allem hängt aber die Richtung der Dienstleistungsexpansion – qualifizierte, angemessen vergütete Dienstleistungen (Schweden) oder unqualifizierte, unterbezahlte Sweat Jobs (USA) – von der Politik ab. Der Marktmechanismus dient dabei nur als Instrument der Umsetzung dessen, was erlaubt, geboten oder verboten ist.[9]

Für den Übergang vom Wachstum zur Stagnation haben die kurzfristig ausgerichteten Konjunkturtheorien faktisch kaum Erklärungskraft. Deshalb werden nachstehend nur die Theorien gesetzmäßig eintretender Langfristveränderungen ausführlicher erläutert.

1. Die Gesetzmäßigkeiten der *kurzfristigen, zyklischen Bewegung* treten am deutlichsten im »normalen« Konjunkturverlauf zutage, das heißt in der Wiederkehr von Konjunkturschwankungen mittlerer Dauer, den sogenannten Juglar-Zyklen. Ob es auch sehr kurzfristige (Crum-Kitchen) und langfristige (Kondratieff) Zyklen bzw. Lange Wellen gibt, blieb bisher mangels eindeutiger empirischer Bestätigung umstritten.

2. Die *langfristig* eintretenden Veränderungen folgen eigenständigen Gesetzen. Diese Gesetze erlauben, wie gesagt, auch langfristige Entwicklungsprognosen. Zufallsabhängige punktuelle Ereignisse sind hingegen

---

8 Jean Fourastié, dessen Theorie des langfristigen Strukturwandels mit der Keynesschen Stagnationsprognose konvergiert, definierte tertiäre Güter als solche, deren Produktion geringe oder gar keine Produktivitätssteigerung zulassen. Als Standardbeispiel gilt ein Haarschnitt, der vor hundert Jahren etwa den gleichen (zeitlichen) Arbeitsaufwand erforderte wie heute. Sollten sich also bestimmte Dienstleistungen als rationalisierbar erweisen, das heißt Produktivitätssteigerungen zulassen, so sind sie gemäß Fourastiés Definition nicht mehr als »tertiäre«, sondern als »sekundäre« (quasi industriell produzierte) Güter einzuordnen; entsprechend verliert dann der tertiäre Sektor einen Teil seines vorherigen Beschäftigungspotentials (Fourastié 1954).

9 Es ist strittig, ob der Marktmechanismus instrumentell oder als ein sich selbst steuernder Prozess charakterisiert werden sollte. Doch der Drogenmarkt ist nicht dem Marktmechanismus, sondern der Mafia geschuldet; und nicht »die Märkte«, sondern finanzkapitalistische Spekulanten – natürliche Personen – sind für die Finanzkrise verantwortlich. Es war wohl ein geschickter Schachzug des Kapitalismus, sich dadurch aus der Schusslinie zu bringen, dass er Unmut und Kritik auf »die Märkte« ablenkte. So wird nur der Sack geschlagen statt des Esels (Zinn 2015b).

kaum oder gar nicht vorhersehbar. In der folgenden Liste langfristiger Veränderungen des Industriekapitalismus werden wesentliche Trends herausgestellt, für die theoretische Erklärungen vorliegen. Sie stehen wie alle Theorien unter Fallibilitätsvorbehalt oder einfach gesagt gilt auch hier: Irren ist menschlich.

Fortsetzung des *Produktivitätswachstums*; es basiert vornehmlich auf dem *technologischen* Fortschritt, dessen Realisierung als *technischer* Fortschritt Investitionen erfordert, aber nicht unbedingt Nettoinvestitionen, also Akkumulation im eigentlichen Sinn; auch mit den Ersatzinvestitionen sind Prozessinnovationen verbunden. In den Früh- und Aufstiegsphasen der Industrialisierung überwogen bei weitem die Nettoinvestitionen. Sie kumulierten und das damit erreichte Wachstum des gesamtwirtschaftlichen Kapitalstocks ließ auch die Ersatzinvestitionen steigen (Substanzerhalt), so dass der Anteil der Nettoinvestitionen an der Gesamt- bzw. Bruttoinvestition im Trend abnehmen musste. Infolge der Produktivitätssteigerung nehmen das Mehrprodukt pro Arbeitskraft und das statistische Pro-Kopf-Einkommen bzw. das Bruttoinlandsprodukt (BIP) pro Kopf zu, das heißt industrielles Wachstum ist *intensives Wachstum*; hingegen verlief vorindustrielles Wachstum weitgehend extensiv, das heißt das gesellschaftliche Mehrprodukt und das BIP stiegen zwar, wie schon bemerkt wurde, infolge des Bevölkerungswachstums, aber pro Arbeitskraft bzw. pro Kopf blieben Mehrprodukt und BIP (fast) konstant oder sanken sogar zeitweilig – beispielsweise infolge von Missernten. Die Nebenbedingung, dass das demografisch bedingte Wachstum verfügbarer Arbeitskräfte nur dann auch zur Mehrproduktion eingesetzt werden kann, wenn der zur Arbeit komplementäre Produktionsfaktor Boden bzw. umfassender: Natur, verfügbar ist bzw. noch freie Flächen gerodet werden können, sei hier nur erwähnt, aber nicht weiter erörtert.

Der Anstieg des Durchschnittseinkommens verändert die gütermäßige Zusammensetzung der Konsumnachfrage. Denn es wird *absolut* und tendenziell auch *relativ* mehr vom Einkommen gespart.[10] Höhere Einkommen ermöglichen nicht nur eine Steigerung des Konsums gleicher Güter (zum Beispiel *mehr* Nahrungsgüter), sondern die Nachfrage verlagert sich auch auf

---

10 Diese von J. M. Keynes als »fundamentales psychologisches Gesetz« bezeichnete Abhängigkeit der Ersparnis von der Einkommenshöhe ist zweifelsfrei belegt. Als umstritten gilt lediglich, ob es sich »nur« um einen Anstieg der absoluten oder auch der relativen Ersparnis (Sparquote) handelt. Keynes sah das »fundamentale psychologische Gesetz« bereits durch einen absoluten Anstieg der Ersparnis bestätigt. Prinzipiell wurde dieses »Spargesetz« bereits drei Jahrzehnte vor Keynes von Lujo Brentano entdeckt (Zinn 1993: 447–459).

andere, mangels Kaufkraft bisher nicht zugängliche, qualitativ höherwertige Güter (zum Beispiel Unterhaltungselektronik, Ferienreisen). Einzelne Gütergruppen bzw. -märkte stoßen an Sättigungsgrenzen gemäß dem »Gesetz des sinkenden Grenznutzens«. Die Anbieterseite reagiert mit verstärkter Absatzwerbung, Produktvariationen und neuen Produkten (Produktinnovationen). Das Ausmaß sowohl des quantitativen Anstiegs und qualitativen Wandels der Konsumgüternachfrage als auch der Erspariszunahme variiert mit der Einkommensverteilung: Je ungleicher (gleicher) die Verteilung, desto schwächer (stärker) der Konsumwandel (etwa bei der Dienstleistungsnachfrage) und umso größer (geringer) die Zunahme der Ersparnisse.

Aus der Veränderung der Konsumgüternachfrage folgt der bekannte sozialökonomische Strukturwandel – zuerst von der Agrar- zur Industriegesellschaft und dann zur Dienstleistungsgesellschaft. Der sektorale Strukturwandel ist, folgt man Fourastié (1954), eine zwangsläufige, also gesetzmäßige Folge intensiven Wachstums – also kein bloßer »Nebeneffekt«.

Das historisch sehr alte kapitalistische Profitprinzip, Erlöse zu erzielen, die über den Kosten liegen, fand durch die Industrialisierung quantitativ und qualitativ völlig neue Anwendungsbereiche. Sparvermögen konnte nun schier unbegrenzt für die gewinnwirtschaftliche Akkumulation zwecks weiterer Akkumulation verwendet werden; »Mehrwert heckt Mehrwert«, wie Marx konstatierte. Deshalb gewannen die Nettoinvestitionen zunehmende Bedeutung für die gesamtwirtschaftliche Entwicklung. Wie erwähnt, vergrößert jede Nettoinvestition (I) die Masse des Ertragskapitals bzw. den produktiven Kapitalstock (K). Tendenziell sinkt damit die relative Kapitalknappheit. Mit dem Anwachsen des Kapitalstocks nähert sich die Akkumulation bzw. die Nettoinvestitionstätigkeit dann einer Sättigungsgrenze (Keynes: saturation of investment). Die Korrelation der Nettoinvestition mit dem Kapitalstock wechselt von plus nach minus, das heißt sie ändert das Vorzeichen. Auf dem dann nur noch fiktiven Vollbeschäftigungsniveau übersteigt die freiwillige Ersparnis dann *permanent* die freiwillige Nettoinvestition (S>I), weshalb nach bisheriger Erfahrung das Beschäftigungsniveau dauerhaft auf ein »Unterbeschäftigungsgleichgewicht« sinkt. Freiwillige Ersparnis und freiwillige Investition stimmen dann zwar wieder überein, aber eben bei Dauerarbeitslosigkeit bzw. einem BIP unterhalb des Vollbeschäftigungsniveaus.

Technischer Fortschritt (Prozess- und Produktinnovationen) kann, wie erwähnt, auch mit den Ersatzinvestitionen realisiert werden. Mit wachsendem Kapitalstock nimmt auch das Volumen der Ersatzinvestitionen zu und diese erfolgen eben meist auf dem technologisch neuesten Stand. Letztlich mag es also dazu kommen, dass der technische Fortschritt ausschließlich durch Ersatzinvestitionen gewährleistet wird.

Steigende Produktionskapazitäten sind zur Auslastung auch auf steigende Nachfrage angewiesen. Fehlt das notwendige Nachfragewachstum, kann der in Warenform gebundene Mehrwert nicht (vollständig) in die Geldform zurückverwandelt werden. Dieses »*Realisierungsproblem*« zeigt sich zwar auch in den *zyklischen* Überakkumulationskrisen, aber gefährlich wird es für die Akkumulation erst infolge der langfristigen Veränderungen des industriekapitalistischen Systems. Es kommt zur relativen Sättigung. Sie äußert sich eben im dauerhaften Überhang der (freiwilligen) Ersparnis gegenüber der freiwilligen Investition auf dem (nur noch fiktiven) Vollbeschäftigungsniveau. Der Wachstumsprozess verlangsamt sich bis zur Stagnation. Dem kann allenfalls durch verstärkte Rüstungsproduktion, Verschwendungskonsum und andere für Mensch und Natur zerstörerische Praktiken temporär entgegengewirkt werden. Unter dem Einfluss ideologischer Wachstumspropaganda mag das Bemühen, »Wachstum um jeden Preis« zu generieren, durchaus die Zustimmung einer breiten Öffentlichkeit finden. Ob und mit welchen Folgen es »gelingt«, der Stagnation zeitweilig entgegen zu wirken, ist ein (macht-)politisches Problem und hängt im Übrigen von den besagten Zufallseinflüssen sowie dem gesellschaftlichen Aufklärungsniveau ab.

Der Konkurrenzprozess tendiert via *Konzentration und Zentralisierung* des Kapitals zur Selbstvernichtung und verstärkt die Verteilungsungleichheit von Einkommen und Vermögen. Kapitalkonzentration bedeutet per se bereits Zuwachs ökonomischer Macht und sie greift auf die Politik über.

Die wesentliche Erkenntnis aus den industriekapitalistischen Bewegungsgesetzen betrifft den historischen Prozess der Selbsterschöpfung des Wirtschaftswachstums. Der Übergang zur Stagnation infolge des im Trend auslaufenden Akkumulationsprozesses mag durch theoretisch fehlgeleitete Politik (etwa durch den Neoliberalismus) beschleunigt oder auch verzögert werden, doch wird damit die Wirksamkeit der Bewegungsgesetze nicht außer Kraft gesetzt. Die gesellschaftliche Reaktion auf Wachstumsstagnation und damit die Entscheidung für eine bestimmte Zukunftsoption lässt sich hingegen nicht aus den Bewegungsgesetzen herleiten, sondern ergibt sich aus politischen Prozessen – und den ihnen inhärenten Zufällen.

3. Kapitalkonzentration, Oligarchisierung und politische Veränderungen

Konzentration des Kapitals und die monopolartige Beherrschung globaler Produktions- und Zuliefererketten, die durch die Informations- und Telekommunikationstechnik begünstigt, wenn nicht gar erst ermöglicht wurden, gehören zu den endogenen Prozessen des kapitalistischen Systems. Die Oligarchisierung der Kapitalmacht und die damit steigende Wahrscheinlichkeit, demokratisch gewählte Regierungen zu gängeln, ist somit ein Grund neben anderen für die Deformation in Richtung »Postdemokratie« (Crouch 2008).

Die Konzentration unter Stagnationsbedingungen vollzieht sich nur noch nachrangig durch Ausweitung vorhandenen Sachkapitals, also neuer Produktionskapazitäten, und vornehmlich durch Fusion mit und Aufkauf von Firmen. Unter Stagnationsbedingungen können nicht mehr alle Unternehmen im Gleichschritt wachsen. Deshalb verschärft sich der Marktanteilswettbewerb. Faktisch läuft das auf Verdrängungskonkurrenz hinaus. Einzelne, in der Regel kleinere Unternehmen verschwinden und andere sind zu massivem Kapazitätsabbau gezwungen, das heißt Entlassungen und Stilllegung einzelner Produktionsstätten. Diese Anpassungen an eine wachstumsschwache Gesamtsituation werden häufig als Konsolidierung oder Strukturbereinigung bezeichnet, womit dem Konzentrationsprozess beruhigend Normalität zugesprochen wird. Der konzentrationsbedingte Aufstieg von Großunternehmen und transnationalen Konzernen hat weitreichende personelle Konsequenzen. Die Dispositionsmacht ist mehr und mehr in die Hände von angestellten Managern übergegangen. Der Führungswechsel fort vom traditionellen kapitalistischen Eigentümerunternehmer zum »Regime der Manager« begann zwar bereits im frühen 20. Jahrhundert, aber inzwischen erreicht die Verschiebung der kapitalistischen Dispositionsmacht vom unternehmerischen Eigentümer zum karrieristischen Aufsteiger eine neue Dimension. Die Globalisierung beschleunigte den endogenen Wandel des Kapitalismus und verschaffte dem »Regime der Manager« eine zuvor noch nicht erreichte Bedeutung. Nicht zuletzt wurde dadurch der Wechsel zwischen Wirtschaft und Politik häufiger und fast zu einer Normalität.[11] Demokratien erleiden einen für die breitere Öffent-

---

11 Vgl. beispielsweise die einschlägige Personenauflistung von Felix Werdermann, Gesucht: Politiker, gut vernetzt und ohne Skrupel (2015: 6). Präsentiert werden dort folgende mehr oder weniger prominente Damen und Herren: Daniel Bahr, Dirk Niebel, Eckart von

lichkeit kaum merklichen und ihr wohlerwogen verborgenen Funktionswandel. Demokratisch gewählte Regierungen und ihr bürokratischer Apparat werden von der privatkapitalistischen Oligarchie mehr und mehr gelenkt und zu Ausführungsorganen von kapitalistischen Interessen.

3.1 Anpassungsfähigkeit des Kapitalismus und sein unauffälliger Wandel

Abnehmendes Wachstum bis zur völligen Stagnation oder gar Abnahme des BIP *verändert* den Industriekapitalismus. Die Akkumulation im herkömmlichen Sinn läuft aus. Das bedeutet nicht das Ende – gar ein »automatisches« – des Kapitalismus. Die neue Situation erzwingt lediglich einen Anpassungsprozess, der mühsam und wahrscheinlich recht krisenhaft verlaufen wird. Schließlich können sich neue kapitalistische Produktionsverhältnisse herausbilden, die sich als stabil und dauerhaft herausstellen. Der Wechsel zwischen sozialökonomischen Formationen verläuft schleichend – zu langsam, um von der Mehrheit seiner Zeitgenossen bereits als fundamentaler Wandel klar erkannt zu werden. Beispielsweise dauerte es mehr als drei Jahrzehnte, also eine Generation lang, ehe auf der wissenschaftlichen Tagung des Internationalen Währungsfonds (IWF) im November 2013 ein Referent die Frage aufwarf, ob es sich bei der seit Ende der 1970er Jahre anhaltenden Wachstumsschwäche der hoch entwickelten Volkswirtschaften um eine »säkulare Stagnation« handeln könnte, die nur durch verschiedene »Blasen« überdeckt wurde (Summers 2013). Der als Finanzialisierung bezeichnete Versuch der Kapitalanleger, schwindende realwirtschaftliche Akkumulationsmöglichkeiten durch finanzspekulative Geschäfte zu kompensieren, scheint misslungen zu sein. Jedenfalls handelt es sich noch nicht um eine *probate*, sozusagen »nachhaltige« Anpassung an die stagnationsbedingte Veränderung des Kapitalismus. Der IWF-Referent, der das Tabuwort »säkulare Stagnation« zu verwenden wagte, äußerte sich zwar weder zu den Ursachen noch fügte er seiner Situationsdiagnose in die weitere Zukunft reichende Überlegungen hinzu. Bemerkenswert bleibt jedoch die Tatsache, dass überhaupt von *säkularer*, also sehr langfristiger Stagnation, gesprochen wurde und damit die Möglichkeit eines fundamentalen Wandels in den Blick kam – vom Wachstumskapitalismus in eine

---

Klaeden, Gerhard Schröder, Hildegard Müller, Roland Koch, Rezzo Schlauch, Katherina Reiche, Ronald Profalla, Walter Riester.

wachstums- und deshalb auch akkumulationsschwache Zukunft. Die Symptome hierfür sind unübersehbar. Vor allem die inzwischen *seit Jahrzehnten* anhaltende Massenarbeitslosigkeit in den hoch entwickelten Ländern findet, wie dargelegt, keine Parallele in der Vergangenheit. Umso beachtlicher erscheint doch die relative Stabilität der Verhältnisse. Der Kapitalismus steht weder am Abgrund noch gibt es überhaupt eine politisch relevante antikapitalistische Reformbewegung.

3.2 Kapitalismus jenseits der europäischen Grenzen: Global und brutal

Dem »langen 19. Jahrhundert«, das erst 1914 endete, folgte das kurze 20. Jahrhundert, und in seinem letzten Fünftel begann bereits das 21. Jahrhundert. Denn mit der neoliberalistischen Wende seit Beginn der 1980er Jahre wurden bereits die Entwicklungen des 21. Jahrhunderts vorgezeichnet: Wachstumsschwäche, relative Verselbstständigung des Finanzkapitals, Oligarchisierung der Kapitalstrukturen, Demokratieverfall mit zunehmender Entfremdung zwischen Machtträgern und breiter Bevölkerung (Stichworte: Wutbürger, sinkende Wahlbeteiligung) und eine Verstärkung der nationalen und globalen Verteilungsungleichheiten. Der zuletzt genannte Entwicklungsstrang – Kapitalkonzentration → Oligarchisierung → ökonomische und machtpolitische Ungleichheit – gewinnt entscheidendes Gewicht für den denkbaren Übergang zum Neofeudalismus bzw. den Kapitalismus im 21. Jahrhundert. Die verteilungsstatistischen Daten, die in der international bekannt gewordenen Monographie von Thomas Piketty (2014) zusammengestellt wurden, vermitteln eindrucksvoll, wie kapitalistisches Wirtschaftswachstum und Vermögenskonzentration Hand in Hand gingen und Wachstum nur dank historischer »Zufälle« zu mehr Verteilungsgleichheit beitrug. Die Nachwirkungen der wohlfahrtsstaatlichen Jahrzehnte in den altindustrialisierten Ländern des Westens haben in den *jungen* kapitalistischen Schwellenländern kein Pendant, sondern die kapitalistische Globalisierungspolitik brachte ihnen eine modernisierte Version des Manchesterkapitalismus.[12] Die eurozentrisch beschränkte Perspektive zeigt ein viel zu geschöntes Bild des »Kapitals im 21. Jahrhundert«. Über die Herausbildung

---

12 Vgl. die eindrucksvolle Darstellung über Nordindien als paradigmatischen Fall der Globalisierungsfolgen in armen und in Schwellenländern von Rana Dasgupta (2014) sowie das Interview mit Rana Dasgupta in der *Frankfurter Rundschau* (06.01.2015: 32f.); vgl. außerdem Collier (2010).

der globalen Kapital-Oligarchie und die korrespondierenden politischen Verhältnisse lässt sich nicht mehr zutreffend urteilen, ohne die Situation der Mehrheit der Weltbevölkerung, die außerhalb der abendländischen Grenzen lebt, ins Zentrum aller Zukunftsbetrachtungen zu stellen, wie dies – beispielsweise – in der narrativen Studie von Rana Dasgupta (2014) zum neuen indischen Feudalismus geschieht.[13] Dasgupta verdeutlicht die pessimistische Zukunftsperspektive durchgehend mit repräsentativen Meinungsäußerungen seiner Gesprächspartner. Als ein Beispiel sei hier die Zukunftseinschätzung einer ungewöhnlich selbstkritischen indischen Textilfabrikantin zitiert:

»Früher konnte man ein Kapitalist mit Persönlichkeit sein. Man konnte selbst entscheiden, was für ein Ethos man schaffen wollte. Heute spielt es keine Rolle mehr, ob man ein ›netter‹ Mensch ist oder nicht. Es ist vollkommen irrelevant. Heute wissen wir alle, wie abscheulich unser Tun ist, und trotzdem machen wir weiter. Wir sind Teil eines Systems, das von Verzweiflung lebt. Und ein System, das ein solches Maß an Verzweiflung verlangt, wird immer mehr Chaos hervorbringen, und dieses Chaos wird nur durch eine zunehmende Militarisierung der Welt in Schach zu halten sein.« (Dasgupta 2014: 276)

4. Neofeudalismus und seine Versionen

In den vorhergehenden Abschnitten wurde dargelegt, warum die anhaltende Wachstumsschwäche des hoch entwickelten Industriekapitalismus keine vorübergehende Krise darstellt, sondern den Beginn des Übergangs zu einer neuen sozialökonomischen Formation. Die Zukunft gilt zwar als kontingent, aber nicht alle Möglichkeiten können als realistische und gleich wahrscheinliche Zukunftskonstellationen beurteilt werden. Vielmehr lässt sich der historischen Ablösung der industriekapitalistischen Wachstumsperiode durch einen wachstumsschwachen Neofeudalismus hohe Plausibilität geben.

---

13 Vgl. auch Vandana Shiva (2014). Weltweit nimmt Überschuldung von Kleinbauern, insbesondere im Baumwollanbau, infolge der Kosten für Pestizide und genveränderte Samen sowie durch Missernten zu. »Besonders gravierend ist die Situation […] in Indien. […] ›Hohe Verschuldung hat dort nach Schätzungen in den vergangenen zehn Jahren rund 100.000 Baumwollbauern in den Selbstmord getrieben.‹« Siehe Joachim Wille in der *Frankfurter Rundschau* (19.02.2015: 14).

Der alte Industriekapitalismus zeigte sich in unterschiedlichen Versionen, die augenfällig beim Vergleich des US-amerikanischen Unternehmer-Kapitalismus und des sozialstaatlichen Kapitalismus in Europa, insbesondere in Nordeuropa, hervortreten. Auch ein neofeudaler Kapitalismus dürfte länderspezifische Unterschiede aufweisen, die historisch gewachsene kulturelle Differenzen widerspiegeln. Auf solche Varianten wird im Folgenden nicht genauer eingegangen, allerdings werden zwei grundsätzliche Möglichkeiten des »Kapitalismus ohne Wachstum« diskutiert.

Kein ökonomisches Gesetz spricht dagegen, dass sich eine hochvermögende Eigentümerschicht mit ihrer gut dotierten Klientel darauf einrichtet, ohne Wachstum und mit minimaler Akkumulation zugunsten von Exportüberschüssen bzw. Kapitalexporten gut zu leben und es einer kapitalhörigen Regierung zu überlassen, die besitzlosen Schichten irgendwie zu befrieden und einem solchen Regime auf Dauer Legitimität zu verschaffen – gemäß der »Kunst, die Völker zu plündern, ohne sie zugleich zum Aufstand zu treiben« (Condorcet 1976: 134), wie es der französischen Aufklärer Condorcet (1743–1794) zuspitzte. Die mit Ausnahme der VR China kaum gesunkene Weltarmut bereitet der globalen Oberschicht nur insofern Kopfzerbrechen, als sie mit materiellen und mentalen Mitteln bemüht sein muss, die unzufriedenen Massen in Schach zu halten. Die Meinung, Kapitalismus ohne Wachstum und Akkumulation wäre nicht möglich, ist entweder zirkulär, nämlich wenn der (Industrie-)Kapitalismus einfach so definiert wird, dass er Akkumulation (Nettoinvestitionen) aufweisen muss, um fortzubestehen oder sie ist historisch und theoretisch unhaltbar.[14] Empirisch bestätigt wurde vielmehr die bereits von Keynes klar formulierte Annahme, dass der industriekapitalistische Akkumulationsprozess bei ungestörtem Verlauf – vor allem also keine Kapitalvernichtung in großer Dimension, wie sie durch Weltkrieg oder extremste Naturkatastrophen verursacht werden – seinem endogenen Entwicklungsmechanismus folgend zur Stagnation führen muss.

---

[14] Gewinnorientiertes Wirtschaften, das auf arbeitsloses bzw. Besitzeinkommen gerichtet ist, findet sich seit Jahrtausenden und ist fast so alt wie die Zivilisationsgeschichte. Die von Kocka vertretene These, dass Kapitalismus in kleiner Dimension – in der Regel als Handelskapitalismus – bei Vorwalten subsistenzwirtschaftlicher Verhältnisse in verschiedenen (Hoch-)Kulturen seit langer Zeit praktiziert wurde, erscheint hoch plausibel (Kocka 2013: 23ff.).

4.1 Mehrwertrealisierung ohne Akkumulation I: Luxus- und Statuskonsum

Das gesellschaftliche Mehrprodukt kann, wie erwähnt, recht verschiedenen Zwecken dienen. Es kann konsumiert oder für die Mehrung der Vermögensgüter verwendet werden. Akkumulation, das heißt Investition in neues Ertragskapital, stellt nur eine besondere Art der Vermögensvermehrung dar. Sie dominierte nur während der industriekapitalistischen Wachstumsphase. Doch diese Teilstrecke der historischen Entwicklung wird sich als relativ kurz erweisen. Vermögensgüter, die nicht der Renditeerzielung halber begehrt sind und die sozusagen Alternativen zur Akkumulation darstellen, bieten reichlich Möglichkeiten zur Mehrwertverwendung bei einfacher Reproduktion. Renditelose Vermögenskumulation hat in vielen, wenn nicht den meisten Fällen Konsumcharakter. Beispielsweise kann der Erwerb goldenen Tafelgeschirrs oder eines exquisiten Möbelstücks als Erwerb eines langlebigen Gebrauchsgutes für den Konsum charakterisiert werden – eines Gebrauchsgutes, das sich über viele Generationen hinweg erhalten dürfte. Doch diese Art von Vermögensobjekten rentiert sich nicht im profitwirtschaftlichen Sinn; sie werfen keinen *monetären* Ertrag ab. In einer Situation, in der die Chancen schwinden, profitabel zu investieren, bleibt stets die Option, Vermögen unproduktiv zu kumulieren, was ja auch schon synchron zur Akkumulation geschah. Dabei können recht verschiedene Motive im Spiel sein, aber narzisstische bzw. soziale und ästhetische Bestätigungsbedürfnisse dürften besonderes Gewicht haben: Prestige- und Demonstrationswünsche,[15] Luxusbegehren, Sammlerleidenschaft, Wertaufbewahrung und Sicherheit etc. Der während der vergangenen Jahrzehnte gestiegene Golderwerb seitens kleiner und großer Sparer und der damit ansteigende Preistrend des Goldes liefern ein anschauliches Beispiel für unproduktive Vermögenskumulation, wobei sich Sicherheitsbedürfnis und die Spekulation auf Preissteigerung überlappen, aber auch die Befriedigung am Goldschatz per se dürfte mit im Spiel sein. Der größte Teil der Artefakte, die zum Weltkulturerbe gehören, verdanken sich solch unproduktiver Vermögenskumulation. Vermögensanhäufung scheint, kurz gesagt, zwei starken sättigungsunfähigen Trieben geschuldet zu sein – der Geldgier und dem Streben nach sozialer Bestätigung. Schopenhauer quetschte diese alte Erkenntnis der Philosophen auf das Bonmot zusammen, dass es sich mit dem Reichtum und

---

15 Bekanntlich ist Homo sapiens ein soziales Augenwesen. Deshalb legt es so viel Wert auf sein Ansehen, und das gewinnt es mit jeweils milieuspezifischen Demonstrationsgütern im weiten Sinn – vom Tattoo bis zum Rolls Royce.

dem Ruhm wie mit dem Salzwasser verhalte: Je mehr man davon trinkt, desto durstiger wird man. Deshalb lässt sich nicht nur mit harter Münze bestechen und korrumpieren, sondern auch mit Orden und anderen Reputationsvehikeln. Wenn die Kapitalakkumulation ihre Grenze erreicht, lässt sich der Mehrwert nicht zuletzt für die neue alte Prachtentfaltung verwenden. Die Verwendung des gesellschaftlichen Mehrprodukts umfasst weitaus mehr als die profitorientierte Kapitalbildung (Akkumulation). Wie erwähnt, entfiel im alten Feudalsystem auf gewinnwirtschaftliche Investitionen nur ein relativ kleiner Teil der gesamten Vermögenskumulation. In einem neofeudalen Kapitalismus könnte das genauso sein. Allerdings ist nicht zu erwarten, dass die private Nachfrage der Besitzeinkommensempfänger nach renditelosen Vermögensgütern (Prestige- und Luxusobjekte im weiteren Sinne) ausreicht, um alle Arbeitskräfte zu beschäftigen. Deshalb wäre die steuerliche Abschöpfung und Verausgabung brachliegenden Geldvermögens im Sinn der Keynesschen Theorie geboten. Allerdings ist nicht auszuschließen, dass gar kein Interesse an wirklicher Vollbeschäftigung seitens der Machteliten besteht. Denn sozialökonomische Hierarchien ziehen aus der Existenz von »Underdogs« einen sozialpsychologischen Stabilitätsgewinn und eine »mäßige« Arbeitslosigkeit verbunden mit sozialer Armut erfüllt im Neofeudalismus die gleiche Funktion wie im Wachstumskapitalismus, nämlich Ansprüche auf Umverteilung zu disziplinieren.

4.2 Mehrwertrealisierung ohne Akkumulation II: Lohnquote, Staatsquote und öffentliche Güter

Vollbeschäftigungsnachfrage erfordert, dass ein weitaus größerer Teil des Mehrprodukts als bisher sowohl für höhere Arbeitseinkommen als auch für öffentliche Güter verwendet wird. Lohnquote und Staatsquote müssten steigen. Gemessen an der Produktionsfähigkeit hoch entwickelter kapitalistischer Volkswirtschaften lag die Staatsquote schon seit Jahrzehnten viel zu niedrig, und das ist der Hauptgrund für Überakkumulation und Nachfragemangel – die wesentlichen Ursachen der Massenarbeitslosigkeit. Eine höhere Staatsquote kann durch höhere Steuern erreicht werden. Eine andere Möglichkeit wäre, den Staat als Eigentümer gewinnwirtschaftlicher Unternehmen an der Besitzeinkommensquote zu beteiligen.[16] Das gab es bereits

---

16 Vgl. hierzu jüngst die Vorschläge von Giacomo Corneo (2014) sowie das Interview mit ihm in der *Frankfurter Rundschau* (8./9.11.2014: 14f.).

– in den Jahrzehnten vor der neoliberalen Privatisierungsmanie. Warum sollten auf mittlere bis lange Sicht nicht die Staaten die kapitalistischen Eigentümer aller Großunternehmen werden? Der Mehrwert fließt dann nicht mehr auf private Konten, kann nicht mehr legal oder illegal der Besteuerung entzogen werden, sondern finanziert öffentlichen Bedarf. Mit der Rückkehr zum Vollbeschäftigungsniveau steigt die Wertschöpfung. Daher könnte trotzt gesunkener Besitzeinkommensquote die *absolute* Höhe der Besitzeinkommen bzw. die Mehrwertmasse konstant bleiben oder sogar zunehmen.

Der Abbau der Verteilungsungleichheiten kann mit überzeugenden sozialethischen, also normativen Argumenten begründet werden. Die vorstehenden Überlegungen sind jedoch nicht moralischer Art, sondern sollen die Frage beantworten, ob und wie es möglich ist, Vollbeschäftigungsnachfrage auch ohne Akkumulation bzw. Nettoinvestitionen zu gewährleisten: Grundsätzlich kann die renditelose Vermögenskumulation die Nettoinvestitionen bei der Absorption der Ersparnisse ersetzen. Welche Richtung dabei eingeschlagen wird, ist allerdings eine sozialethische Frage. Sie wird – wie in der Vergangenheit – politisch entschieden und dahinter stehen Machtverhältnisse.

5.   Übergangsprozesse

Die bisherigen Ausführungen zusammenfassend sei behauptet, dass Stagnation als Resultat der endogenen Bewegungsgesetze des Kapitalismus zu verstehen ist, dass aber auch bei Auslaufen der (profitwirtschaftlichen) Akkumulation schier unbegrenzte Möglichkeiten für eine weitere Kumulation und Konzentration des Vermögens bestehen. Es stellt sich die praktische Frage, ob und wie jene renditelose Verwendung von Ersparnissen tatsächlich auch stattfindet.

Die Rückkehr von der erweiterten industriekapitalistischen Reproduktion zur einfachen Reproduktion einer neofeudalistischen Sozialökonomie erzwingt weder das Ende der Mehrwertproduktion und Mehrwertaneignung noch gar ein Ende kapitalistischer Verteilungs- und Herrschaftsverhältnisse. Die zivilisationsgeschichtliche Spaltung der Gesellschaften in Arm und Reich, Volksmasse und Herrschaftsklasse wird wohl noch auf unabsehbare

Zeit fortdauern. Diese leider pessimistische Gesamteinschätzung lässt jedoch Spielräume für die Gestaltung eines neofeudalen Kapitalismus. Er wird vorhandene Strukturen modifizieren, aber an sie anknüpfen. Deshalb erscheint es plausibel, dass Gesellschaften mit sozialstaatlicher Erfahrung und entsprechenden Erwartungen Elemente dieses sozialökonomischen Erbes auch in die Zukunft transportieren werden. Dagegen dürften die eher sozialstaatsfernen, gar sozialstaatsfeindlichen Versionen des Kapitalismus auch eine brutalere Version neofeudalen Kapitalismus hervorbringen. Aufbauend auf die bisherige Argumentation kann man in grober Gegenüberstellung zwei neofeudale Kapitalismusversionen unterscheiden: Die sozialstaatlichen Versionen und die oligarchisch kapitalstaatlichen Versionen. Die Liste charakteristischer Merkmal dient lediglich der Verdeutlichung ohne Anspruch auf eine ohnehin nicht mögliche Vollständigkeit. Zentral für die sozialstaatliche Version wären dann die bewusste Umstellung auf Stagnationsbedingungen, mäßige Ungleichheit, eine hohe Staats- und Steuerquote, der Erhalt von Infrastrukturen, ökologische Rücksichtnahme, ein hoher Anteil öffentlicher Unternehmen, ein umfassendes Angebot öffentlicher Güter, ein hohes Beschäftigungsniveau, die Option der Arbeitszeitverkürzung, gesamtwirtschaftliche Planung und partielle Investitionssteuerung, die Ausweitung demokratischer Einflussmöglichkeiten und sozialfriedlicher Konfliktlösungen. In der oligarchischen Version würde man die Stagnation leugnen und eine neoliberale Wachstumspolitik fortsetzen. Zu erwarten wären starke Ungleichheit, eine niedrige Staatsquote, die Vernachlässigung von Infrastrukturen, die Unterordnung ökologischer Erwägungen unter konsumtionsgetriebenes Wachstum, eine weitere Privatisierung und damit Prekarisierung und Verteuerung öffentlicher Güter, tendenziell längere Arbeitszeiten und anhaltende Massenarbeitslosigkeit, Marktradikalismus, eine starke ökonomische Einflussnahme auf die Politik sowie schließlich eine sozialökonomische Spaltung mit entsprechenden Konflikten und mit verschärften Repressionen.

Welche Version sich zu welchen Anteilen durchsetzen wird, ist noch offen. In jedem Fall wird das Bemühen, Wirtschaftswachstum gegen die endogenen Stagnationsfaktoren doch noch zu regenerieren, nur geringe und in jedem Fall ökologisch und gesellschaftspolitisch teuer erkaufte Erfolge haben. Der oligarchisch-kapitalstaatliche Neofeudalismus ist offensichtlich demokratiefeindlich und menschenrechtswidrig. Abschließend soll in einer Reihe wichtiger Fälle umrissen werden, welche wirtschaftspolitischen Implikationen die sozialstaatliche Alternative hätte.

5.1 Absorption der gesamtwirtschaftlichen Ersparnis bei einfacher Reproduktion

In den sozialstaatlichen Versionen des Neofeudalismus wird die gesamtwirtschaftliche Sparquote wegen der egalitäreren Verteilung geringer ausfallen als in den oligarchischen Kapitalstaaten. Letztere stehen also vor einem quantitativ größeren Problem, die Ersparnisse zu absorbieren. Die Wahrscheinlichkeit, dass im kapitalstaatlichen Neofeudalismus Vollbeschäftigung erreicht wird, ist deshalb gering, es misslang ja bereits während der vergangenen dreißig Jahre Neoliberalismus. Die gesamtwirtschaftliche Aktivität wird sich deshalb im Unterbeschäftigungsgleichgewicht einpendeln. Auf diesem suboptimalen Niveau stimmen freiwillige Ersparnis und ihre Absorption durch die Nachfrage nach Vermögensgütern des Prestige-, Demonstrations- und Luxusbedarfs zwar überein, aber hohe Arbeitslosigkeit, relativ niedrige Masseneinkommen, Unterversorgung mit öffentlichen Gütern und Nachlässigkeit gegenüber ökologischen Belangen drücken das gesellschaftliche Wohlstandsniveau auf ein anachronistisches Tief.

Die Mehrheit der »kleinen« Sparer denkt vor allem an Sicherheit und Verfügbarkeit ihrer Ersparnisse und wer diesem Interesse konsequent folgte, wurde belohnt. Die »Sparbuch-Mentalität« hat sich gerade auch in der Großen Finanzkrise bewährt. Jedenfalls verloren die bescheidenen Sparbuchsparer weit weniger als die verführten Käufer der Spekulationspapiere. Die Ersparnisse privater Haushalte sind in den (para-)staatlichen Institutionen sicherer. Wer den heimischen Sparstrumpf vorzieht, mag das auch künftig tun, aber wo das Geld sicherer verwahrt wird – unter der Matratze oder bei einer staatlichen Finanzagentur – ist keine schwierige Frage. Habenzinsen gibt es ohnehin nicht mehr. Dem auf Vorsorgesicherheit bedachten (kleinen) Sparer braucht kein realer Ertrag bzw. Zins zuzufließen, sondern es genügt der Inflationsausgleich; das wäre jedenfalls ein Gebot der Fairness. Die orthodoxe Meinung, der Zins sei die Belohnung für Konsumverzicht, war von Anfang an falsch. Es bedarf überhaupt keines Zinsanreizes, um zu sparen, sondern die Höhe der Ersparnis hängt vom Einkommensniveau ab – und der individuell verschiedenen Spareigung. Ersparnis befriedigt vor allem das Vorsorgebedürfnis und das ist ein Gegenwartsbedürfnis wie die Konsumbedürfnisse – nur dass Konsum Nachfrage schafft und Ersparnis Nachfrageausfall darstellt. Für die sicherheitsbewussten Vorsorgesparer ist es wichtig, bei Bedarf sofort über die Ersparnisse verfügen zu können. Der Staat kann das durch geeignete Institutionen am zuverlässigsten garantieren.

Denn der Staat operiert nicht profitwirtschaftlich und hat keinen Anreiz zu spekulieren. Der tatsächliche oder vermeintliche Zwang, sich in Finanznot auf dubiose »Zinswetten« und teure, hinterhältige »Public-private-partnerships« einzulassen, wurde erst von einer irregeleiteten Steuerpolitik herbeigeführt und würde sich in Luft auflösen, weil und wenn der Staatsfinanzierung die Einlagen privater Ersparnisse bei der staatlichen Finanzagentur zur Verfügung stehen – quasi als zinsloser Kredit ohne Tilgungsverpflichtung. Offensichtlich kann hierbei keine herkömmlich ökonomische bzw. profitwirtschaftliche Kalkulation maßgebend sein, sondern nur die politische Entscheidung, welche öffentlichen Güter bereitzustellen sind.

Die zinslosen Spareinlagen werden im Lauf der Zeit kumulieren, so wie das bisher auch bei den privaten Banken der Fall war. Die *zinslose* Staatsschuld wächst. Es handelt sich um eine ewige Schuld der Gesellschaft an sich selbst. Dieser monetären Schuld stehen reale Werte gegenüber, die als öffentliche Einrichtungen und Güter dem Wohlstand der Menschen zugutekommen. Die Gesamtsumme muss nicht zurückgezahlt werden und von den Ersparnissen, die als Erbschaft anfallen, kann eine Erbschaftssteuer einen mehr oder weniger großen Teil davon kassieren, wodurch die ewigen Staatsschulden immer wieder reduziert werden. Das skizzierte Prozedere bedeutet, dass ein Schuldnerwechsel stattfindet. Der Staat und nicht mehr der Bankensektor verwaltet die Ersparnisse und so wie ein Run auf die privaten Banken im Normalfall nicht stattfindet, wird das erst recht nicht beim Schuldner Staat zu erwarten sein. Der kann nämlich im Notfall auf Hilfe der Notenbank zurückgreifen, denn er ist der Gesetzgeber. Die Staatsquote (Steuereinnahmen + »ewige« Spareinlagen) steigt, aber genau das ist notwendig, um die nicht mehr profitwirtschaftlich akkumulierten Ersparnisse nachfragewirksam zur Finanzierung öffentlichen Bedarfs zu verwenden.

5.2 Beschäftigung und ökologische Krise

Im Unterschied zur vorindustriellen Epoche wird der technische Fortschritt im stagnierenden bzw. neofeudalen Kapitalismus weitergehen. Dafür sorgen die Ersatzinvestitionen, mit denen weiterhin technische Innovationen realisiert werden. Es droht deshalb erneut technologische Arbeitslosigkeit. Prinzipiell lässt sie sich durch Arbeitszeitverkürzung unterbinden. Auf gar nicht so lange Sicht wird unser geschröpfter Planet Erde seine Dienste verweigern. Er schreibt Arbeitszeitverkürzung als die einzige Option vor, die noch Vollbeschäftigung herzustellen ermöglichen wird. In den reichen Gesellschaften schließt die Stagnation die Alternative fortgesetzten Wachstums ohnehin aus. In den nachholenden und armen Volkswirtschaften wird das noch notwendige und wohlstandshaltige Wachstum ebenfalls an ökologische Grenzen stoßen. Teilweise ist das ja bereits der Fall, wie fast täglich aus den Elendsberichten über die vom Klimawandel, Wassermangel und ähnlichem um ihre Ernten gebrachten Länder zu erfahren ist. Arbeitszeitverkürzungen sind zudem alles andere als ein Novum. Sie wurden erst nach der neoliberalistischen Wende blockiert und verteufelt.

Inzwischen sind wichtige Bereiche gesellschaftlichen Bedarfs durch den »schlanken Staat« bis zur eklatanten Unterversorgung vernachlässigt oder gar demontiert worden. Es entstand ein hoher Nachhol- und Wiederaufbaubedarf – fast wie nach Kriegszerstörungen. Entsprechende Leistungen bringen ein gewisses Wachstum und bieten erhebliche Beschäftigungsmöglichkeiten speziell in den Dienstleistungsbereichen Bildung, Soziales, Gesundheit, Kultur usw. Dies verlangt jedoch, wie dargelegt, eine *dauerhaft* höhere Staatsquote, die nur von einer sozialstaatlichen Version des neofeudalen Kapitalismus zu erwarten ist. In kapitalstaatlichen Versionen bleiben jene Dienstleistungen infolge der Privatisierungsideologie defizitär und kommen vorwiegend nur der zahlungskräftigen »Kundschaft« zugute.

Arbeitszeitverkürzungen bei vollem Lohnausgleich verändern, wenn sie durch erhöhte Produktivität ausgeglichen werden, weder die Arbeitskosten noch den Gewinn, denn die Lohnstückkosten bleiben konstant. Die Stundenlöhne steigen, aber aufgrund der verminderten Stundenzahl und erhöhten Produktivität bleiben die Lohnsumme und die Lohnstückkosten des Unternehmens unverändert. Die Kapitaleigner beziehen ein unverändertes Besitzeinkommen. Diese Situation ist mikroökonomisch zu verstehen, aber sie lässt sich auch makroökonomisch interpretieren: Wenn die Arbeitszeitverkürzungen entsprechend der gesamtwirtschaftlichen Durchschnittsproduktivität vorgenommen werden, sind die produktivitätsstärkeren Betriebe im Vorteil und in produktivitätsschwächeren steigen die Lohnstückkosten. Die Umsetzung der solidarischen Produktivitätsbeteiligung aller abhängig Beschäftigten erfordert daher den Flächentarifvertrag und ergänzend muss die Politik bzw. der Gesetzgeber eingreifen wie beim Mindestlohn.

Arbeitszeitverkürzungen sind nicht nur in den reichen, stagnationsbetroffenen Volkswirtschaften geboten, sondern auf längere Sicht müssten auch die Länder mit mittlerem und schließlich auch die mit geringem Pro-Kopf-Einkommen arbeitszeitpolitische Regelungen vornehmen, wenn sie ihre Arbeitslosigkeit abbauen wollen. Umweltzerstörung und die Erschöpfung bzw. Verteuerung begrenzter Naturressourcen lasten auf der gesamten Menschheit und machen sich als Wachstumsrestriktionen geltend. Wie immer die Sozialökonomien künftig gestaltet sein werden, erzwingen die Umwelt- und Ressourcenprobleme Reformen.

Hier kann nicht auf die Vielzahl von Vorschlägen eingegangen werden, die dazu vorliegen, es sei aber darauf aufmerksam gemacht, dass und wie sich Stagnation oder gar Schrumpfung der gesamtwirtschaftlichen Produktion sowohl mit einem *Mehrbedarf* an Arbeit, also mit Beschäftigungsexpansion, als auch mit Ressourcenersparnis und Umweltschonung vereinbaren lässt. Das Plädoyer für Arbeitszeitverkürzung wird durch die folgenden Überlegungen nicht konterkariert, sondern ergänzt. Denn die Beschäftigungsprobleme zu lösen und zugleich den Umweltanforderungen zu genügen, wird Parallelstrategien erfordern.

Die Industrialisierung ging mit einer fortlaufenden Rationalisierung einher. Vor allem betraf das den Faktor Arbeit. Technologische Arbeitslosigkeit gehörte von Anfang an zu den Hauptproblemen des kapitalistischen Wachstumsprozesses. Steigende Arbeitsproduktivität ging jedoch auch zu Lasten der Natur. Umweltzerstörung, Verbrauch erschöpfbarer Naturressourcen und generell ein Anstieg der externen Kosten der industriellen Produktion bei gleichzeitigem Wachstum der Weltbevölkerung übersteigen die dauerhafte Tragfähigkeit der Erde. Für Nachhaltigkeitsreformen gibt es durchaus einen sinnvollen Ansatzpunkt: Mehrbeschäftigung und ökologische Erfordernisse lassen sich durch Steigerung der Umwelt- und Naturproduktivität vereinbaren. Dafür müsste *sinkende* Arbeitsproduktivität akzeptiert werden. Notwendig wären mehr Recycling, Langlebigkeit und Reparaturfreundlichkeit von Gebrauchsgütern, Verzicht auf Pseudoinnovationen, die vorwiegend oder ausschließlich absatzpolitisch motiviert sind, ohne wirklichen Gebrauchswert aufzuweisen, unterbinden absatzpolitisch motivierter Wertvernichtung, wie sie beim »Geplanten Verschleiß«[17] augenfällig wird und Stärkung von Gebrauchswertbewusstsein. Es geht um die Substitution der Naturnutzung im umfassenden Sinn durch menschliche Ar-

---

17 Die schrumpfende Kritikfähigkeit der Sozialwissenschaften und insbesondere die Dominanz der Kapitalismusapologie an den wirtschaftswissenschaftlichen Lehrstätten ließ die bis vor etwa 30 Jahren noch relativ intensiv geführte Diskussion über den Geplanten Verschleiß weitgehend versiegen, sodass die Sache selbst umso ungestörter von wissenschaftlicher Beleuchtung Platz greifen konnte (Bodenstein/Leuer 1977).

beit, also um eine Umkehrung des bisherigen industriellen Rationalisierungsprozesses. Statt technologischer Arbeitslosigkeit kämen dann technologische Beschäftigungsgewinne zustande, aber nicht durch Outputwachstum, sondern durch Schrumpfung. Veranschaulichen wir uns das an einem keineswegs fiktiven Beispiel: Der Gebrauchswert einer Kfz-Nutzung während einer aktiven Lebenszeit von 60 Jahren lässt sich auf ganz unterschiedliche Weise herstellen. Die heute übliche Nutzungsweise bringt es mit sich, dass im Durchschnitt etwa alle zehn Jahre ein Neuwagen erworben wird, also sechs Neuwagen in den 60 Jahren. Es wäre technisch jedoch machbar, mit zwei oder drei Fahrzeugwechseln auszukommen, was mehr Wartung, Reparaturen und gegebenenfalls Austausch älterer durch technologisch neuere Aggregate erfordert – und sicherlich einen generellen Wandel der Konsumentenmentalität. Die Kfz-Nutzung würde weniger materialintensiv und dafür arbeitsintensiver. Die Materialproduktivität steigt und die Arbeitsproduktivität bezogen auf den Output von 60 Jahre Kfz-Nutzung sinkt. Am Lebensende des Produktes könnten die wiederverwendbaren Teile ausgebaut, statt mit der Schrottpresse »entsorgt« werden. Alle drei ökologischen »Rs« – *reduce, reuse, recycle* – werden im vorstehenden Beispiel berücksichtigt. Statt der individuellen Kfz-Nutzung könnte der Mobilitätsbedarf auch vorwiegend oder gar ausschließlich durch ein fundamental anderes Verkehrssystem gewährleistet werden – öffentlicher Personenverkehr statt Individualverkehr. Zudem könnten die Produktlebensdauer der Verkehrsmittel erhöht und der Energieverbrauch gesenkt werden – etwa durch verminderte Geschwindigkeiten. Alle solche Möglichkeiten sind längst bekannt und stehen auf der Agenda der ökologischen Reformer, aber sie zu nutzen, bedeutete weniger Wachstum im üblichen Sinn.

Welche Wohlstandsgewinne oder Wohlstandseinbußen daraus folgen, soll hier nicht erörtert werden. Erwähnt sei aber, dass Arbeitslosigkeit stärkste Verluste persönlicher Lebensqualität nach sich zieht und in der Regel als Lebenskatastrophe erfahren wird (Frey/Frey Marti 2010: 63ff.). Alles, was der Arbeitslosigkeit entgegenwirkt, trägt deshalb zu sehr hohen Steigerungen der Lebensqualität bei. Die Substitutionsumkehr zwischen Arbeit und Natur verbessert die Lebensqualität gerade für jene Schichten, die bisher am stärksten von Arbeitslosigkeit bedroht sind. Mit der Ausrichtung technologischer Entwicklungen auf höhere Naturproduktivität, also Einsparung von Naturressourcen und Reduktion von Umweltbelastungen bei der Produktion, wird auch die Verknappung des zur Arbeit komplementären Faktors Natur vermindert. Das könnte erwünschte Folgen für die Verteilung haben, denn wenn die Verknappung des Faktors Natur gebremst oder gar umgekehrt wird, trifft das die Natureigentümer bzw. die Naturaktionäre. Doch gerade diese Konstellation steht den ökologisch dringenden Reformen entgegen.[18] Denn die Renditen fallen infolge der Umweltbewahrung geringer aus und die Preise für manche Naturressourcen sinken oder stürzen gar in den Keller, wie jüngst beim Rohöl zu beobachten war.

Rückwandlung von Umweltzerstörung und Ressourcenverbrauch in menschliche Arbeitsleistung findet in kleinem Umfang bereits statt. Wer das Fahrrad benutzt statt eines Kfz, leistet einen marginalen Beitrag zu jener Umkehrung und ein gutes Fahrrad lässt sich ein Leben lang immer wieder reparieren. Im Kontext der Stagnationsökonomie bietet die Rückwandlung eine ausbaufähige Praxis, trotz Wachstumsendes neue und mehr Beschäftigungsmöglichkeiten zu eröffnen und die wissenschaftlich-technische Innovationstätigkeit auf neue Ziele zu verpflichten und ihre bisher dominierende Wachstumsorientierung schwinden zu lassen. Das wäre ein ökologisches Konversionsprogramm in großem Stil und ein guter Anfang ließe sich mit globaler Abrüstung machen. Leider ist das (noch) eine Hoffnung, die nicht nur naiv erscheint, sondern es unter den bestehenden Verhältnissen wohl auch ist.

Literatur:

Bodenstein, Gerhard/Leuer, Hans (Hg.) (1977), *Geplanter Verschleiss in der Marktwirtschaft*, Frankfurt/M./Zürich.

Breuer, Stefan (2014), *Der charismatische Staat. Ursprünge und Frühformen staatlicher Herrschaft*, Darmstadt.

Collier, Paul (2010), *Die unterste Milliarde. Warum die ärmsten Länder scheitern und was man dagegen tun kann*, München.

Condorcet, Antoine-Nicolas Marquis de (1976), *Entwurf einer historischen Darstellung der Fortschritte des menschlichen Geistes*, Hg. und kommentiert von Wilhelm Alff, Frankfurt/M.

18»Der Marktwert der bekannten Reserven [Rohstoffbesitz von global operierenden Mineralölfirmen; KGZ] liegt derzeit bei rund 21.000 Milliarden Euro. Die Konzerne rechnen so fest mit den Gewinnen, dass sie diese größtenteils schon bilanziert haben.« (Zaremba 2015: 4)

Corneo, Giacomo (2014), *Bessere Welt. Hat der Kapitalismus ausgedient? Eine Reise durch alternative Wirtschaftssysteme*, Berlin.

Corneo, Giacomo: Interview »Wir müssen das Mögliche jenseits des Existierenden ausprobieren«, in: *Frankfurter Rundschau*, Jg. 70, Nr. 260, 8./9.11.2014, S. 14f.

Crouch, Colin (2008), *Postdemokratie*, Frankfurt/M.

Dasgupta, Rana (2014), *Im Rausch des Geldes*, Delhi/Berlin.

Dasgupta, Rana: Interview »Das Geld regiert mit Gewalt«, in: *Frankfurter Rundschau*, Jg. 71, Nr. 4, 06.01.2015, S. 32f.

Frey, Bruno S./Frey Marti, Claudia (2010), *Glück. Die Sicht der Ökonomie*, Zürich/Chur.

Fourastié, Jean (1954 [1949]), *Die große Hoffnung des zwanzigsten Jahrhunderts*, Köln-Deutz.

Kocka, Jürgen (2013), *Geschichte des Kapitalismus*, München.

Marterbauer, Markus (2011), *Zahlen bitte! Die Kosten der Krise tragen wir alle*, Wien.

Müller, Albrecht (2004), *Die Reform-Lüge. 40 Denkfehler, Mythen und Legenden, mit denen Politik und Wirtschaft Deutschland ruinieren*, München.

Penrose, Edith (1972), Stagnation, in: David L. Sills (Hg.), *International Encyclopedia of the Social Sciences*, Bd. 15, New York/London.

Piketty, Thomas (2014), *Capital in the twenty-first century*, Harvard/MA.

Rätz, Werner/von Egan-Krieger, Tanja/Muraca, Barbara/Passadakis, Alexis/Schmelzer, Matthias/Vetter, Andrea (Hg.) (2011), *Ausgewachsen! Ökologische Gerechtigkeit. Soziale Rechte. Gutes Leben*, Hamburg.

Schmelzer, Mathias/Passadakis, Alexis (2011), *Postwachstum. Krise, ökologische Grenzen und soziale Rechte*, Hamburg.

Shiva, Vandana (2014), Öko-Apartheid, Teil II. Das indische Exempel: Der Kampf um Land und Leben, *Blätter für deutsche und internationale Politik*, Jg. 59, Heft 8/2014, S. 55–63.

Summers, Larry (2013), *IMF Fourteenth Annual Research Conference in Honor of Stanley Fischer*, 08.11.2013, Washington/DC.

UNDP (2013), *Human Development Report 2013*, New York.

Werdermann, Felix (2015), Gesucht: Politiker, gut vernetzt und ohne Skrupel, *der Freitag*, Nr. 8, 19.02.2015, S. 6f.

Wille, Joachim (2015), Weiß, weich und gefährlich, *Frankfurter Rundschau*, Jg. 71, Nr. 42, 19.02.2015, S. 14.

Zaremba, Nora Marie (2015), In der CO_2-Falle, *der Freitag*, Nr. 7, 12.02.2015, S. 4.

Zinn, Karl Georg (1978), *Der Niedergang des Profits. Eine Streitschrift zu den Risiken der kapitalistischen Wirtschaftskrise*, Köln.

Zinn, Karl Georg (1993), Keynes' »fundamentales psychologisches Gesetz« und dessen Vorwegnahme von Lujo Brentano, *Zeitschrift für Wirtschafts- und Sozialwissenschaften*, Bd. 113, S. 447–459

Zinn, Karl Georg (2015a), *Vom Kapitalismus ohne Wachstum zur Marktwirtschaft ohne Kapitalismus*, Hamburg.

Zinn, Karl Georg (2015b), Markt-Pragmatik versus Markt-Apotheose, in: Walter Otto Ötsch/Katrin Hirte/Stephan Pühringer/Lars Bräutigam (Hg.), *Markt! Welcher Markt? Der interdisziplinäre Diskurs um Märkte und Marktwirtschaft*, Marburg, S. 397–419.

Ungleichzeitige Wachstumsdynamiken in Nord und Süd: Imperiale Lebensweise und sozial-ökologische Widersprüche

Ulrich Brand und Stefan Schmalz

Das New Century Global Center gilt mit 1,76 Millionen Quadratmetern Nutzfläche als das größte Gebäude der Welt. Die BesucherInnen können zu einem künstlichen Indoor-Strand zum Sonnenbaden oder in zwei Fünf-Sterne-Hotels im Dachgeschoss ausspannen. Auf die KundInnen wartet nicht nur der Nachbau eines mediterranen Dorfes, sondern auch ein eindrucksvolles Shopping-Erlebnis: Auf dem Geschäftsgelände von rund 400.000 Quadratmetern können sie neben exklusiver Markenware von Louis Vuitton, Gucci, Prada und Christian Dior auch internationale Küche genießen. Für Sport und Spaß ist in einem gesonderten Freizeitbereich gesorgt, der verschiedene Anlagen wie ein modernes Kino mit 14 Sälen oder eine Eisfläche zum Schlittschuhlaufen beherbergt. Die größte Überraschung des Shopping Centers ist jedoch seine Lage: Der Name des Einkaufzentrums mag zwar zunächst eine Nähe zu Europa oder den USA suggerieren. Es handelt sich aber um eine Übersetzung aus dem Chinesischen: Das Xīnshìjì Huánqiú Zhōngxīn (新世纪环球中心) befindet sich in Chengdu, der Hauptstadt der chinesischen Provinz Sichuan.

Das Beispiel der chinesischen Shoppingmall deutet darauf hin, dass die etablierte Konstellation der reichen G7-Staaten in Europa, Nordamerika und Japan, die lange den größten Teil der Produktion und des Konsums weltweit realisierten, zunehmend Risse bekommt. Die wirtschaftliche Dynamik in verschiedenen Schwellen- und Entwicklungsländern, insbesondere in China, hat zu einem strukturellen Wandel im kapitalistischen Weltsystem beigetragen. Denn die Wachstumsdynamik des globalen Kapitalismus vollzieht sich seit geraumer Zeit nicht mehr primär in seinen traditionellen Zentrumsstaaten, sondern eher in Ländern wie China oder Indien (Desai 2013; Li 2016). Aber auch der Boom auf den Rohstoff- und Agrarmärkten seit 2003 hat in Südamerika, Subsahara-Afrika, Russland, Australien und Teilen Zentralasiens zumindest zeitweise zu hohem Wirtschaftswachstum geführt. Dies hat zur Entstehung von neuen Mittelschichten im globalen Süden beigetragen (Guarin u.a. 2014; Popp 2014). Gleichzeitig durchlaufen die frühindustrialisierten Volkswirtschaften, insbesondere in Westeuropa und Japan, eine Phase stagnativer oder schwacher wirtschaftlicher Entwicklung. Zudem scheint hier der Zusammenhang von stabilem Wirtschaftswachstum und Wohlfahrtsgewinnen breiter Bevölkerungsschichten zu zerbrechen (Muraca 2015).

Diese Dynamik hat im globalen Vergleich jedoch nicht nur zu einer Verschiebung der wirtschaftlichen Kaufkraft, sondern auch des Ressourcenverbrauchs beigetragen. Längst sind die alten Industrieländer nicht mehr die Hauptverursacher von schädlichen Emissionen oder Umweltgiften. Nachrichten über Flutkatastrophen in Indien oder Pakistan, Smogalarme in Peking oder Dürreperioden in Äthiopien verdeutlichen die negativen Erfahrungen, die viele Menschen mit den Auswirkungen von übermäßigem Wasserverbrauch, Schadstoffemissionen und dem anthropogenen Klimawandel machen. Schon heute etwa weisen die Schwellen- und Entwicklungsländer in absoluten Zahlen – also nicht pro Kopf – größere CO_2-Emissionen auf als viele OECD-Länder, Tendenz steigend: China emittierte im Jahr 2014 etwa 9.680 Millionen Tonnen CO_2 und damit pro Kopf etwa 7 Tonnen, die USA 5.560 Millionen Tonnen und pro Kopf 17 Tonnen. Demgegenüber weist ein Land wie Ecuador 41 Millionen Tonnen bzw. pro Kopf etwa 2,5 Tonnen an CO_2-Emissionen auf (Global Carbon Atlas 2016).[1] Insbesondere der Klimawandel ist zu einem schier allgegenwärtigen Thema in der politischen Debatte geworden – viel stärker als etwa die negativen Auswirkungen der industrialisierten Landwirtschaft, der Ölförderung oder des Goldabbaus. Dabei herrscht der Widerspruch, dass gerade die Länder, die erst spät oder bislang kaum zu materiellem Reichtum kamen, besonders stark von den Folgen der ökologischen Krise betroffen sind: Neben unmittelbaren Effekten wie Luft- und Wasserverschmutzung als »Kollateralschaden« nachholender Entwicklung tragen auch Faktoren wie fehlende Finanzmittel für die Adaption an die globale Erwärmung zu diesem ungleichen Verhältnis bei (Dietz/Brunnengräber 2008). Hinzu kommt innerhalb vieler Gesellschaften des Globalen Südens, dass die schädlichen Implikationen der Ressourcenextraktion und der monokulturellen Landwirtschaft nicht die städtischen Mittel- und Oberklassen treffen, die jedoch von den Renten aus dem Ressourcenverkauf auf dem Weltmarkt besonders profitieren. Festzuhalten ist dennoch: Die Staaten Europas und der ehemaligen

---

1 Bei den Zahlen wird allerdings nicht berücksichtigt, dass in China große Mengen an CO_2 für die Produktion für die KonsumentInnen in den USA und Europa emittiert werden.

Sowjetunion sowie die USA, Japan und Kanada haben bisher die schwersten globalen Umweltprobleme produziert und die meisten Ressourcen verbraucht. So wurden seit dem Übergang ins Industriezeitalter drei Viertel aller CO_2-Emissionen weltweit in diesen Ländern produziert.

Im Folgenden möchten wir die Wachstumsdynamik des globalen Kapitalismus und seine ökologischen Widersprüche genauer aus einer Nord-Süd-Perspektive[2] betrachten. Dabei ist unsere These, dass die Stabilität des globalen Kapitalismus bisher durch die Ausdehnung des vorherrschenden Produktions- und Konsummodells gewährleistet wurde, dass nun aber ausgerechnet die Widersprüche der Externalisierung von sozial-ökologischen Folgekosten zur Destabilisierung des Systems beitragen könnten (vgl. hierzu auch Brand/Wissen 2012; Wissen/Brand 2016; Wissen 2014). Diese Widersprüche artikulieren sich in den spezifischen Wachstumsordnungen im globalen Norden und Süden jedoch äußerst unterschiedlich.

Wir gehen von der Überlegung aus, dass der globale Kapitalismus als ein dynamisches System kapitalistisch getriebenes Wachstum zu seiner Stabilisierung benötigt. Im globalen Rahmen identifizieren wir zwei zentrale Wachstumstreiber: Auf der *Makroebene* erzwingt der Verwertungs- und Akkumulationsimperativ des Kapitalismus die Erschließung immer neuer Sphären. Diese »Landnahme« (Dörre 2012) äußert sich nicht zuletzt darin, dass historisch immer wieder ehemalige Randregionen in das Zentrum der globalen Kapitalakkumulation aufgerückt sind (Chase-Dunn 2005: 179; Schmalz 2016). Gegenwärtig vollzieht sich – mit China als Mittelpunkt – eine langsame Transformation in Richtung Ostasien, mit nicht nur weitgehenden und höchst ungleichen Folgen für das globale politisch-institutionelle und ökonomische Gefüge, sondern auch für die biophysikalischen Grundlagen des globalen Kapitalismus. Auf der *Mikroebene* wirkt die Verallgemeinerung von westlichen Produktions- und auch Konsumnormen als ein weiterer Wachstumstreiber: Neue Mittelschichten in China, Indien, dem Nahen Osten und Lateinamerika orientieren sich am *American Way of Life* mit Individualverkehr, fleischhaltiger Ernährung und ressourcenaufwendigen Konsumgütern. Die Ausweitung der »imperialen Lebensweise« (Wissen/Brand 2016) war zwar bereits in früheren historischen Phasen des Kapitalismus angelegt; sie begann mit dem Kolonialismus und beschleunigte

---

2 Das Nord-Süd-Verhältnis wird hierbei nicht als geographische, sondern als relationale Kategorie begriffen, über die der globale Zusammenhang zwischen unterschiedlichen gesellschaftlichen Strukturzusammenhängen in den frühindustrialisierten und wirtschaftlich schwächer entwickelten Ländern beschrieben wird.

sich im 19. Jahrhundert unter liberal-kapitalistischen und imperialistischen Bedingungen. Die imperiale Lebensweise[3] hat sich im globalen Norden aber erst nach dem Zweiten Weltkrieg mit der Durchsetzung der fordistischen Konsumgesellschaft auf breite Bevölkerungsschichten ausgeweitet und hegemonialen Charakter erhalten. Im Anschluss an diese Einleitung skizzieren wir, wie sich die Wachstumsdynamik und die sozial-ökologischen Kriseneffekte in unterschiedlichen Zonen des Weltsystems artikulieren. Im zweiten Teil des Textes gehen wir mit den USA, China und Ecuador auf drei äußerst unterschiedliche Nationalgesellschaften ein, an denen sich jedoch nicht nur spezifische Wachstumsordnungen, sondern auch eine mit der Einbindung in die internationale Arbeitsteilung einhergehende Externalisierung sozial-ökologischer Probleme (schmutzige Industrien, Ressourcenextraktion etc.) aus den Zentren des Weltsystems beobachten lassen (Lessenich 2015). Diese Externalisierung führt zu wachsenden Problemen und Widersprüchen, die wir genauer herausarbeiten. Ausgehend von dieser globalen Mehrebenen-Sichtweise stellen wir abschließend die Frage, wie eine sozial-ökologische Transformation in den verschiedenen Zonen dieses global vernetzten Systems aussehen könnte.[4]

---

3 Bereits zu Beginn des Textes eine Bemerkung zu diesem Begriff: Die (post-)fordistische Lebensweise als imperial zu bezeichnen, soll nicht abstrakt und mit moralischer Geste den Lohnabhängigen in den kapitalistischen Metropolen und den Mittel- und Oberklassen in den (semi-)peripheren Ländern ihren Lebensstil vorhalten. Die Spaltungslinien – international, zwischen gesellschaftlichem Oben und Unten und zwischen den Geschlechtern – bleiben erhalten und werden gerade auch über den Ressourcenverbrauch reproduziert. Zu fragen ist entsprechend, welche imperialen Anteile unterschiedliche Herrschaftsverhältnisse entlang von Klassen-, Geschlechter- oder ethnisierten Linien haben und welche Widersprüche sich darin jeweils auftun. Der Begriff soll auch nicht die Tatsache übergehen, dass die meisten Menschen heute von starken kapitalistischen Akteuren mit ihren Profitmotiven zu bestimmten Lebensweisen genötigt werden. Dennoch ist der Begriff imperiale Lebensweise geeignet, um eine Verbindung zwischen akzeptierten und gelebten Alltagspraktiken der Menschen, ökologischer Krise und geopolitischen Spannungen deutlich zu machen (Brand/Wissen 2012).

4 Für Hinweise zum Text danken wir Thomas Barth, Stefanie Graefe, Janina Puder, Falk Schmidt, Ramona Schmidt und Markus Wissen und dem Arbeitskreis Postwachstum an der Universität Jena.

1. Systemische Wachstumstreiber im kapitalistischen Weltsystem

Seitdem sich der Handelskapitalismus als ein globales System im 16. Jahrhundert etablierte, neigt die Weltwirtschaft zu einer stetigen Expansion, die sich mit der Durchsetzung des Industriekapitalismus im späten 18. Jahrhundert deutlich beschleunigte. Die kapitalistische Steigerungslogik vollzieht sich dabei in einem hierarchischen räumlichen Gefüge. Die einzelnen Nationalgesellschaften sind ungleich in die internationale Arbeitsteilung eingebunden. Strukturelle Machtgefälle in Militär und Technologie festigen diese Ordnung. Klassische Spielarten der Weltsystemtheorie gingen deshalb von einem Drei-Zonen-Modell in der Weltwirtschaft (Zentrum-Semiperipherie-Peripherie) aus. Diese Sichtweise impliziert eine Abhängigkeit der Peripherieländer (als Primärgüterproduzenten) von den Zentrumsstaaten (als Kapitalgüterhersteller), während die Semiperipherie eine Art Mittlerrolle zwischen den beiden Zonen einnimmt. Diese Zonen, so die Annahme des Weltsystemansatzes, blieben historisch weitgehend stabil. Bisher kam es lediglich zu vereinzelten Auf- (zum Beispiel Norwegen) und Abstiegsprozessen (zum Beispiel Argentinien) innerhalb des Systems (Arrighi/Drangel 1986; Babones 2012).

Die kapitalistische Wachstumsdynamik rührt aus dem widersprüchlichen Verhältnis zwischen den Verwertungsstrategien des Kapitals und den Interessen und Wünschen der Lohnabhängigen an einer auskömmlichen, in der konkreten Ausformung umkämpften – und nicht immer gewollten – Integration in die kapitalistische Produktions- und Lebensweise. Dies führte zu einer stetigen Landnahme von Räumen, die bisher nur lose in den Weltmarkt integriert waren. Der globale Kapitalismus neigt in diesem Prozess auch dazu, seinen Schwerpunkt immer wieder zu verlagern. Regelmäßige historische *Dezentrierungen* der Kapitalakkumulation von einem Zentrum der globalen Ökonomie (zum Beispiel von London) gehen stets mit einer *Rezentrierung* (zum Beispiel nach New York) einher, »[...] so als ob eine Weltwirtschaft nicht ohne Schwerpunkt, ohne Pol existieren könnte« (Braudel 1986: 78; vgl. auch Arrighi 1994: 12ff.). Diese Dynamik gründet darauf, dass es – gefördert von massiven staatlichen Interventionen – immer wieder zu einer raschen Entwicklung in Randregionen des Kapitalismus kommt (Schmalz 2016: Kap. 3). Die großen Herausforderer der alten Hegemonialmächte rücken auf diese Weise aus der (Semi-)Peripherie der kapitalistischen Weltwirtschaft in ihr Zentrum auf. England ist bis zu Beginn des 18. Jahrhunderts ein Rohstofflieferant am Rande des europäischen Handelskapitalismus; die USA und auch Russland sind neue Kontinentalstaaten, deren Territorium noch bis Ende des 19. Jahrhunderts durch Siedlungsprozesse und Eroberungsfeldzüge rasch anwächst; China und Indien befreien sich erst nach dem Zweiten Weltkrieg aus kolonialer Bevormundung. Die räumliche Verlagerung der Kapitalakkumulation führt letztlich auch dazu, dass neue Hegemonialmächte – erst Großbritannien, dann die USA – entstehen, die ein spezifisches Produktions- und Konsumtionsmodell in andere Weltregionen exportieren und einen Beitrag zur *Global Governance* des Weltsystems leisten (Cox 1987; Arrighi/Silver 1999: 26ff.). Hegemonie wird dabei im gramscianischen Sinne nicht als reine Dominanz, sondern als eine Form von Herrschaft verstanden, bei der die Interessen der führenden Klassen verallgemeinert, mit Zwang abgestützt, aber auch gezielt Konzessionen an subalterne Gruppen gemacht werden und so Konsens geschaffen wird.

Die von den Machteliten im Hegemonialstaat ausgehende global-hegemoniale Ausstrahlungs- und Bindungskraft basiert darauf, dass sie wie eine Art Scharnier sowohl in die einzelnen Nationalgesellschaften als auch auf die Weltordnung wirkt. Zum einen hat sie einen systemischen Charakter, da das überlegene, das heißt effektivere Produktions- und Konsummodell des Hegemons den anderen Gesellschaften einen Entwicklungspfad und damit eine Chance zu stabiler wirtschaftlicher Entwicklung eröffnet. Die Machteliten in anderen Nationalstaaten orientieren sich meist hieran und imitieren dieses Modell. Die (realen) Entwicklungsmöglichkeiten bzw. zumindest das (imaginäre) Entwicklungsversprechen stellen einen Konsens zur subordinierten Integration in den »historischen Block« her (vgl. hierzu: Bieling/ Steinhilber 2000). Zum anderen wird auch die *Lebensweise* der Hegemonialmacht, das heißt eine bestimmte »Weise […] zu leben, zu denken und das Leben zu empfinden« (Gramsci 1991 [1948ff.]: 2092) in anderen Gesellschaften adaptiert. Auf diese Weise integrieren sich sogar die Herrschenden und Teile der Beherrschten in anderen Ländern partiell in den Staats-Zivilgesellschaftskomplex des Hegemons bzw. suchen die Anbindung an dessen *upper class*. Das Ergebnis des Zusammenwirkens von globaler Hegemonie und kapitalistischer Verwertung ist ein komplexes, transnational strukturiertes System, das die Welt bis auf wenige Territorien in Afrika, Lateinamerika oder den ländlichen Raum Indiens und Chinas durchdrungen hat.

Diese Expansionslogik äußert sich darin, dass mit der kapitalistischen Landnahme neuer Räume immer auch *commodity frontiers* im Weltsystem entstanden sind (Moore 2003; Mahnkopf 2013: 24ff.). In den jeweiligen historischen Phasen kapitalistischer Expansion werden neue Agrarflächen und Ressourcenlagerstätten für die Warenproduktion inkorporiert. Im 16. Jahrhundert werden etwa Silberbergbau und Zuckerplantagenwirtschaft in Südamerika etabliert, später sind es der Kaffee- und der Tabakanbau, unter britischer Hegemonie schließlich Baumwolle, Eisenerz und Salpeter, dann in der US-amerikanisch dominierten Weltwirtschaft Erdöl und Südfrüchte, während heute Rohstoffe wie Lithium und seltene Erden erschlossen werden. Gleichzeitig bleibt der Ressourcenhunger der kapitalistischen Weltwirtschaft hinsichtlich der etablierten Verbrauchsmuster – etwa Erdöl, Gas, Kohle und agrarische Güter – bestehen. Die Erschließung dieser Rohstoffe konstituiert ebenfalls eine sich permanent verschiebende *commodity frontier.* Zu nennen ist hier die rastlose Suche nach Erdöl oder Erdgas-Reserven, der forcierte Abbau unkonventioneller Energieträger oder die Ausweitung der Palmöl-Produktion. Diese Prozesse tragen dazu bei, dass – so eine bekannte Formulierung aus dem ersten Band des Kapitals – der Kapitalismus »zugleich die Springquellen allen Reichtums untergräbt: die Erde und den Arbeiter« (Marx 1988 [1867]: 529f.). Denn die Tauschwert- und Profitorientierung kapitalistischer Produktion macht diese blind für die Reproduktionserfordernisse von Mensch und Natur. Die Folge der globalen *enclosures* sind (oftmals irreparable) ökologische Schäden und ein »ökologischer Imperialismus« (Crosby 1986), der mit einer Externalisierung sozial-ökologischer Kosten an die Ränder des Weltsystems einhergeht.

Mit der Entstehung des Industriekapitalismus kommt es zu einer neuen Dynamik: Erstens vervielfacht sich ab der zweiten Hälfte des 19. Jahrhunderts mit dem rasanten Wachstum der Industrieproduktion in Europa und den USA der Import von Ressourcen aus der Peripherie des Weltsystems (zum Beispiel Lateinamerika: Donghi 1991: 256f.).

Zweitens führt die Industrialisierung in den Staaten des Zentrums zu immensen Umweltschäden wie der Verschmutzung von Luft und Wasser, der Belastung von Böden und Entwaldung und gesundheitlichen Schäden bei der Bevölkerung. Viele Probleme werden durch Hygienepolitik in den Städten oder den Einbau von Abgasfiltern, insbesondere in Kraftwerken, zumindest teilweise bearbeitet. Viele Jahrzehnte später kommt es zu Externalisierungsstrategien: Die besonders schädlichen Produktionsstufen in verschiedenen Wertschöpfungsketten (Textilproduktion, Chemieerzeugnisse, Elektrotechnik etc.) werden ab den 1960er Jahren in die Semiperipherie und die Peripherie verlagert. Die hierarchische internationale Arbeitsteilung zwischen Zentrum und Peripherie verändert sich in dieser Periode. Sie basiert seitdem vor allem auf der Produktion hochwertiger Kapitalgüter und einer spezialisierten Wissensökonomie (Patente, Produktdesign etc.) in den Zentrumsstaaten, während die Industrieanteile in verschiedenen (semi-)peripheren Ländern ansteigen.

Drittens führt der »fossile Kapitalismus« (Altvater 2007) zu einer deutlichen Steigerung des Energieverbrauchs. Alleine in den Industriestaaten hat sich dieser zwischen 1860 und 1998 mehr als vervierzigfacht (Podobnik 2006: 136), was zu einer dramatischen Erhöhung von schädlichen CO_2-Emissionen führt. Es ist somit wenig verwunderlich, dass die sozial-ökologischen Nebenfolgen des globalen Kapitalismus immer offensichtlicher und kaum mehr kontrollierbar sind. Dieser Prozess geht einher mit einer welthistorischen Entwicklung: Mit China rückt nunmehr ein ehemaliges Peripherieland in das Zentrum der globalen Kapitalakkumulation. Insgesamt hat sich die Wachstumsdynamik in die Semiperipherie und Peripherie verlagert. Erstmals in der Geschichte der Weltwirtschaft haben die G7-Staaten nicht mehr den größten Anteil an der weltweiten Produktion. Die EU, USA und Japan kommen zusammen nur noch auf knapp über die Hälfte aller produzierten Güter und Dienstleistungen weltweit. Noch deutlicher ist der Trend beim Wirtschaftswachstum. Seit der Krise 2008/09 ist der Anteil der G7-Staaten am globalen Wirtschaftswachstum deutlich unter die Hälfte gefallen, während China seitdem rund ein Drittel beisteuert (Weltbank 2014; Schmalz 2015). Diese Tendenz hat sich ungeachtet der derzeitigen Krisendynamik in verschiedenen BRICS-Staaten verstetigt. Die Frage nach der Nutzung natürlicher Ressourcen und dem Ausstoß von Emissionen bekommt so eine neue Qualität: Über Jahrhunderte hinweg haben sich die frühindustrialisierten Länder die Ressourcen des globalen Südens angeeignet und die bei der industriellen Produktion und dem Konsum anfallenden Abfälle zumindest teilweise wieder in den Süden ausgelagert (Sachs 1997). Sie haben auch die globalen Kohlenstoffsenken, insbesondere die CO_2-speichernden Wälder und Ozeane, überproportional genutzt. Die ungleiche Entwicklung setzte somit eine ungleiche Naturaneignung voraus, was sich heute – wie wir später ausführen werden – deutlich verändert.

Dabei stellen wir die skizzierten Problemlagen in eine breitere Perspektive: Ein zentraler Mechanismus ungleicher Entwicklung des kapitalistischen Weltsystems ist historisch wie aktuell die systematische Externalisierung sozial-ökologischer Kosten innerhalb der Gesellschaften und insbesondere an die Ränder des Weltsystems. Die Erhaltung und Schaffung lebenswerter, hegemonialer Lebensverhältnisse ist – unter Bedingungen globaler kapitalistischer Konkurrenz – ein Element gegenwärtiger Politik zur Krisenexternalisierung (Brand 2004; Wissen/Brand 2016).

2. Die Hegemoniefähigkeit des globalen Wachstumsregimes: Verallgemeinerung der imperialen Lebensweise

Die Komplexität dieser Umbruchssituation ist jedoch nur verständlich, wenn die gesellschaftliche Mikrodynamik hinter diesen strukturellen Prozessen beleuchtet wird. Jede historisch hegemonial gewordene kapitalistische Produktions- und Lebensweise baut auf sozialen Kompromissen auf (Silver/Slater 1999: 151f.). Dabei werden in der Expansion des Systems immer weitere Bevölkerungsgruppen in die westliche Industrie- und Konsumgesellschaft integriert: Sind im holländisch dominierten Handelskapitalismus lediglich ein atlantischer Block aus Adel, städtischem Handelsbürgertum, kolonialen Plantagenbesitzern und staatlichen Bediensteten in den hegemonialen Block integriert, werden unter britischer Hegemonie in den Jahrzehnten nach dem Wiener Kongress 1815 den besitzenden Klassen größere Rechte eingeräumt und die »respektable« HandwerkerInnenklasse stärker eingebunden. Die fordistische Hegemonie nach dem Zweiten Weltkrieg unter politischer Führung der US-Eliten trägt nicht nur in teilweise blutigen Auseinandersetzungen zur Dekolonisierung bei, sondern sie basiert auch auf einem sozialen Kompromiss mit den (weißen) ArbeiterInnenklassen der kapitalistischen Zentren und wachsenden Mittelschichten (ebd.: 191ff.). Mit der derzeitigen Machtverschiebung scheinen schließlich auch breitere, urbane Bevölkerungsschichten in der (Semi-)Peripherie – insbesondere in Indien und China – in das System integriert zu werden.

Diese Integration läuft historisch zu einem guten Teil über materielle Sicherheit und Wohlstandsgewinne einzelner Bevölkerungsschichten ab. Dabei ist von Bedeutung, dass die moderne Konsumgesellschaft sich erst langsam herausbildet. Mit jedem Schub der kapitalistischen Expansion werden nicht nur neue Agrarflächen und Ressourcenlagerstätten in die Weltwirtschaft integriert, sondern auch neue Konsumgüter nach Europa und später in andere Zentrumsregionen gebracht. Zucker, Kaffee, Kakao oder Tabak werden zunächst zu Konsumgütern am Hofe, später beim Bürgertum und vielerorts erst im späten 19. Jahrhundert bei der einfachen Bevölkerung (Braudel 1985: 263ff.). Diese Produkte gehen also nur langsam in das *vie matérielle*, das Alltagsleben der Bevölkerung, ein und bleiben zudem auch räumlich ungleich verteilt. Der Konsum der gesamten Produktpalette ist zunächst ein Privileg Europas und einiger europäischer Siedlerkolonien. Die Waren werden oftmals mit rabiaten Mitteln wie Sklavenarbeit auf Plantagen oder »unsinnigen Metzeleien« (ebd.: 210) an Viehbeständen in der Peripherie beschafft. Die überproportionale Aneignung von Arbeitskraft und Natur durch den globalen Norden ist also historisch kein neues Phänomen, sondern zeigt sich bereits im Kolonialismus und Imperialismus früherer Jahrhunderte. Mit der Durchsetzung des Fordismus seit Mitte des 20. Jahrhunderts wird das Privileg auf ausschweifende Ressourcennutzung aus fernen Ländern durch die Ober- und Mittelschichten endgültig gebrochen, da seitdem auch die Unterklassen große Mengen an Konsumgütern (unter anderem auch das für die moderne Volkswirtschaft unerlässliche Erdöl) aus anderen Weltregionen beziehen. Die imperiale Lebensweise wird somit erst im Kontext des Fordismus zu einem Bestandteil des Alltags und der Attraktivität der gesellschaftlichen (Re-)Produktion (Brand/Wissen 2012).

Die imperiale Lebensweise wird gleichzeitig zu einem doppelten Moment der Krisenbearbeitung. Erstens: Je stärker sich die ressourcen- und emissionsintensiven Konsummuster im globalen Norden gesellschaftlich verallgemeinern, desto größer wird der Bedarf nach einem Außen, auf das die sozial-ökologischen Kosten dieser Konsummuster verlagert werden können. Waren die Menschen im globalen Süden – neben den meist schlechten Arbeitsbedingungen – bisher vor allem mit Rodungen, Schäden durch Bergbau und Monokulturen konfrontiert gewesen, wurden im Rahmen der *neuen internationalen Arbeitsteilung* seit den 1960er Jahren viele *dirty industries* in exportorientierte *industrial latecomers* ausgelagert (Cardoso 1986). Zweitens: Die imperiale Lebensweise hält die Reproduktionskosten der ArbeiterInnenklasse in den Zentrumsstaaten niedrig, was vor allem in Zeiten von Wirtschaftskrise, Lohnkonkurrenz und Sozialabbau durchaus stabilisierende Momente impliziert. Durch die zunehmende Liberalisierung der

Weltwirtschaft seit den 1990er Jahren erhält diese Dynamik einen zusätzlichen Schub, indem die Möglichkeiten zur Externalisierung von Folgekosten und relativ günstigeren Reproduktion der Arbeitskraft weiter erhöht
werden (Wissen 2014).

Das Modell der imperialen Lebensweise und der damit einhergehenden
Krisenexternalisierung verursacht heute jedoch paradoxerweise gerade
durch ihren im Alltag hegemonial verankerten Charakter sowie ihre Absicherung durch Unternehmensstrategien und politische Institutionen immer
unkontrollierbarere Probleme. Die Wachstumsprozesse in vielen Entwick-
lungs- und Schwellenländern folgen dem Entwicklungsversprechen einer
Verallgemeinerung fordistischer Produktions- und Konsummuster. Dies ist
jedoch aus einer sozial-ökologischen Perspektive kaum einzulösen.

Doch die aktuellen Umbrüche haben eine neue Auswirkung: Insbesondere durch den Aufstieg von China und Indien schwindet »die dem globalen
Norden seit Beginn der Industrialisierung gegebene – und für den Kapitalismus konstitutive – Möglichkeit, die sozial-ökologischen Kosten auf den globalen Süden zu verlagern« (Wissen 2014: 5; genauere Daten hierzu: Li 2016:
138ff.). Je größer die kaufkräftigen Mittelklassen im globalen Süden werden,
desto stärker ist die (Semi-)Peripherie auf die Externalisierung ihrer sozial-
ökologischen Kosten angewiesen. Sie gerät damit auch ökologisch zunehmend in Konkurrenz zu den frühindustrialisierten Ländern. Zusätzlich
engen die bisher entstandenen Umweltschäden Handlungsspielräume für
industrial latecomers der (Semi-)Peripherie ein. Nach aktuellen Schätzungen hat
sich die weltweite Durchschnittstemperatur bereits jetzt um rund 0,6 Grad
Celsius erhöht. Es gibt durchaus eine globale politische Aufmerksamkeit
dafür, nachholende Entwicklungsprozesse nicht unendlich weiter mit fossiler Energie zu befeuern. Zugespitzt ausgedrückt:

»Die öko-imperialen Spannungen zwischen den Ländern des globalen Nordens
sowie zwischen diesen und den aufstrebenden Mächten des globalen Südens drohen
sich zu verschärfen; die imperiale Lebensweise – Voraussetzung für die Bearbeit-
barkeit der sozial-ökologischen Widersprüche des Kapitalismus – erweist sich im
Moment ihrer tendenziellen Verallgemeinerung als Krisen verschärfend.« (Wissen
2014: 5).

3. Ungleiche Einbindung im Weltsystem, ungleiche Ausprägungen der sozial-ökologischen Krise

Die Widersprüche, die von der räumlichen Ungleichzeitigkeit der kapitalistischen Entwicklung und den daraus folgenden sozial-ökologischen Krisen hervorgerufen werden, lassen sich am besten herausarbeiten, wenn sie an einzelnen Ländern in verschiedenen Zonen der Weltökonomie dargestellt werden. Denn die Krise hat in den einzelnen Zonen des globalen Kapitalismus ein sehr unterschiedliches Gesicht. Wir skizzieren daher in der gebotenen Kürze jüngere Entwicklungen in den USA, China und Ecuador.

Die Vereinigten Staaten nehmen seit dem Ende des Zweiten Weltkriegs als größte Volkswirtschaft weltweit die Rolle eines Steuerungszentrums der kapitalistischen Weltwirtschaft ein. Auch heute noch setzen sie mit weniger als 5 Prozent der Weltbevölkerung über ein Fünftel des globalen BIP um und erreichen dabei ein BIP pro Kopf von über 53.000 US-Dollar im Jahr. Technologisch stehen US-amerikanische Unternehmen an der Spitze von vielen globalen Wertschöpfungsketten (Starrs 2013): Das Land beherbergt viele der größten Konzerne der Welt, darunter auffallend viele High-Tech-Unternehmen wie Apple, Verizon, Alphabet-Google oder Konzerne aus dem Dienstleistungsbereich wie Walmart, CVS Health oder Cosco. Im Gegenzug wurden in den vergangenen Jahrzehnten viele Millionen einfacher Industriearbeitsplätze in Schwellenländer ausgelagert. Schätzungen gehen davon aus, dass die durchschnittliche US-amerikanische Familie allein im Jahr 2004 rund 500 US-Dollar durch Importe von chinesischen Billiglohnproduzenten eingespart hat (Palat 2010: 374). Diese arbeitsintensive Industrie gilt zudem als besonders energieintensiv und umweltschädigend. Dennoch zeichnen sich die USA durch großräumliche städtische Strukturen, einen ressourcenaufwendigen Individualverkehr, niedrige Kosten für Energie und ausschweifenden Massenkonsum aus. Der ökologische Fußabdruck pro Kopf des Landes liegt regelmäßig unter den Top fünf weltweit und ist etwa fünf Mal so hoch wie es für eine nachhaltige Nutzung des Planeten notwendig wäre.

Das US-amerikanische Konsum- und Produktionsmodell zeichnet sich durch eine erstaunliche Stabilität aus: Bisher sind die Bemühungen der Regierung Obama, grüne Technologien zu fördern, bis auf wenige Ausnahmen wie bei dem Elektrofahrzeughersteller Tesla Motors weitgehend erfolglos geblieben. Zu groß war der Widerstand von Kapitalfraktionen wie den Energieunternehmen oder der energieintensiven Industrie gegen eine Transformation des fossilistischen Energieregimes. Mit der »Teersand- und Schiefergasrevolution« gingen die USA vielmehr auf eine restaurative Strategie über, durch die das Land zu einem der größten Produzenten von Erdöl und Schiefergas weltweit aufstieg (Daniljuk 2015).

Dennoch zeigen sich nun auch vermehrt die Grenzen des Modells, da die Externalisierung der Umweltschäden nicht mehr umstandslos funktioniert: Die Auswirkungen des Klimawandels wie Unwetter, Dürren und Waldbrände oder die Belastung des Trinkwassers durch *Hydraulic Fracking* sind in den USA bereits jetzt spürbar.

China gilt als der große Herausforderer der Vereinigten Staaten (Jacques 2012; Schmalz 2016): Das Land ist zur zweitgrößten Volkswirtschaft der Welt aufgestiegen und steuert den größten Anteil zum globalen Weltwirtschaftswachstum bei. Allerdings nimmt China lediglich eine semiperiphere Rolle in der globalen Ökonomie ein; bisher trägt China mit etwas weniger als einem Fünftel der Weltbevölkerung rund 15 Prozent zum weltweiten BIP bei, was einem BIP pro Kopf von etwa 9.000 US-Dollar entspricht. Auch wenn in China mittlerweile in einigen Hochtechnologie-Sektoren große multinationale Konzerne wie Huawei oder Alibaba entstanden sind, ist die Mehrheit der Unternehmen nach wie vor in niedrigeren Stufen der Wertschöpfungsketten angesiedelt. Das Land hat – trotz einer spürbaren industriellen Aufwertung – weiterhin den Rang der »Werkstatt der Welt« (Gao 2012). In Küstenprovinzen wie Guangdong produzieren arbeitsintensive Zulieferer von Markenunternehmen wie Apple, Playmobil oder Nike Elektrogeräte, Spielzeuge oder Schuhe für die globale Konsumgesellschaft. Dieser Schwerpunkt des chinesischen Wirtschaftsmodells ist nicht nur aufgrund der Arbeitsbedingungen von Bedeutung. Viele chinesische Fabriken verbrauchen extrem viel Energie und stoßen hohe Mengen an Umweltgiften aus. Auch aufgrund der Schwerindustrie (zum Beispiel Stahlproduktion) und der Versorgung mit einfach verfügbarer Energie aus Kohle (über 60 Prozent des Energieverbrauchs) ist China inzwischen in absoluten Zahlen der größte Emittent von CO_2 weltweit geworden. Außerdem sind schwere Umweltschäden wie die Belastung eines Drittels der Agrarfläche mit Schwermetallen, regelmäßige Smogalarme in nordchinesischen Großstädten oder Wüstenbildung und Wasserverschmutzung zur Normalität geworden (Economy 2010). Zwar liegt der durchschnittliche Ressourcenverbrauch eines in China lebenden Menschen bei dem Wert von nur rund einem Viertel des durchschnittlichen Verbrauchs der EinwohnerInnen der USA, aber damit immer noch deutlich über einem ökologisch nachhaltigen Wert. China ist lange Zeit einer der zentralen Zielorte der Externalisierung der Umweltprobleme des Westens gewesen; entsprechend finden sich beinahe alle Umweltprobleme, die in Europa oder den USA längst als Relikte des Industriezeitalters gelten, heute in dem exportorientierten Land wieder. Die schiere Bevölkerungszahl der Volksrepublik macht dieses Wirtschaftsmodell zu einem globalen Problem.

Die chinesische Staats- und Parteiführung räumt deshalb auch der Umweltpolitik in den vergangenen Jahren eine größere Bedeutung ein. Dabei setzt die Regierung auf einen Mix aus Großinvestitionen in grüne Technologien (erneuerbare Energien, Umwelttechnologie und Fahrzeuge mit alternativen Antriebssystemen), der Steigerung von Energie- und Ressourceneffizienz und Emissionssenkung, für die im Rahmen der letzten Fünfjahrespläne oftmals Milliardensummen verausgabt wurden und werden. Lange Zeit konnten diese Maßnahmen nur begrenzte Erfolge bringen, da die Wachstumsdynamik in China so rasch war, dass trotz Emissionssenkungen die Gesamtmenge an Schadstoffen weiter anwuchs. Ob das Versprechen, diesen Widerspruch durch einen Umbau des Wirtschaftsmodells zu lösen, haltbar ist, ist ebenfalls fraglich. Die Umstellung des industriellen, investitions- und exportgetriebenen Modells auf ein binnenmarkt- und konsumgetriebenes Modell mit Schwerpunkt auf dem Dienstleistungssektor verlagert vielmehr die Probleme: Zwar dürften die Emissionen des chinesischen Industriesektors sinken, aber der wachsende Konsum der neuen Mittelschichten, die sich an der imperialen Lebensweise orientieren, wirkt einer wirksamen Reduzierung der Umweltprobleme entgegen.

Am chinesischen Fall wird deutlich, mit welcher Geschwindigkeit die konsumkräftigen Mittel- und Oberklassen global gewachsen sind (Guarin u.a. 2014; ILO 2013). Die Angaben zur Größe der globalen Mittelschichten schwanken je nach Berechnungssystem sehr stark. Die ILO geht zum Beispiel von 695 Millionen Menschen in der (Semi-)Peripherie im Jahr 2010 aus, während die OECD 2009 weltweit auf 1,85 Milliarden Menschen kommt. Die meisten Untersuchungen sind sich jedoch darüber einig, dass es insbesondere in den 2000er Jahren zu einem gewaltigen Wachstum dieser Gruppen kam: Insbesondere China und im geringeren Umfang auch andere ostasiatische Staaten, außerdem Indien, Lateinamerika und in kleinem Maße sogar auch einige afrikanische Länder werden von dieser Dynamik erfasst (Popp 2014). Dabei handelt es sich insgesamt um dreistellige Millionenziffern. Die ILO zählt in den Nullerjahren alleine für China über 100 Millionen neue Mittelklassenangehörige (ILO 2013: 36). Dieser Umbruch führt zu einer massiven Globalisierung der imperialen Lebensweise. China ist heute nicht nur der größte Markt für den Einzelhandel und für den Absatz von PKWs geworden, sondern wird in den kommenden Jahren auch beim Flugverkehr mit den USA gleichziehen. Durch die besondere Rolle Chinas scheint somit auch eine neue Welle der Externalisierung stattzufinden, bei der *dirty industries* nach Südostasien und Indien verlagert werden. Diese verläuft aber weitaus widersprüchlicher als in den frühindustrialisierten Ländern, da aufgrund der Größe der chinesischen Wirtschaft und Bevölkerung die Möglichkeiten der Externalisierung begrenzt sind und zudem auch Zentral- und Westchina Zielorte dieser Verlagerungen sind.

Kommen wir mit Ecuador zu einem dritten Land, um unser Argument zu verdeutlichen. Die Umbrüche in der Weltwirtschaft und ihre sozialökologischen Widersprüche werden auch hier überaus deutlich. Zum einen wurden die negativen ökologischen Auswirkungen historischer wie aktueller Entwicklungen in Ecuador in den letzten Jahren stark politisiert. Aufgrund der anti-neoliberalen Kämpfe sozialer Bewegungen wurde im Jahr 2008 eine neue und äußerst progressive Verfassung verabschiedet, in der unter anderem die Rechte der Natur und das Ziel nachhaltiger Entwicklung, Prinzipien einer solidarischen Ökonomie, die Stärkung der Rechte indigener Völker sowie das Staatsziel eines Guten Lebens für die Bevölkerung festgeschrieben wurden (Acosta 2015). Der nationale Entwicklungsplan für die Jahre 2013 bis 2016 trägt den Titel *Plan del Buen Vivir* (Plan des Guten Lebens).

Auf der anderen Seite bleiben in den Andenländern Südamerikas extraktive Wirtschaftszweige wie der Bergbau oder die Ölförderung die Hauptexportsektoren. Diese Produkte werden allen voran in die USA, nach Europa und jüngst auch nach China geliefert. Am Beispiel von Ecuador lässt sich die für den sogenannten Neo-Extraktivismus typische Dynamik verdeutlichen: Das Land mit seinen nur rund 15 Millionen Einwohnern erwirtschaftet trotz Erdölreichtums ein BIP von lediglich rund 6.000 US-Dollar pro Kopf, der durchschnittliche Ressourcenverbrauch liegt knapp unter dem chinesischen Wert. Die CO_2-Emissionen pro Kopf betragen dennoch nur gut ein Drittel des chinesischen Wertes (und ein Siebtel des US-amerikanischen). In dem vergangenen Jahrzehnt profitierte Ecuador von einem globalen Rohstoffboom, der eng mit der hohen Nachfrage aus China zusammenhing. Dieses neoextraktive Modell führte zu hohen Erlösen und auch dazu, dass neue Spielräume für Investitionen und Sozialausgaben entstanden. Neo-Extraktivismus bezeichnet hier ein Entwicklungsmodell, in dem die gesellschaftlichen Verhältnisse wesentlich von der über den kapitalistischen Weltmarkt vermittelten Inwertsetzung von Naturelementen geprägt sind (Gudynas 2012; Brand/Dietz 2014). Produktion, Ausbeutung und Export von Rohstoffen und anderen Naturelementen werden jedoch – anders als in früheren Zeiten – dafür eingesetzt, um mit staatlichen Mitteln Armut und soziale Ungleichheiten zu reduzieren. Diese Strategie wird ergänzt durch eine Veränderung der Steuerpolitik und durch Versuche, die Infrastruktur mittels strategischer staatlicher Investitionen auszubauen und die Weiterverarbeitung des Rohöls zu gewährleisten (Jurado 2015). Die Mittelschichten, die westlichen Konsummustern folgen und in das Wirtschaftsmodell integriert sind, werden auf diese Weise kaufkräftiger und größer.

Allerdings konnte die ecuadorianische Regierung angesichts der strukturellen Zwänge des Weltmarkts und der internen Opposition gegen eine Erhöhung der Steuerlast letztlich nur wenige Erfolge bei der ökonomischen Diversifizierung verbuchen.[5] Die extraktive Logik ist zudem vor allem aus einer sozialökologischen Perspektive widersprüchlich: Um die staatlichen Programme zu finanzieren, entschied sich die Regierung zu einem Ausbau der Erdölgewinnung in sensiblen Ökosystemen und Naturschutzgebieten wie dem Yasuní-Nationalpark, wo Mitte 2013 ein Moratorium auf die Ölförderung ausgesetzt wurde (Acosta 2015).[6] Diese Strategie ist der offensichtlichste Indikator einer weiterhin anhaltenden Krisenexternalisierung. Finanziert werden derartige Bemühungen oftmals mit chinesischen Krediten und Investitionen. China hofft auf diese Weise seine Rohstoffversorgung zu diversifizieren. Ecuador ist deshalb heute mit rund 11 Milliarden US-Dollar bei chinesischen Gläubigern verschuldet (Krauss/Bradsher 2015). Die Widersprüche des globalen Kapitalismus äußern sich in Ecuador somit vor allem in der zunehmenden Inwertsetzung natürlicher Ressourcen und in den Problemen, diesen Entwicklungspfad zu verlassen.

Zusammengefasst: Die globalen Güterketten, die die Weltwirtschaft durchziehen, führen auf ihren unterschiedlichen Stufen zu jeweils spezifi-

---

5 Über die Bewertung der punktuellen Ansätze zur Aufwertung der ecuadorianischen Produktionsstruktur gibt es bei den beiden Autoren verschiedene Auffassungen.

6 Das Beispiel des Yasuní-Nationalparks deutet auch auf die internationale Dimension der Rohstoffförderung hin: Die ecuadorianische Regierung erklärte im Jahr 2007 ihre Bereitschaft, das Erdöl im Yasuní-Nationalpark nicht auszubeuten, wenn ausländische Geldgeber sie dafür mit insgesamt 3,6 Milliarden US-Dollar und damit rund der Hälfte der Erlöse aus dem Erdölverkauf entschädigen. Die Initiative scheiterte 2013 an der mangelnden Zahlungsbereitschaft der internationalen Staatengemeinschaft (Acosta 2015).

schen Ausprägungsformen kapitalistischer Landnahme und der sozial-ökologischen Krise. Volkswirtschaftlich artikulieren sich diese Effekte folglich höchst unterschiedlich: Sie reichen vom strukturellen Überkonsum in den USA über die Widersprüche der chinesischen Hochwachstumsgesellschaft bis hin zur neo-extraktiven Logik in Ecuador. Die Externalisierung der Umweltprobleme aus den frühindustrialisierten Staaten in andere Weltregionen findet in dieser komplexen Struktur ihre Grenzen: Die USA können nicht mehr umstandslos alle ökologischen Folgekosten verlagern, China kann die gesammelten Widersprüche nicht mehr bearbeiten und in Ländern wie Ecuador drohen die natürlichen Grundlagen langsam zu erodieren.

4. Was tun? Der Mangel an einer übergreifenden Transformationsperspektive

Das kapitalistische Weltsystem scheint einen Punkt erreicht zu haben, an dem es seine eigenen Reproduktionsgrundlagen mehr denn je in Frage stellt. Das ist kein *objektiver Mechanismus* in dem Sinne, dass nun die »planetarischen Grenzen« (Rockström u.a. 2009; Kritik von Görg 2015) überschritten würden. Eine partielle Bearbeitung der Krise durch Prozesse der ökologischen Modernisierung ist durchaus denkbar. Doch unter den Bedingungen eines sich globalisierenden Kapitalismus ist eine effektive globale – und außerdem einigermaßen sozial verträgliche – Bearbeitung der vielfältigen sozial-ökologischen Krisendimensionen höchst unwahrscheinlich (Wissen 2014). Das erzeugt eine neue historische Situation: Die Spaltung der Weltwirtschaft in verschiedene Zonen hatte für viele Jahrhunderte stabilisierend gewirkt. Die Peripherie versorgte die frühindustrialisierten Länder mit Primärgütern, es kam zu Abstiegs- und Aufstiegsbewegungen einzelner Regionen und Länder, die historisch-konkreten Produktions- und Lebensweisen erzeugten zwar räumlich und zeitlich sehr verschiedene Entwicklungsdynamiken, aber in vielen Ländern doch auch beträchtlichen Wohlstand für breite Bevölkerungsschichten. Gerade in den letzten 15 Jahren kam es zur Entwicklung neuer Mittelschichten im globalen Süden. Doch mit weiteren Prozessen von Landnahmen und Krisenexternalisierung gehen gegenwärtig immer mehr geopolitische und ökonomische Konflikte einher.

Mit dem Begriff der sozial-ökologischen Transformation wird in den letzten Jahren versucht, diese Konstellation zu begreifen und Ansatzpunkte für emanzipatorische Strategien und Entwicklungen zu benennen und zu stärken (vgl. etwa Brie 2014). Für unser Thema kann eine Perspektive gewinnbringend sein, die Kritik und Kämpfe verknüpft und dabei die unterschiedlichen Realitäten in den einzelnen Zonen des Weltsystems im Auge behält. Es geht darum, verschiedene Auseinandersetzungen wie Arbeitskämpfe in der Produktion oder soziale Kämpfe gegen die ökologische Degradierung zusammenzudenken, aber auch darum, die Sinnhaftigkeit der Produktion selbst zu thematisieren – wer bestimmt über die Investitionen? Welche Art von Forschung und Entwicklung wird betrieben? Was bedeutet Konversion der als schädlich erachteten Branchen?

Die sozialen Kämpfe und die politischen Subjekte werden dabei in Zentrum und Peripherie äußerst unterschiedlich sein: In Ländern wie Ecuador könnten entscheidende Impulse von den Auseinandersetzungen um Infrastruktur- und Ressourcenerschließungsprojekte ausgehen. In Staaten wie China ist es durchaus denkbar, dass die sozialen Probleme der Fabrikarbeit und der ökologischen Krise sich so verbinden, dass ein »new environmental proletariat« (Foster u.a. 2010: 440) entsteht, das sich für eine sozial-ökologische Transformation einsetzt. In den Zentrumsstaaten wie den USA werden progressive Ansätze eher aus Allianzen von absinkenden Mittelklassen, prekären Teilen der ArbeiterInnenklassen und alternativen Milieus hervorgehen. Diese unterschiedlichen Auseinandersetzungen gilt es mit einer Politisierung der imperialen Lebensweise zu verknüpfen – also mit einer Kritik der Alltagspraktiken der Menschen und der Unternehmensstrategien, der flankierenden staatlichen Programme und stabilisierender politischer Institutionen sowie mit einer transnationalen Transformationsperspektive.

Literatur

Acosta, Alberto (2015), *Buen Vivir – Vom Recht auf ein gutes Leben*, München.

Altvater, Elmar (2007), The social and natural environment of fossil capitalism, *Socialist Register*, Jg. 43, London, S. 37–59.

Arrighi, Giovanni (1994), *The long twentieth century. Money, power, and the origins of our times*, London.

Arrighi, Giovanni/Drangel, Jessica (1986), The Stratification of the World-Economy: An Exploration of the Semiperipheral Zone, *Review*, Jg. 10, H. 1, S. 37–96.

Arrighi, Giovanni/Silver, Beverly J. (1999), Introduction, in: Dies. (Hg.), *Chaos and governance in the modern world system*, Minneapolis, S. 1–36.

Babones, Salvatore J. (2012), Position and mobility in the contemporary world-economy: A structuralist perspective, in: Salvatore J. Babones/Christopher Chase-Dunn (Hg.), *Routledge Handbook of World-Systems Analysis*, London/New York, S. 327–335.

Bieling, Hans-Jürgen/Steinhilber, Jochen (2000), Hegemoniale Projekte im Prozeß der europäischen Integration, in: Dies. (Hg.), *Die Konfiguration Europas: Dimensionen einer kritischen Integrationstheorie*, Münster, S. 102–130.

Brand, Ulrich (2004), Krisenexternalisierung im Postfordismus, in: Alex Demirovic/Joachim Beerhorst/Michael Guggemos (Hg.), *Eingriffe denken. Kritische Gesellschaftstheorie im gesellschaftlichen Strukturwandel*, Frankfurt/M.

Brand, Ulrich/Dietz, Kristina (2014), (Neo-)Extraktivismus als Entwicklungsoption? Zu den aktuellen Dynamiken und Widersprüchen rohstoffbasierter Entwicklung in Lateinamerika, *Politische Vierteljahresschrift*, Sonderheft Jg. 48, S. 88–125.

Brand, Ulrich/Wissen, Markus (2012), Global Environmental Politics and the Imperial Mode of Living: Articulations of State-Capital Relations in the Multiple Crisis, *Globalizations*, Jg. 9, H. 4, S. 547–560.

Braudel, Fernand (1985), *Sozialgeschichte des 15.–18. Jahrhunderts Bd. 1. Der Alltag*, München.

Braudel, Fernand (1986), *Die Dynamik des Kapitalismus*, Stuttgart.

Brie, Michael (Hg.) (2014), *Futuring. Perspektiven der Transformation im Kapitalismus über ihn hinaus*, Münster.

Cardoso, Fernando Henrique/Schrader, Achim (Hg.) (1986), *Ökologie-Diskussion in Lateinamerika, sozialwissenschaftliche Beiträge*, Münster.

Chase-Dunn, Christopher (2005), Social Evolution and the Future of World Society, *Journal of World-Systems Research*, Jg. 9, H. 2, S. 171–192.

Cox, Robert W. (1987), *Production, power, and world order. Social forces in the making of history*, New York.

Crosby, Alfred W. (1986), *Ecological Imperialism. The Biological Expansion of Europe, 900–1900*, New York.

Daniljuk, Malte (2015), America's T-Strategy. Die US-Hegemonie und die Korrektur der US-Außen- und Energiepolitik, *Prokla*, Jg. 45, H. 4, S. 545–562.

Desai, Radhika (2013), *Geopolitical Economy: After Us Hegemony, Globalization and Empire. The Future of World Capitalism*, London.

Dietz, Kristina/Brunnengräber, Achim (2008), Das Klima in den Nord-Süd-Beziehungen, *Peripherie*, Zeitschrift für Politik und Ökonomie in der Dritten Welt, Jg. 28, H. 4, S. 400–428.

Donghi, Tulio H. (1991), *Geschichte Lateinamerikas von der Unabhängigkeit bis zur Gegenwart*, Frankfurt/M.

Dörre, Klaus (2012), Landnahme, das Wachstumsdilemma und die »Achsen der Ungleichheit«, *Berliner Journal für Soziologie*, Jg. 22, H. 1, S. 101–128.

Economy, Elizabeth C. (2010), *The river runs black. The environmental challenge to China's future*, 2. Aufl., Ithaca.

Foster, John B./Clark, Brett/York, Richard (2010), *The ecological rift. Capitalism's war on the earth*, New York.

Gao, Yuning (2012), *China as the workshop of the world. An analysis at the national and industry level of China in the international division of labor*, London/New York.

Gramsci, Antonio (1991 [1948ff.]), *Gefängnishefte. Kritische Gesamtausgabe*, Bd. 9, H. 22, hg. v. W. F. Haug u.a., Hamburg.

Global Carbon Atlas (2016), Global Carbon Atlas, 29.03.2016, *http://www.globalcarbonatlas.org/*.

Görg, Christoph (2015), Planetarische Grenzen, in: Sybille Bauriedl (Hg.), *Wörterbuch Klimadebatte*, Bielefeld, S. 239–244.

Guarin, Alejandro/Furness, Mark/Scholz, Imme/Weinlich, Silke (2014), Wirtschaftliche, politische und soziale Auswirkungen des Aufstiegs neuer Mittelschichten, in: Andreas Nölke/Christian May/Simone Claar (Hg.), *Der Aufstieg der großen Schwellenländer in der Weltwirtschaft. Ein Handbuch*, Wiesbaden, S. 21–41.

Gudynas, Eduardo (2012), Estado compensator y nuevos extractivismos. Las ambivalencias del progresismo sudamericano, *Nueva Sociedad*, H. 237, S. 128–146.

ILO (2013), *World of Work Report. Repairing the Economic and Social Fabric*, Genf.

Jacques, Martin (2012), *When China rules the world. The end of the western world and the birth of a new global order*, 2., aktualisierte und erweiterte Aufl., New York.

Jurado, Jorge (2015), Zu Gunsten des Staats und des Volks von Ecuador. Eine Replik auf Claudia Zillas »Lateinamerikas Löcher im Rechtsstaat«, IPG. Internationale Politik und Gesellschaft, 29.03.2016, *http://www.ipg-journal.de/kommentar/artikel/zu-gunsten-des-staats-und-des-volks-von-ecuador-933/*.

Krauss, Cifford/Bradsher, Keith (2015), China's Global Ambitions, Cash and Strings Attached, *New York Times*, 24.07.2015.

Lessenich, Stephan (2015), Die Externalisierungsgesellschaft. Ein Internalisierungsversuch, *Soziologie*, Jg. 44, H. 1, S. 22–32.

Li, Minqi (2016), *China and the 21st Century Crisis*, London.

Mahnkopf, Birgit (2013), *Peak Everything – Peak Capitalism? Folgen der sozial-ökologischen Krise für die Dynamik des historischen Kapitalismus*, Working Paper der DFG-KollegforscherInnengruppe Postwachstumsgesellschaften, 02/2013, Jena.

Marx, Karl (1988 [1867]), *Das Kapital. Kritik der politischen Ökonomie. Erster Band*, Marx-Engels-Werke, Bd. 23, Berlin.

Moore, Jason W. (2003), The modern world-system as environmental history? Ecology and the rise of capitalism, *Theory and Society*, Jg. 32, H. 3, S. 307–377.

Muraca, Barbara (2015), Wider den Wachstumswahn. Degrowth als konkrete Utopie, *Blätter für deutsche und internationale Politik*, Jg. 60, H. 2, S. 101–110.

Palat, Ravi A. (2010), World Turned Upside Down? Rise of the global South and the contemporary global financial turbulence, *Third World Quarterly*, Jg. 31, H. 3, S. 365–384.

Podobnik, Bruce (2006), Global Energy Inequalities: Exploring the Long-Term Implications, in: Christopher K. Chase-Dunn/Salvatore J. Babones (Hg.), *Global social change: Historical and comparative perspectives*, Baltimore, S. 135–160.

Popp, Silvia. (2014), Die neue globale Mittelschicht, *Aus Politik und Zeitgeschichte*, Jg. 64, H. 49, S. 30–37.

Rockström, Johan/Steffen, Will u.a. (2009), Planetary Boundaries: Exploring the Safe Operating Space for Humanity, *Ecology and Society*, Jg. 14, H. 2, Article 32.

Sachs, Wolfgang (1997), Sustainable Development. Zur politischen Anatomie eines internationalen Leitbilds, in: Karl-Werner Brand (Hg.), *Nachhaltige Entwicklung. Eine Herausforderung an die Soziologie*, Opladen, S. 93–110.

Schmalz, Stefan (2015), An den Grenzen des American Empire: Geopolitische Folgen des chinesischen Aufstiegs, *Prokla*, Jg. 45, H. 4, S. 545–562.

Schmalz, Stefan (2016), *Machtverschiebungen im Weltsystem. Der Aufstieg Chinas und die große Krise*, Frankfurt/New York (i. E).

Silver, Beverly J./Slater, Eric (1999), The Social Origins of World Hegemonies, in: Giovanni Arrighi/Beverly J. Silver (Hg.), *Chaos and governance in the modern world system*, Minneapolis, S. 151–216.

Starrs, Sean (2013), American Economic Power Hasn't Declined – It Globalized! Summoning the Data and Taking Globalization Seriously, *International Studies Quarterly*, Jg. 57, H. 4, S. 817–830.

Wissen, Markus (2014), Auf dem Weg in einen »grünen Kapitalismus«? Die ökologische Modernisierung der imperialen Lebensweise, 29.03.2016, *http://ifg.rosalux.de/files/2014/05/Imperiale-Lebensweise_2014-05-07.pdf*.

Wissen, Markus/Brand, Ulrich (2016), Imperiale Lebensweise und die politische Ökonomie natürlicher Ressourcen, in: Johannes Jäger/Lukas Schmidt u.a. (Hg.), *Globale Ressourcen und Rohstoffpolitik*, Wien.

Weltbank (2014), World Development Indicators, 26.03.2014, *http://data.worldbank.org/data-catalog/world-development-indicators*.

III. Entwürfe der Postwachstumsgesellschaft

Der Ausbau von Dienstleistungen als Grundlage einer Postwachstumsgesellschaft

Norbert Reuter

>*»Die wohlhabenden Länder müssen sich bewusst*
>*auf eine Zukunft ohne Wachstum einstellen.«*
>
>Karl Georg Zinn 2015

Der zunehmende Ausbau der Dienstleistungsgesellschaft ist ein universell zu beobachtender Trend. Da ein geringerer Produktivitätsanstieg zum Wesen von Dienstleistungen gehört, sind Dienstleistungsgesellschaften durch einen Rückgang der Wachstumsnotwendigkeit und -dynamik gekennzeichnet. Dienstleistungen weisen zudem den geringsten Energieverbrauch von allen Produktionsbereichen auf. Deshalb sind die nach wie vor vorhandenen realwirtschaftlichen Zuwächse zudem vergleichsweise umweltverträglich. Der Trend zu mehr Dienstleistungen muss somit als Chance für Umwelt und Natur verstanden werden. Einen Automatismus zur »Ökologisierung« der Wirtschaft gibt es allerdings nicht. Entscheidend bleibt das Verhalten der Menschen. Denn positive Umwelteffekte im Zuge des Ausbaus der Dienstleistungsgesellschaft könnten durch einen Mehrverbrauch an Gütern wieder zunichtegemacht werden.

1.   Der Trend zur Dienstleistungsgesellschaft

Im Wachstums- und Entwicklungsprozess unterliegen alle Ökonomien einem vergleichbaren Trend des Strukturwandels: von der Dominanz des Agrarsektors über die starke Ausweitung des industriellen Sektors hin zur überwiegenden Dienstleistungsproduktion. Die Zuordnung einzelner Tätigkeiten zu den drei Sektoren wird nach internationalen Standards vorgenommen, sodass ein Vergleich zwischen Ländern möglich ist. Dienstleistungen sind im Wesentlichen dadurch charakterisiert, dass es sich in Abgrenzung zur Produktion von materiellen Gütern des industriellen Sektors um die Produktion von immateriellen Gütern handelt. Die im historischen Ablauf sich zeigende Regelmäßigkeit in der Entwicklung der Wirtschaftsstruktur hat dazu geführt, die drei Sektoren gemäß der Veränderung ihrer relativen Bedeutung im Zeitverlauf auch als »primären«[1], »sekundären«[2] und »tertiären«[3] Sektor zu bezeichnen. Die historische Gewichtsverschiebung der Sektoren lässt sich sowohl an der relativen Zahl der Beschäftigten als auch an dem Wertschöpfungsanteil des jeweiligen Sektors erkennen (siehe *Abbildung 1*).

Abbildung 1

(Quelle: Statistisches Bundesamt: Volkswirtschaftliche Gesamtrechnung; bis 1990 früheres Bundesgebiet einschl. Berlin-West; Daten für 2020 und 2030: Prognose IAB und Bundesinstitut für Berufsbildung (2014); Zwischenjahre interpoliert)

---

1 Land- und Forstwirtschaft, Fischer und Fischzucht, Bergbau und Gewinnung von Steinen und Erden.

2 Verarbeitendes Gewerbe, Energie- und Wasserversorgung, Baugewerbe.

3 Handel, Instandhaltung und Reparatur von Kraftfahrzeugen, Verkehr und Lagerei, Gastgewerbe, Information und Kommunikation, Erbringung von Finanz- und Versicherungsdienstleistungen, Grundstücks- und Wohnungswesen, Erbringung von freiberuflichen, wissenschaftlichen und technischen Dienstleistungen, Erbringung von sonstigen wirtschaftlichen Dienstleistungen, Öffentliche Verwaltung, Verteidigung, Sozialversicherung, Erziehung und Unterricht, Gesundheits- und Sozialwesen, Kunst, Unterhaltung und Erholung sowie Erbringung von sonstigen Dienstleistungen.

In Deutschland waren nach dem Zweiten Weltkrieg zunächst rund ein Viertel aller Beschäftigten im primären Sektor tätig. Seitdem ging sein Anteil beständig bis auf heute nur noch 1,5 Prozent zurück und wird nach der Prognose des QuBe-Projekts[4] zur langfristigen Entwicklung des Arbeitskräftebedarfs und -angebots auf diesem Niveau verharren (Maier u.a. 2014: 3).

Bis Ende der 1960er Jahre expandierte der sekundäre Sektor und stellte Arbeitsplätze für die im primären Sektor nicht mehr benötigten Arbeitskräfte bereit. Zu seinen besten Zeiten war dort rund die Hälfte aller Erwerbstätigen beschäftigt. Seit Ende der 1960er Jahre nimmt die Bedeutung dieses Sektors ab. 2030 werden hier nach QuBe-Schätzungen nur noch knapp 22 Prozent der Erwerbstätigen beschäftigt sein.

Parallel, allerdings auf niedrigerem Niveau und zunächst deutlich langsamer, expandierte der tertiäre Sektor (Dienstleistungssektor). Anfang der 1970er Jahre überrundete er aber, sowohl die Wertschöpfung als auch die Beschäftigung betreffend, den sekundären Sektor. Seit 1972 arbeiten in Deutschland mehr Erwerbstätige im tertiären als im sekundären Sektor. 2030 werden dort laut QuBe-Projekt über 77 Prozent aller Erwerbstätigen beschäftigt sein.

Trotz dieser starken Verschiebungen liegt Deutschland international[5] bei der Entwicklung des Dienstleistungssektors gegenüber Ländern mit ähnlich hohem Pro-Kopf-Einkommen – insbesondere den skandinavischen Ländern – deutlich zurück (siehe *Abbildung 2*). Ursache hierfür ist die ausgeprägte Exportorientierung der deutschen Wirtschaft, die praktisch ausschließlich von der Industrie getrieben wird (Statistisches Bundesamt 2015). Da diese Exportorientierung mit einer schwachen Lohnentwicklung einherging, ist die Kehrseite der Entwicklung eine Schwäche der Binnennachfrage, besonders der Nachfrage nach heimischen Dienstleistungen.

---

4 Das QuBe-Projekt ist ein Zusammenschluss verschiedener Institutionen, die zur langfristigen Entwicklung des Arbeitskräftebedarfs und -angebots nach Qualifikationen und Berufen forschen. Es wird unter der gemeinsamen Leitung des Bundesinstituts für Berufsbildung (BIBB) und des Instituts für Arbeitsmarkt- und Berufsforschung (IAB) in Zusammenarbeit mit der Gesellschaft für Wirtschaftliche Strukturforschung (GWS) und dem Fraunhofer Institut für Angewandte Informationstechnik (FIT) durchgeführt.

5 Für internationale Vergleiche sind harmonisierten Zahlen des europäischen Statistischen Amtes (Eurostat) und der International Labour Organisation (ILO) heranzuziehen.

Abbildung 2

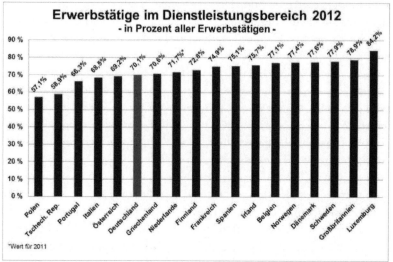

(Quelle: Statistisches Bundesamt: Statistisches Jahrbuch der Bundesrepublik Deutschland 2014: 656)

2. Die Theorie des Sektorenwandels

Der seit mehreren Dekaden empirisch zu beobachtende Strukturwandel ist seit langem auch Gegenstand theoretischer Analysen. Aufbauend auf den Arbeiten von Allan Fisher (1935) und Colin Clark (1940) hatte Jean Fourastié (1969 [1949]) eine Theorie des langfristigen Sektorenwandels vorgelegt.

Als Ursache des Wandels sah Fourastié zwei zusammenwirkende Triebkräfte: den Produktivitätsfortschritt sowie Nachfragegrenzen als Folge zunehmender Sättigung beim Bedarf. Die Produktivitätsentwicklung ermöglicht eine wertmäßig steigende Produktion pro Arbeitsstunde. Allerdings erklärt dies alleine noch keinen Sektorenwandel. Solange sich die höhere Produktion als absetzbar erweist, folgt aus dem Produktivitätsfortschritt kontinuierliches Wirtschaftswachstum. Erst zusammen mit dem zweiten Faktor, der Nachfragesättigung, kommt es wegen zunehmender Überkapazitäten zu Absatzproblemen und in der Folge zu wachsenden Beschäftigungsverlusten in diesem Sektor. Auf diese Weise kommt der Sektorenwandel in Gang.

Wegen der großen Nachfrage nach industriellen Gütern konnte der industrielle Bereich Arbeitskräfte, die im primären Sektor nicht mehr unterkamen, eine Zeit lang auffangen. Entsprechend expandierte der sekundäre Sektor. Da jedoch auch in diesem Sektor die beiden Triebkräfte Produktivitätsfortschritt und Sättigung wirken, prognostizierte Fourastié hier eine analoge Entwicklung wie beim Übergang vom primären zum sekundären Sektor: Zunächst eine Zunahme des Beschäftigungsanteils verbunden mit einer steigenden Produktion von industriell erzeugten Gütern. Früher oder später stößt das gesteigerte Angebot aber auch hier auf eine weniger stark steigende bzw. hinter ihm zurückbleibende Nachfrage. Wachsende Überkapazitäten markierten für Fourastié den Zeitpunkt des zweiten großen Sektorenwandels. Beschäftigungsverluste im industriellen Bereich würden nun durch Beschäftigungsgewinne im expandierenden tertiären Sektor, also im Dienstleistungsbereich, aufgefangen.

Fourastié sah die Expansion des Dienstleistungssektors bekanntlich als »große Hoffnung des 20. Jahrhunderts«, so auch der Titel seines Hauptwerks (1969 [1949]). Sein Optimismus gründete auf der Einschätzung, dass Dienstleistungen im Unterschied zu den Produkten des sekundären Sektors keinem oder nur einem vergleichsweise geringen Produktivitätsfortschritt unterliegen. Zudem unterstellte er einen unstillbaren »Hunger nach Tertiärem«, also ein Ausbleiben von Sättigung bei Dienstleistungen. Fourastié begründete dies damit, dass »der tertiäre Sektor entweder das Leben des Konsumenten sehr angenehm gestaltet (Theater, Schauspiel, Kunst, Tourismus, Dienstleistungen im Handelsverkehr) oder er [...] für die Gemeinschaft und sogar für die Herstellung von Produkten des primären und sekundären Sektors (Bildungswesen, Forschung, Verwaltung usw.) absolut unerläßlich ist.« (Fourastié 1967: 29). Kontinuierliche Wohlstandsgewinne für die Menschen und Komplementarität von Arbeitsergebnissen des sekundären und tertiären Sektors (composite goods) waren also die Bausteine seiner optimistischen Sicht der Zukunft.

Der zu beobachtende Strukturwandel hat die theoretisch begründeten Voraussagen zu den Anteilsverschiebungen zwischen den drei Sektoren grundsätzlich bestätigt. Idealtypisch könnte sich hieraus eine aus ökologischer Sicht doppelt positive Entwicklung ergeben: abnehmende Wachstumsraten und sinkender Ressourcenverbrauch.

3.   Der Trend abnehmender Wachstumsraten

Parallel zum beschriebenen Sektorenwandel lässt sich ein Trend abneh-
mender Wachstumsraten feststellen (Afheldt 1994; Reuter 2000; Band-
holz/Flaig/Mayr 2005). Periodisch auftretende Krisen – wie zuletzt die
globale Finanzkrise und in ihrem Gefolge die Eurokrise – verstärken lediglich einen dekadenübergreifenden Trend, der in allen fortgeschrittenen Gesellschaften zu beobachten ist (siehe *Abbildung 3*).

Abbildung 3

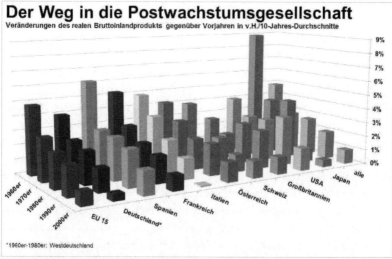

(eigene Berechnungen, Quelle für Grunddaten: Ameco-Datenbank; EU-15 bis 1980er Jahre: Sach-
verständigenrat)

In den 2000er Jahren weisen die fortgeschrittenen Länder im Jahresdurch-
schnitt ein reales, also inflationsbereinigtes Wachstum von nur noch rund
einem Prozent auf. Der grundsätzliche Trend zeichnet sich auch dann ab,
wenn man die Bevölkerungsentwicklung einbezieht und Pro-Kopf-Wachs-
tumsraten zugrunde legt.[6] Deutschlands wirtschaftliche Entwicklung steht
hierfür geradezu symptomatisch (siehe *Abbildung 4*). Im Durchschnitt betrug

---

6 Vgl. hierzu detailliert die umfassenden empirischen Angaben zum langfristigen Wachstum
des BIP wie des BIP pro Kopf der führenden Industrieländer für den Zeitraum 1850 bis
heute (Deutscher Bundestag 2013: 116–122).

das Wachstum hier zwischen 2000 und 2014 1,3 Prozent pro Jahr. In absoluten Zahlen betrachtet ist also kein Anstieg der jährlichen Zuwächse zu beobachten. Nur dann könnten Wachstumsraten konstant bleiben oder sogar steigen (exponentielles Wachstum). Die universell zu beobachtenden sinkenden Wachstumsraten sind also Folge realer Zuwächse auf gleichbleibendem Niveau (Reuter 2007: 38f.). In Relation zum BIP nehmen die absoluten Zuwächse aber kontinuierlich ab – was zu den universell zu beobachtenden sinkenden Wachstumsraten führt. Insofern befinden wir uns faktisch bereits auf dem Weg in eine Postwachstumsgesellschaft. Erstaunlicherweise ist das bislang kaum thematisiert oder wissenschaftlich aufgearbeitet worden.[7]

Abbildung 4

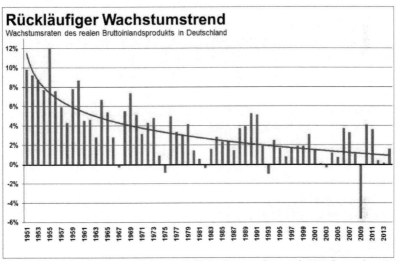

Rückläufiger Wachstumstrend
Wachstumsraten des realen Bruttoinlandsprodukts in Deutschland

(Quelle: Statistisches Bundesamt: Volkswirtschaftliche Gesamtrechnung; ab 1991 Gesamtdeutschland)

Aus der Fourastiéschen Analyse und den Spezifika von Dienstleistungen ergibt sich, dass Dienstleistungsgesellschaften keine klassischen Wachstumsgesellschaften mehr sein können. Denn zum Wesen von Dienstleistungen

---

7 Karl Georg Zinn gehört zu den wenigen, die diese Entwicklung umfassend thematisiert haben. Seit den 1970er Jahren weist er in zahlreichen Veröffentlichungen anknüpfend an John Maynard Keynes auf ein Wachstumsende in den altindustrialisierten, reichen Ländern als Folge einer erlahmenden Kapitalakkumulation hin. Vgl. hierzu umfassend Zinn (2015).

gehört es, dass die Wertschöpfung pro Zeiteinheit, also die Arbeitsproduktivität, nur in vergleichsweise geringem Umfang zunehmen kann. Ursache ist, dass das Gros der Dienstleistungen – prominentes Beispiel ist das
Schneiden von Haaren oder die Pflege von Menschen – nur in engen Grenzen rationalisierbar ist. Dies spiegelt sich in den Daten zur Produktivitätsentwicklung wider. Auch wenn die Produktivität von Dienstleistungen nur
näherungsweise und unter Zugrundelegung vieler Annahmen zu messen ist,
ist unzweifelhaft, dass ihre Produktivität sich im Durchschnitt viel langsamer
entwickelt als die im industriellen Bereich. Aufgrund des Wesens der sie
dominierenden Tätigkeiten können Dienstleistungsgesellschaften also keine
Wachstumsgesellschaften alter Prägung mehr sein.

Eine ergänzende theoretische Begründung für zurückgehende Wachstumsraten bzw. zunehmende Stagnationstendenzen in fortgeschrittenen Gesellschaften hatte John Maynard Keynes (2007 [1947]) bereits Anfang der
1940er Jahre geliefert. Für die Zeit nach dem Krieg prognostizierte er drei
voneinander abgrenzbare Entwicklungsphasen des Kapitalismus (Reuter
2000: 139–162):

1. Phase: Es besteht ein erheblicher Bedarf an Investitionen, um die hohe
Nachfrage (bedingt vor allem durch Wiederaufbau, Nachholbedarf, Mangel
an Grundbedarfsgütern) decken zu können. Das »Akkumulationskarussell«,
also die Abfolge von Gewinnerwartung, Investitionen und Gewinnen,
kommt marktendogen initiiert in Fahrt und führt zu einem kontinuierlichen
Kapazitätsaufbau. Die hohen Wachstumsraten ermöglichen eine beachtliche
Rendite der Investitionen, gewährleisten Vollbeschäftigung mit steigenden
Realeinkommen und bescheren dem Staat ein wachsendes Steueraufkom-
men, das er wiederum zur Steigerung der kollektiven Wohlfahrt, zum Ausbau der Infrastruktur, zur Absicherung und Erweiterung der sozialen Siche-
rungssysteme etc. verwenden kann.

2. Phase: Diese Phase grenzt sich einerseits durch einen Rückgang ren-
diteträchtiger Investitionsgelegenheiten und damit abnehmendem privat-
wirtschaftlichen Kapitalbedarf von der vorangegangenen ab, andererseits
dadurch, dass die drängendsten Bedürfnisse zunehmend befriedigt sind, was
eine relativ sinkende Nachfrage und eine höhere Ersparnisbildung nach sich
zieht. Damit ändert sich auch das Investitionsregime; statt Kapitalknappheit
setzt sich zunehmend Kapitalüberfluss durch.

3. Phase: Dieses Zeitalter sieht Keynes von einem im Vergleich zum
Investitionsvolumen (auf Vollbeschäftigungsniveau) höheren Sparniveau

(Kapitalüberfluss) geprägt. Er sah dies als Ergebnis einer sinkenden Attraktivität des Konsums infolge einer zwischenzeitlich erreichten hohen Güterausstattung der Haushalte. Der verbleibende Investitionsbedarf kann auf lange Sicht aus den Abschreibungen finanziert werden, sodass es sukzessive zum »sanften Tod des Rentiers« (Keynes 1983 [1936]: 317) kommt.[8] Sättigungstendenzen auf immer mehr Märkten führen dazu, dass privatwirtschaftliche Investitionen an Dynamik verlieren und das Wachstum sukzessive schwindet.

Die Fourastiésche und die Keynessche Theorie bieten zusammen eine Erklärung, weshalb nicht nur ein Trend zur Dienstleistungsgesellschaft, sondern parallel ein allgemeiner Trend eines Rückgangs der Wachstumsraten in allen entwickelten Ökonomien zu beobachten ist. In Kombination entschärfen beide Trends zumindest potenziell die bisher entstandenen Umweltprobleme.

4. Wachstumsabschwächung durch Ausweitung der Dienstleistungsgesellschaft

Mit dieser globalen Entwicklung hin zur Dienstleistungsgesellschaft ist aus ökologischer Sicht eine doppelte Chance verbunden, die 2013 auch von der Enquete-Kommission »Wachstum, Wohlstand, Lebensqualität« des Deutschen Bundestages (2013: 133f.) hervorgehoben wurde: Ein anhaltender Rückgang des umweltbelastenden wirtschaftlichen Wachstums und ein beständig sinkender Verbrauch an Rohstoffen und Energie.

Während sich zurückgehende Wachstumsraten mittelbar entlastend auf die Umwelt auswirken, ergibt sich aus einem wachsenden Dienstleistungsanteil ein unmittelbar positiver Umwelteffekt: Der Energieverbrauch von Dienstleistungen ist der geringste von allen Produktionsbereichen. Während der Primärenergieverbrauch im Produzierenden Gewerbe in Deutschland im Durchschnitt bei 9,0 Megajoule (MJ) je Euro Wertschöpfung liegt (2011), wird im gesamten Dienstleistungssektor mit durchschnittlich 2,6 MJ je Euro Wertschöpfung deutlich weniger Energie verbraucht. Bei öffentlichen Dienstleistungen sind es sogar nur 1,4 MJ, und damit lediglich ein Bruchteil dessen, was etwa bei der Metallerzeugung und -bearbeitung (50,4 MJ je Euro

---

8 »Rentier« bezeichnet eine Person, die alleine von ihren Kapitalerträgen lebt.

Wertschöpfung) an Energie verbraucht wird (Statistisches Bundesamt 2014: 49f.).

5.   Chance statt Automatismus

Die mit dem Trend zu mehr Dienstleistungen beschriebene Umweltentlastung muss als Chance verstanden werden. Einen Automatismus zur »Ökologisierung« der Wirtschaft gibt es nicht. Entscheidend bleibt das Verhalten der Menschen. Positive Umwelteffekte könnten durch einen Mehrverbrauch an Gütern wieder zunichtegemacht werden. Wenn es etwa zum allgemeinen Trend würde, auf große Sport Utility Vehicles (SUV) umzusteigen, statt sich mit Kleinwagen oder dem öffentlichen Nahverkehr fortzubewegen, könnte die industrielle Wertschöpfung und damit der Energie- und Umweltverbrauch sogar wieder steigen.

Einen entgegengesetzten Effekt hätte wiederum, wenn sich beispielsweise eine stärkere Nutzung von Dienstleistungen anstatt des Besitzens von Gütern durchsetzen würde. Ein Beispiel hierfür sind das Carsharing im Mobilitätsbereich oder das Teilen von Gebrauchsgütern.

Auch der im Zuge der technischen Entwicklung zu beobachtende sinkende spezifische Energieverbrauch unterstützt den Trend zu einer nachhaltigen Wirtschaftsweise (zum Beispiel bei Antriebstechnologien oder bei der Beleuchtung). Gleichzeitig besteht auch hier die Gefahr, dass das Einsparpotenzial derartiger Effizienzsteigerungen nicht oder nur teilweise verwirklicht wird, weil geringere Kosten zu einer erhöhten Nutzung führen (der sogenannte Rebound-Effekt).

Die Entwicklung zur Dienstleistungsgesellschaft bietet somit eine große Chance hin zu einer ökologisch nachhaltigen Wirtschaftsweise. Allerdings bewegen sich Tertiarisierungsprozesse in relativ weiten Grenzen. Wie bereits betont, gibt es keinen Automatismus, der die Entwicklung auf einen Pfad – etwa im Sinne Fourastiés oder Keynes' – zwingt.

Wie ein konkreter Tertiarisierungsprozess verläuft und mit welchem ökologischen Fußabdruck er verbunden ist, hängt von verschiedenen Einflussfaktoren ab. Es steht außer Frage, dass hierbei die Wirtschafts- und Gesellschaftspolitik eine zentrale Rolle spielt, die wiederum eng mit der jeweils herrschenden Wirtschaftsanschauung verwoben ist. Unterschiedliche Tertiarisierungswege korrespondieren mit den unterschiedlichen Formen kapitalistischer Ökonomien. Die Variationsbreite der von Esping-Andersen (1990) unterschiedenen »cultures of capitalism« legt die Hypothese nahe, dass die Quantität und vor allem die Qualität der Tertiarisierung einer Volkswirtschaft wesentlich vom spezifischen Typus einer »kapitalistischen Kultur« determiniert werden. Die in den USA verbreitete stärkere Konsumorientierung verbunden mit ausgeprägten Vorbehalten gegenüber staatlichen Eingriffen in Wirtschaft und Gesellschaft führt zu einem anderen Tertiarisierungspfad als die Sozialstaatsorientierung in den skandinavischen Ländern. Im sozialstaatlich geprägten Deutschland verlief die Tertiarisierung bis Ende der 1970er Jahre ebenfalls anders als während der jüngeren Vergangenheit, in der eine neoliberale Sozialstaatsaversion die Oberhand gewann.

Offensichtlich gibt es unterschiedliche Wege in die Dienstleistungsgesellschaft: »high roads« und »low roads« (Bosch/Lehndorff 2005), die auch mit unterschiedlichen Auswirkungen auf Ökosysteme verbunden sind.

5.1 Die »high road«

Die wirtschaftliche Entwicklung in vielen hoch entwickelten Ländern scheint Fourastiés Zukunftsvision einer »tertiären Zivilisation« mit qualitativ hochwertigen, gut bezahlten und ausreichenden Dienstleistungsarbeitsplätzen widerlegt zu haben. Dabei wird jedoch übersehen, dass Fourastié wie Keynes nicht von einem Selbstlauf der Entwicklung ausgegangen sind, sondern eine Wirtschafts- und Gesellschaftspolitik unterstellt haben, die den Erfordernissen einer im obigen Sinne erfolgreichen Tertiarisierung genügen würden.

Notwendig wäre die Ausweitung sowohl herkömmlicher qualifizierter Dienstleistungsarbeitsplätze als auch die rechtzeitige Einstellung auf quantitativ und qualitativ neue Dienstleistungsbedarfe, etwa durch die demografische Entwicklung und das Aufkommen neuer Schlüsseltechnologien. Der grundsätzliche »Hunger nach Tertiärem« war von Fourastié durchaus zutreffend prognostiziert worden. Um ihn aber auch angemessen zu befriedigen und gerade dadurch im Dienstleistungsbereich genügend Arbeitsplätze zu schaffen, müssen im Wesentlichen zwei Bedingungen erfüllt sein:

(1) Die Einkommensentwicklung in allen Beschäftigungsbereichen muss sich am gesamtwirtschaftlichen Produktivitätswachstum orientieren. Ei-

ne zunehmende Spaltung der Einkommen fördert dagegen die Herausbildung schlecht bezahlter, technologisch und ökologisch rückständiger,
prekärer Beschäftigung. Nur als Folge einer allgemeinen Einkommens-
steigerung mit einem starken »Mittelstand« ohne extrem reiche wie extrem arme Ränder könnte sich die notwendige breite Nachfrage nach
qualitativ hochwertigen und gut bezahlten Dienstleistungen entwickeln.
(2) Da viele Dienstleistungen – nicht zuletzt wegen der niedrigen bzw. sogar
ganz fehlenden Produktivitätsentwicklung – sich nicht oder nur in Grenzen über den Markt, also profitwirtschaftlichen Kriterien folgend, organisieren lassen, muss der kollektiven Bereitstellung eine zunehmende Bedeutung zukommen. Damit wäre ein stärkeres staatliches Engagement
und als Folge eine Ausweitung des Personals im öffentlichen Bereich zur
Bereitstellung von öffentlichen und meritorischen Gütern verbunden.[9]
Entsprechend müsste die Staats- und die Steuerquote steigen.

Eine solche »high road« in die Dienstleistungsgesellschaft würde sich also
durch eine steigende Nachfrage nach privaten Dienstleistungen und einem
zunehmenden Angebot an öffentlichen Dienstleistungen auszeichnen. Das
Beispiel der skandinavischen Länder zeigt, dass der Übergang in eine derartige Dienstleistungsgesellschaft mit qualitativ hochwertigen und gut bezahlten Arbeitsplätzen durch staatliche Einflussnahme massiv vorangetrie-
ben werden kann. Dort gewährleistet ein hoher Staatsanteil bei der Schaffung von Dienstleistungsarbeitsplätzen eine hohe Dienstleitungsqualität bei
guter Bezahlung der Beschäftigten. Die dadurch wiederum ermöglichte
Nachfrage nach qualitativ hochwertigen Dienstleistungen sorgt zusammen
mit der großen Zahl von Beschäftigten in staatsnahen Dienstleistungen für
eine hohe Beschäftigten- und niedrige Arbeitslosenquote (Heintze 2010).

Eine ambitionierte staatliche Rahmensetzung ist auch mit Blick auf den
wirtschaftlichen Entwicklungspfad gefordert. Statt dem Markt freien Lauf
zu lassen und die Ausbeutung der Natur zum Zwecke der Profitsteigerung
zuzulassen, müsste mit Maßnahmen der Prozesspolitik (Konjunkturpolitik,
Strukturpolitik, Verteilungspolitik, Steuerpolitik) und der Ordnungspolitik

---

9 Die Notwendigkeit einer Ausweitung der Staatstätigkeit ist in der Ökonomie als »Wagner-
sches Gesetz« bekannt. Das »Gesetz von der wachsenden Ausdehnung der öffentlichen,
insbesondere der Staatstätigkeit« wurde von Adolf Wagner (1835–1917) formuliert und
mit der notwendigen Erweiterung staatlicher Verantwortung auf den »Kultur- und Wohl-
fahrtszweck« begründet, die über den traditionellen »Rechts- und Machtzweck« hinausgeht (vgl. hierzu Zinn 1998: 147f.).

(Gestaltung der Eigentumsordnung, Wettbewerbsrecht, Vertrags- und Haftungsrecht) eine nachhaltige Wirtschaftsweise gewährleistet werden.

5.2 Die »low road«

In vielen Ländern mit hohem Pro-Kopf-Einkommen bewegt sich der Tertiarisierungsprozess jedoch in eine problematische Richtung. Statt einer Entwicklung hin zu der von Fourastié gehofften »tertiären Zivilisation« mit guten Dienstleistungsarbeitsplätzen sowie kurzen und gleichverteilten Arbeitszeiten bildeten sich neofeudale Verhältnisse heraus. Privatisierung, Deregulierung und Entstaatlichung gaben einer Entwicklung freie Bahn, die – beim Durchmarsch anti-interventionistischer Sozialstaatsdemontage durchaus vorhersehbar (vgl. bereits Zinn 1978: 79ff.) – zu einer im Trend fortschreitenden gesellschaftlichen Spaltung und einer zunehmenden Ausbeutung des Ökosystems führt. Zunehmende Verteilungsungleichheit mit mehr Abstiegs- als Aufstiegsprozessen führt zu allen möglichen Formen von prekärer Arbeit vor allem im Dienstleistungsbereich. Ein solcher Weg in die Dienstleistungsgesellschaft durch die »Bettlergasse« mündet in der Regel in einer Abwärtsspirale: Schlecht bezahlte Dienstleistungen verstärken die Einkommensungleichheit und schwächen wiederum die gesamtwirtschaftliche Kaufkraft, sodass sich weder die Nachfrage nach Dienstleistungen ausreichend entwickeln kann, noch dauerhaft eine durch eine hohe Binnennachfrage getragene qualitativ hochwertige und ökologisch fortschrittliche industrielle Entwicklung erreicht wird. Der Anstieg prekärer Beschäftigung im Dienstleistungsbereich droht geradewegs in eine neofeudale »Dienstbotengesellschaft« zu münden. Statt Wohlstandsgewinn durch Arbeitszeitreduzierung auf relativ hohem Einkommensniveau entsteht eine aus der Not geborene Tendenz zur Ausweitung von Arbeitszeiten, um das notwendige Einkommen zu sichern. Statt qualitativ hochwertiger Güter werden vermehrt Billigprodukte mit problematischem »ökologischem Rucksack« produziert und konsumiert.

Dies ist die »low road« in die bzw. in der Dienstleistungsgesellschaft, die sich nicht nur durch schlechte und vor allem schlechtbezahlte Dienstleistungen auszeichnet, sondern die hinter ihren Möglichkeiten zur Schaffung von qualitativ und ökologisch hochwertigen Produkten und Arbeitsplätzen zurückbleibt. Inzwischen droht die Entwicklung in Deutschland zu einer Variante der »low road« in die Dienstleistungsgesellschaft zu werden. Statt zunehmender öffentlicher Beschäftigung wird hier die Ideologie eines schlanken Staates im Zeichen von Steuersenkungen und »schwarzer Null« beim Staatshaushalt besonders konsequent umgesetzt.[10] Deutschland gehört heute mit einem Anteil von rund zehn Prozent Beschäftigten im öffentlichen Dienst zu den westlichen Ländern mit dem kleinsten öffentlichen Sektor; der OECD-Durchschnitt liegt bei 15 Prozent.

6.   Alternativen zur Dienstleistungsgesellschaft?

Empirische und theoretische Überlegungen deuten darauf hin, dass neue und qualitativ hochwertige Arbeitsplätze vor allem durch eine Expansion der Beschäftigung im Dienstleistungssektor zu erreichen sind (vgl. hierzu Bosch/Wagner 2003). Zudem herrscht allgemeiner Konsens darüber, dass Länder mit hohem Pro-Kopf-Einkommen nicht zuletzt infolge des demografischen Übergangs einen enormen Bedarf an Dienstleistungen – im Gesundheits-, Pflege-, Erziehungs- und Bildungsbereich – haben.

Aus Sicht kritischer Sozialwissenschaftlerinnen und Sozialwissenschaftler wie Ökonominnen und Ökonomen schien es lediglich überkommenen Politikmustern geschuldet, dass die Förderung des Exports, die zunehmend zulasten der binnenwirtschaftlichen Entwicklung verlief, immer noch im Mittelpunkt steht und Handels- bzw. Leistungsbilanzüberschüsse als erstrebenswert gelten. Permanente außenwirtschaftliche Überschüsse, also eine ständige Verletzung des außenwirtschaftlichen Gleichgewichts, führen zu erheblichen Verwerfungen in den internationalen Wirtschaftsbeziehungen und behindern in allen beteiligten Volkswirtschaften einen nachhaltigen, effizienten Strukturwandel. Die Überschüsse des einen Landes bedingen die Defizite eines anderen Landes. Früher oder später geraten die Defizitländer in Zahlungsbilanzschwierigkeiten, was sich – siehe jüngst Griechenland – bis zur drohenden Zahlungsunfähigkeit steigern kann. Die Überschussländer versäumen nicht nur, ihre Entwicklung mit einem ausgewogenen, die langfristige Stabilität begünstigenden Strukturwandel zu verbinden, indem sie alte (Industrie-)Strukturen zementieren. Sie werden letztlich auch reale Verluste erleiden. Denn die durch Exportüberschüsse

---

10 Dass auf diese Weise Entwicklungspotentiale sträflich vernachlässigt werden, hat aktuell der amerikanische Nobelpreisträger Paul Krugman (2015) herausgestellt.

aufgehäuften Devisenreserven werden sowohl durch inflationäre Entwicklungen als auch infolge von zunehmender Zahlungsunfähigkeit der Schuldnerländer real entwertet.

Eine verantwortliche Wirtschaftspolitik müsste also auf die Ausweitung der inländischen (Dienstleistungs-)Nachfrage gerichtet sein. Hierdurch ermöglichte steigende Importe[11] würden die Bedingungen für eine ausgeglichene Leistungsbilanz verbessern. Der einseitige Strukturwandel zugunsten der Exportindustrien würde beendet. Die drei Sektoren würden dem erreichten Entwicklungsniveau der Volkswirtschaft gemäß proportioniert, womit sich zugleich das Risiko von Strukturkrisen erheblich verringerte. Der hoch entwickelten Volkswirtschaften angemessene Entwicklungspfad würde dann sowohl zur Ausweitung vorhandener Dienstleistungen als auch zur Entstehung völlig neuer Dienstleistungsbereiche führen.

7.   Politische Herausforderungen

Aus der Analyse der Antriebe, Bedingungen und möglichen Verläufe des Sektorenwandels ergeben sich wirtschaftspolitische Herausforderungen, um eine »low road« in die Dienstleistungsgesellschaft zu verhindern und eine »high road« abzusichern (vgl. hierzu auch Reuter/Zinn 2011).

Die zweifellos grundlegende Bedingung hierfür ist die Verhinderung einer Spaltung der Gesellschaft. Ohne ausreichende Einkommen, die auch in der Breite der Bevölkerung ankommen, kann sich auch bei vorhandenen großen Bedarfen keine ausreichende Nachfrage nach qualitativ hochwertigen Dienstleistungen entfalten. Damit kann sich auch kein entsprechendes Angebot entwickeln. Für Fourastié ergab sich die Kaufkraft quasi naturwüchsig aus dem Rückgang der Preise von Produkten des primären und des sekundären Sektors. Mit dem Sinken der Preise in diesen Sektoren würde so automatisch Kaufkraft für die Nachfrage nach Dienstleistungen frei.[12]

---

11 Natürlich stellt sich auch hier die Frage der Qualität der Importe. Wünschenswert wären natürlich etwa Bio-Produkte aus südlichen Ländern oder vergleichbare ökologisch nachhaltige Produkte, die dort mit komparativen Kostenvorteilen hergestellt werden können. Auch hier zeigt sich, dass an ökologisch bewussten Konsumenten letztlich kein Weg vorbei führt.

12 »Da die landwirtschaftlichen und industriellen Produkte billiger geworden sind, wird das auf diese Weise gesparte Geld in den Tertiärbereich investiert.« (Fourastié/Schneider 1989: 147; vgl. auch Fourastié 1966: 68).

Allerdings gibt es keinen Mechanismus, der dafür sorgt, dass Produktivitäts- und Wachstumsgewinne auch bei den Beschäftigten ankommen. Nicht nur die Entwicklung in Deutschland in der letzten Dekade hat gezeigt, dass von der Wohlstandssteigerung praktisch ausschließlich die Gewinn- und Vermögenseinkommen profitiert haben. Im Ergebnis hat die Polarisierung von Einkommen und Vermögen stark zugenommen,[13] haben Arbeitszeiten sich zumindest teilweise wieder ausgeweitet. Eine derart ungleiche Verteilung führt zwar zu boomenden Kapitalmärkten, nicht aber zu boomenden Dienstleistungen. Da der Bedarf vor allem an sozialen Dienstleistungen gerade in einer alternden Gesellschaft aber dennoch kontinuierlich zunimmt, entstehen nur prekäre, schlecht bezahlte Jobs im Dienstleistungsbereich. Die Ursachen liegen sowohl auf der Nachfrage- als auch auf der Angebotsseite:

– nachfrageseitig: Weite Teile der Beschäftigten können sich qualitativ hochwertige Dienstleistungen nicht leisten, obwohl ein hoher Bedarf besteht.

– angebotsseitig: Viele Menschen sehen sich zunehmend gezwungen, Dienstleistungen billigst anzubieten, um selbst irgendwie über die Runden zu kommen.

Auf diese Weise kann sich ein privatwirtschaftliches Dienstleistungsangebot weder quantitativ noch qualitativ angemessen entwickeln. Es droht sogar ein sich selbst verstärkender Teufelskreis aus niedrigen Einkommen, einem zunehmend aus der Not geborenen Dienstleistungsangebot und fehlender Professionalität. Im Ergebnis weiten sich qualitativ schlechte und schlecht bezahlte Dienstleistungen aus.

Obwohl gerade mehr und vor allem qualitativ hochwertige und professionelle Dienstleistungen mit Blick auf die gesellschaftswichtigen Herausforderungen hinsichtlich Erziehung, Bildung, Pflege, Gesundheit notwendig wären, bleibt ihre Entwicklung deutlich hinter den gesellschaftlichen Anforderungen zurück. Stagnation bei den realen Arbeitseinkommen, wie sie lange Zeit in Deutschland zu beobachten war, verhindert eine qualitative wie quantitativ-ausreichende Expansion des Dienstleistungssektors und ist damit auch mitverantwortlich für die anhaltend hohe Arbeitslosigkeit. Auch wenn in jüngster Zeit immer wieder Rekordzahlen von Beschäftigten in Deutschland gemeldet werden, hat sich die Situation auf dem Arbeitsmarkt nicht grundlegend geändert. Aufgrund der Zunahme verschiedener Formen

---

13 Vgl. hierzu vor allem die umfassende Studie von Piketty (2014).

von prekärer Arbeit (Leiharbeit, Minijobs, Ein-Euro-Jobs, Scheinselbst-ständigkeit) sind zwar so viele Menschen wie nie zuvor in Deutschland erwerbstätig. Im Wesentlichen wurde aber ein sinkendes Arbeitsvolumen lediglich auf mehr Köpfe verteilt. Während das gesamte Arbeitsvolumen, also die geleisteten Arbeitsstunden aller Erwerbstätigen, im Zeitraum 2000 bis 2014 nur minimal um knapp ein Prozent anstieg, nahm die Zahl der Erwerbstätigen im gleichen Zeitraum um knapp sieben Prozent zu. An dieser Entwicklung trägt die Politik eine nicht unerhebliche Mit-schuld. Durch die Arbeitsmarktreformen im Zuge der Umsetzung der Hartz-Gesetze wurde ein enormer Druck auf das Lohnniveau ausgeübt. Die Lohnquote – also der Anteil der Arbeitnehmerentgelte am Volkseinkommen – stürzte in der letzten Dekade geradezu ab und liegt auch heute mit rund 68 Prozent noch deutlich unter dem Niveau der Dekade vor der Umsetzung der Hartz-Gesetze. Schließlich war es erklärtes Ziel der Reformen am Ar-beitsmarkt, Arbeitslose um buchstäblich jeden Preis in irgendeinen Job zu bekommen. Dazu wurden Zumutbarkeitsregelungen weitgehend außer Kraft gesetzt, Leiharbeit entgrenzt und Billigjobs gefördert.

Welche positive Rolle der Staat beim Bau einer »high road« in die Dienstleistungsgesellschaft haben kann, zeigen dagegen die skandinavischen Länder. Bei allen Schwierigkeiten der Übertragungen von Entwicklungen von einem Land auf ein anderes zeigen sie die Richtung an, in die es gehen muss: Wirtschafts- und finanzpolitische Maßnahmen müssten wesentlich stärker auf eine Expansion qualitativ hochwertiger Beschäftigung vor allem im öffentlichen Bereich ausgerichtet sein. Dass Deutschland einen enormen Bedarf bei gesellschaftsnahen Dienstleistungen – für Gesundheit, Pflege, Erziehung und Bildung – hat, ist allgemein anerkannt. Bislang wird aber weitgehend nicht erkannt, dass hier auch der Staat gefordert ist. Im Ge-genteil: Bisher laufen alle wirtschaftspolitischen Bestrebungen in der Regel darauf hinaus, dieses Beschäftigungsreservoir marktmäßig, das heißt privat-wirtschaftlich zu erschließen und öffentliche Beschäftigung gleichzeitig abzubauen. Ein Aufschließen auf das Niveau staatsnaher Dienstleistungen von Norwegen und Dänemark würde in Deutschland rund vier Millionen zusätzliche Beschäftigte in diesem Bereich erfordern. Vor dem Hintergrund des skandinavischen Beispiels kritisierte Heintze bereits vor einigen Jahren zu Recht die deutsche Debatte über die Bedeutung öffentlicher Dienstleistungen:

»Die Frage, warum skandinavische Länder schon heute das Mehr an Arbeitsplätzen, das in Deutschland marktförmig erst noch entstehen soll, über einen konträren, weil staatsförmigen Entwicklungspfad weit übertreffen, wird weder [...] gestellt, geschweige denn beantwortet.« (Heintze 2009: 73)

Eine solche Entwicklung ist mit einem größeren Einsatz des Staates verbunden und somit mit einer steigenden Staatsquote. Mehr qualitativ hochwertige öffentliche Beschäftigung, eine Ausweitung staatlicher Auftragsvergabe und eine aktive Beschäftigungspolitik erfordern höhere öffentliche Ausgaben. Da der Weg über zusätzliche Verschuldung durch die zwischenzeitlich im Grundgesetz verankerte »Schuldenbremse« versperrt ist, ist eine Steuerreform dringlicher denn je, die zu höheren Steuereinnahmen führt und so die notwendigen finanziellen Spielräume eröffnet. Vorschläge hierzu liegen auf dem Tisch (vgl. Vereinte Dienstleistungsgewerkschaft 2009; Jarass 2010; Meyer 2010). Kern einer solchen Reform müsste neben einer steigenden Bedeutung von Ökosteuern eine wieder stärkere Einbeziehung von Gewinnen, Vermögen, Erbschaften, Schenkungen und hohen Einkommen sein. Das Potenzial einer Neuausrichtung des deutschen Steuersystems wird deutlich, wenn man sieht, dass allein als Folge von Steuerrechtsänderungen seit 1998 der Staat Steuerausfälle von jährlich durchschnittlich gut 30 Milliarden Euro verkraften muss.

Eine Wiederankoppelung der Arbeitseinkommen an die allgemeine Wohlstandsentwicklung und eine durch eine ökologische und soziale Steuerreform ermöglichte Ausweitung der Staatstätigkeit im Allgemeinen und der Beschäftigung im Bereich der öffentlichen Dienstleistungen im Besonderen wäre ein wichtiger Baustein für den Übergang in eine ökologisch verträgliche und qualitativ hochwertige Dienstleistungsgesellschaft mit niedrigeren Arbeitszeiten, einem hohen Beschäftigungsstand und einer sich zusehends verbessernden Umweltbilanz. Angesichts einer geradezu dramatisch steigenden Ungleichverteilung von Einkommen und Vermögen würde dies auch zu einer Gesellschaft beitragen, die zunehmend den ökologischen Anforderungen gerecht würde, die ausreichend qualitativ hochwertige Dienstleistungen bereitstellt und in der es bei der Verteilung von Einkommen und Arbeitszeiten auch insgesamt gerechter zuginge.

Literatur

Afheldt, Horst (1994), *Wohlstand für Niemand? Die Marktwirtschaft entläßt ihre Kinder*, Frankfurt/M./Wien.

Bandholz, Harm/Flaig, Gebhard/Mayr, Johannes (2005), Wachstum und Konjunktur in OECD-Ländern. Eine langfristige Perspektive, *ifo Schnelldienst*, Jg. 58, H. 4, S. 28–36.

Bosch, Gerhard/Lehndorff, Steffen (2005), Introduction: service economies – high road or low road?, in: Dies. (Hg.), *Working in the service sector: a tale from different worlds*, London, S. 1–31.

Bosch, Gerhard/Wagner, Alexandra (2003),»Beschäftigungshoffnung Dienstleistungen« braucht politische Begleitung, *IAT-Report*, 4/2003.

Clark, Colin (1940), *The Conditions of Economic Progress*, London.

Deutscher Bundestag (2013), *Enquete-Kommission»Wachstum, Wohlstand, Lebensqualität – Wege zu nachhaltigem Wirtschaften und gesellschaftlichem Fortschritt in der Sozialen Marktwirtschaft«*, Schlussbericht, Berlin.

Esping-Andersen, Gøsta (1990), *The Three Worlds of Welfare Capitalism*, Cambridge.

Fisher, Allan (1935), *The clash of progress and security*, London.

Fourastié, Jean (1966), *Die 40000 Stunden. Aufgaben und Chancen der sozialen Evolution*, Düsseldorf/Wien.

Fourastié, Jean (1967), *Gesetze der Wirtschaft*, Düsseldorf/Wien.

Fourastié, Jean (1969 [1949]), *Die große Hoffnung des zwanzigsten Jahrhunderts*, 2. Aufl., Köln.

Fourastié, Jean/Schneider, Jan (1989), *Warum die Preise sinken. Produktivität und Kaufkraft seit dem Mittelalter*, Frankfurt/M./New York.

Heintze, Cornelia (2009), *Ausbau öffentlicher und gesellschaftsnaher Dienstleistungen als Teil einer binnenmarktorientierten Vollbeschäftigungsstrategie. Problemaufriss und empirische Ländervergleiche*, Ausarbeitung im Auftrag von ver.di (Manuskript), Berlin.

Heintze, Cornelia (2010), Das skandinavische Vorbild. Zur Rolle des Staates als Arbeitgeber, *Vorgänge*, Jg. 49 H. 3, S. 50–61.

Jarass, Lorenz (2010), Faire und effiziente Steuerpolitik, in: Irmi Seidl/Angelika Zahrnt (Hg.), *Postwachstumsgesellschaft. Konzepte für die Zukunft*, Marburg, S. 155–166.

Keynes, John Maynard (1983 [1936]), *Allgemeine Theorie der Beschäftigung, des Zinses und des Geldes*, 6. Aufl., Berlin.

Keynes, John Maynard (2007 [1947]), Das Langzeitproblem der Vollbeschäftigung, in: Norbert Reuter (Hg.), *Wachstumseuphorie und Verteilungsrealität. Wirtschaftspolitische Leitbilder zwischen Gestern und Morgen. Mit Texten zum Thema in neuer Übersetzung von John Maynard Keynes und Wassily W. Leontief*, 2., vollständig überarb. u. akt. Aufl., Marburg, S. 159–164.

Krugman, Paul (2015), Debt Is Good, *New York Times*, 21.08.2015.

Maier, Tobias/Zika, Gerd/Wolter, Marc Ingo/Kalinowski, Michael/Helmrich, Robert (2014), Engpässe im mittleren Qualifikationsbereich trotz erhöhter Zuwanderung, *BIBB-Report*, Jg. 8, H. 23.

Meyer, Bernd (2010), Ressourceneffiziente Wirtschaftsentwicklung unter dem Primat ökologischer Ziele, in: Irmi Seidl/Angelika Zahrnt (Hg.), *Postwachstumsgesellschaft. Konzepte für die Zukunft*, Marburg, S. 167–177.

Piketty, Thomas (2014), *Das Kapital im 21. Jahrhundert*, München.

Reuter, Norbert (2000), *Ökonomik der »Langen Frist«. Zur Evolution der Wachstumsgrundlagen in Industriegesellschaften*, Marburg.

Reuter, Norbert (Hg.) (2007), *Wachstumseuphorie und Verteilungsrealität. Wirtschaftspolitische Leitbilder zwischen Gestern und Morgen. Mit Texten zum Thema in neuer Übersetzung von John Maynard Keynes und Wassily W. Leontief*, 2., vollständig überarb. u. akt. Aufl., Marburg.

Reuter, Norbert/Zinn, Karl Georg (2011), Moderne Gesellschaften brauchen eine aktive Dienstleistungspolitik, *WSI Mitteilungen*, Jg. 64, H. 9, S. 462–369.

Statistisches Bundesamt (2014), *Umweltnutzung und Wirtschaft. Bericht zu den Umweltökonomischen Gesamtrechnungen*, Wiesbaden.

Statistisches Bundesamt (2015), *Deutscher Außenhandel. Export und Import im Zeichen der Globalisierung*, Wiesbaden.

Vereinte Dienstleistungsgewerkschaft (Hg.) (2009), *Konzept Steuergerechtigkeit*, Berlin

Zinn, Karl Georg (1978), *Der Niedergang des Profits. Eine Streitschrift zu den Risiken der kapitalistischen Wirtschaftskrise*, Köln.

Zinn, Karl Georg (1998), *Jenseits der Markt-Mythen. Wirtschaftskrisen, Ursachen und Auswege*, Hamburg.

Zinn, Karl Georg (2015), *Vom Kapitalismus ohne Wachstum zur Marktwirtschaft ohne Kapitalismus*, Hamburg.

Postwachstumsökonomik als Reduktionsprogramm für industrielle Versorgungssysteme

Niko Paech

1. Ein wachstumskritisches Forschungs- und Transformationsprogramm

Als Reflex auf die unverkennbar scheiternde Ökologisierung wirtschaftlichen Wachstums hat sich in den 2000er Jahren eine neue Strömung wachstumskritischer Positionen herausgebildet. Sie distanziert sich von den verführerischen »Green Growth«-Hoffnungen, nährt stattdessen den Befund, dass eine nachhaltige Entwicklung als ökonomisches Reduktionsprogramm zu organisieren ist. In diesen Kontext, wenngleich bestückt mit einigen Besonderheiten, lässt sich auch die an der Carl von Ossietzky Universität Oldenburg entwickelte »Postwachstumsökonomie« (Paech 2008, 2012) einordnen. Eingebettet in die Forschungsprogrammatik der »Postwachstumsökonomik« bildet sie einen Analyse- und daraus abgeleiteten Handlungsrahmen, der einer simpel erscheinenden, wenngleich keineswegs trivial zu begründenden Erkenntnis Rechnung trägt: Die Resultate spezialisierter, zumal räumlich entgrenzter und technisch ausgerüsteter Produktionssysteme – ganz gleich welcher Art die erzeugten Güter sind – lassen sich nicht systematisch von ökologischen Schäden entkoppeln. Folglich erweisen sich reduktive Gestaltungsoptionen als unvermeidbar, wenn moderne Konsumgesellschaften in einen Zustand transformiert werden sollen, der sich dauerhaft innerhalb nicht verhandelbarer ökologischer Grenzen stabilisieren lässt.

Ohne Anspruch auf Vollständigkeit wird im vorliegenden Beitrag zunächst auf einige Wachstumsgrenzen eingegangen. Zudem sollen angebotsseitige Wachstumsimperative sowie daran anschließend einige Grundprinzipien der Postwachstumsökonomie besichtigt werden.

2.   Kleiner Almanach der Wachstumskritik

2.1   Der Preis des Wachstums: Reichtum als organisierte Verantwortungslosigkeit

Der seit Beginn des Industriezeitalters enorm gewachsene materielle Wohlstand spiegelt sich in modernen Narrativen wider, die sich um technischen Fortschritt, Wissensgenerierung, die Effizienzeigenschaften des Marktmechanismus und vor allem industrielle Spezialisierung ranken. Insbesondere die Letztere erlaubt eine Abschöpfung komparativer Kostenvorteile und deren Umwandlung in zusätzlichen Output. Grundlegend ist dabei ein hoher Grad an räumlicher und funktionaler Arbeitsteilung. Das sich daraus ergebende, ständig erweiterungsbedürftige Transformationsmuster wird zumeist folgendermaßen erklärt: Wenn eine bestimmte Versorgungsleistung in möglichst viele isolierte Teilprozesse zerlegt wird, auf die sich einzelne Unternehmen entsprechend ihrer jeweiligen Kompetenzen, Ressourcenausstattung oder Größenvorteile konzentrieren, kann ein insgesamt höheres reales Einkommen erzielt werden als im vorherigen Autarkiezustand. Mit zunehmender Ortsungebundenheit und Flexibilität der separierten Produktionsstufen können diese geographisch je nach Kosten- oder Qualitätsvorteilen verlagert werden. Dabei sorgt das Tausch- und Koordinationsmedium Geld dafür, dass alle zerlegbaren Teilprozesse und Ressourcen in »die fruchtbarere Hand« gelangen, um »ein Maximum des in ihnen latenten Wertes zu entbinden« (Simmel 1900: 306).

Wenn die Produktion einer Ware in viele Einzelprozesse zerlegt wird, um die betriebswirtschaftliche Effizienz zu steigern, entsteht eine Kette spezialisierter und eigenständiger Organisationen. Die räumliche und funktionale Ausdifferenzierung hat eine entscheidende Konsequenz: Wenn sich die Verantwortung für sämtliche Folgen des Gesamtprozesses auf hinreichend viele Zuständigkeiten verteilt, wird sie gleichsam ausgelöscht. Jeder Akteur, der innerhalb komplexer Prozessketten lediglich eine separierte Teilaufgabe bearbeitet, folgt einer eigenen, sich aus dem isolierten Aufgabenbereich ergebenden Zweckrationalität. Die Folgen des vollständigen Prozesses, insbesondere für die Ökosphäre, bleiben für ihn unsichtbar. Es kommt zur »Erzeugung moralischer Indifferenz« (Bauman 2002: 32). Innerhalb dieser (betriebswirtschaftlichen) Zweckorientierung seiner Einzelorganisation erfüllen Handelnde letztlich »nur ihre Pflicht«.

Diese Immunisierung gegenüber ethischen oder anderen außerökonomischen Logiken betrifft auch die Nachfrageseite. Konsumenten verbrauchen grundsätzlich Dinge, die sie nicht selbst hergestellt haben. Verbrauch und Herstellung bilden somit getrennte Sphären. Zwischen der Entstehung eines Bedarfes und der damit ausgelösten Produktion liegen unzählige, über beträchtliche Distanzen miteinander verkettete Einzelhandlungen. Indem die Ausführung über viele Stufen hinweg delegiert wird, erfolgt eine »Mediatisierung« (Lachs 1981), das heißt eine Vermittlung von Handlungen. Diese werden grundsätzlich von einem Dritten ausgeführt, der »zwischen mir und den Folgen meines Tuns steht, sodass diese mir verborgen bleiben« (Bauman 2002: 38).

So schafft das Wesensprinzip moderner, funktional ausdifferenzierter Gesellschaften jene pathologischen Bedingungen, unter denen einzelwirtschaftliche Entscheidungen nahezu perfekt vor moralischen Hemmungen abgeschirmt werden. Wenn die Komplexität eines Versorgungssystems, insbesondere wenn die physischen und psychischen Distanzen zwischen Verbrauch und Produktion hinreichend weit gediehen sind, ist die Aufdeckung etwaiger ökologischer oder sozialer Unvereinbarkeiten oft so aussichtsreich, wie die Suche nach einer Stecknadel im Heuhaufen. Dies steigert die Wahrscheinlichkeit opportunistischen Handelns. Wer innerhalb entgrenzter Versorgungssysteme operiert – ganz gleich ob als Produzent oder Konsument –, wird mit keinem sichtbaren Gegenüber konfrontiert. Industrielle Arbeitsteilung bedingt eine »Entpersönlichung« der von den Folgen Betroffenen: »Verantwortung, das Grundelement moralischen Verhaltens, entsteht aus der Nähe des Anderen. Nähe bedeutet Verantwortung und Verantwortung ist Nähe« (ebd.: 198).

Um dieses System der organisierten Verantwortungslosigkeit ursachenadäquat zu therapieren, wäre es unausweichlich, Prozessketten zu verkürzen, um Transparenz und Kontrolle wiederzuerlangen. Aber eine de-globalisierte, womöglich regionalisierte Ökonomie – Kohr (2002 [1957]) sprach vom »Kleine-Einheiten-Prinzip« – wäre nicht nur mit weiterem Wachstum, sondern bereits mit der Aufrechterhaltung des derzeitigen Konsumwohlstandes unvereinbar.

2.2   Lässt sich wachsender Konsumwohlstand von ökologischen Schäden entkoppeln?

Als Maß für das materielle Wohlergehen einer Gesellschaft dominiert das Bruttoinlandsprodukt (BIP). Es fasst die jährliche Produktion an Gütern innerhalb eines ökonomischen Systems zusammen. Von Wirtschaftswachstum ist die Rede, wenn das als monetäre Größe dargestellte BIP zunimmt. Die Kontroverse zwischen Befürwortern eines sogenannten »grünen« Wachstums und wachstumskritischen Konzeptionen ventiliert um die Frage, ob es systematisch möglich sein kann, Zuwächse des BIP von ökologischen Schäden zu entkoppeln.

Steigerungen des BIP setzen zusätzliche Produktion voraus, die als Leistung von mindestens einem Anbieter und zu einem Empfänger übertragen werden muss und einen Geldfluss induziert. Der Wertschöpfungszuwachs hat somit eine materielle Entstehungsseite und eine finanzielle Verwendungsseite des zusätzlichen Einkommens. *Beide* Wirkungen wären ökologisch zu neutralisieren, um die Wirtschaft ohne Verursachung zusätzlicher Umweltschäden wachsen zu lassen. Denn selbst wenn sich die Entstehung einer geldwerten und damit BIP-relevanten Leistungsübertragung technisch jemals entmaterialisieren ließe – was mit Ausnahme singulärer Laborversuche bislang nicht absehbar ist –, bliebe das Entkopplungsproblem so lange ungelöst, wie sich mit dem zusätzlichen Einkommen beliebig sonstige Güter finanzieren lassen, die nicht vollständig entmaterialisiert sind. Beide Dimensionen des Entkopplungsproblems sollen im Folgenden kurz beleuchtet werden.

2.2.1   *Entstehungsseite des BIP: Materielle Rebound-Effekte*

Wie müssten Güter beschaffen sein, die als geldwerte Leistungen von mindestens einem Anbieter zu einem Nachfrager übertragen werden, deren Herstellung, physischer Transfer, Nutzung und Entsorgung jedoch aller Flächen-, Materie- und Energieverbräuche enthoben sind? Bisher ersonnene *Green-Growth*-Lösungen erfüllen diese Voraussetzung offenkundig nicht, ganz gleich, ob es sich dabei um Passivhäuser, Elektromobile, Ökotextilien, Photovoltaikanlagen, Bio-Nahrungsmittel, Offshore-Windanlagen, Blockheizkraftwerke, Smart Grids, solarthermische Heizungen, Cradle-to-cradle-Getränkeverpackungen, Carsharing, digitale Services etc. handelt. Nichts von alledem kommt ohne physischen Aufwand, insbesondere neue Produktionskapazitäten und Infrastrukturen aus. Immerhin, so eine oft artikulierte Hoffnung, könnten die grünen Effizienz- oder Konsistenzlösungen den weniger nachhaltigen Output ersetzen, anstatt eine materielle Addition zu verursachen. Aber um eine ökologisch entlastende Substitution zu erwirken, reicht es nicht aus, Outputströme zu ersetzen, solange dies mit zusätzlichen materiellen Bestandsgrößen und Flächenverbräuchen (wie bei Passivhäusern oder Anlagen zur Nutzung erneuerbarer Energien) erkauft wird. Außerdem wären die bisherigen Kapazitäten und Infrastrukturen zu beseitigen. Aber wie könnte die Materie ganzer Industrien und Infrastrukturen ökologisch neutral zum Verschwinden gebracht werden?

Hinzu kommt ein zweites Dilemma, an dem die Substitutionsstrategie scheitert – zumindest solange sie unter dem Wachstumsvorbehalt steht: Wie könnte das BIP dauerhaft wachsen, wenn jedem grünen Wertschöpfungsgewinn ein Verlust infolge des Rückbaus alter Strukturen entgegenstünde? Gerade die Logik der zu substituierenden ressourcenintensiven Produktionssysteme bedingt, dass dieser Verlust systematisch höher als der grüne Wertschöpfungsgewinn sein kann. Dies lässt sich exemplarisch an der deutschen »Energiewende« nachzeichnen. Die momentan bestaunten Wertschöpfungsbeiträge der erneuerbaren Energien entpuppen sich bestenfalls als Strohfeuereffekt. Denn nachdem die vorübergehende Phase des Aufbaus neuer Kapazitäten abgeschlossen ist, reduziert sich deren Wertschöpfungsbeitrag auf einen Energiefluss, der vergleichsweise wenig Aufwand an vorgelagerten Inputs verursacht und auch nicht beliebig gesteigert werden kann – es sei denn, die Produktion neuer Anlagen wird ohne Begrenzung fortgesetzt. Aber dann drohen neue Umweltschäden: Die schon jetzt unerträglichen Landschaftszerstörungen nähmen entsprechend zu, weil die materiellen Bestandsgrößen expandieren.

Daran zeigt sich im Übrigen die generelle Problematik materieller Verlagerungseffekte: Vermeintliche grüne Technologien lösen ohnehin keine ökologischen Probleme, sondern transformieren diese nur in eine andere physische, räumliche, zeitliche oder systemische Dimension (Paech 2012: 81ff.). Deshalb sind die Versuche, Entkopplungserfolge empirisch nachzuweisen, nur so brauchbar wie es gelingt, alle Verlagerungseffekte zu berücksichtigen. Und sogar wenn dies gelingt: Wie sollen dann beispielsweise CO_2-Einsparungen mit Landschaftszerstörungen saldiert werden? Dies schließt nicht aus, dass erneuerbare Energieträger im direkten Vergleich mit fossilen Energieträgern als ökologisch vorteilhafter betrachtet werden können. Aber selbst dann lösen sie nicht das Wachstumsproblem, weil auch sie nicht ohne Umweltschäden zu haben sind. Auch angeblich entmaterialisierte Services im Bildungs- oder Gesundheitsbereich, etwa sogenannte »Humandienstleistungen«, bieten keine Lösung für das Entkopplungsproblem. Dies zeigt schon der Umstand, dass Pflegedienste keine Autos, Smartphones und Häuser substituieren können, deren Produktion bei unverminderter Nachfrage dann an andere Standorte zu verlegen wäre, wenn immer mehr Menschen im Dienstleistungsbereich beschäftigt sind – und mit dem dort generierten Einkommen beliebigen materiellen Konsum nachfragen können. Weiterhin ist die Expansion von Dienstleistungen physisch limitiert, solange sie sich allein aus menschlichen Verrichtungen speist, die technisch nicht verstärkt sind. Folglich ist die Aufrüstung des Bildungs-, Gesundheits- und Tourismussektors mit immenser materieller Infrastruktur, Mobilität und Kommunikationstechnologie kein Zufall. Hinter der smarten Fassade vermeintlich virtueller Wertschöpfung toben zuweilen Exzesse der Ressourcenverbrennung.

2.2.2 *Verwendungsseite des BIP: Drei finanzielle Rebound-Effekte*

Selbst wenn entmaterialisierte Produktionszuwächse in hinreichend vielen Bedarfsfeldern möglich wären, müssten die damit unvermeidlich induzierten Einkommenszuwächse ebenfalls ökologisch neutralisiert werden. Aber es erweist sich als schlicht undenkbar, den Warenkorb jener Konsumenten, die das in den grünen Branchen zusätzlich erwirtschaftete Einkommen beziehen, von Gütern freizuhalten, in deren (globalisierte) Produktion fossile Energie und andere Rohstoffe einfließen. Würden diese Personen etwa keine Eigenheime bauen, nicht mit dem Flugzeug reisen, kein Auto fahren und keine üblichen Konsumaktivitäten in Anspruch nehmen – und zwar mit steigender Tendenz, wenn das verfügbare Einkommen wächst? Ein zweiter finanzieller Rebound-Effekt droht, wenn grüne Investitionen den Gesamtoutput erhöhen, weil nicht zeitgleich im selben Umfang die alten Produktionskapazitäten zurückgebaut werden (die gesamte Wohnfläche nimmt durch Passivhäuser zu, die gesamte Strommenge steigt durch Photovoltaikanlagen), was tendenzielle Preissenkungen verursacht und folglich die Nachfrage erhöht. Es ist nicht einmal auszuschließen, dass davon der fossile Sektor mitprofitiert. Ein dritter finanzieller Rebound-Effekt – der klassische »Jevons-Effekt« – tritt ein, wenn Effizienzerhöhungen die Betriebskosten bestimmter Objekte (Häuser, Autos, Beleuchtung etc.) reduzieren, was abermals die Kaufkraft erhöht.

Theoretisch ließen sich diese Rebound-Effekte vermeiden, wenn sämtliche Einkommenszuwächse abgeschöpft würden – aber wozu dann überhaupt Wachstum: Was könnte absurder sein, als Wachstum zu erzeugen, um die damit intendierte Wirkung, nämlich Einkommenssteigerungen, im selben Moment zu neutralisieren? Die Behauptung, durch Investitionen in grüne Technologien könne Wirtschaftswachstum mit einer absoluten Senkung von Umweltbelastungen einhergehen, ist also nicht nur falsch, sondern kehrt sich ins genaue Gegenteil um: Aus der Perspektive finanzieller Rebound-Effekte haben grüne Technologien allein unter der Voraussetzung eines nicht wachsenden BIPs überhaupt eine Chance, die Ökosphäre zu entlasten. Und dies ist nicht einmal eine hinreichende Bedingung, weil die materiellen Effekte – insbesondere die unzähligen Verlagerungsmöglichkeiten – auf der Entstehungsseite ebenfalls einzukalkulieren sind.

2.3   Psychische Wachstumsgrenzen

Stress, Orientierungslosigkeit und eine »Konsumverstopfung« charakterisieren den Normalzustand moderner »Bequemokratien«, die längst zu einem Hort der Reizüberflutung mutiert sind. Während des letzten Jahrzehnts hat sich die Menge an Antidepressiva-Verschreibungen in Deutschland verdoppelt (Techniker Krankenkasse 2010: 13), während sich die Arbeitsbedingungen hinsichtlich körperlicher und psychischer Beanspruchungen nicht wesentlich verändert haben dürften. Das moderne Leben ist vollgepfropft mit Produkten, Dienstleistungen, Mobilität, Erlebniskonsum und digitalisierter Kommunikation. Es fehlt an Zeit und Aufmerksamkeit, die Multioptionalität zusehends erschwinglich gewordener Selbstverwirklichungsangebote dergestalt »abzuarbeiten«, dass daraus noch ein sinnlich erfahrbarer Nutzen erwächst. Damit Konsumaktivitäten eine Steigerung des subjektiv empfundenen Wohlbefindens bewirken oder zur langfristigen Zufriedenheit betragen können, muss ihnen ein Minimum an Aufmerksamkeit gewidmet werden. Dies ist nicht möglich, ohne eigene Zeit zu investieren, denn Empfindungen oder Sinneswahrnehmungen lassen sich weder automatisieren noch delegieren. Aber diese Zeit ist damit unwiederbringlich verbraucht. Lebenszeit ist weder signifikant vermehrbar noch regenerierbar.

Eine Zunahme der durchschnittlichen Lebenszeit mindert diesen Engpass aus unterschiedlichen Gründen nicht. Erstens kann eine punktuell einsetzende Überforderung nicht damit überwunden werden, dass ihre Ursache nach Belieben in eine spätere Lebensphase verschoben wird. Zweitens könnte eine Lebenszeitverlängerung den Engpass bestenfalls graduell mildern, weil der damit generierte Zuwachs an Zeitressourcen gering ist, verglichen mit dem Zuwachs an zeitverbrauchenden Optionen. Drittens lässt sich aus einer quantitativen Zunahme von Zeitressourcen nichts über deren Qualität schlussfolgern, die für den vorliegenden Kontext jedoch äußerst kritisch ist: Bestimmte Zeitverwendungen lassen sich nicht in spätere Lebensphasen transferieren (Achtzigjährige können beispielsweise in aller Regel nicht die Eiger-Nordwand erklimmen oder E-Gitarre in einer AC/DC-Coverband spielen).

Auch die Hoffnung, dass Steigerungen der Arbeitsproduktivität das oft propagierte Modell eines postindustriellen oder -materiellen »Zeitwohlstandes« (Scherhorn/Reisch 1999) begünstigen oder wenigstens Zeitknappheit verringern könnten, blieb nicht nur unerfüllt, sondern erweist sich per se als ambivalent. Vor die Wahl gestellt, ob Produktivitätsfortschritte als Arbeitszeitverkürzung oder Reallohnerhöhungen in Anspruch genommen werden sollen, haben sich Gewerkschaften und andere politische Arbeitnehmervertretungen (mit vernachlässigbaren Ausnahmen) stets zugunsten der letzteren Option entschieden. Aber unter dieser Prämisse verschärft sich das Problem: Steigende Kaufkraft trifft auf ein konstantes Quantum an Konsumzeit. Im Übrigen hat bereits Linder (1970) durch das nach ihm benannte Axiom einen Diskurs ausgelöst, der zutage förderte, dass technisch bedingte Produktivitätsfortschritte die verfügbare freie Zeit für Individuen nicht vermehren.

Zeit wird damit zum knappsten aller limitierenden Faktoren, mit denen das im stetig expandierenden Koordinatensystem der verfügbaren Konsum- und Mobilitätsmöglichkeiten navigierende Individuum konfrontiert ist. Diese Restriktion durch »menschliches Multitasking« überlisten zu wollen, also diverse Handlungen parallel zu verrichten, entpuppt sich als Illusion. Die Neurobiologie hat einschlägig begründet, dass sich menschliche Individuen bestenfalls auf zwei Aktivitäten simultan konzentrieren können (Charron/Koechlin 2010: 362).

Außerdem besteht eine unüberwindbare anthropologische Konstante darin, dass die physische Beschaffenheit des Körpers, insbesondere der Sinnesorgane, prinzipiell erstens nur eine sukzessive und zweitens nicht beliebig schnelle Verarbeitung von Reizen, Ereignissen oder Handlungen zulässt. Eine detaillierte Analyse dieses Zusammenhanges führt zu einer zeitökonomischen Rekonstruktion des Konsumverhaltens (Paech 2010). Dieser neue Ansatz der Konsumforschung impliziert, dass hinreichend übersichtliche und entrümpelte Lebensstile eine Grundbedingung für die optimale Abschöpfung der in einzelnen Handlungen, Objekten oder Ereignissen enthaltenen Potenziale der Nutzenstiftung darstellen. Kurzum: Je weiter die Konsum- und Mobilitätsausstattung eines Individuums jenseits eines bestimmten Sättigungsniveaus liegt, desto weniger lässt sich Suffizienz mit Verzicht assoziieren. Ganz im Gegenteil wird Selbstbegrenzung dann zu einem Akt des Selbstschutzes vor Erschöpfung und Reizüberflutung und gründet insbesondere auf zeitökonomischer Rationalität.

3. Wachstumstreiber

Die Vielzahl jener Faktoren darzustellen, die als Wachstumstreiber zu identifizieren wären, würde den vorliegenden Rahmen sprengen. Deshalb soll hier nur auf strukturell induzierte, nämlich angebotsseitige Wachstumsdynamiken eingegangen werden und dies auch nur ohne Anspruch auf Vollständigkeit. »Kulturelle Wachstumstreiber« (Paech 2012), die nachfrageseitig zu verorten sind, sollen hier nicht vertieft werden.

3.1 Innovationswettbewerb als Wachstumsmotor

Was Schumpeter (1934) zu Beginn des vergangenen Jahrhunderts ausführlich beschrieb, hat sich zu einem dominanten Wesenszug moderner Marktwirtschaften entwickelt: Die Konkurrenzbeziehungen zwischen Unternehmen lassen sich zu einem Gutteil als Innovationswettbewerb darstellen. Demnach heben sich innovative Unternehmen mittels »neuer Kombinationen« von der Konkurrenz ab und weichen damit dem andernfalls naheliegenden Preiswettbewerb aus. Auf einen ähnlichen Zusammenhang haben auch Chamberlin (1933) und Robinson (1933) hingewiesen. Durch die Nichtimitierbarkeit ihrer Leistungen oder Produkte kann eine Unternehmung die auf sie entfallende Nachfrage zu einem Preis bedienen, der überdurchschnittliche Profite erlaubt, zumindest kurzfristig.

In der Betriebswirtschaftslehre wurde diese Strategieausrichtung, die auch als Eroberung oder Erschließung einer »Nische« aufgefasst werden kann, durch die Mitte der 1980er Jahre entstandenen »Resource-based View« (Schulze 1994, Teece/Pisano/Shuen 1997, Wernerfeld 1984) theoretisch weiter entwickelt und erregte als Gegenpol zum »Market-based View« einige Aufmerksamkeit.

Unter plausiblen Annahmen kann diese Differenzierungsstrategie langfristig nur erfolgreich sein, wenn dadurch neue Nachfrage geweckt wird, d.h. Rivalität in Wachstum transformiert wird. Würde nämlich um ein konstantes Quantum an Nachfrage konkurriert, könnten weitere Innovatoren in den Markt eintreten, die ebenfalls unverwechselbar im Sinne vertikaler oder horizontaler Differenzierung sind und deshalb einen Teil der Nachfrage auf sich ziehen. Dieser Markteintrittsprozess würde die Anzahl der Anbieter erhöhen und damit schleichend deren durchschnittlichen Marktanteil verringern. Im Falle zunehmender Skalenerträge würde dann eine Obergrenze für die Anzahl profitabel agierender Marktteilnehmer existieren. Sollten danach weitere Newcomer eintreten, entstünde ein Verdrängungskampf mit anschließenden Marktaustritten.

Die Möglichkeit, dass sich einzelne Anbieter diesem Mechanismus systematisch mit einer höheren Wahrscheinlichkeit entziehen können als andere, lässt sich ohne Ad-hoc-Annahmen kaum begründen. Aus der Sicht eines einzelnen Unternehmens kann ex ante keine Innovationsstrategie existieren, die sicherstellt, ein im Vergleich zur Konkurrenz beständig höheres »akquisitorisches Potenzial« zu erlangen, auf das zudem keine anderen Marktakteure zugreifen könnten. Folglich kann die Differenzierungsstrategie nur dauerhaft erfolgreich sein, wenn damit ein neues Marktsegment, das heißt zusätzliche Nachfrage generiert wird, um die mit niemandem konkurriert werden muss. »Indeed, what is the meaning of the word ›niche‹ but a position that is occupied to avoid competition« (Mintzberg 1987: 15). In manchen Situationen können sich bereits im Markt befindliche Unternehmen durch strategische Eintrittsbarrieren gegen nachfolgende Wettbewerber schützen. Aber diese zusätzliche Option ändert an der für den vorliegenden Kontext entscheidenden Konsequenz nichts, im Gegenteil: Abgeschottete Märkte lassen Newcomern erst recht keine andere Wahl, als eine neue Nische einzurichten und damit zusätzliche Nachfrage, folglich Wachstum, zu generieren.

Somit hat die Strategie, durch Innovationen äußerliche Unverwechselbarkeit und damit langfristig supra-normale Gewinne zu erzielen, nur dann

Aussicht auf Erfolg, wenn sie darauf beruht, aus der Beschränkung einer konstanten Nachfragemenge, um die eine tendenziell zunehmende Anzahl von Unternehmen konkurriert, auszubrechen. Dies hat Schumpeter ausdrücklich hervorgehoben:»Unser Mann der Tat folgt nicht einfach gegebener Nachfrage. Er nötigt seine Produkte dem Markte auf« (1934: 133). Innovationswettbewerb, das heißt»schöpferische Zerstörung«, sei aufgrund des Hervorbringens von neuen Konsumgütern der»fundamentale Antrieb, der die kapitalistische Maschine in Bewegung setzt und hält« (Schumpeter 1980 [1950]: 137), womit wiederum nichts anderes gemeint ist als»der mächtige Sauerteig, der auf lange Sicht die Produktion ausdehnt« (ebd.: 140).

3.2 Kapitalverwertung und industrielle Spezialisierung

Der unter 2.1 skizzierte Sachverhalt offenbart noch weitere Konsequenzen. Wohlstandsmehrung mittels industrieller Fremdversorgungssysteme setzt eine räumlich entgrenzte, hinreichend viele Spezialisierungsstufen umfassende Produktionskette voraus. Durch diese Ausdifferenzierung gelingt es, das jeweilige Design der Einzelverrichtungen und Module zu standardisieren. So können Vorgänge automatisiert, also menschliche Arbeit durch Energie und Materie umwandelnde Technik ersetzt oder verstärkt werden.

Jedes daran beteiligte Unternehmen muss vor Aufnahme der Produktion die benötigten Inputs vorfinanzieren, also investieren, wozu Fremd- und/ oder Eigenkapital benötigt wird. Aber dieses ist nicht zum Nulltarif zu beschaffen. Deshalb müssen Unternehmen als Kapitalverwender einen Überschuss erwirtschaften, um die Fremdkapitalzinsen und/oder Eigenkapitalrendite finanzieren zu können. Je kapitalträchtiger die Produktion infolge zunehmender Spezialisierung, Technisierung sowie der Anzahl, Größe und räumlichen Distanz der involvierten Arbeitsstationen ist, desto höher ist ceteris paribus der notwendige Überschuss, um den Ansprüchen der Kapitaleigner zu genügen. Daraus ergibt sich eine Untergrenze für das insgesamt nötige Produktionswachstum zur Stabilisierung des Wertschöpfungsprozesses.

Binswanger (2006) hat diesen strukturellen Wachstumszwang in Verbindung mit dem Einkommens- und Kapazitätseffekt einer Investition analysiert. Zu beachten ist dabei, dass der Einkommenseffekt vor dem Kapazitätseffekt einsetzt, weil zunächst das Kapital investiert wird und erst nachher ein Verkauf der Produktionsmenge möglich ist. Investitionen, die heute getätigt werden, erhöhen sofort das Einkommen der Haushalte. Aber die aus der Investition resultierende Produktionsmenge kann erst später, also in der Folgeperiode abgesetzt werden. Die Haushalte kaufen daher heute die Produktion von gestern. Auf diese Weise geht die Steigerung der Nachfrage der Steigerung des Angebots voraus. Wenn einerseits die Ausgaben den Einnahmen vorauseilen, aber andererseits sich beides in Form von Geldzahlungen äußert, deren Differenz dem Gewinn entspricht – wie kann dieser innerhalb einer Periode dann je positiv sein? Dies ist nur möglich, wenn die »Zahlungslücke« auf der Nachfrageseite durch zusätzliche Nettoinvestitionen ausgeglichen wird, die das entsprechende Einkommen schaffen (Paech 2012: 105ff.). Aber damit wird zugleich ein Kapazitätseffekt induziert, der die Produktionsmenge steigert, die wiederum darauffolgend abgesetzt werden muss, und zwar unter der Bedingung, dass nicht nur die Kosten, sondern auch die Ansprüche der Kapitaleigner gedeckt werden.

Folgende Kausalität verstärkt diesen Effekt: Sowohl Eigen- als auch Fremdkapitalgeber tragen ein Investitionsrisiko, das mit zunehmender Komplexität steigt – bedingt durch technische und räumliche Ausdifferenzierung sowie durch die Anonymität der Produktionsstätten, die das zur Verfügung gestellte Kapital verwenden. Mit diesem Risiko wächst die von den Kapitalgebern verlangte finanzielle Kompensation, bestehend aus Zinsen bzw. Eigenkapitalrenditen. Insoweit diese Logik für jedes spezialisierte Unternehmen gilt, das Kapital benötigt, um zu produzieren, lassen sich Ansatzpunkte für eine Milderung struktureller Wachstumszwänge ableiten: Weniger Spezialisierungsstufen zwischen Produktion und Verbrauch reduzieren zwar die betriebswirtschaftlichen Kostenvorteile der Arbeitsteilung, können aber gleichsam den Wachstumszwang verringern, insoweit damit die Kapitalintensität der Produktion und folglich die Summe der mindestens zu erzielenden Überschüsse zwecks Befriedigung der Kapitalansprüche sinkt. Kurze Wertschöpfungsketten, etwa im Sinne einer Lokal- oder Regionalwirtschaft, schaffen überdies Nähe und damit Vertrauen, welches per se eine weniger zins- und renditeträchtige Kapitalbeschaffung ermöglichen kann.

Eine weitere Begleiterscheinung kapitalintensiver Wertschöpfungsprozesse besteht darin, dass der hierdurch ausgeschöpfte technische Fortschritt stetig die Arbeitsproduktivität steigert. Deshalb lässt sich jeder einmal erreichte Beschäftigungsstand nach einem Innovationsschub nur beibehalten, wenn die Produktionsmenge hinreichend wächst.

4.   Umrisse der Postwachstumsökonomie

Um eine Wirtschaft ohne Wachstum systematisch zu entwickeln, muss diese darauf beruhen, die zuvor grob beschriebenen strukturellen Wachstumstreiber weitestgehend auszuschalten. Genau daraus speisen sich die Bedingungen für die Angebotsseite der Postwachstumsökonomie. (Die Transformation der Nachfrageseite wird im vorliegenden Beitrag nicht dargestellt.) Angebotsseitige Expansionsdynamiken könnten durch eine tendenzielle Verkürzung oder Entflechtung komplexer Produktionsketten gemildert werden, *um die Kapitalbedürftigkeit der Versorgung zu mildern.* Je weniger spezialisiert und damit tendenziell weniger kapitalbedürftig Produktionssysteme sind, desto geringer ist die notwendige Kapitalverwertung, die wiederum Wachstum erzeugt. Eine solchermaßen implizierte Reduktion des Fremdversorgungsgrades kann von der Regional- über die Lokal- bis zur Selbstversorgung, also Subsistenz, reichen. Subsistenz als Idealtypus der kapitallosen, dafür aber umso arbeitsintensiveren Wertschöpfung ist keine Frage des Entweder-oder, sondern des Mehr-oder-weniger, kann also als Element kombinierter Versorgungsleistungen mit unterschiedlichen Fremdversorgungsgraden in Erscheinung treten. Folglich bedarf es unter anderem einer Konzeption der Subsistenz, um die angebotsseitigen Voraussetzungen einer Postwachstumsökonomie bearbeiten zu können.

4.1   Ansatzpunkte eines Transformationsprogramms

Hinsichtlich einer Überwindung kapitalbedingter Expansionstreiber lassen sich zwei generelle Entwicklungsrichtungen ausmachen, die den (wachstumskritischen) Nachhaltigkeitsdiskurs prägen.

Institutionelle Perspektive: Marxistische Positionen, die Geldreformbewegung (Creutz 1993) und Bodenreform (vgl. zum Beispiel George 1879) orientieren sich an einer institutionellen »Entschärfung« oder Einhegung von Kapitalverwertungsinteressen. Während Erstere über eine Vergesellschaftung oder demokratische Regulierung von Kapitalbeständen möglichst jegliche Profitorientierung ausschalten wollen, thematisieren die beiden Letzteren den Zinseszinseffekt bzw. die Abschöpfung von Bodenrenten. Auch die Bewegung der sogenannten »Commons« (Ostrom 1999) zielt darauf, Eigentums- und Nutzungsrechte so zu verändern, dass anstelle unternehmerischer Profitmaximierung die unmittelbare Bedürfnisbefriedigung tritt. Weitere

Versuche, über institutionellen Wandel Kapitalverwertungszwänge einzugrenzen, finden sich beispielsweise in Konzepten der »Wirtschaftsdemokratie« (Vilmar/Sandler 1978). In diesem Kontext steht auch die sogenannte »Gemeinwohlökonomie« (Felber 2010). Sie erweitert die Dreisäulenlogik der Nachhaltigkeit zu einer fünf Dimensionen umfassenden Gemeinwohlbilanz und betont die Notwendigkeit demokratischer Institutionen, um den Inhalt des anzustrebenden Gemeinwohls kollektiv zu bestimmen.

Substanzielle Perspektive: Weiter reichende Konzepte, die sich unter anderem schon bei Kohr (2002 [1957]), Mumford (1977 [1967]), Georgescu-Roegen (1971), Schumacher (2013 [1973]), Illich (1973) etc. ausmachen ließen, begnügen sich nicht mit einer »Zähmung« oder lediglich gerechteren Verteilung der Ergebnisse eines Kapitaleinsatzes, sondern hinterfragen grundsätzlich die Architektur jener Versorgungssysteme, aus denen sich überhaupt die Notwendigkeit eines bestimmten Kapitaleinsatzes ergibt. Sowohl die Technologie als auch der Grad an industrieller Spezialisierung – folglich ebenfalls die räumliche Reichweite von Wertschöpfungsketten – werden damit zum Gestaltungsobjekt. Beides beeinflusst maßgeblich den Kapitaleinsatz, und zwar in doppelter Hinsicht: nämlich über die technologisch determinierte Kapitalintensität der Produktion und die Höhe des Outputs. Indem der technische und räumliche Umfang von Produktionssystemen zur Disposition gestellt wird, ergibt sich ein Transformationsprogramm, das deutlich über die bloße Umverteilung oder Demokratisierung von Produktionsmitteln (ohne Technik, Output und Lebensstile zu hinterfragen) hinausreicht. Die daraus folgende Dimension einer graduellen De-Globalisierung und De-Industrialisierung soll im Folgenden aufgegriffen werden.

4.1   Idealtypische Wertschöpfungssysteme

Zunächst sollen drei idealtypische Versorgungssysteme unterschieden werden: (1) Globale industrielle Arbeitsteilung, (2) Regionalökonomie und (3) moderne Subsistenz. Die Transformation zu einer Postwachstumsökonomie entspräche einem Strukturwandel, der neben einer Ausschöpfung aller Reduktionspotenziale (Suffizienz) die verbliebene Produktion graduell und punktuell vom ersten zum zweiten und dritten Aggregat verlagern würde.

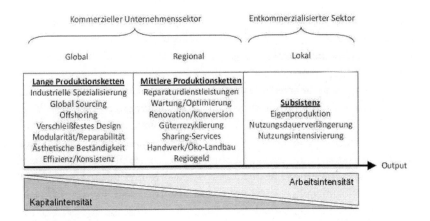

Abbildung 1: Idealtypische Versorgungssysteme

Diese drei Systeme ergänzen sich nicht nur, sondern können synergetisch zu einer veränderten Wertschöpfungsstruktur verknüpft werden – insbesondere der erste und dritte Bereich. Nachfrager, denen innerhalb konventioneller Wertschöpfungsprozesse nur die Rolle eines Verbrauchers zukommt, können als »Prosumenten« (Toffler 1980) zur Substitution industrieller Produktion beitragen. Im Unterschied zum traditionellen Subsistenzbegriff sind die postwachstumstauglichen Selbstversorgungspraktiken eng mit industrieller Produktion verzahnt. Insbesondere entkommerzialisierte Nutzungsdauerverlängerung und Nutzungsintensivierung können als nicht-industrielle Verlängerung von Versorgungsketten aufgefasst werden. Durch Hinzufügung marktfreier und eigenständig erbrachter Inputs (Zeit, handwerkliche Tätigkeiten und sozial eingebetteter Leistungsaustausch) werden die in materiellen Gütern gebundenen Nutzenpotenziale maximiert. Folglich verändern sich Produktlebenszyklen: Die Industriephase wird mit einer daran anknüpfenden Subsistenzphase verzahnt. Produktion, Nutzung und Subsistenz – letztere verstanden als Aktivitäten, die den Bestand an Objekten erhalten und aufwerten – ergänzen sich zu einem mehrphasigen Wertschöpfungsprozess, den die weiterhin verwendeten Industriegüter durchlaufen. Dabei lässt sich die Nutzungsphase insoweit nicht von der Subsistenzphase trennen, als die Letztere sowohl eine achtsame Verwendung zwecks Nutzungsdauerverlängerung als auch soziale Praktiken der Nutzungsintensivierung umfasst. Prosumenten tragen eigenständig zur Bewahrung des Güterbestandes bei, sodass der Industrieoutput reduziert werden kann. Letzterer kann damit auch als Input für daran anknüpfende Subsistenzformen aufgefasst werden.

Die Integration kreativer Subsistenzleistungen lässt ein kaskadenartiges Wertschöpfungsgefüge entstehen. Dieses erstreckt sich auf die eigentliche Herstellung, eine behutsame Nutzung, Pflege, Wartung, Instandhaltung, modulare Erneuerung sowie eigenständige Reparaturleistungen. Danach erfolgen die Weiterverwendung demontierter Bestandteile sowie gegebenenfalls eine Anpassung an andere Verwendungszwecke. Letztere umfasst »Upcycling«-Praktiken, das Zusammenfügen von Einzelteilen mehrerer nicht mehr funktionsfähiger Objekte zu einem brauchbaren Objekt. Die Verwahrung, Veräußerung oder Abgabe demontierter Einzelteile an Sammelstellen und Reparaturwerkstätten schließt daran an. Darüber hinaus besteht die Möglichkeit der Weitergabe noch vollständig funktionsfähiger Güter an sogenannte »Verschenkmärkte« oder »Umsonstkaufhäuser«. Zudem können Gebrauchsgüter von mehreren Personen genutzt werden (Nutzungsintensivierung).

Diese Nutzungskaskade weist diverse Schnittstellen zu kommerzialisierten Nutzungs- bzw. Produktionssystemen auf. Sowohl funktionsfähige Produkte als auch demontierte Einzelteile oder Module lassen sich über den Second-Hand-Einzelhandel, Flohmärkte oder internetgestützte Intermediäre veräußern. Weiterhin können Instandhaltungs- und Reparaturmaßnahmen, durch welche Prosumenten überfordert wären, von professionellen Handwerksbetrieben übernommen werden. Letztere wären Bestandteile der Regionalökonomien. Deren Rolle besteht zusätzlich darin, produktive Leistungen des Industriesektors auf Basis tendenziell arbeitsintensiverer (somit weniger kapitalintensiver) Herstellungsmethoden und kürzerer Reichweiten der Wertschöpfungsketten zu substituieren.

Während der Industriesektor durch eine relativ hohe Energie- und Kapitalintensität gekennzeichnet ist, speist sich die Wertschöpfung der Subsistenzphase fast ausschließlich aus Zeit, handwerklichen Kompetenzen und sozialem Austausch. Mit Blick auf die gesamte Prozesskette wird damit die durchschnittliche Energie- und Kapitalintensität pro Nutzeneinheit gesenkt. Stattdessen steigt die Arbeitsintensität, womit gleichsam die Produktivität des Faktors Arbeit abnimmt – allerdings nur bezogen auf den gesamten Prozess, bestehend aus der Industriephase und die daran anknüpfende (arbeitsintensive) Subsistenzphase. Die höhere Arbeitsintensität muss deshalb nicht die Industriephase tangieren, welche weiterhin – jedoch mit verringerter

Outputquantität – durch spezialisierte und relativ kapitalintensive Herstellungsverfahren gekennzeichnet sein kann. Vielmehr ergibt sie sich aus einer »handwerklichen« Verlängerung und Intensivierung der Produktnutzung. Daraus resultiert eine komplementäre Verknüpfung zwischen Industrie- und Subsistenzleistungen. Hinzu kommt eine substitutionale Beziehung zwischen beiden Sektoren. Sie stützt sich darauf, dass eigenständige Produktion, etwa durch Gemeinschaftsgärten, handwerkliche oder künstlerische Herstellung, zur unmittelbaren Substitution von Industrieprodukten führt. Das Verhältnis zwischen Subsistenz und Regionalökonomie kann sowohl komplementär, wie bereits oben skizziert, als auch substitutional geprägt sein. Dasselbe gilt für die Transformationsbeziehung zwischen industrieller und regionaler Wertschöpfung. Ein komplementäres Verhältnis entsteht dort, wo regionale, handwerklich orientierte Betriebe über Reparatur- und Instandhaltungsservices einen reduzierten Industrieoutput aufwerten. Zudem können Industriegüter durch regionale Produktion substituiert werden (Nahrung, Textilien, bestimmte Ver- und Gebrauchsgüter etc.).

4.2 Moderne Subsistenz

Eine neu zu justierende Balance zwischen Selbst- und Fremdversorgung kann unterschiedlichste Formen annehmen. Zwischen den Extremen reiner Subsistenz und globaler Verflechtung existiert ein reichhaltiges Kontinuum unterschiedlicher Fremdversorgungsgrade. Deren Reduzierung bedeutet, von außen bezogene Leistungen durch eigene Produktion punktuell oder graduell zu ersetzen. »Urbane Subsistenz« (Dahm/Scherhorn 2008) entfaltet ihre Wirkung im unmittelbaren sozialen Umfeld, also auf kommunaler oder regionaler Ebene. Sie basiert auf einer (Re-)Aktivierung der Kompetenz, manuell und kraft eigener Tätigkeiten Bedürfnisse jenseits kommerzieller Märkte zu befriedigen, vor allem mittels handwerklicher Fähigkeiten. Die hierzu benötige Zeit könnte sich aus einem prägnanten Rückbau des industriellen Systems speisen. Durch eine Halbierung der Erwerbsarbeit ließen sich Selbst- und Fremdversorgung so kombinieren, dass sich die Güterversorgung auf ein (bescheideneres) monetäres Einkommen und ergänzende marktfreie Produktion stützt. Neben diversen anderen entmonetarisierten Betätigungen erstreckt sich urbane Subsistenz auf drei Outputkategorien, die industrielle Produktion substituieren:

(1) Nutzungsintensivierung durch Gemeinschaftsnutzung: Wer sich einen Gebrauchsgegenstand vom Nachbarn leiht, ihm als Gegenleistung ein Brot backt oder das neueste Linux-Update installiert, trägt dazu bei, materielle Produktion durch soziale Beziehungen zu ersetzen. Objekte wie Autos, Waschmaschinen, Gemeinschaftsräume, Gärten, Werkzeuge, Digitalkameras etc. sind auf unterschiedliche Weise einer Nutzungsintensivierung zugänglich. Sie können gemeinsam angeschafft werden oder sich im privaten Eigentum einer Person befinden, die das Objekt im Gegenzug für andere Subsistenzleistungen zur Verfügung stellt. Dabei können auch sogenannte »Commons« (Ostrom 1999) als Institution geeignet sein.

(2) Nutzungsdauerverlängerung: Ein besonderer Stellenwert käme der Pflege, Instandhaltung und Reparatur von Gütern jeglicher Art zu. Wer durch handwerkliche Fähigkeiten oder manuelles Improvisationsgeschick die Nutzungsdauer von Konsumobjekten erhöht – zuweilen reicht schon die achtsame Behandlung, um den frühen Verschleiß zu vermeiden –, substituiert materielle Produktion durch eigene produktive Leistungen, ohne notwendigerweise auf bisherige Konsumfunktionen zu verzichten. Wenn es in hinreichend vielen Gebrauchsgüterkategorien gelänge, die Nutzungsdauer der Objekte durch Erhaltungsmaßnahmen und Reparatur durchschnittlich zu verdoppeln, dann könnte die Produktion neuer Objekte entsprechend halbiert werden. Auf diese Weise würde ein Rückbau der Industriekapazität mit keinem Verlust an Konsumfunktionen der davon betroffenen Güter einhergehen. Tauschringe, Netzwerke der Nachbarschaftshilfe, Verschenkmärkte und »Transition Towns« sind nur einige Beispiele dafür, dass lokal erbrachte Leistungen über den Eigenverbrauch hinaus einen Leistungstausch auf lokaler Ebene erlauben.

(3) Eigenproduktion: Im Nahrungsmittelbereich erweisen sich Hausgärten, Dachgärten, Gemeinschaftsgärten und andere Formen der urbanen Landwirtschaft (Müller 2011) als dynamischer Trend, der zur De-Industrialisierung dieses Bereichs beitragen kann. Darüber hinaus sind künstlerische und handwerkliche Leistungen möglich, die von der kreativen Wiederverwertung ausrangierter Gegenstände über Holz- oder Metallobjekte in Einzelfertigung bis zur semi-professionellen »Marke Eigenbau« (Friebe/Ramge 2008) reichen.

Durch derartige Subsistenzleistungen kann bewirkt werden, dass eine Halbierung der Industrieproduktion und folglich der monetär entlohnten Erwerbsarbeit nicht per se den materiellen Wohlstand halbiert: Wenn Konsumobjekte länger und gemeinschaftlich genutzt werden, reicht ein Bruchteil der momentanen industriellen Produktion, um dasselbe Quantum an Konsumfunktionen oder »Services«, die diesen Gütern innewohnen, zu extrahieren. Urbane Subsistenz besteht also darin, einen markant reduzierten Industrieoutput durch Hinzufügung eigener Inputs aufzuwerten oder zu »veredeln«. Diese Subsistenzinputs lassen sich den folgenden drei Kategorien zuordnen:

(a) Handwerkliche Kompetenzen und Improvisationsgeschick, um Potenziale der Eigenproduktion und Nutzungsdauerverlängerung auszuschöpfen.

(b) Eigene Zeit, die aufgewandt werden muss, um handwerkliche, substanzielle, manuelle oder künstlerische Tätigkeiten verrichten zu können.

(c) Soziale Beziehungen, ohne die subsistente Gemeinschaftsnutzungen undenkbar sind.

Urbane Subsistenz ist das Resultat einer Kombination mehrerer Input- und Outputkategorien. Angenommen, Prosument A lässt sich ein defektes Notebook von Prosument B, der über entsprechendes Geschick verfügt, reparieren und überlässt ihm dafür Bio-Möhren aus dem Gemeinschaftsgarten, an dem er beteiligt ist. Dann gründet diese Transaktion erstens auf sozialen Beziehungen, die Person A sowohl mit B als auch mit der Gartengemeinschaft eingeht, zweitens auf handwerklichen Kompetenzen (A: Gemüseanbau; B: defekte Festplatte erneuern und neues Betriebssystem installieren) und drittens auf eigener Zeit, ohne die beide manuelle Tätigkeiten nicht erbracht werden können. Die Outputs erstrecken sich auf Eigenproduktion (Gemüse), Nutzungsdauerverlängerung (Reparatur des Notebooks) und Gemeinschaftsnutzung (Gartengemeinschaft). Selbstredend sind auch Subsistenzhandlungen naheliegend, die keiner Ausschöpfung der vollständigen Palette denkbarer Subsistenzinputs und -outputs bedürfen. Wer seinen eigenen Garten bewirtschaftet, die Nutzungsdauer seiner Textilien durch eigene Reparaturleistungen steigert oder seine Kinder selbst betreut, statt eine Ganztagsbetreuung zu konsumieren, nutzt keine sozialen Beziehungen, wohl aber Zeit und handwerkliches Können. Die Outputs erstrecken sich in diesem Beispiel auf Nutzungsdauerverlängerung und Eigenproduktion.

Insoweit Subsistenzkombinationen im obigen Sinne Industrieoutput ersetzen, senken sie zugleich den Bedarf an monetärem Einkommen. Eine notwendige Bedingung für das Erreichen geringerer Fremdversorgungsniveaus besteht somit in einer Synchronisation von Industrierückbau und kompensierendem Subsistenzaufbau. So ließe sich der Verlust an monetärem Einkommen und industrieller Produktion sozial auffangen – jedoch nicht auf dem bisherigen durchschnittlichen Niveau an Güterproduktion. Deshalb ist dieser Übergang nicht ohne Suffizienzleistungen denkbar, deren Ausprägung individuell variieren kann, nämlich abhängig davon, wie postwachstumskompatibel der jeweilige Lebensstil bereits war.

5. Die Rolle der Politik

Zu den politischen Rahmenbedingungen einer Postwachstumsökonomie, die hier nur unvollständig skizziert werden können, zählen Boden-, Geld- und Finanzmarktreformen, wobei die von Attac geforderte Finanztransaktions- sowie eine Vermögenssteuer hervorzuheben sind. Komplementäre, parallel zum Euro eingeführte Regionalwährungen, die durch einen Negativzins umlaufgesichert werden, um monetäre Wachstumszwänge zu mildern, könnten die Koordination regionaler Ökonomien unterstützen. Indem derartige Währungssysteme nur innerhalb eines bestimmten geographischen Radius gelten, vernetzen und bündeln sie kleinräumig wirtschaftende Einheiten, binden insbesondere Kaufkraft an die Region und führen damit zu höherer Resilienz.

Die noch immer fehlende Abschätzung, Zurechnung und Deckelung von Umweltbeanspruchungen ließe sich dadurch beheben, dass der dehnbare Nachhaltigkeitsbegriff durch individuelle CO_2-Bilanzen konkretisiert wird. Jede Person hätte ein Anrecht auf dasselbe jährliche Emissionskontingent, das allerdings übertragbar sein könnte. Die Summe aller Kontingente dürfte höchstens der globalen Gesamtbelastung entsprechen, die mit der Einhaltung des Zwei-Grad-Klimaschutzziels vereinbar wäre. Veränderte Unternehmensformen wie Genossenschaften, Non-Profit-Organisationen oder Konzepte des solidarischen Wirtschaftens könnten Gewinnerwartungen dämpfen. Subventionen – vor allem in den Bereichen Landwirtschaft, Verkehr, Industrie, Bauen und Energie – müssten prägnant gestrichen werden, um sowohl die hierdurch beförderten ökologischen Schäden als auch die öffentliche Verschuldung zu reduzieren. Maßnahmen, die Arbeitszeitverkürzungen erleichtern, sind unabdingbar.

Dringend nötig wären zudem ein Bodenversiegelungsmoratorium und Rückbauprogramme für Industrieareale, Autobahnen, Parkplätze, Flughäfen etc., um diese zu entsiegeln und zu renaturieren. Ansonsten könnten auf den stillgelegten Autobahnen und Flughäfen Anlagen zur Nutzung erneuerbarer Energien errichtet werden, um die katastrophalen Landschaftsverbräuche dieser Technologien zu reduzieren. Weiterhin sind Vorkehrungen gegen geplante Obsoleszenz unerlässlich. Eine drastische Reform des Bildungssystems müsste zum Ziel haben, handwerkliche Kompetenzen zu vermitteln, nicht nur um durch Eigenproduktion und vor allem Instandhaltungs- sowie Reparaturmaßnahmen den Bedarf an Neuproduktion senken zu können, sondern um geldunabhängiger zu werden.

Die Auflistung geeigneter Maßnahmen einer Postwachstumspolitik ließe sich fortsetzen. Allerdings dürfte deren Umsetzung vorerst an politischen Mehrheiten scheitern. Anstatt den leckgeschlagenen Tanker zur Umkehr zu bewegen, erscheinen autonome »Rettungsboote«, die sich auch unterhalb des politischen Radars gestalten lassen, als sinnvollere Strategie. Postkollaps-taugliche Alltagspraktiken, die einen hohen Selbstversorgungsgrad aufweisen, wären dabei das Ziel. Dies entspräche einem Übungsprogramm für interessierte Minderheiten, die sich zu lebenden Beispielen für resiliente Versorgungsmuster entwickeln. So würde proaktiv vorweggenommen, was an Handlungsoptionen verbleibt, wenn globalisierte Fremdversorgungssysteme partiell kollabieren, ganz gleich ob infolge fortschreitender Ressourcenverknappungen, Klimafolgen, absehbarer Zusammenbrüche des Finanzsystems, Schuldenkrisen oder durch eine prägnante Zunahme psychologischer Verwerfungen (Digitale Demenz, Burn-out, Depression, Reizüberflutung, Lernunfähigkeit infolge grassierender Aufmerksamkeitsdefizite etc.), die über das Bildungssystem auch die Ökonomie erreichen.

Lebensstilschablonen, auf die im Krisenfall zurückgegriffen werden kann, lassen sich vorläufig bestenfalls als Nischenphänomen stabilisieren. Dies impliziert eine Abkehr vom längst gescheiterten »Die-Menschen-dort-abholen-wo-sie-sind«-Diktum. Denn Nachhaltigkeitsstrategien, mit denen sich breite Mehrheiten erreichen ließen, dürften das zeitgenössische Wohlstandsmodell gerade nicht in Frage stellen, wären also komplett wirkungslos. Effektiver verspricht die Orientierung an einer Avantgarde zu sein, die mit den oben beschriebenen Versorgungsmustern, Lebensstilen und Versorgungspraktiken experimentiert. Daraus ergäben sich zwei Chancen: (1) Substanzielle Daseinsformen, die mit einer Wirtschaft ohne Wachstum kompatibel wären, könnten bis zu einem bestimmten Grad sozial diffundieren, sich stabilisieren und als glaubwürdiges Kommunikationsinstrument fungieren. (2) Es entstünde ein Vorrat an vitalen, abrufbereiten Praktiken – etwa im Sinne der von Beuys so bezeichneten »sozialen Plastiken« –, auf die auch ohne vorherige soziale Diffusion zurückgegriffen werden kann, wenn veränderte Rahmenbedingungen dies nahelegen oder erzwingen. Den Rest erledigen das Schicksal und die absehbare Krisendynamik.

Literatur

Bauman, Zygmunt (2002), *Dialektik der Ordnung*, Hamburg.

Binswanger, Hans Christoph (2006), *Die Wachstumsspirale Geld, Energie und Imagination in der Dynamik des Marktprozesses*, Marburg.

Chamberlin, Edward Hastings (1933), *The Theory of Monopolistic Competition*, Cambridge.

Charron, Sylvain/Koechlin, Etienne (2010), Divided Representation of Concurrent Goals in the Human Frontal Lobes, *Science*, Jg. 328, Nr. 5976, S. 360–363.

Creutz, Helmut (1993), *Das Geldsyndrom*, München.

Dahm, Daniel/Scherhorn, Gerhard (2008), *Urbane Subsistenz*, München.

Felber, Christian (2010), *Die Gemeinwohl-Ökonomie: das Wirtschaftsmodell der Zukunft*, Wien.

Friebe, Holm/Ramge, Thomas (2008), *Marke Eigenbau*, Frankfurt/M.

George, Henry (1879), *Progress and Poverty*, San Francisco.

Georgescu-Roegen, Nicolas (1971), *The Entropy Law and the Economic Process*, Cambridge/London.

Illich, Ivan (1973), *Selbstbegrenzung. Eine politische Kritik der Technik*, München.

Kohr, Leopold (2002 [1957]), *Das Ende der Großen. Zurück zum menschlichen Maß*, Salzburg.

Lachs, John (1981), *Responsibility of the Individual in Modern Society*, Brighton.

Linder, Staffan Burenstam (1970), *The Harried Leisure Class*, New York u.a.

Mintzberg, Henry (1987), The Strategy Concept I: Five Ps for Strategy, *California Management Review*, Jg. 30, H. 1, S. 11–24.

Müller, Christa (2011), *Urban Gardening*, München.

Mumford, Lewis (1977 [1967]), *Mythos der Maschine. Kultur, Technik und Macht*, Frankfurt/M.

Ostrom, Elinor (1999), *Die Verfassung der Allmende. Jenseits von Staat und Markt*, Tübingen.

Paech, Niko (2008), Regionalwährungen als Bausteine einer Postwachstumsökonomie, *Zeitschrift für Sozialökonomie*, Jg. 45, H. 158/159, S. 10–19.

Paech, Niko (2010), Nach dem Wachstumsrausch: Eine zeitökonomische Theorie der Suffizienz, *Zeitschrift für Sozialökonomie*, Jg. 47, H. 166/167, S. 33–40.

Paech, Niko (2012), *Befreiung vom Überfluss*, München.

Robinson, Joan (1933), *The Economics of Imperfect Competition*, London.

Scherhorn, Gerhard/Reisch, Lucia A. (1999), Ich wär so gern ein Zeitmillionär, *Politische Ökologie*, H. 57/58, S. 52–56.

Schulze, William (1994), The two Schools of Thought in Resource-based Theory, *Advances in Strategic Management*, Bd. 10A, S. 127–58.

Schumacher, Ernst-Friedrich (2013 [1973]), *Small is Beautiful*, München.

Schumpeter, Joseph A. (1934), *Theorie der wirtschaftlichen Entwicklung*, 4. Aufl., Berlin.

Schumpeter, Joseph A. (1980 [1942]), *Kapitalismus, Sozialismus und Demokratie*, 5. Aufl., München.

Simmel, Georg (1900), *Philosophie des Geldes*, München/Berlin.

Techniker Krankenkasse (2010), *Gesundheitsreport 2010 – Gesundheitliche Veränderungen bei Berufstätigen und Arbeitslosen von 2000 bis 2009*, Hamburg.

Teece, David J./Pisano, Gary/Shuen, Amy (1997), Dynamic Capabilities and Strategic Management, *Strategic Management Journal*, Jg. 18, Nr. 7, S. 509–533.

Toffler, Alvin (1980), *The Third Wave*, New York.

Vilmar, Fritz/Sandler, Karl-Otto (1978), *Wirtschaftsdemokratie und Humanisierung der Arbeit. Systematische Integration der wichtigsten Konzepte*, Köln.

Wernerfeld, Birger (1984), A Resource-based View of the Firm, *Strategic Management Journal*, Jg. 5, Nr. 2, S. 171–174.

Nach dem Maschinensturm: Überlegungen zu einer Erweiterung von Technologiekritik in der Postwachstumsdebatte

Jörg Oberthür und Peter Schulz

1. Einleitung

Technik als soziales Phänomen wird seit einiger Zeit nicht mehr nur unter dem Blickwinkel von Rationalitätstypen und ökonomischen Modernisierungsprozessen, sondern zunehmend auch im Hinblick auf Vorstellungen der ›Natur des Menschen‹, ihrer Grenzen und deren mögliche Verschiebung – *durch* Technik – diskutiert. Für die Debatte zur Wachstumskritik ergibt sich hieraus eine interessante Komplementarität: Auf der einen Seite werden Übertragungen von Qualitäten *menschlicher* Handlungsfähigkeit an Technik (bzw. Artefakte) dort unter der Überschrift der »Energiesklaven« (etwa Illich 2014: 32) als eine Ursache und Folge nicht nur gegenwärtiger ökonomischer und ökologischer Krisentendenzen, sondern auch der mit ihnen verbundenen Entfremdungserfahrungen thematisiert. Auf der anderen Seite stehen dieser Betrachtungsweise in der gesellschaftlichen Öffentlichkeit auch Positionen gegenüber, die nicht nur eine positive Lesart moderner Technik propagieren, sondern diese ebenfalls – allerdings in umgekehrter Weise – zu Menschenbildern in Beziehung setzen. Dabei wird die grundsätzliche Offenheit des Menschen als Gattungswesen betont und die darin angelegte Möglichkeit der Transgression durch Technik *positiv* hervorgehoben. Prononciert bringt eine solche Lesart etwa James Hughes (2004) in seiner als *transhumanistische* Programmschrift veröffentlichten, außerhalb dieses Diskurses bisher aber vergleichsweise wenig zur Kenntnis genommenen Studie *Citizen Cyborg* zum Ausdruck. Vor dem Hintergrund empirischer Befunde aus der amerikanischen Meinungsforschung bemerkt er darin unter anderem, dass Gegensätze zwischen »Techno-Optimismus« (»techno-optimism«) und einer breiten Allianz des »Bio-Luddismus« (»Bioluddism«) zur wesentlichen Spaltungslinie für (bio-)politische Konflikte der nahen Zukunft werden könnten (ebd.: 70ff.). Hughes' Kategorisierungsversuch ist allerdings zunächst nicht deshalb relevant, weil die Verschmelzung von Mensch und

Technik, auf die er sich dabei als ›progressiv‹ bezieht, *Rückübertragungen* technischer Potenziale an menschliche Akteure impliziert. Auch seiner Kritik an Opponenten dieser Programmatik kann hier im Einzelnen nicht nachgegangen werden.[1] Bemerkenswert und für die weiteren Überlegungen von Interesse ist vielmehr der Topos des *ludditischen* ›Maschinensturms‹, der Technologiekritik als solche semantisch in einer ganz bestimmten Weise rahmt: Ihre normativen Maßstäbe und die aus ihnen abgeleiteten konkreten Praxisformen werden dabei antikritisch mit Verweis auf die Komplexität systemischer Strukturen problematisiert, vor deren Hintergrund ein ›bloß‹ auf Technik zielender Protest sich scheinbar mühelos als falsch – geradezu ›notwendig falsch‹ – verwerfen lässt. Dass diese Lesart in ihrer Deutung einseitig und in der historischen Bezugnahme auf die vermeintlichen Motive der englischen Maschinenstürmerbewegung zudem auch empirisch verkürzend ist, kann mittlerweile als erwiesen gelten. Die hierfür sehr instruktive Klassenanalyse von E.P. Thompson (1991 [1963]) kommt unter anderem zu dem Ergebnis, dass unter den Ludditinnen[2] des 19. Jahrhunderts bestimmte Gruppen von Textilarbeiterinnen ihre *ökonomische* Position im Produktionsprozess durch die Einführung neuer Maschinen bedroht gesehen hätten (Thompson 1991 [1963]: 570ff.). Die Praxis des Maschinensturms muss daher als ein Element im *Interessenkampf* betrachtet werden, dessen Begrenzungen sich im Übrigen mit Thompson aus einer »moralischen Kultur« heraus verstehen lassen (»moral culture of the working community«, ebd.: 563), die den direkten Angriff auf Gegenspieler delegitimierte (ebd.) und ihn stattdessen auf Maschinen richtete. Gleichzeitig existieren in der Rückschau dieser Praxis aber offenbar Bedeutungsüberschüsse, die nicht ohne Weiteres auf den instrumentellen Charakter des Zerstörungsakts zu reduzieren sind. So schreibt Thompson weiter:

»A way of life was at stake for the community, and, hence, we must see the croppers' opposition to particular machines as being very much more than a particular group of skilled workers defending their own livelihood. These machines symbolised the encroachment of the factory *system*.« (ebd.: 599, Herv. im Original)

---

1 Obwohl sie sich in vielen Hinsichten gegen Positionen richtet, die auch für wachstumskritische Debatten von Bedeutung sind (zum Beispiel Umweltbewegungen von »Mainstream« bis »Deep Ecology« – Hughes 2004: 120ff.).

2 Grammatikalisch vergeschlechtlichte Formen werden hier und folgend nicht im generischen Maskulinum wiedergegeben, sondern stochastisch, also nach dem Zufallsverfahren und mit einer Verteilung von je 50% in der weiblichen und männlichen Form. Es sind jeweils alle Geschlechter gemeint.

Wenn Maschinen tatsächlich ein System *symbolisieren* können, das seinerseits nach dem Prinzip der ökonomischen Verwertungslogik (›Kapitalismus‹) operiert und folglich Technik bzw. ›die Maschinen‹ nur als *einen* Faktor effizienter Produktion umfasst, dann deutet das nicht nur auf eine unaufgelöste Spannung in den Schlussfolgerungen Thompsons hin. Es zeigt sich hieran zugleich auch, dass die bisherigen Zuspitzungen der Kritik *entweder* in Richtung technischer *oder* ökonomischer Strukturen unvollständig bleiben. Vor diesem Hintergrund mündet die Diskussion über das Verhältnis von Technologie, ökonomischem Regime und sozialer Kritik in die aktuelle Debatte zu Grenzen der Wachstumsgesellschaft ein (siehe etwa der Bezug von Latouche (2009: 13) auf die »Luddite Phase« der Technologiekritik), wo sie unter der Überschrift der Gegenüberstellung von Kapitalismus- und Industrialismuskritik fortgeführt wird (siehe hierzu auch den Beitrag von Lorenz in diesem Band).

Im Folgenden sollen exemplarisch einige zentrale Positionen der wachstumskritischen Debatte mit ihrem jeweiligen Bezug auf Technologie (Prinzip) bzw. Technik (Ergebnis) betrachtet werden. An ihnen wird sich zeigen lassen, dass die Problematisierung von Technik in diesem Kontext – idealtypisch – drei Aspekte adressiert: die Systemlogik von technischen Arrangements als *Wachstumstreiber (1),* die *Autonomie* der handelnden Subjekte als bedrohtes Gut *(2)* und ein technikfixierter *Konsumstil,* der als Ausdruck vermeintlich ›falscher‹ Bedürfnisstrukturen Kritik erfährt *(3).* Wir werden im Anschluss hieran versuchen, diesen dreifachen Faden aufzunehmen, um eine allgemeine Problembeschreibung vorzuschlagen und einen konvivialen Technikbegriff anhand von ebenfalls drei Dimensionen zu skizzieren, der als positives Gegenkonzept fungieren könnte.

2. Technikkritik in der ›Wachstumsgesellschaft‹ – Zentrale Positionen der Debatte

Um mit dem Naheliegenden zu beginnen: Die These einer notwendigen, inneren Verbindung von Kapitalismus- und Wachstumskritik (siehe etwa Brand/Wissen 2013; Moore 2003) und die gegenthetisch daran anschließenden Spielarten wachstumsbezogener Industrialismuskritik (zur Debatte siehe auch der Beitrag von Barth/Reitz in diesem Band) berühren eine Fraugestellung, auf die in diesem Beitrag keine zufriedenstellende Antwort gegeben werden kann. Technologiekritik weist jedoch unter beiden Aspekten einige Überschneidungen auf (politische Kritik an zentralisierten Techniken, Kritik an Verdinglichungstendenzen, Kritik an Rebound-Effekten technischen Fortschritts usw.). Das Hauptaugenmerk sollte für die folgenden Überlegungen deshalb auf solchen Positionen liegen, die das Verhältnis von Mensch und Technik auf der einen und das Verhältnis von Gesellschaft und Technik auf der anderen Seite unter dem Blickwinkel jeweils letzterer *unmittelbar* thematisieren – ihre inhaltliche Breite ist vergleichsweise überschaubar:

Ausgehend von der Überlegung, dass ökonomische und ökologische Wachstumsgrenzen bzw. -krisen eine Folge zunehmend ressourcenintensiver Steigerungsprozesse sind (Peak-Problematiken), wird Technologie zunächst *(1)* als ein *qualitativ eigenständiger Treiber problematischen Wachstums* diskutiert. Technisch generierte Zeit- und Effizienzgewinne in der Produktionssphäre ziehen unter Wettbewerbsbedingungen zum einen immer wieder neue Rationalisierungsrunden und Technisierungsschübe nach sich. Zum anderen sind solche Erneuerungsprozesse von der Entwicklung über die Implementierung bis hin zur Serienproduktion vielfach selbst an weitere Bedarfe an knapper werdende Ressourcen geknüpft, was im Weiteren dann wiederum bestimmte technologische Erschließungsstrategien nötig macht. Diese Problematik der letztendlichen Negativbilanz technischer Lösungen für technologisch (mit-)bedingte Schwierigkeiten steht zum Beispiel im Zentrum von Niko Paechs Kritik an gegenwartsmodernen »Fortschrittsmärchen« (Paech 2014: 25). Paech weist darauf hin, dass die »Effizienz der industriellen Arbeitsteilung« (ebd.: 30) raum-zeitliche Reallokationsprozesse von Gütern und Arbeitsschritten mit sich bringt (»Durchdringung und Verdichtung von Raum und Zeit«, ebd.: 29), die ihrerseits nur unter der Bedingung einer stetigen »Erweiterung von Transportwegen, Logistikeinrichtungen, Lagerkapazitäten, Fertigungsanlagen, Energie- und Informationssystemen« (ebd.: 30) – und wir können mithin sagen: technischer Strukturen – möglich ist. Deutlicher noch wird das »Hauptproblem« (ebd.: 34) auf dieser Ebene als dasjenige eines steigenden Energiebedarfs beschrieben, der – so scheint Paech nahezulegen – von der Logik technischer Effizienzgewinne durch das Prinzip der Reduktion »menschliche[r] Arbeit« gewissermaßen vorgegeben ist (ebd.). Die Konsequenz daraus ist »eine gigantische Aufrüstung mit Energie umwandelnden Apparaten und Prozessen« (ebd.) – und mithin abermals: eine notwendig technische Erweiterung. Komplettiert um verschiedene »Rebound-Effekte« (ebd.: 75ff.) ergibt sich so das Bild eines prozessstrukturellen Perpetuum mobile – oder um der kritischen Diktion gerechter zu werden: eines Circulus vitiosus, der sich wie folgt zusammen-fassen lässt:

»Die Nebenfolgen der einen Innovationswelle beschwören die Notwendigkeit einer weiteren heraus, deren Nebenfolgen wiederum die übernächste Innovationswelle er-fordert […]. Die damit immer höher aufgetürmte Risikokulisse wirft moderne Ge-sellschaften zurück in jenen Zustand, den wir durch unseren Aufbruch in die Mo-derne überwinden wollten: Schicksalsabhängigkeit.« (ebd.: 80)

Der damit angesprochene wechselseitige Dependenzcharakter technischer Struktur und Praxis, bei dem es sich im eigentlichen Sinne um einen steigen-den Grad von Systemhaftigkeit handelt, ist zugleich Ausgangspunkt für eine neue Spielart von Kritik. Mit ihr wird *(2)* die prekäre Autonomie und die drohende Entfremdung von Subjekten angesichts des *Gefälles zwischen mensch-lichen Handlungsmöglichkeiten* und *technischer Komplexität* problematisiert. Paech selbst verwendet die Figur des »Energiesklaven« (ebd.: 40), das heißt der Auslagerung menschlicher Arbeitskraft in technische Artefaktstrukturen und -prozesse, um an ihr eine paradoxale Verkehrung sichtbar zu machen: Das scheinbare Emanzipationsmoment technischer Naturbeherrschung verwandelt sich vor dem Hintergrund wachsender struktureller Zwänge in eine neue Art von Unfreiheit: »eine diffuse Angst davor, dass jemand den Stecker ziehen könnte« (ebd.: 42).

Dieses Motiv ist in abgewandelter Form Bestandteil auch anderer aktu-eller Wachstumskritiken geworden. Meinhard Miegel (2014: 114) etwa beo-bachtet insbesondere im Hinblick auf neue digitale Informations- und Kom-munikationstechniken eine zunehmende Spannung zwischen »Möglich-keiten, die […] dieser technische Fortschritt verschafft« und der menschli-chen Fähigkeit, diese »in vollem Umfang sinnvoll, gemeinwohlverträglich und ethisch verantwortbar zu nutzen«. Die Metapher der weltweiten ver-netzten Datenströme verwandelt sich dabei in die eines Fang- oder Spinnen-netzes: »Sie meinen, sich wie bisher im Netz zu tummeln, doch in Wirklich-keit zappeln sie nur noch in ihm.« (ebd.: 116)

Selbst Serge Latouche, der Technologie in mancher Hinsicht durchaus als Lösung für Probleme akzeptiert und dessen Publikation zur Degrowth-Bewegung bekanntlich als Meilenstein der Debatte angesehen werden kann, kommt darin zu einer ähnlich ablehnenden Schlussfolgerung: Autonomie, so lautet das Urteil, müsse »in the strong and etymological sense of the term« als Gegenreaktion auf (unter anderem) technische Systemimperative – »the diktats technoscience issue to (super-)modern society« (Latouche 2009: 42) – begriffen werden.

Die Beispiele ließen sich fortsetzen, ihre Stoßrichtung ist klar: Es mischen sich darin die Themen des *Autonomieverlusts* und der *Entfremdung*, deren gemeinsame Schnittmenge in der Tendenz zur Verdinglichung sozialer Arrangements der technischen Naturbearbeitung und in der Verdichtung zur übermächtigen ›zweiten Natur‹ besteht. Ausgehend davon lässt sich nun auch eine daraus abgeleitete Variante wachstumsbezogener Technik- bzw. Technologiekritik markieren, die *(3)* allgemein auf die Verzerrung von – zum Teil als ›natürlich‹ unterstellten – Bedürfnissen mit der Folge von *wachstumstreibenden Konsumentgleisungen* rekurriert, im Speziellen *Technik* nicht bloß *als Objekt* eines solchen Konsumverhaltens beschreibt, sondern in der Eigenlogik der Technik einen *Zwang zum Neuen* ausmacht und in ihrer Vorgehensweise hierbei an Fetischkritik erinnert. Diese Variante ist relativ knapp zu charakterisieren und findet sich auch außerhalb der Wachstumsdebatte als skeptische Grundhaltung gegenüber einem wahrgenommen Trend zum ›immer Neuesten‹ und ›immer Schnellsten‹ und dessen symbolischen Funktionen wieder, der die eigentliche Gebrauchsdimension von Technik konterkariert. Das betrifft zunächst all die »Werkzeug[e], die jene spezifische Nachfrage schaffen, zu deren Befriedigung sie gedacht sind« (Illich 2014: 45). Im Konkreten sind es aber vor allem solche Produkte, deren »Nutzen […] symbolischer oder demonstrativer Art […] also auf Distinktion, sozialem Prestige oder der Zugehörigkeit zu einer bestimmten gesellschaftlichen Gruppe [beruht]« (Paech 2014: 111 – der sich hierbei auf Fred Hirsch bezieht). Dass dies vom Notebook einer bestimmten Herstellerin bis zum Smartphone ein nicht zu vernachlässigendes gegenwärtiges Konsumbedürfnis geworden ist, dürfte kaum zu bestreiten sein und es unterstreicht die Relevanz dieses Faktors für technische Wachstumsdynamiken, während es zugleich eine nicht unproblematische Verkehrung von Zweck und Mittel offenbart. Allen drei Kritiken ist, ungeachtet ihres je spezifischen Blickwinkels und der unterschiedlichen Ebenen auf denen Technik darin problematisiert wird, eine klare Grundstruktur gemeinsam, in der die Technik als vom Menschen unabhängiges (bzw. unabhängig gewordenes) Objekt diesem als Bedrohung gegenübertritt. Insofern bezieht sich die Kritik auf diese *Verkehrung*, die durch die ›verselbstständigte‹ Technik den Subjekten aufgezwungen wird.

Diesem Technikverständnis wurde innerhalb der Postwachstumsdebatte selbst jedoch durch Ivan Illich ein Konzept *konvivialer* Technik bzw. Techniknutzung gegenübergestellt, das zu einer für die weiteren Überlegungen und das von uns skizzierte Technikverständnis wesentlichen Schlussfolgerung führt, die im Widerspruch zu oben Ausgeführtem steht: Technik bzw. das Prinzip der Technologie kann nicht selbst die Ursache für diese Fehlentwicklung sein. Es lohnt also, hier erneut anzusetzen, um zu klären, *was* Technik ist und *inwiefern* sie problematisch wird. Illich folgend muss diese Bedeutung der Technik im individuellen und gesellschaftlichen Sinn von Praxis liegen und auf dieser Ebene rekonstruiert werden – und die von Technikoptimismus und wachstumskritischer Technikkritik geteilte Perspektive auf Technik als dem Menschen gegenübertretendes Objekt bietet hierfür einen Anhaltspunkt.

3. Technik als Naturverhältnis des Menschen

Um also zu klären, was Technik ist und inwiefern sie problematisch wird, muss das Verhältnis von Technik und Menschenbild auf der Ebene individueller und gesellschaftlicher Praxis thematisiert werden. Erst, so die These, wenn Mensch und Technik als Resultat und Bedingung von Praxis erfasst wird, nämlich der Praxis, die den Menschen mit der Natur in Beziehung setzt, kann der diagnostizierte Autonomieverlust aufgeklärt werden.

Grundlage hierfür bietet ein philosophisch breit geteiltes Verständnis von der Natur des Menschen:

»Herder bezeichnet den Menschen als ›den ersten Freigelassenen der Schöpfung‹, Nietzsche als das nicht festgestellte Tier, als Mängelwesen, Freud als Prothesengott, ein Wesen, dass auf kulturelle Hilfsorgane angewiesen ist.« (Eichler 2013: 59)

Damit sind zwei Dimensionen des Naturverhältnisses des Menschen benannt: In Johann Gottfried Herders und Friedrich Nietzsches Bestimmung kommt zum Ausdruck, dass der *Mensch sein Naturverhältnis selbst herstellen kann und muss*. Seine Beziehung zur Natur ergibt sich nicht einfach aus seiner eigenen biologischen Konstitution, diese ist – anders als bei Tieren – unterdeterminiert. Erst im *reflexiven Bezug* auf seine und die äußere Natur setzt der

Mensch sich zu dieser Natur in Beziehung – worauf er durch seine Abhängigkeit von der Natur angewiesen ist, um zu überleben. Karl Marx[3] formuliert diesen Sachverhalt in den *Ökonomisch-philosophischen Manuskripten*, indem er schreibt, dass »[w]eder die Natur – objektiv – noch die Natur subjektiv […] unmittelbar dem *menschlichen* Wesen vorhanden« (Marx 2009 [1844]: 156) ist. Er verweist so auf den Mittelcharakter, den das Naturverhältnis des Menschen annehmen muss. Die Unterdeterminiertheit der menschlichen Natur eröffnet die Möglichkeit und Notwendigkeit, *einen vermittelten Bezug* zur äußeren Natur herzustellen.

Dieser vermittelte Bezug bildet die zweite Dimension des Naturverhältnisses des Menschen. Sigmund Freud fasst sie im Begriff des Prothesengotts. Die Prothese, das Mittel um das Naturverhältnis zu konstituieren und damit sein Überleben zu sichern, lässt den Menschen »recht großartig [sein], wenn er alle seine Hilfsorgane anlegt, aber sie sind nicht mit ihm verwachsen und machen ihm gelegentlich noch viel zu schaffen« (Freud 1997a [1930]: 222). Diese Hilfsorgane sind jene Mittel, mit denen der Mensch sich zur Natur in Beziehung setzt, also selbst sein Naturverhältnis. Ein Gedanke, der sich auch bei Karl Marx und Friedrich Engels in der *Deutschen Ideologie* findet: Die Notwendigkeit des Naturverhältnisses taucht bei ihnen als Bedürfnis auf, das »täglich und stündlich erfüllt werden muß, um die Menschen nur am Leben zu erhalten« – die »erste geschichtliche Tat« ist nun »die Erzeugung der Mittel zur Befriedigung dieser Bedürfnisse« (Marx/Engels 1978 [1845/46]: 28), also die Erzeugung einer gelungenen Beziehung zur Natur. Wo also einerseits das Naturverhältnis erst reflexiv hergestellt werden muss und damit Bewusstsein zur Lebensnotwendigkeit für den Menschen macht, ist andererseits Technik die Form, in der dieses Naturverhältnis praktisch hergestellt wird. Im Zuge dieser Bedürfnisbefriedigung verändert der Mensch sich selbst, neue Bedürfnisse entstehen, daher neue Techniken zu ihrer Befriedigung und veränderte soziale Beziehungen (ebd.); *der Mensch bezieht sich durch die Technik* nicht nur auf die äußere Natur, sondern *auch auf sich selbst* (Marx 1953 [1857/58]: 265f.).

Folgend soll auf der Basis der Marxschen Theorie und der an ihr – und Freud – anschließenden Kritischen Theorien von Theodor W. Adorno und

---

3 Dieser übernimmt von Ludwig Feuerbach, dass der Mensch reflexionsfähig deshalb ist, weil er durch seine biologische Ausstattung unterdeterminiert und damit ein »universelles Wesen« ist, dass Bewusstsein benötigt, um sein Überleben zu sichern (Feuerbach 1984 [1841]: 28, 33; Marx 2009 [1844]: 91; Lindner 2013: 107ff.)

Ernst Bloch das Naturverhältnis des Menschen, und damit auch die Technik, dargestellt werden. Insbesondere Adorno bietet hierfür eine komplexere Perspektive auf die Rolle, die die konkrete Gestalt der Technik in einem entfremdeten Naturverhältnis spielt – während Marx und Bloch weitgehend von einer Neutralität der Technik ausgingen (Marx 2008 [1867]: 465; Bloch 1982 [1954–59]: 768) und Freud die Natur per se als etwas Bedrohliches konzipiert (Freud 1997b [1930]: 149).

Bedingt durch die Unterdeterminiertheit des Menschen stehen sich Mensch und (äußere) Natur zunächst unvermittelt gegenüber. Die Natur ist dabei vom Menschen unabhängig, nicht jedoch der Mensch von ihr. Er ist ihr vermittels seiner Bedürfnisse (Marx) bzw. Lebensnot (Freud) ausgeliefert. Ohne vermittelnde Bewältigung dieses *Mangels* erlebt der Mensch die Natur als Zwang, der durch ihn hindurch wirkt. Etwa durch Hunger und Durst erlebt der Mensch sich als Objekt der Natur. Die Notwendigkeit, diesen Mangel zu befriedigen, um zu überleben, verweist auf den *heteronomen Grund der menschlichen Autonomie.* Diese ursprüngliche Heteronomie als Basis der menschlichen Freiheit findet sich bei Hannah Arendts Unterscheidung zwischen dem entfremdeten, notwendigen Arbeiten und den autonomen Formen menschlicher Tätigkeit (Arendt 2002 [1958]: 98ff.) ebenso wie in Marx Unterscheidung zwischen dem Reich der Notwendigkeit und dem der Freiheit (Marx 2010 [1894]: 828). Bewältigung dieser *Heteronomie durch die Natur* kann laut Marx »nur darin bestehen, dass der vergesellschaftete Mensch, die assoziierten Produzenten, diesen ihren Stoffwechsel mit der Natur rationell regeln, unter ihre gemeinschaftliche Kontrolle bringen, statt von ihm als von einer blinden Macht beherrscht zu werden; ihn mit dem geringsten Kraftaufwand und unter den ihrer menschlichen Natur würdigsten und adäquatesten Bedingungen vollziehen.« (ebd.) Der Gedanke, dass die Heteronomie der Natur durch reflexive Bezugnahme auf diese selbst aufgehoben werden kann, findet sich auch bei Friedrich Schiller:

»Die Natur fängt mit dem Menschen nicht besser an als mit ihren übrigen Werken: sie handelt für ihn, wo er als freie Intelligenz noch nicht selbst handeln kann. Aber eben das macht ihn zum Menschen, daß er bei dem nicht stillesteht, was die bloße Natur aus ihm machte, sondern die Fähigkeit besitzt, die Schritte, welche jene mit ihm antizipierte, durch Vernunft wieder rückwärts zu tun, das Werk der Not in ein Werk seiner freien Wahl umzuschaffen.« (Schiller 1959 [1795]: 573f.)

Die Aufhebung der Heteronomie bedeutet also die Befriedigung der Bedürfnisse und auf diese Befriedigung zielt der Bezug auf die Natur. Mittel dieser

Aufhebung ist bei Marx die rationelle, gemeinschaftlich kontrollierte Produktion, bei Schiller die künstlerische Aneignung der Welt, bei beiden also Praxis, die mit einer bestimmten Technik einhergeht. Technisch vermittelte Praxis ist also die Form der Bewältigung einer Heteronomie, die, wie im Sinne Jean-Paul Sartres in Bezug auf die ›erste geschichtliche Tat‹, in der der Mensch Mittel zur Bedürfnisbefriedigung schafft und sich dabei verändert, als Entfremdung zu verstehen ist:

»So ist der Mensch, durch die Dialektik des Begehrens, Entfremdung seit seinem Erscheinen inmitten der NATUR, und das Ergebnis ist Modifikation des Begehrens und Befreiung. [...] Gleichwohl gibt es Herstellung von Werkzeugen. Doch das Werkzeug dient eben nur dazu, sich das Objekt des Begehrens leichter anzueignen.« (Sartre 2005 [1947/48]: 620)

Sartre äußert hier Zweifel, inwiefern die Bewältigung der Entfremdung durch die Natur – der ursprünglichen Entfremdung – dadurch gelingt, technikvermittelt in der Lage zu sein, die Natur als Objekt zu erfassen, anstatt ihr selbst, objektiviert durch die Lebensnot, ausgeliefert zu sein. Die Heteronomie der Natur ist zwar in der kapitalistischen Moderne überwunden, während in »der vorkapitalistischen ökonomischen Form [...] der Mensch ans vorgefundene natürliche Dasein gefesselt [ist und] an freie und volle Entwicklung des Menschen und der Gesellschaft [...] nicht zu denken« (Burian 1985: 26; siehe auch Marx 1953 [1857/58]: 82) ist. An ihre Stelle tritt im Kapitalismus die ungebrochene Naturbeherrschung, aber sie bringt weder die Autonomie aller Menschen mit sich noch eine Überwindung der strikten Dichotomie zwischen Natur und Mensch als Verhältnis eines Subjekts zu einem Objekt. Die ursprüngliche Entfremdung, zu deren Bewältigung Technik als Vermittlung zwischen Mensch und Natur hergestellt wurde, wurde zugunsten einer sekundären Entfremdung qua Technik und von der Technik überwunden, wie im folgenden Abschnitt dargestellt werden soll.[4]

Der Mensch, gezwungen durch seine biologische Unterdeterminiertheit einerseits und die Abhängigkeit von der äußeren Natur zum Überleben andererseits, entwickelte sich in der Erschaffung seines Naturverhältnisses, also in der Entwicklung von Technik, die gleichzeitig seine Beziehung zur Natur, aber auch zu sich selbst verändert. »In der Menschengattung bildet

---

4 Diese Abfolge einer ursprünglichen Entfremdung und einer sekundären, die der Versuch der Bewältigung der ersten war, findet sich auch bei Feuerbach, bei dem die Religion »die erste, und zwar indirekte, Selbsterkenntnis des Menschen« (Feuerbach 1984 [1841]: 47) ist, die jedoch selbst noch eine entfremdete Form hat.

sich [so] ein Natursubjekt, das sich der Befangenheit in bloßer Natur geschichtlich entringt. Ihr ist daher Künstlichkeit natürlich.« (Dahmer 1973: 172) Der Mensch ist damit weder unabhängig von der äußeren Natur, die seinen »unorganische[n] Leib« bildet, wie es Marx (2009 [1844]: 89) formuliert, noch von der Technik, die ihn zu diesem Leib vermittelt. An der Formulierung des »unorganischen Leibes« wird deutlich, dass die durch Technik zum Menschen vermittelte äußere Natur die menschliche Natur selbst ändert, insofern ein Mensch, der Ackerbau betreibt und dem somit das Land »unorganischer Leib« ist, andere Bedürfnisse, Wahrnehmungen und Gedanken hat als Menschen vor Beginn des Ackerbaus (Marx 1971 [1847]: 160). Da einerseits das (Über-)Leben des Menschen von der Technik abhängt und andererseits die zunächst unterdeterminierte menschliche Natur erst durch die Art der technischen Vermittlung zur äußeren Natur (und anderen Menschen) bestimmt wird, ist »die Natur, wie sie durch die Industrie, wenn auch in *entfremdeter* Gestalt wird, die wahre *anthropologische* Natur«[5] (Marx 2009 [1844]: 125) des Menschen. Die Zweifel, die Sartre äußert, finden sich in der Entfremdungsdiagnose Marx' wieder. Die menschliche Natur, die das historisch sich entwickelnde Resultat der technischen Bewältigung der ursprünglichen Entfremdung ist, ist selbst eine entfremdete.[6]

Eine Ausarbeitung dieser Diagnose liegt in der *Dialektik der Aufklärung* von Max Horkheimer und Theodor W. Adorno vor. Nicht zufällig beginnt das erste Kapitel, »Der Begriff der Aufklärung«, mit dem Verweis auf die – die Moderne begründenden – Techniken Druckerpresse, Kanone und Kompass (Horkheimer/Adorno 2006 [1944]: 9) und mündet ihre Analyse im Begriff der *instrumentellen* Vernunft. Kern der Aufklärung und damit der instrumentellen Vernunft ist dabei der Wunsch der *Beherrschung der äußeren wie inneren Natur*, um die Heteronomie ursprünglicher Entfremdung zu überwinden und sich so als Subjekt zu behaupten. Die Natur, deren Macht über den Menschen im Mythos als göttliche rationalisiert wurde, erscheint nun als »bloße Objektivität« (ebd.: 15), also auch als absolut vom Menschen Getrenntes. Der unorganische Leib des Menschen erscheint dem Menschen damit als etwas von ihm unabhängiges, er ist von ihm entfremdet. Der Mensch wird so auf ein von seinem Verhältnis zu seiner inneren und äußeren

---

5 Marx hat dabei einen weiten Begriff von Industrie, der vom heutigen Sprachgebrauch abweicht und jegliche Werkzeuge umfasst.

6 Ein entsprechender Gedanke findet sich auch bei Schiller, der der Kunst seiner Zeit die Zerstörung der Totalität der menschlichen Natur vorhielt und dagegen eine »höhere Kunst«, die diese Totalität herstellt, fordert (Schiller 1959 [1795]: 588).

Natur unabhängig gedachtes Bewusstsein reduziert, »die Weltherrschaft über die Natur wendet sich gegen das denkende Subjekt selbst, nichts wird von ihm übriggelassen, als eben jenes ewig gleiche Ich denke«, ein »abstraktes Selbst« (ebd.: 32). Horkheimer und Adorno beschreiben dabei eine Entwicklung, die sie historisch seit dem antiken Griechenland rekonstruieren und die in der kapitalistischen Moderne kumuliert[7], die die erste Gesellschaft ist, in der »Natur [...] erst rein Gegenstand für den Menschen« ist und »auf[hört] als Macht für sich anerkennt zu werden« (Marx 1953 [1857/58]: 313).

Die Objektivierung der Natur geht mit ihrer »generalisierten Quantifizierung« (Bloch 1982 [1954–59]: 803) einher und entsprechend ist das abstrakte Selbst ein sich und andere als Objekte verdinglichendes und quantifizierendes (Lukács 1967 [1923]).[8] Die instrumentelle Vernunft konstituiert also ein *instrumentelles Naturverhältnis*, in dem Natur nur als quantifizierbares Objekt zur Nutzung (oder als berechenbares Risiko) erscheint (Bloch 1982 [1954–59]: 778). Dieses instrumentelle Naturverhältnis ist dabei sowohl *Effekt von* wie *Möglichkeitsbedingung der* Reproduktion kapitalistischer Produktionsweise und moderner Naturwissenschaft. Seine objektive Seite ist die fortdauernde Umweltzerstörung und Hunger trotz Überproduktion, seine subjektive die Entfremdung der Subjekte und ihre Kumulation im Leiden an Arbeits- und Konsumverhältnissen wie an einem atomisierenden Individualismus.[9]

Dass Mensch und Natur als sich gegenüberstehend und unvermittelt zueinander erscheinen, ist nur möglich, wenn der Vermittlungscharakter der Technik verkannt wird. Sie selbst muss statt als »wahre *anthropologische* Natur« (Marx 2009 [1844]: 125) als vom Menschen unabhängiges Objekt erscheinen, das vom Menschen beherrscht wird oder ihn bedroht – mit der instrumentellen Vernunft geht also ein *instrumentelles Technikverständnis* einher. Dieser »kapitalistische Begriff von Technik insgesamt [...] zeigt dergestalt mehr von Domination als von Befreundung« (Bloch 1982 [1954–59]: 783) und

---

7 Alfred Sohn-Rethel versucht in *Geistige und körperliche Arbeit* anhand der Rekonstruktion der Entwicklung der Geldwirtschaft eine materialistische Rekonstruktion dieser Entwicklung hin zum Kapitalismus und der instrumentellen Vernunft zu vollziehen (Sohn-Rethel 1972).

8 Mit dieser Verdinglichung der modernen Individuen geht zugleich die Produktion einer Gegenwelt scheinbar qualifizierter Beziehungen einher, etwa der modernen Liebe und Sexualität (Marcuse 1967 [1955]: 91ff.) oder der »bürgerlichen Naturästhetik« (Böhme 1989), die durch ihre Trennung von den üblichen Lebensvollzügen selbst beschädigt ist.

9 Dessen Gegenstück, die »repressive[ ] Egalität« des Kollektivismus, ist die andere Seite derselben Medaille (Horkheimer/Adorno 2006 [1944]: 19, 177ff.).

versteht Technik nicht als Mittel zur Realisierung der eigenen Natur, sondern zu ihrer Beherrschung. Das instrumentelle Technikverständnis ist dabei nicht bloß ein falsches Bewusstsein über Technik, sondern das Bewusstsein der konkreten kapitalistischen Technologie, in die dieses Technikverständnis materiell eingelassen ist. Das »*verkehrte*[ ] *Weltbewußtsein*« existiert, da die Welt »eine *verkehrte Welt*« (Marx 2006 [1843/44]: 378) ist. In dieser verkehrten Welt ist ein solches verkehrtes Technikverständnis sogar tendenziell notwendig, um mit der vorhandenen Technik umzugehen und das eigene (Über-)Leben zu sichern. Die moderne, kapitalistische Technik konstituiert so einen »technologischen Schleier« (Adorno 2008 [1964]: 210), der die Entfremdung durch Technik als unabänderlich erscheinen lässt.

»[D]as technische Potenzial oder der Stand der Produktivkräfte und die Produktionsverhältnisse [bzw. der Kapitalismus sind] ja nicht einfach voneinander unabhängig [...], sondern wechselseitig durcheinander bedingt [...], da die Produktivkräfte selber bereits unter bestimmten gesellschaftlichen Bedingungen entstanden sind.« (ebd.: 211)

Die Technik dieser Verhältnisse erfordert also das instrumentelle Technikverständnis zu ihrer Nutzung. Adorno weist darauf hin, dass nicht Technik per se eine instrumentelle Vernunft und ein instrumentelles Naturverhältnis erzwinge, sondern dass es die derzeitige Realität von Produktionsweise und die mit ihr korrespondierenden Denkformen sind, in der »die technischen Produktivkräfte gefesselt und in einer ganz bestimmten Richtung gegängelt sind« (ebd.), und die einen Ausweg aus der Entfremdung verstellen.

4. Ausblick

Vielleicht beschreibt das Sinnbild des ›Energiesklaven‹ diese Konstellation am treffendsten, indem es die Ideen des delegierten *Handlungspotenzials*, des fremdbestimmten *Eigentums* und der *Abstraktion* vom ursprünglichen Werkzeugcharakter (›Energie‹ vs. Arbeitskraft) auf widersprüchliche Weise in sich vereint: Technik erscheint als Eigenes und zugleich auch abgespalten Fremdes und bedingt so, dass sich ursprünglich sozialer Handlungssinn zum sinnfremden System verdichten kann. Bemerkenswerterweise wurde von Max Weber dieser allgemeine Zusammenhang mit Blick auf die Verselbständigung gegenwartsmoderner Rationalisierungsprozesse und die daraus resul-

tierenden Verdinglichungseffekte vor beinahe 100 Jahren in einer Technik-
metapher beschrieben und der »geronnen[e] Geist« der »leblosen[n] Maschine« im Zusammenwirken mit bürokratischen Organisationsstrukturen –
der »lebende[n] Maschine« – für den drohenden kollektiven Autonomieverlust der Menschheit am Ende der Moderne verantwortlich gemacht (Weber
1988 [1914–18]: 221). Für die kritische Auseinandersetzung mit Technik unter dem Blickwinkel der Postwachstumsgesellschaft führt das zu der doppelten These, dass zum einen weder die Beseitigung der ›Maschinerie‹ noch die
Veränderung des ›Geistes‹ allein Probleme lösen werden, das heißt, dass also
weder die den Ludditen unterstellte Technikfeindlichkeit noch bloße Arbeit
am Selbst einen Ausweg bieten. Zum anderen folgt hieraus auch, dass die
bestehende Technik keineswegs neutral gegenüber der Frage eines nicht-
entfremdeten Natur- und Selbstverhältnisses ist. Die hier entwickelten Überlegungen zielen deshalb nicht auf ein simples Plädoyer für ›mehr vom Gleichen‹ oder die Verteidigung des Modernismus in seinen dargelegten Verein-
seitigungen ab. Die vorangegangenen Ausführungen sollten vielmehr verdeutlicht haben, dass tatsächlich die Verabschiedung von bestimmten
Technik*vorstellungen* und den zu ihnen in Beziehungen stehenden Technologien nötig werden könnte. Bemerkenswert ist es aber gerade deshalb, dass
›quantitative‹ und ›qualitative‹ Argumentationen *gegen* Technik in der aktuellen wachstumskritischen Debatte einander überlagern und wechselseitig
stützen, ohne dass bisher der Transformationsprozess als *Qualitätsveränderung*
des Technischen konsequent durchdacht worden wäre. In diesem Punkt ist
schon die diskursive Ausgangsbasis alles andere als klar: Ob *Tools for Conviviality* – so der englische Titel von Illichs (1973) vielzitiertem Klassiker sozial-
philosophischer Wachstumskritik – oder *Selbstbegrenzung* (so dessen deutsche
Übersetzung) im Fokus stehen, kann man nach dem Vorangegangenen nicht
mehr als marginalen Unterschied betrachten. Mit Illich ließe sich aber zumindest ganz ausdrücklich der Verzicht auf Möglichkeiten ›konvivialer‹
Werkzeuge‹ als falsch verstandene ›Selbstbegrenzung‹ menschlicher Hand-
lungspraxis kritisieren.

   Die Überwindung der strikten Subjekt-Objekt-Dichotomie zwischen
Mensch und Natur erfordert stattdessen eine *andere Form* der Technik, die
Bloch »Allianztechnik« (Bloch 1982 [1954–59]: 807) nennt. Mit ihr als Vermittlung zwischen Natur und Mensch soll an die Stelle der bloßen Beherrschung des Objekts Natur ein »Bündnis mit dem Natursubjekt« (ebd.: 805)
treten, das er als »vermitteltes Natursubjekt« (ebd.: 807), also als unorganischen Leib des Menschen, versteht. An die Stelle der Ausbeutung der Natur

soll eine »Mitproduktivität der Natur« (ebd.: 805) treten, eine Formulierung, die sich unter Reflexion auf die produktivistische Schlagseite der marxistischen Theorie des Menschen in Illichs Begriff der »Konvivialität« (2014: 28) übersetzten lässt.

Was dementsprechend konviviale Technik bedeutet[10] und inwiefern sie die Aufhebung der Subjekt-Objekt-Trennung von Mensch und Natur wäre, lässt sich unter Bezugnahme auf die an früherer Stelle herausgearbeiteten Dimensionen wachstumskritischer Technologieanalysen bestimmen. Wir verstehen diesen Bestimmungsversuch als einen ergänzenden Beitrag zu dem kürzlich von Vetter und Best (2015) veröffentlichten und sich auf Illich beziehenden Aufsatz zur *Rolle von Technik in der Gesellschaft* (ebd.: 101). Diese schlagen einen »Kompass der konvivialen Technik« (ebd.: 107) vor, den Andrea Vetter in ihrer Dissertation entwickelt und der auf insgesamt fünf Ebenen (»Beziehungsqualität«, »Zugänglichkeit«, »Anpassungsfähigkeit«, »Biointeraktion«, »Ressourcenintensität«, ebd.: 107f.) entsprechende Kriterien formuliert. Auf allen diesen Stufen werden Fragen des Zugangs verschiedener sozialer Gruppen und Akteure zur Technik (inklusive der Geschlechterverhältnisse), der für Technik kontextbildenden und in sie eingeschriebenen sozialen Machtverhältnisse sowie schließlich ihrer ökologischen Folgen problematisiert. Im Ergebnis entsteht ein anspruchsvolles Modell, das es ermöglicht, den von den Autorinnen geforderten »Perspektivwechsel hin zu sozio-technischen Systemen« (ebd.: 102) zu vollziehen und mit einer sich am Gebot der Konvivialität orientierenden Technikkritik zu verbinden.

Dieser Diskussion hinzufügen möchten wir eine Ebene, auf der das Selbstverständnis individueller und kollektiver Akteure – vermittelt über das gesellschaftliche Technikverständnis und die darin eingelassenen Vorstellungen zur Natur des Menschen – verhandelt werden müsste. Ein derartiges, konviviales Technikverständnis ist, so sollte klar geworden sein, auf Produktionsverhältnisse jenseits der Wachstumsgesellschaft angewiesen. Die Technik der Wachstumsgesellschaft entspricht einem instrumentellen Technikverständnis nicht nur, sondern wird von ihr notwendig vorausgesetzt – und umgekehrt ist konviviale Technik mit einer Wachstumsgesellschaft tendenziell unvereinbar. Wird Technik als die Vermittlung des Menschen zu seinem

---

10 Entgegen Blochs Annahme (Bloch 1982 [1954–59]: 768) taugt wie ausgeführt dazu die vorhandene Technik nicht per se und vermutlich nur begrenzt. Wie im Folgenden ersichtlich wird, erscheint etwa die Atomenergie den Verfassern weit weniger das Potenzial zur konvivialen Technik in sich zu tragen, als es Bloch, aber andeutungsweise auch Adorno (Adorno 2008 [1964]: 211) vermuteten.

›unorganischen Leib‹ verstanden, ist der für die Wachstumsgesellschaft basale Umgang mit der Natur ebenso verstellt wie der Ausschluss der Mehrheit der Menschen von der Verfügung über die Form und Verwendung der Technik.

Auf dieser Ebene würden sich im Hinblick auf die zuvor erörterten drei Dimensionen technologischer Wachstumsproblematik (Technik als Wachstumstreiber, Technik als Ursache von Autonomieverlust, Technik als Konsumobjekt) also die folgenden zentralen Forderungen ergeben: Konvivial wären eine Technologie und ihre Techniken, insofern sie *a)* in eine der inneren *und* äußeren Natur gegenüber nachhaltige Ökonomie ohne Wachstumszwänge eingebettet werden könnten. Die notwendige Voraussetzung hierfür bildet aber *b)* die durchgängige Verfügungsgewalt gesellschaftlicher Akteure über eben diese Technik, wodurch die Frage nach den Autonomiegewinnen mit der Demokratiefrage verbunden wird (siehe hierzu auch der Beitrag von Bohmann/Muraca in diesem Band). Dieses Kriterium leitet sich aus der Prämisse ab, dass nur durch demokratische Gestaltung von Technik als Vermittlerin zwischen der *äußeren Natur* und der *Natur des Menschen* das Dilemma der ökologischen Entfremdung aufzulösen ist: »[D]iese sozialpolitische Freiheit, welche die gesellschaftlichen Ursachen in die Hand nimmt, setzt sich so naturpolitisch fort.« (Bloch 1982 [1954–59]: 815) Hierfür bräuchte es jedoch schließlich *c)* ein neues Technik*verständnis*, in dem diese weniger als Objekt denn als der unorganische Leib des Menschen begriffen würde – und es bräuchte neue *Technik*, die nicht länger auf die Reduktion menschlichen Schaffens (›Energiesklaven‹), sondern auf die Entfaltung menschlicher Bedürfnisse und Tätigkeiten als Arbeit an der eigenen Natur zu zielen hätte. Die Möglichkeit eines solchen Technikverständnisses hängt dabei von den ersten beiden Dimensionen ab, es ist nur in kollektiver, demokratischer Praxis und in der Veränderung der ökonomischen Grundlage dieser Gesellschaft zu entwickeln, welche wiederum auf ein neues, konviviales Technikverständnis und die entsprechenden neuen Techniken angewiesen sind.

Literaturverzeichnis

Adorno, Theodor W. (2008 [1964]), *Philosophische Elemente einer Theorie der Gesellschaft*, Frankfurt/M.
Arendt, Hannah (2002 [1958]), *Vita activa oder Vom tätigen Leben*, München.
Bloch, Ernst (1982 [1954–59]), *Das Prinzip Hoffnung*, Bd. 2, 8. Aufl., Frankfurt/M.

Böhme, Gernot (1989), *Für eine ökologische Naturästhetik*, 3. Aufl., Frankfurt/M.

Brand, Ulrich/Wissen, Markus (2013), Strategien einer Green Economy, Konturen eines grünen Kapitalismus. Zeitdiagnostische und forschungsprogrammatische Überlegungen, in: Roland Atzmüller/Joachim Becker/Ulrich Brand/Lukas Oberndorfer/Vanessa Redak/Thomas Sablowski (Hg.), *Fit für die Krise? Perspektiven der Regulationstheorie*, Münster, S. 132–148.

Burian, Wilhelm (1985), *Sexualität, Natur, Gesellschaft. Eine psycho-politische Biographie Wilhelm Reichs*, Freiburg i.Br.

Eichler, Lutz (2013), *System und Selbst. Arbeit und Subjektivität im Zeitalter ihrer strategischen Anerkennung*, Bielefeld.

Feuerbach, Ludwig (1984 [1841]), *Das Wesen des Christentums*, 2., durchges. Aufl., Berlin.

Freud, Sigmund (1997a [1930]), Das Unbehagen in der Kultur, in: Ders, *Studienausgabe, Bd. IX. Fragen der Gesellschaft, Ursprünge der Religion*, hg. v. Alexander Mitscherlich, Angela Richard, James Strachey, Frankfurt/M., S. 191–270.

Freud, Sigmund (1997b [1930]), Die Zukunft der Illusion, in: Ders, *Studienausgabe, Bd. IX. Fragen der Gesellschaft, Ursprünge der Religion*, Frankfurt/M., S. 135–189.

Horkheimer, Max/Adorno, Theodor W. (2006 [1944]), *Dialektik der Aufklärung. Philosophische Fragmente*, 16. Aufl., Frankfurt/M.

Hughes, James (2004), *Citizen Cyborg. Why Democratic Societies Must Respond to the Redesigned Human of the Future*, Cambridge MA.

Illich, Ivan (1973), *Tools for Conviviality*, New York.

Illich, Ivan (2014), *Selbstbegrenzung. Eine politische Kritik der Technik*, 3. Aufl., München.

Latouche, Serge (2009), *Farewell to Growth*, Cambridge UK.

Lindner, Urs (2013*), Marx und die Philosophie. Wissenschaftlicher Realismus, ethischer Perfektionismus und kritische Sozialtheorie*, Stuttgart.

Lukács, Georg (1967 [1923]), Die Verdinglichung und das Bewußtsein des Proletariats, in: Ders. (Hg.), *Geschichte und Klassenbewusstsein. Studien über marxistische Dialektik*, Amsterdam, S. 94–228.

Marcuse, Herbert (1967 [1955]), *Triebstruktur und Gesellschaft*, Frankfurt/M.

Marx, Karl (1953 [1857/58]), *Grundrisse der Kritik der politischen Ökonomie*, Berlin.

Marx, Karl (1971 [1847]), *Das Elend der Philosophie. Antwort auf Proudhons »Philosophie des Elends«*, Marx-Engels-Werke, Bd. 4, Berlin, S. 63–182.

Marx, Karl (2006 [1843/44]), *Zur Kritik der Hegelschen Rechtsphilosophie. Einleitung*, Marx Engels Werke, Bd. 1, überarbeitete Aufl., Berlin, S. 378–391.

Marx, Karl (2008 [1867]), *Das Kapital. Kritik der politischen Ökonomie. Erster Band*, Marx-Engels-Werke, Bd. 23, 39. Aufl., Berlin.

Marx, Karl (2009 [1844]), *Ökonomisch-philosophische Manuskripte*, Frankfurt/M.

Marx, Karl (2010 [1894]), *Das Kapital. Kritik der politischen Ökonomie. Dritter Band*, Marx-Engels-Werke, Bd. 25, 33. Aufl., Berlin.

Marx, Karl/Engels, Friedrich (1978 [1845/46]), *Die deutsche Ideologie. Kritik der neuesten deutschen Philosophie und ihrer Repräsentanten Feuerbach, B. Bauer und Stirner, und des deutschen Sozialismus in seinen verschiedenen Propheten*, Marx-Engels-Werke, Bd. 3, Berlin, S. 9–530.

Miegel, Meinhard (2014), *Hybris. Die überforderte Gesellschaft*, Berlin.

Moore, Jason W. (2003), The Modern World-System as environmental history? Ecology and the rise of capitalism, *Theory and Society*, Jg. 32, H. 3, S. 307–377.

Paech, Niko (2014), *Befreiung vom Überfluss. Auf dem Weg in die Postwachstumsökonomie*, 8. Aufl., München.

Sartre, Jean-Paul (2005 [1947/48]), *Entwürfe für eine Moralphilosophie*, Reinbek bei Hamburg.

Schiller, Friedrich (1959 [1795]), Über die ästhetische Erziehung des Menschen in einer Reihe von Briefen, in: Ders., *Sämtliche Werke*, Band 5, München, S. 570–669.

Sohn-Rethel, Alfred (1972), *Geistige und körperliche Arbeit. Zur Theorie der gesellschaftlichen Synthesis*, Frankfurt/M.

Thompson, Edward P. (1991 [1963]), *The making of the English working class*, London u.a.

Vetter, Andrea/Best, Benjamin (2015), Konvivialität und Degrowth. Zur Rolle von Technologie in der Gesellschaft, in: Adloff, Frank/Heins, Volker M. (Hg.), *Konvivialismus. Eine Debatte*, Bielefeld.

Weber, Max (1988 [1914–18]), Parlament und Regierung im neugeordneten Deutschland, in: Ders., *Zur Politik im Weltkrieg. Schriften und Reden 1914–1918. Studienausgabe der Max Weber-Gesamtausgabe*, Bd. 1/5., Herausgegeben von Wolfgang Mommsen in Zusammenarbeit mit Gangolf Hübinger, Tübingen, S. 202–302.

IV. Akteure der Transformation

Selbstveränderung, Kapitalismuskritik, Organisierung: Transformationspotenziale der Degrowth-Bewegung

Matthias Schmelzer

Irgendwo zwischen Düsseldorf und der niederländischen Grenze begaben sich am frühen Morgen des 15. August 2015 etwa 1.500 Menschen in weißen Maleranzügen auf einen ungewöhnlichen Weg.[1] Hunderte Demonstrant*innen erreichten später trotz massiven, von rund 1.000 RWE-Werkschützern unterstützten Polizeiaufgebots, trotz Pfefferspray und Schlagstockeinsätzen ihr Ziel, den Braunkohletagebau Garzweiler. Dort blockierten sie erfolgreich und medienwirksam für einige Stunden die riesigen Bagger. Das Motto der spektakulären Aktion, die im Mai 2016 nochmal deutlich größer in der Lausitz stattfand: *Ende Gelände*.

Die Blockade im rheinischen Braunkohlerevier – der größten CO_2-Quelle Europas – brachte in mehrfacher Hinsicht Neues: Nicht nur war die Aktion mit Aktivist*innen aus vielen verschiedenen Ländern ausgesprochen international ausgerichtet. Auch der in einem breiten Bündnis erarbeitete Aktionskonsens wurde trotz massiver Repression seitens der Polizei eingehalten: Hunderte von Aktivist*innen nahmen keine Ausweisdokumente mit und verweigerten die Identitätsfeststellung. Nicht zuletzt waren die öffentlichen Reaktionen auf die Protestaktion – wenigstens teilweise – sehr positiv.[2]

---

1 Für Anregungen und Kritik bedanke ich mich vor allem bei Dennis Eversberg, mit dem ich gemeinsam an der empirischen Untersuchung der Degrowth-Bewegung gearbeitet habe, aber auch bei den Teilnehmenden eines Tagesworkshops im März 2015 in Leipzig, den Teilnehmenden eines Kurses der Degrowth-Sommerschule im rheinischen Braunkohlegebiet im August 2015 und bei den Herausgebenden dieses Buches, insbesondere Stefanie Graefe.

2 Die Webseite der Aktion enthält viele Infos und einen umfassenden Pressespiegel: *https://ende-gelände.org*. Beispielsweise kommentierte Jürgen Döschner im WDR in einem Beitrag zur Legitimität zivilen Ungehorsams: »Hut ab! Die Klima-Aktivisten im rheinischen Braunkohle-Revier verdienen Hochachtung und Respekt! Mit ihren Aktionen an diesem Wochenende sind sie mutig vorweg gegangen, haben symbolisch an einigen Stellen und für einige Stunden die gigantische Braunkohle-Maschinerie zum Stehen gebracht. Sie haben aufmerksam gemacht auf die größte Umweltbedrohung unserer Zeit: die Gefähr-

Zudem nahmen viele Menschen an der Aktion teil, die bis dahin noch keine Erfahrung mit zivilem Ungehorsam hatten. Viele von ihnen waren über die Sommerschule *Degrowth konkret: Klimagerechtigkeit* mobilisiert worden, die in der Woche vor der Aktion auf dem Klimacamp im Braunkohlerevier stattgefunden hatte. Vor allem aber ist *Ende Gelände* die wahrscheinlich erste größere Aktion zivilen Ungehorsams, die in engem Zusammenhang mit »Degrowth« stattfand, diesem im bundesdeutschen Bewegungskontext noch relativ neuen und sperrigen Konzept. Ein Jahr zuvor, im September 2014, waren etwa 3.000 Menschen zur wachstumskritischen vierten Internationalen Degrowth-Konferenz nach Leipzig gekommen – so viele wie zu keiner anderen aktivistischen Konferenz seit langem.

Obwohl es bisher nur wenige Untersuchungen über das heterogene Degrowth-Spektrum gibt, wird für Deutschland immer wieder festgestellt, dass hier – anders als in Südeuropa – noch nicht von einer sozialen Bewegung im eigentlichen Sinne die Rede sein könne. Weil eine klare Akteursgruppe sowie ein klar umrissener Konsens fehle, handele es sich eher um eine Plattform oder einen Alternativvorschlag, der aber viel Potenzial biete und Bündnisprozesse ermögliche (Brand 2014a; Adler 2015; Muraca 2014; Schmelzer 2015; differenzierter Brand 2014b; Schachtschneider 2015; Eversberg/Schmelzer 2016; zur südeuropäischen Bewegung vgl. Demaria u.a. 2013; Martínez-Alier 2012; D'Alisa u.a. 2014). In der organisierten wie akademischen Linken betrachtet man Degrowth mit sehr deutlicher Skepsis: Degrowth, heißt es hier immer wieder, sei arbeitnehmerfeindlich, nicht emanzipatorisch, vernachlässige Herrschafts- und Kapitalismuskritik oder sei tendenziell rechtsökologisch.

Warum aber aktiviert und mobilisiert Degrowth – den genannten Einwänden zum Trotz – so viele Menschen, welches Transformationspotenzial steckt in radikaler Wachstumskritik und wie sind die genannten kritischen Einschätzungen davon ausgehend zu bewerten? Diesen Fragen möchte ich im vorliegenden Beitrag nachgehen. Dabei möchte ich sowohl auf wichtige Veröffentlichungen zum Thema zurückgreifen als auch auf die Ergebnisse einer Befragung der Teilnehmenden der Degrowth-Konferenz 2014, die ich gemeinsam mit Dennis Eversberg vom DFG-Kolleg »Postwachstumsgesellschaften« auswerten durfte sowie schließlich auf meine eigenen Erfahrungen als teilnehmender Beobachter der Degrowth-Bewegung. Drei Argumente

dung des Weltklimas durch CO_2 und die bedeutende Rolle, die die Braunkohle-Verstromung dabei spielt.«, *https://www.tagesschau.de/kommentar/kommentar-braunkohle-proteste-101.html* (03.12.2015).

stehen dabei im Vordergrund: Erstens, dass sich Degrowth als eine *Dynamik in Richtung Bewegungsförmigkeit* verstehen lässt. Zweitens ist Degrowth gleichzeitig *heterogener und vielfältiger* als oft unterstellt wird, weshalb die genannten Kritiken oft nur einen Teil des Spektrums treffen. Drittens schließlich liegt ein spezifisch neuer Aspekt der Degrowth-Bewegung darin, dass sie von einer *Selbstproblematisierung der eigenen Privilegien* im Kontext der imperialen Lebensweise (Brand/Wissen 2011) ausgeht. Natürlich zeichnen sich auch die so genannten »Neuen Sozialen Bewegungen« (Frauenbewegung, Ökologiebewegung, Antiautoritäre Bewegungen, Antira-Bewegungen) seit den 1970er Jahren durch eine Subjektorientierung aus (»Politik in erster Person«) und aus dieser langen Geschichte sind auch einige der Probleme dieses Ansatzes bekannt (Haunss 2013: 115–120; Reichardt 2014). Aber Degrowth problematisiert das Positioniertsein in einem ganz spezifischen Kontext der wachstums- und konsumbasierten Lebensweise im globalen Norden. Degrowth verbindet dies – wenigstens in Teilen – sowohl mit einer Vision umfassender und kollektiver Gesellschaftsveränderung als auch mit einer Kultur der Konsensorientierung, Offenheit, Lebensfreude und des ergebnisoffenen Experimentierens (vgl. auch Bohmann/Muraca in diesem Band). Degrowth stellt somit eine neue Form der Kapitalismus- und Herrschaftskritik dar, die auf der Basis eines entfremdungskritischen und praxisorientierten Politikansatzes die individuelle und kollektive Praxis im Hier und Jetzt zum Ausgangspunkt umfassender Gesellschaftsveränderung macht. Die Frage der längerfristigen Organisierung lässt sich dabei als zentrale Herausforderung für die kommenden Jahre begreifen.

1. Wachstumskritik als umkämpftes Feld: Fünf Diskursströmungen

Wachstumskritik ist – nicht zuletzt in Deutschland – ein ausgesprochen umkämpftes Feld, das sich in Bezug auf die geschriebenen Texte grob in fünf Hauptströmungen unterteilen lässt, nämlich in konservative, reformerische, suffizienzorientierte, kapitalismuskritische und feministische Wachstumskritik (vgl. auch Schmelzer 2015; Schmelzer/Passadakis 2011: 56–64). Dabei vertritt die Degrowth-Bewegung – wie weiter unten gezeigt wird – besonders Positionen, die in den letzten drei Strömungen repräsentiert sind, geht aber in entscheidenden Punkten auch darüber hinaus. Charakteristisch für die Diskussion in Deutschland ist der starke Einfluss einer neoliberalen und *konservativen* Spielart der Wachstumskritik, die vor allem von dem ehemaligen CDU-Berater und Vordenker der neoliberalen Rentenreform, Meinhard Miegel, propagiert wird. In Büchern, Artikeln, Interviews und mit dem von ihm gegründeten Think Tank »Denkwerk Zukunft« argumentiert Miegel, wir alle hätten über unsere Verhältnisse gelebt und müssten daher den Gürtel enger schnallen. Die Schrumpfung der Wirtschaft wird nicht als anzustrebendes Ziel, sondern als unvermeidliches Schicksal moderner Industriegesellschaften betrachtet, was Miegel sowohl ökologisch als auch mit internen Wachstumsgrenzen – wie dem demographischen Wandel, übersättigten Märkten und einem überbordenden Sozialstaat – begründet. Miegel und das Denkwerk Zukunft setzten sich vor diesem Hintergrund für eine »kulturelle Erneuerung« ein, bei der nicht-materialistische Werte, soziales Engagement und die Bürgergesellschaft im Vordergrund stehen und den Abbau wohlfahrtsstaatlicher Leistungen auffangen sollen. Wachstumskritik wird auf diesem Wege zum Rechtfertigungsinstrument und Hebel von Sozialabbau, Privatisierung und einem Rollback der Geschlechterverhältnisse (Miegel 2010; Miegel 2014; kritisch dazu Muraca 2014).

Der Begriff »Postwachstumsgesellschaft« wurde in Deutschland vor allem von der Ehrenvorsitzenden des BUND, Angelika Zahrnt sowie der Ökonomin Irmi Seidl geprägt. Ihr Ansatz einer ökologisch ausgerichteten, *sozialreformerischen* und den Umweltverbänden nahestehenden Wachstumskritik basiert auf der Annahme, dass eine Abkehr von der politischen Orientierung an Wirtschaftswachstum ökologisch und moralisch geboten ist. Die zentrale Triebkraft für Wirtschaftswachstum machen Vertreter*innen dieser Strömung in wachstumsabhängigen gesellschaftlichen und ökonomischen Institutionen sowie in der Orientierung politischer Parteien auf Wachstum aus. Folgerichtig fordern sie ein Ende der Wachstumspolitik, eine Reduzierung des Energie- und Ressourcenverbrauchs entsprechend der Nachhaltigkeitsziele, und den Umbau gesellschaftlicher Institutionen wie Arbeitsmärkte, Kranken- und Sozialversicherungen, Finanzmärkte, Bildung etc., um diese wachstumsunabhängig zu gestalten. Ob das Ergebnis einer solchen Transformation weiteres Wirtschaftswachstum oder eine Abnahme von Produktion und Konsum ist, bleibt in dieser Perspektive offen (Seidl/Zahrnt 2010; Schneidewind/Zahrnt 2013).

Sowohl die konservative Wachstumskritik à la Miegel wie auch die sozialreformerischen Ansätze zielen – im Unterschied zur Décroissance- bzw.

Degrowth-Bewegung – also nicht auf eine bewusste Reduktion der Wirtschaftsaktivität ab. *Suffizienzorientierte* Ansätze betonen demgegenüber, dass eine grundlegende Abkehr vom Wachstum unumgänglich sei, wenn ökologische Ziele ernst genommen, globale Klimagerechtigkeit keine Chimäre bleiben und ein »Gutes Leben« für alle erreicht werden soll. Ein besonders bekannter Vertreter dieser Strömung ist der Oldenburger Ökonom Niko Paech, der mit seinem Buch *Befreiung vom Überfluss* ein konkretes Modell einer Postwachstumsökonomie vorgelegt hat (Paech 2012; vgl. auch Paech in diesem Band). Ausgehend von der Annahme, alle sieben Milliarden Menschen der Erde hätten das gleiche Anrecht auf Umweltraum (das heißt beispielsweise 2,7 Tonnen CO_2 pro Person pro Jahr), macht Paech zwei zentrale Wachstumstreiber aus: zum einen die Konsumkultur des globalen Nordens, zum anderen die Arbeitsteilung der in langen Wertschöpfungsketten organisierten, globalisierten Produktion (»Fremdversorgung«). Sein Projekt einer Postwachstumsökonomie basiert entsprechend ebenfalls auf zwei Grundpfeilern: auf einer individuellen Strategie der Suffizienz und Entrümpelung, kombiniert mit einem radikalen Rückgang der »Fremdversorgung« zugunsten regionaler und lokaler Ökonomien, Selbstversorgung und Eigenproduktion. Die wichtigsten Akteure des Wandels sind aus seiner Sicht »Prosument*innen«, also Personen, die nicht nur weniger konsumieren, sondern auch gemeinsam (zum Beispiel in Reparaturwerkstätten) die Lebensdauer vorhandener Produkte verlängern, Formen von Eigenproduktion entwickeln (Urban Gardening) und so Lokalisierung und Entkommerzialisierung praktisch vorantreiben (Paech 2012 und in diesem Band).

Ein vierter Ansatz betont die umfassenden gesellschaftlichen Veränderungen, die eine sozialökologische Transformation beinhaltet, aus *kapitalismuskritischer* Perspektive (vgl. zum Beispiel Barth/Reitz in diesem Band). Als Ursachen der gegenwärtigen multiplen Krisen werden der kapitalistische Wachstumszwang und die zunehmende Vermarktung und Privatisierung von Lebensbereichen analysiert. Vertreter*innen dieses Ansatzes streben deshalb ein Zurückdrängen von Marktmechanismen, die Vergesellschaftung zentraler Wirtschaftsbereiche und den Abbau von Machtverhältnissen an. Betont wird, dass die soziale und die ökologische Frage nicht gegeneinander ausgespielt werden dürfen. Wichtige Bausteine einer Postwachstumsökonomie sind Gemeingüter und »Commoning«, die Stärkung von Projekten der solidarischen Ökonomie, eine radikale Arbeitszeitverkürzung sowie die Festlegung von Grund- und Maximaleinkommen. Zentrale Akteure dieser

Strömung sind einerseits soziale Bewegungen und Menschen, die sich in Alternativprojekten engagieren. Andererseits plädieren ökosozialistisch orientierte Vertreter*innen für die Überwindung von Kapitalismus und Industriegesellschaft durch planwirtschaftliche Schrumpfung und die Verstaatlichung der Produktionsmittel (Rätz u.a. 2011; Schmelzer/Passadakis 2011; Exner u.a. 2008).

Als fünfter Ansatz lässt sich schließlich die *feministische* Ökonomie verstehen, insbesondere die Subsistenzperspektive. Diese wurde zwar nicht explizit als Beitrag zur Postwachstumsdiskussion konzipiert, stellt für diese aber eine wichtige Inspirationsquelle dar. Die gegenwärtigen sozialen und ökologischen Krisen erklären Vertreter*innen dieser Strömung aus der patriarchalen, kapitalistischen Ausbeutung von (weiblicher) Reproduktionsarbeit, der Natur und den (postkolonialen) Ökonomien des globalen Südens. Die hier bereits seit langem formulierte Kritik am BIP macht deutlich, wie umfassend das Wachstumsparadigma nichtmarktförmige Arbeit (zum Beispiel Kindererziehung und Pflege) entwertet. Angesichts dessen zielen feministische Perspektiven darauf ab, reproduktive Tätigkeiten, die zugleich als die Basis für die Gesellschaft und das Leben überhaupt verstanden werden, in den Mittelpunkt gesellschaftlicher und wirtschaftlicher Gestaltung zu rücken. Zentrale Prinzipien sind dabei Vorsorge, Kooperation und Orientierung an dem für das »Gute Leben« Notwendigen (Bennholdt-Thomsen 2010; Netzwerk Vorsorgendes Wirtschaften 2012; vgl. auch Habermann in diesem Band).

Dies ist natürlich nur eine von mehreren Möglichkeiten, das Diskursfeld um Wachstumskritik zu strukturieren; andere Schwerpunktsetzungen sind durchaus möglich (vgl. auch Seidl/Zahrnt 2012; Adler/Schachtschneider 2010). In jedem Fall zeigt sich, dass Wachstumskritik und Postwachstum eine relativ große Bandbreite von Positionen mit sehr unterschiedlichen und wenigstens teilweise auch gegensätzlichen Stoßrichtungen aber auch politökonomischen und kulturellen Traditionen umfassen. Darüber hinaus stellt gerade Degrowth – als bewegungsförmige, radikale Form von Wachstumskritik – nicht nur eine feuilletonistische und akademische Debatte über Alternativen zum vorherrschenden Wachstumsimperativ dar, sondern auch eine im Entstehen begriffene soziale Bewegung.

2. Eine Bewegung in Aktion? Die Degrowth-Sommerschule 2015 und der Grundkonsens der Degrowth-Bewegung

Degrowth steht für ein Bewegungsphänomen, das in den letzten Jahren von Südeuropa nach Deutschland geschwappt ist. Seine Wurzeln und vielfältigen theoretischen Inspirationsquellen – ökologische Ökonomie, Antiproduktivismus, politische Ökologie, die Anthropologie der Gabe, freiwillige Einfachheit – reichen mindestens bis in die 1970er Jahre zurück (Muraca 2013; Alexander/McLeod 2014; Fournier 2008). Ausgehend von einigen südeuropäischen Ländern entwickelte sich in den 1990er und 2000er Jahren im Windschatten der globalisierungskritischen Bewegung ein Diskussionsstrang, der das Versprechen des besseren Lebens durch immer weitere Ausweitung und Beschleunigung wirtschaftlicher Aktivitäten unter dem Schlagwort Décroissance/Decrescita/Decrecimiento – oder eben: Degrowth – in Frage stellte (Petridis u.a. 2015; Sekulova u.a. 2012; Demaria u.a. 2013; D'Alisa u.a. 2014). Auch in der Wachstumshochburg Deutschland gibt es seit einigen Jahren immer mehr Veranstaltungen, Tagungen und Kongresse. Initiativen alternativen Wirtschaftens entstehen neu oder identifizieren sich mit Degrowth und auch in etablierten Verbänden und Bewegungen wie Attac, BUND oder bei den Kirchen wird Wachstumskritik zunehmend stärker thematisiert. Vor allem aber zeigt der Erfolg der internationalen Degrowth-Konferenz 2014 in Leipzig, wie stark Wachstumskritik inzwischen im deutschsprachigen Raum angekommen ist: Ein breites, inhaltlich wie organisatorisch enorm vielfältiges Spektrum von Umweltverbänden und Stiftungen über Transition-Town-Initiativen und Urban-Gardening-Projekten bis hin zu anarchistischen Gruppen kam in Leipzig zusammen. Die Vision einer Degrowth-Gesellschaft, so schien es auf der Konferenz, kann tatsächlich einen gemeinsamen Bezugspunkt darstellen, um den herum sich unterschiedlichste Projekte des Experimentierens mit praktischen Alternativen, wissenschaftliche Debatten um notwendigen Wandel und Transformationsstrategien sowie bisher verstreut geführte politische Kämpfe in neuer Weise verdichten.[3]

---

3 Wichtige Meilensteine in diesem Prozess waren zum Beispiel die Vorlesungsreihe zur Postwachstumsökonomie in Oldenburg, der Attac-Kongress *Jenseits des Wachstums?!* in Berlin 2011 und eine Vielzahl von Initiativen, die um das *Netzwerk Wachstumswende* und das *Konzeptwerk Neue Ökonomie* herum entstanden sind. Vgl. *wachstumswende.de; postwachstumsoekonomie.org; jenseits-des-wachstums.de; konzeptwerk-neue-oekonomie.org* (03.12.2015).

Symptomatisch für die entstehende Degrowth-Bewegung war die eingangs erwähnte Degrowth-Sommerschule, die im August 2015 vor der Aktion *Ende Gelände* als Teil des Rheinländer Klimacamps stattfand: Noch stärker als bei der Degrowth-Konferenz in Leipzig ging es darum, das Degrowth-Leben auch praktisch im Alltag zu realisieren. So war die gesamte Infrastruktur für die über 1.000 Menschen selbst hergestellt und aufgebaut worden, von der veganen Küche für alle bis hin zu Komposttoiletten, Außenduschen, mobilen Solarpanelen und einem Windrad. Das gesamte Campleben – Gemüse schnippeln, Toiletten reinigen, Nachtschichten schieben, Infozelt betreuen – wurde von allen Beteiligten gemeinsam organisiert. Die dezentralen, hierarchiekritischen Entscheidungsstrukturen auf dem Camp eröffneten einen Lernraum für alternative Organisationsstrukturen.[4] Die Sommerschule war darüber hinaus ein gelebter Ort des Austausches und der Solidarität mit Protesten in aller Welt, vom indigenen Kampf gegen Ölsande in Kanada über den Widerstand der Kurden in Rojava, bis hin zu Antikohleprotesten in Indien. Und schließlich war die Sommerschule ein Raum der kollektiven Organisierung und Selbstermutigung, um die theoretischen Degrowth-Ideen auf eine direkte Aktion – die Tagebaubesetzung *Ende Gelände* – zuzuspitzen. Seit den G8-Protesten in Heiligendamm hatte es in Deutschland nicht mehr so viele gut besuchte Aktionstrainings gegeben – und hatten so viele Menschen erstmals den Schritt hin zur aktivistischen Regelüberschreitung gewagt.[5]

In der Bewegungsforschung gelten drei Kriterien als Voraussetzung dafür, von einer sozialen Bewegung sprechen zu können. Demnach teilen die gemeinsam handelnden Akteure eine deutlich umrissene *kollektive Identität*, sie sind in hohem Maße *informell vernetzt* und befinden sich in *konflikthaften Beziehungen mit klar identifizierbaren Gegnern* (della Porta/Diani 2006: 21). Auch wenn diese Definition nicht unumstritten ist, ermöglicht sie es doch danach

---

4 Vieles davon basiert natürlich auf »Traditionen«, die sich im Kontext von globalisierungskritischer Bewegung, Anti-Atombewegung, Klimacamps etc. entwickelt haben und die jetzt von der Degrowth-Bewegung mit aufgegriffen und weiterentwickelt werden.

5 Für Berichte von der Sommerschule vgl. den Pressespiegel auf *http://www.degrowth.de/de/sommerschule-2015*; Christiane Kliemann, »Sommerschule: Ein Flair von Spaß, Hoffnung und klarem Ziel«, *http://www.degrowth.de/de/2015/08/sommerschule-ein-flair-von-spass-hoffnung-und-klarem-ziel*; »Klimacamp trifft Degrowth – und nicht allein«, Schattenblick Bericht 56, *http://www.schattenblick.de/infopool/buerger/report/brrb0056.html*; »Klimacamp trifft Degrowth – Das bessere Leben ist der Befreiungsprozeß …Was ist Degrowth? – Eine Bewegung schärft ihr Profil«, Schattenblick Bericht 57, *http://www.schattenblick.de/infopool/buerger/report/brrb0057.html* (alle 03.12.2015).

zu fragen, inwiefern sich Degrowth als eine entstehende soziale Bewegung verstehen lässt.[6]

Zieht man die Ergebnisse der in Leipzig durchgeführten Teilnehmendenbefragung heran,[7] lässt sich relativ eindeutig sagen, dass das erste Kriterium zutrifft. So geben 40 Prozent der insgesamt 814 Befragten nicht nur explizit an, sich der »Degrowth-Bewegung« zugehörig zu fühlen, sondern ihre Antworten belegen auch, dass es – neben allen inhaltlichen Differenzen, auf die ich weiter unten noch eingehen werde – einen weitgehend strömungsübergreifend geteilten inhaltlichen Grundkonsens gibt.[8] Dieser basiert auf zwei Säulen, nämlich *einerseits* auf dem Abschied vom »nachhaltigen Wachstum«, an dessen Stelle die Vision einer positiven, antikapitalistischen, pro-feministischen, friedlichen und basisdemokratischen Transformation tritt: Auf breite Zustimmung treffen Aussagen, dass es berechtigt sei, sich gegen den Kapitalismus zu wenden, auch wenn man keine kohärente Alternative benennen könne, dass »weibliche Emanzipation [ein] wichtiges Thema für die Postwachstumsbewegung« sein müsse, dass Gewalt als Mittel in der Auseinandersetzung um die Postwachstumsgesellschaft abzulehnen sei und dass der nötige Wandel »von unten kommen« müsse. Im Gegensatz zu verbreiteten Annahmen über die angebliche soziale Blindheit einer vor allem öko-radikalen Degrowth-Bewegung (vgl. exemplarisch Reuter 2014; Müller 2011; Lieb 2011) teilt *andererseits* nur eine kleine Minderheit der Befragten die Aussage, der Klimawandel sei für die Zukunft der Menschheit das drängendere Problem als die soziale Ungleichheit.

Die Umfrage belegt außerdem, dass auch das zweite Kriterium sozialer Bewegungen, die informelle Vernetzung, erfüllt ist. So existiert ein harter Kern hoch vernetzter Aktivist*innen, die schon zuvor mehr als 50 andere

---

6 Zu unterschiedlichen Ansätzen und Methoden der sozialen Bewegungsforschung vgl. della Porta 2014 und die diversen Beiträge in della Porta/Diani 2015. Zur Vielfalt politischer Aktionsformen vgl. Leidinger 2015.

7 Zu Inhalten und Umsetzung der Befragung sowie für einen ausführlichen Überblick über die Zusammensetzung der Befragten vgl. Eversberg 2015; für eine erste Auswertung vgl. Eversberg/Schmelzer 2016.

8 Für mehr Details vgl. Eversberg/Schmelzer 2015. Dieser Konsens ergibt sich aus denjenigen Fragen, zu denen weniger als 100 Personen eine zur Mehrheitsmeinung gegenteilige Position einnahmen. Dass sich 40 Prozent der »Degrowth-Bewegung« zugehörig fühlen ist deshalb erstaunlich, weil bis zu dieser Konferenz von so einer Bewegung kaum die Rede war und auch die meisten der Gruppen und Initiativen, die auf der Konferenz waren, mit diesem Begriff vorher kaum gearbeitet haben. Wie das bei wachstumskritischen Großveranstaltungen in der Zukunft aussieht, bleibt abzuwarten.

MATTHIAS SCHMELZER

Konferenzteilnehmende persönlich kannten (7 Prozent der Befragten), umgeben von einem erweiterten aktivistischen Kern mit zwischen 11 und 50 persönlichen Bekanntschaften, der knapp ein Drittel der Befragten umfasst. Der hohe Grad der informellen Vernetzung der Degrowth-Bewegung lässt sich auch an den zahlreichen funktionierenden Netzwerken erkennen, die über einzelne Ereignisse wie der Degrowth-Konferenz oder der Sommerschule hinaus für Kontinuität sorgen (zum Beispiel das Netzwerk Wachstumswende, das Konzeptwerk Neue Ökonomie, die Webseiten www.degrowth.de und www.postwachstum.de). Hinzu kommen die enge Vernetzung mit und innerhalb der alternativökonomischen Szene (Commons, solidarische Ökonomie, Gemeinwohlökonomie, Share Economy, Plurale Ökonomie, Transition Towns, Gemeinschaftsgärten, Umsonst- und Tauschläden etc.), mit wissenschaftlichen Einrichtungen (Stiftungen, Wuppertal-Institut, DFG-Forschungskolleg »Postwachstumsgesellschaften«, Vereinigung Ökologische Ökonomie) sowie punktuell auch mit Akteur*innen der parlamentarischen Politik. Wie gut diese Vernetzung funktioniert, hat schließlich auch – und vor allem – der Vorbereitungsprozess zur Leipziger Konferenz gezeigt. Nicht nur wurde hier von einem in autonomen Rätestrukturen mit basisdemokratischen Entscheidungsmethoden organisierten Kreis aus 50 bis 70 Personen eine riesige Konferenz mit umfassendem wissenschaftlichen Teil (mit Keynotes, Call for Sessions, Call for Papers, Peer-Review-Verfahren etc.) und großem politisch-aktivistischem Programm erarbeitet. Im Vorbereitungsprozess wurden darüber hinaus zahlreiche weitere Gruppen, Initiativen und Organisationen eingebunden und beteiligt. In den langen, aber überwiegend erfreulich konstruktiven und konsensorientierten Diskussionsprozessen entstand auf diese Weise bereits im Vorfeld der Konferenz so etwas wie eine Degrowth-Kultur – und, wenn man so will, ein pluraler Bewegungsakteur.[9]

Das dritte Kriterium schließlich, die konfliktiven Beziehungen mit klar definierten Gegnern, ist noch weniger eindeutig erkennbar. Zwar befinden sich Degrowth-Aktivist*innen im Konflikt mit Wirtschaftswachstum und der dazugehörigen Ideologie, aber dies bleibt häufig doch noch relativ unscharf. Darüber hinaus gibt es in einigen Teilen der Bewegung auch eine klar

---

9 Vgl. dazu »Was war besonders an der Konferenz?«, *http://www.degrowth.de/de/was-macht-die-degrowth-konferenz-besonders* (12.06.2016); Voß 2014. Zur Vernetzung der Degrowth-Szene vgl. auch das Publikationsprojekt *Degrowth in Bewegung(en)*, degrowth.de/de/dib (12.07.2016).

erkennbare Abneigung gegenüber Konflikten und eine vereinfachte Vorstellung gesellschaftlicher Transformation als von Postwachstumspionieren vorangetriebenem »Wandel«. Degrowth stellt vor allem einen Versuch dar, gesellschaftliche Alternativen zu diskutieren, praktisch auszuprobieren und ausgehend von der lokalen Ebene umzusetzen. Der Fokus liegt deshalb meist nicht auf Protest *gegen* etwas. Die Problematisierung der »imperialen Lebensweise« (Brand/Wissen 2011) betrifft außerdem gerade das sozialstrukturell städtische und akademisch gebildete Spektrum, in dem auch die Degrowth-Bewegung stark verankert ist. Deshalb vollzieht sich die Zuspitzung von Kritik oftmals nicht in Form einer klaren Identifikation von »Gegnern«. Dies birgt natürlich die Gefahr, dass Spannungen, Machtverhältnisse und notwendige Interessenskonflikte ausgeblendet werden. Besonders interessant sind vor diesem Hintergrund deshalb die Versuche, im Sommer 2015 mit der Degrowth-Sommerschule an Erfahrungen anderer Bewegungen mit klassischen oppositionellen sozialen Bewegungspraxen wie Demonstrationen, Aktionen zivilen Ungehorsams, direkten Aktionen und Blockaden anzuknüpfen. Die Leipziger Umfrage wiederum belegt, dass ein großer Teil der Befragten durchaus regelmäßig an solchen Aktionen beteiligt ist. Allerdings fanden diese bisher kaum unter dem Label »Degrowth« statt.[10]

Vor dem Hintergrund der Aktivitäten, die sich in den letzten Jahren aus dem Degrowth-Spektrum heraus entwickelt haben und sich symptomatisch in der Sommerschule 2015 verdichten sowie nach einer genaueren Analyse, die die Kriterien aus der sozialen Bewegungsforschung berücksichtigt, scheint es nahe zu liegen, von einer Dynamik hin zu einer Degrowth-Bewegung zu sprechen: Es gibt eine kollektive Identität, die um die Idee der Wachstumsrücknahme im globalen Norden und die Suche nach emanzipatorischen Alternativen von unten kreist; die informelle Vernetzung nimmt stetig zu und in Ansätzen entstehen konflikthafte Beziehungen zu »Gegnern« eines Guten Lebens für alle – sowohl in der Subjektivität der Aktivist*innen selbst als auch in klassisch politischen Gegnern wie der Kohleindustrie.

---

10 Aktionen gab es immer wieder, vor allem im Kontext des Widerstands gegen Verkehrs- und Infrastrukturprojekte in Frankreich und Italien. Als Abschluss der Leipziger Degrowth-Konferenz gab es eine große Aktionsdemo unter dem Titel »Genug ist genug für alle!« sowie ein öffentliches Blockadetraining vor dem Kohlekraftwerk Lippendorf. Und auch im Zusammenhang der zweiten internationalen Degrowth-Konferenz 2010 in Venedig gab es eine Aktion zivilen Ungehorsams, bei der mit Schlauchbooten Kreuzfahrtschiffe blockiert wurden.

3.   Einstellungen in der Degrowth-Bewegung

Ein noch genaueres Bild der Einstellungen und Motivationslagen von Degrowth-Bewegten – und damit von der Breite und Vielfalt dieser entstehenden Bewegung – lässt sich ebenfalls auf Basis der Teilnehmendenbefragung auf der Leipziger Konferenz gewinnen. Dabei wurden die Teilnehmenden aufgefordert, auf einer Fünfer-Skala insgesamt 29 inhaltliche Aussagen zu bewerten – von »stimme überhaupt nicht zu« bis »stimme voll zu«.[11] Im Ergebnis der Auswertung lassen sich insgesamt *fünf Strömungen* unterscheiden, die sich nicht nur in ihren inhaltlichen Positionen und den von ihnen vertretenen Transformationsansätzen, sondern auch in sozialstruktureller Hinsicht und im Hinblick auf ihre Alltagspraxen unterscheiden (Eversberg/Schmelzer 2015; 2016):

Suffizienzorientierte Zivilisationskritik: Zur ersten Strömung zählen 22 Prozent der Befragten, mehrheitlich Frauen. Mit im Schnitt 38 Jahren liegen sie drei Jahre über dem Altersdurchschnitt aller Befragten. Besonders hoch ist hier der Anteil ausländischer Befragter. Befragte dieser Gruppe haben häufig langjährige Erfahrung in den Neuen Sozialen Bewegungen, insbesondere der Umweltbewegung. Ausgehend von einer starken ökologischen Motivation äußern sie ausgeprägte zivilisationskritische Positionen und stimmen besonders stark Aussagen zu, die Naturnähe, Spiritualität oder Rückbesinnung auf die Lebensstile früherer Generationen einfordern. Ihr Engagement lässt sich (im Sinne Adlers 2015) als »parallelgesellschaftliche« Orientierung am Aufbau suffizienzorientierter »Halbinseln« (Alternativprojekte, Ökodörfer, Gemeinschaftsgärten etc., Habermann 2009 sowie in diesem Band) als Kerne einer alternativen Lebensweise beschreiben. Nach dem von ihnen mehrheitlich für die nähere Zukunft erwarteten Kollaps der Industriegesellschaften sollen diese zum Ausgangspunkt eines gesellschaftlichen Neuanfangs werden. Vom Durchschnitt der Befragten unterscheidet sich diese Gruppe vor allem durch ihre sehr stark auf ökologische Aspekte fokussierte Kritik, ihre grundlegende Skepsis gegenüber Industrialismus und Moderne und ihren Fokus auf Alternativprojekte als Vorbilder der Transformation.

---

11 Diese 29 Statements dienten dann als Grundlage von k-Means-Clusteranalysen, wobei im k-Means-Verfahren einzeln Lösungen für zwei bis acht Cluster berechnet und miteinander verglichen wurden. Nach einem längeren Diskussionsprozess, in den im Rahmen eines Tagesworkshops in Leipzig auch Teile des Organisationskreises der Konferenz einbezogen wurden, haben Dennis Eversberg und ich uns schließlich für die Lösung mit fünf Clustern als besten Kompromiss zwischen notwendiger Komplexitätsreduktion und angemessener Berücksichtigung der Unterschiede entschieden.

Immanenter Reformismus: Die Angehörigen der zweiten Strömung machen 19 Prozent der Befragten aus, sind mehrheitlich männlich, nutzen aktiv die neuesten Technologien (Smartphones), reisen besonders häufig, sind oft Mitglieder von Parteien und studentischen Initiativen und fühlen sich vergleichsweise wenig mit sozialen Bewegungen verbunden. Diese Strömung markiert den fortschritts- und technikoptimistischen,»reformistischen« Pol des Degrowth-Spektrums. Ihre Positionen ähneln am stärksten denen der weiter oben beschriebenen »sozialreformerischen Wachstumskritik«: Zivilisationskritik, Spiritualität und rückwärtsgewandte Orientierungen werden von ihnen abgelehnt, aber auch revolutionäre Umwälzungen und Kapitalismuskritik finden wenig Zustimmung. Der weitgehend als notwendig anerkannte grundsätzliche Wandel wird – im Spannungsfeld zwischen »Green Growth« und wachstumsüberwindenden Reformen – innerhalb bestehender Institutionen angestrebt. Diese Strömung spielt eine wichtige Mittlerrolle zwischen Bewegung und institutionalisierter Politik sowie als anschlussfähige Multiplikatorin.

Voluntaristisch-pazifistischer Idealismus: Menschen in dieser dritten Strömung (23 Prozent) sind im Schnitt am jüngsten (32 Jahre), zu zwei Dritteln weiblich, kommen besonders häufig aus Familien mit akademischem Bildungshintergrund und haben oft eher wenig Erfahrung mit sozialen Bewegungen und politischem Engagement. Insgesamt unterscheiden sich ihre Positionen wenig vom Durchschnitt, wobei die auffälligste Einzelposition ihre starke Befürwortung einer Degrowth-Partei ist. Ferner legen sie eine ausgeprägt voluntaristische Haltung an den Tag (die Aussage »Außer unserem Glauben daran zwingt uns nichts, am Wachstumswahnsinn festzuhalten«, findet sehr viel Zustimmung) und sie äußern besonders stark pazifistische und konfliktaverse Einstellungen (dass Schrumpfung künftig zu härteren Verteilungskonflikten führen werde, wird sehr klar verneint). Die Befürwortung einer Partei scheint dabei weniger die Bereitschaft zu eigenem Engagement anzuzeigen als den Wunsch nach einem Sprachrohr der eigenen Position: Während in den Positionen dieser Gruppe eine hohe Motivation zu veränderndem Handeln zum Ausdruck kommt, dessen bevorzugter Ansatzpunkt die eigene Alltagspraxis ist, werden zugleich konkrete Forderungen, die auf persönlichen Verzicht hinauslaufen könnten (Rückbau der Städte, Verbot von Langstreckenflügen zu Vergnügungszwecken) überdurchschnittlich abgelehnt. Möglicherweise handelt es sich hier um eine »transitorische« Strömung, über die vor allem jüngere, bewegungsaffine Menschen in die Degrowth-Szene einsteigen.

Modernistisch-rationalistische Linke: Menschen in der vierten Strömung (13 Prozent) sind mehrheitlich männlich sozialisiert, stark in Großstädten konzentriert und blicken häufig auf lange aktivistische Biographien zurück, wobei sie sich vor allem in »traditionellen« Formen linker Politik engagieren: Relativ viele sind Parteimitglieder, viele beteiligen sich regelmäßig an Demonstrationen, während ihre Identifikation mit den sozialen Bewegungen schwächer ausfällt als im Durchschnitt. Ihre inhaltliche Position ähnelt den Intentionen der weiter oben skizzierten linken Kritik an Degrowth und stellt damit ein beinahe exaktes Spiegelbild der *suffizienzorientierten Zivilisationskritik* dar. Sie sind fortschritts- und technikoptimistisch und lehnen Spiritualität, Romantisierung des Vergangenen und Konservatismus scharf ab. Und sie üben eine klare strukturorientierte Kapitalismuskritik, die Wachstum als einen der Produktionsweise immanenten Zwang problematisiert. In der Tradition der marxistischen Linken zielen sie eher auf Gerechtigkeit als auf ökologische Nachhaltigkeit ab. Transformatives Handeln ohne Gesellschaftskritik erscheint ihnen eher als naiv; zu anderen Degrowth-Strömungen wird daher teils deutliche Distanz signalisiert. Neben dieser kritisch-distanzierten Haltung zeigt auch die Tatsache, dass diese Strömung zahlenmäßig am kleinsten ist, dass große Teile der organisierten Linken nicht auf der Konferenz waren (vgl. auch Brand 2014b). Nichtsdestotrotz hat diese Strömung als Korrektiv gegen einseitig ökologisch ausgerichtete Technikkritik, die Gerechtigkeitsfragen und gesellschaftliche Ausbeutungsverhältnisse vernachlässigt, eine erhebliche Bedeutung für die Degrowth-Bewegung.

Libertäre Praxislinke: Die fünfte Strömung (22 Prozent), der wiederum überdurchschnittlich viele Befragte aus dem Ausland angehören (21 Prozent) und die auffällig selten im Besitz von Smartphones waren (32 Prozent gegenüber durchschnittlich 45 Prozent), kennzeichnet gegenüber den anderen Strömungen vor allem ihre politische Praxis, die einem aktivistischen Alternativmilieu entspricht: Weit überdurchschnittlich nehmen diese Befragten an direkten Aktionen teil (27 Prozent) oder wohnen in Alternativprojekten (14 Prozent), sie fühlen sich stark verbunden mit sozialen Bewegungen, sind innerhalb des Degrowth-Spektrums hoch vernetzt und fühlen sich überdurchschnittlich stark der Degrowth-Bewegung zugehörig. Das passt durchaus zu ihren inhaltlichen Positionen: Typisch für sie ist ein Muster von radikal kapitalismus- und gesellschaftskritischen Positionen, die sich aber nicht klar auf einer Seite der Bruchlinie zwischen Zivilisationskritik (Strömung 1) und Rationalismus (Strömung 4) verorten, sondern quer dazu liegen. Befürwortung von Spiritualität und Ablehnung von Naturromantik, strukturorientiertes Denken und Kritik an der Industriegesellschaft gehen dabei ineinander über. Ausgehend von einer anarchistisch inspirierten Kapitalismus- und Wachstumskritik sucht diese Strömung den Ansatzpunkt transformativen Handelns in der eigenen Praxis. Die Vision ist letztlich die einer Revolution durch praktische Selbsttransformation.

4. Herrschaftsblind, kulturalistisch, beschäftigungsfeindlich? Kritiken an Degrowth und die Heterogenität der Bewegung

Wie nun ist vor dem Hintergrund eines genaueren Bilds der entstehenden Degrowth-Bewegung die eingangs bereits angesprochene Skepsis gegenüber Postwachstum bzw. Degrowth zu beurteilen? Besonders stark erfolgt die Ablehnung von Postwachstumsdiskussionen aus neo-keynesianischer Richtung. Albrecht Müller von den *Nachdenkseiten* argumentiert beispielsweise, Wachstumskritik sei nicht nur irrelevant, da sie am Kern des Problems vorbeidiskutiere, sondern die Diskussion habe eine »beschäftigungs- und arbeitnehmerfeindliche Wirkung« da sie implizit neoliberale Austeritätspolitik stärke. »Jenseits des Wachstums!« sei in der Regel gleichbedeutend mit »Jenseits der Sorge um Arbeitsplatz und berufliche Perspektive!« (Müller 2011; vgl. auch Lieb 2011; kritisch dazu Passadakis/Schmelzer 2011). Auch zeigen sich selbst verbündete linke Wissenschaftler*innen zwar erfreut über die soziale Dynamik und den kritischen Impetus des Degrowth-Spektrums, betonen aber oftmals, dass Wachstumskritik »nicht per se links und emanzipatorisch konnotiert« sei und drängen entsprechend auf klarere herrschaftskritische Positionierungen (Brand 2014a; vgl. auch Brand 2014b; zur internationalen Debatte vgl. auch Foster 2011, Romano 2012). In ähnlicher Weise argumentieren (queer-)feministische Kritiken: Geschlechterverhältnisse würden nicht systematisch in den Blick genommen, Geschlechtergerechtigkeit sei kein explizites Ziel der angestrebten sozial-ökologischen Transformation und die Gefahr, dass ein Rückbau staatlicher Daseinsvorsorge – der als Teil einer Postwachstumsvision beschrieben wird – zu Lasten von Frauen gehe, finde zu wenig Berücksichtigung (Bauhardt 2014). Aus gewerkschaftlicher Perspektive indes erscheint das Ganze von vornherein als fragwürdig, steht doch mit dem Rückgang des Wachstums unweigerlich auch die Grundlage der eigenen Umverteilungspolitik in Frage. Selbst grundsätzlich sympathisierende Stimmen aus dem gewerkschaftlichen Lager halten eine prinzipielle Kritik des Wachstums für fatal und plädieren für Wachstum im ökologisch nachhaltigeren Dienstleistungssektor (Reuter 2014 und in diesem Band). Nicht zuletzt wird aus marxistischer Perspektive kritisiert, Degrowth sei per se verkürzt, da es am Wachstum und nicht an der Akkumulation von Kapital ansetze (Luxbach 2015; mit Fokus auf Konsumkritik Steckner/Candeias 2014). Charakteristisch, aber auch besonders zugespitzt argumentiert Peter Bierl in einem Artikel über Geschichte und Perspektiven der Postwachstumsökonomie, wobei er sich explizit auf die Teilnehmenden der Leipziger Degrowth-Konferenz bezieht:

>»Weite Teile [der Degrowth-Bewegung] reflektieren allerdings so wenig wie ihre Vorläufer, wie Wachstum und Umweltzerstörung mit der Dynamik des Kapitalismus und staatlicher Herrschaft zusammenhängen. […] Das lautstärkste, wenn nicht gar einflussreichste und größte Spektrum stellt jedoch eine Szene, in der sich wirtschaftsliberale, romantisch-idealistische, rechtsökologische bis esoterische, alternativ-obskure Ansichten finden.« (Bierl 2015: 344)

Der gemeinsame Nenner all dieser Kritiken besteht in der – meist gegen das »Degrowth-Spektrum« als imaginäre Gesamtheit vorgebrachten – Vermutung oder Befürchtung, die Forderung nach Postwachstum beinhalte nicht notwendig eine emanzipatorische Gerechtigkeitsperspektive und vernachlässige Herrschafts- bzw. Kapitalismuskritik. Die hier anfangs referierten Diskurspositionen zu Wachstumskritik, Postwachstum und Degrowth verdeutlichen demgegenüber die Vielfältigkeit der wachstumskritischen Positionen. Kritische Perspektiven auf Degrowth beziehen sich in aller Regel auf einen bestimmten Ausschnitt dieser Vielfalt und auf Aussagen besonders prominenter Autor*innen wie Niko Paech, Angelika Zahrnt und Harald Welzer (vgl. zum Beispiel Bierl 2015; Brand 2014a). Diese Kritiken mögen also teilweise durchaus ihre Berechtigung haben, sie suggerieren aber zu Unrecht, die vorherrschende Meinung an der Basis der Degrowth-Bewegung in den Blick zu nehmen.

Denn die weiter oben skizzierten Ergebnisse der Untersuchung von Einstellungen der Teilnehmenden an der Degrowth-Konferenz in Leipzig zeichnen ein deutlich anderes Bild. So deutet sich, wie bereits gezeigt, einerseits ein Grundkonsens der Bewegung an, der die Abkehr vom Wachstum und die Forderung nach wirtschaftlicher Schrumpfung mit einer antikapitalistischen, pro-feministischen, pazifistischen und basisdemokratischen Transformationsperspektive verbindet. Und anderseits lassen sich mittels der dargestellten Clusteranalyse verschiedene Strömungen beschreiben, die um diesen weithin geteilten Grundkonsens herum ein breites Spektrum an

Positionen aufmachen, das von ökologisch-inspirierter Suffizienzorientierung bis hin zu sozial-orientierter Kapitalismuskritik reicht. Bemerkenswert ist auch, dass gerade die libertäre Praxislinke, also eine Strömung, die innerhalb der Bewegung eine potenziell ausgesprochen wichtige integrative Wirkung hat, im begleitenden kritischen Diskurs weitgehend unberücksichtigt bleibt, was sicherlich auch daran liegt, dass die Leute hier wenig veröffentlichen, sondern praktisch aktiv werden. Auch das spezifisch Neue der Degrowth-Bewegung (und das zeigt sich am deutlichsten bei dieser Strömung) wird in den Kritiken meist übersehen: Degrowth artikuliert – ausgehend von einer Selbstproblematisierung der eigenen Privilegien im Kontext der imperialen Lebensweise – eine neue Form der *Kapitalismus- und Herrschaftskritik*, die die individuelle und kollektive Praxis im Hier und Jetzt zum Ausgangspunkt umfassender Gesellschaftsveränderung macht. Insofern steht die Degrowth-Bewegung auch für das Wiedererstarken einer Form emanzipatorischer Kritik – der Entfremdungskritik –, die in Deutschland seit den Umbrüchen der 1970er Jahre und der Herausbildung der Formation eines flexiblen Kapitalismus bislang als vollständig integriert und daher wirkungslos geworden galt (Boltanski/Chiapello 2003; van Dyk 2010; Rosa 2013). Während die organisierte Linke gerade in Deutschland traditionell stark auf Ausbeutungs- und Ungleichheitskritik abhebt (die im Degrowth-Spektrum mehrheitlich geteilt wird), artikuliert Entfremdungskritik ein neues und zusätzlich kritisches Moment. Der Kuchen ist nicht nur falsch verteilt, auch wenn das bei den sozial-ökologischen Krisen, die Degrowth bearbeitet, ausgesprochen stark der Fall ist, weshalb Verteilungsfragen weiterhin wichtig bleiben. Darüber hinaus ist er auch vergiftet und muss daher nicht nur anders verteilt und angeeignet werden, sondern ganz anders und von ganz anderen Akteur*innen gebacken werden (Rosa 2009).

5. Wie weiter? Selbstveränderung, Kapitalismuskritik, Organisierung

Aus der Analyse der Degrowth-Bewegung als einer entstehenden, sehr heterogenen, nach außen offenen und von der Selbstveränderung im Hier und Jetzt ausgehenden systemkritischen Bewegung ergeben sich eine Reihe von strategischen Herausforderungen: *Erstens* stellt sich die Frage des Verhältnisses zu angrenzenden Alternativdiskussionen und sozialen Bewegungen (um Commons, Solidarische Ökonomie, Transition-Initiativen, Gemeinwohlökonomie, Peer-to-Peer-Produktion etc.) ebenso wie die Frage der Abgrenzung von Gesellschaftsentwürfen, die explizit nicht Teil der Bewegung sein sollen. Trotz der vielen inhaltlichen, aber vor allem persönlichen Überschneidungen gibt es sowohl in Degrowth-Kreisen als auch in anderen sozialen Bewegungen viel Unkenntnis über die jeweilig anderen Perspektiven, Ausgangslagen, Traditionen, Strategien und Akteure. Hier bietet sich viel Raum für gegenseitiges Lernen – nicht zuletzt, weil die Gefahr besteht, dass die neu entstehende Degrowth-Bewegung Fehler wiederholt und über Fallstricke stolpert, die andere soziale Bewegungen bereits hinter sich haben. Gleichzeitig ist Degrowth auch eine Perspektive bzw. ein Vorschlag, der integraler Bestandteil anderer Perspektiven und sozialer Bewegungen ist oder noch werden kann. *Zweitens* stellt sich gerade angesichts der Heterogenität von Degrowth die Frage, wie sich die Bewegung als Ganze weiterentwickeln kann. Welche Orte des gemeinsamen Austausches und der Identitätsstiftung aller Fraktionen können geschaffen werden, wie kann ein Auseinanderdriften der Strömungen durch eine Zunahme der je eigenen Positionierungen und Flügelbildungen verhindert werden und wie wird vermieden, dass unterschiedliche Strömungen im Laufe der Zeit in anderen Bewegungen aufgehen?[12] Die große Degrowth-Konferenz in Leipzig hat punktuell einen solchen gemeinsamen, identitätsstiftenden Ort geschaffen, andere Aktivitäten wie Tagungen oder die Degrowth-Sommerschule schaffen dies jedoch nur bedingt – und inwiefern das durch gemeinsame Kommunikations- und Vernetzungsplattformen aufgefangen werden kann, wird sich zeigen.

Daraus ergeben sich *drittens* besonders anspruchsvolle Herausforderungen für die längerfristige Organisierung des wachstumskritischen Spektrums: Notwendige Grundlagen für die Entwicklung einer (zu dieser Bewegung passenden) dezentralen Organisierung stellen eine ausgeprägte Konsenskultur, ein starker Fokus auf die Autonomie einzelner Gruppen, die lose Vernetzung über Vernetzungsplattformen im Internet, eine hohe Toleranz von unterschiedlichen Positionen und Konflikten sowie die starke inhaltliche wie

---

12 Vgl. dazu auch die Diskussionen auf der Degrowth-Sommerschule im Sommer 2015. Zum Beispiel: *http://www.degrowth.de/de/2015/08/revolution-predigen-und-karottensaft-trinken-ansprueche-und-praxis-der-degrowth-bewegung/* (12.06.2016).

organisatorische Offenheit gegenüber anderen Perspektiven und Gruppen dar.[13]

Zurück zum Anfang: Als im August 2015 weit über tausend Menschen in weißen Maleranzügen in den Braunkohletagebau Garzweiler aufbrachen, waren viele dabei, die bereits seit Tagen gemeinsam in Kursen und Workshops des Klimacamps und der Degrowth-Sommerschule über Klimagerechtigkeit, Wachstum, Herrschaft und Kapitalismus diskutiert hatten. Genau dort hatten viele die Kraft und Inspiration gefunden, sich an einer Aktion zivilen Ungehorsams zu beteiligen – ein erster konkreter Schritt in ein Leben jenseits des Wachstumsimperativs.

Literatur

Adler, Frank (2015), Vielfältige Wege und Strategien vom Heute in eine Postwachstumsgesellschaft, in: Blog Postwachstum, 27.04.2015, *http://blog.postwachstum.de/vielfaeltige-wege-und-strategien-vom-heute-in-eine-postwachstumsgesellschaft-20150427.*

Adler, Frank/Schachtschneider, Ulrich (2010), *Green New Deal, Suffizienz oder Ökosozialismus? Konzepte für gesellschaftliche Wege aus der Ökokrise*, München.

Alexander, Samuel/McLeod, Amanda (Hg.) (2014), *Simple Living in History: Pioneers of the Deep Future*, Melbourne.

Bauhardt, Christine (2014), Solutions to the Crisis? The Green New Deal, Degrowth, and the Solidarity Economy. Alternatives to the Capitalist Growth Economy from an Ecofeminist Economics Perspective, *Ecological Economics*, Jg. 102/C, S. 60–68.

Bennholdt-Thomsen, Veronika (2010), *Geld oder Leben. Was uns wirklich reich macht*, München.

Bierl, Peter (2015), Nachhaltige Kritik? Geschichte und Perspektiven der Postwachstumsökonomie, *Zeitschrift für kritische Sozialtheorie und Philosophie*, Jg. 2, H. 2, S. 344–70.

Boltanski, Luc/Chiapello, Ève (2003), *Der neue Geist des Kapitalismus*, Konstanz.

Brand, Ulrich (2014a), Kapitalistisches Wachstum und soziale Herrschaft. Motive, Argumente und Schwächen aktueller Wachstumskritik, *Prokla* 175, Jg. 44, H. 2, S. 289–306.

---

13 Vgl. auch dazu die Diskussionen auf der Degrowth-Sommerschule im Sommer 2015 und 2016, die Plattform *wachstumswende.de* sowie das Multimedia-Publikationsprojekt *Degrowth in Bewegung(en)*, *degrowth.de/de/dib* (12.07.2016).

Brand, Ulrich (2014b), Degrowth: Der Beginn einer Bewegung?, *Blätter für deutsche und internationale Politik* 10/2014, S. 29–32.

Brand, Ulrich/Wissen, Markus (2011), Sozial-ökologische Krise und imperiale Lebensweise. Zu Krise und Kontinuität kapitalistischer Naturverhältnisse, in: Alex Demirović/Julia Dück/Florian Becker/Pauline Bader (Hg.), *VielfachKrise. Im finanzmarktdominierten Kapitalismus*, Hamburg, S. 78–93.

D'Alisa, Giacomo/Demaria, Federico/Kallis, Giorgos (Hg.) (2014), *Degrowth: A Vocabulary for a New Era*, London/New York.

Della Porta, Donatella (2014), *Methodological Practices in Social Movement Research*, Oxford.

Della Porta, Donatella/Diani, Mario (2006), *Social Movements. An Introduction*, Oxford.

Della Porta, Donatella/Diani, Mario (Hg.) (2015), *The Oxford Handbook of Social Movements*, Oxford.

Demaria, Federico/Schneider, Francois/Sekulova, Filka/Martinez-Alier, Joan (2013), What Is Degrowth? From an Activist Slogan to a Social Movement, *Environmental Values*, Jg. 22, H. 2, S. 191–215.

Eversberg, Dennis (2015), *Erste Ergebnisse der Teilnehmendenbefragung zur Degrowth-Konferenz 2014 in Leipzig – Ein Überblick über Zusammensetzung, Engagement und Alltagspraktiken der Befragten*, Working Paper 1/2015 der DFG-KollegforscherInnengruppe Postwachstumsgesellschaften, Jena.

Eversberg, Dennis/Schmelzer, Matthias (2015), Degrowth: Kapitalismuskritik muss praktisch werden! Grundkonsens und Differenzen einer entstehenden Bewegung, *Working Paper 1/2015 der DFG-KollegforscherInnengruppe Postwachstumsgesellschaften*, Jena.

Eversberg, Dennis/Schmelzer, Matthias (2016), Über die Selbstproblematisierung zur Kapitalismuskritik. Vier Thesen zur entstehenden Degrowth-Bewegung, *Forschungsjournal Soziale Bewegungen*, Jg. 29, H. 1, S. 9–17.

Exner, Andreas/Lauk, Christian/Kulterer, Konstantin (2008), *Die Grenzen des Kapitalismus. Wie wir am Wachstum scheitern*, Wien.

Foster, Bellamy (2011), Capitalism and Degrowth: An Impossibility Theorem, *Monthly Review*, Jg. 62, H. 8, S. 26–33.

Fournier, Valérie (2008), Escaping from the Economy: The Politics of Degrowth, *International Journal of Sociology and Social Policy*, Jg. 28, H. 11/12, S. 528–545.

Habermann, Friederike (2009), *Halbinseln gegen den Strom. Anders leben und wirtschaften im Alltag*, Sulzbach.

Haunss, Sebastian (2013), *Identität in Bewegung: Prozesse kollektiver Identität bei den Autonomen und in der Schwulenbewegung*, Wiesbaden.

Leidinger, Christiane (2015), *Zur Theorie politischer Aktionen. Eine Einführung*, Münster.

Lieb, Wolfgang (2011), Postwachstum: Auf der Suche nach dem »Klimatariat«, *Nachdenkseiten*, 01.06.2011, *http://www.nachdenkseiten.de/?p=9627*.

Luxbach, Sören (2015), Schrumpfen ohne Plan, Waffen der Kritik, 16.03.2015, *https://waffenderkritik.wordpress.com/2015/03/16/schrumpfen-ohne-plan*.

Martínez-Alier, Joan (2012), Environmental Justice and Economic Degrowth. An Alliance between two Movements, *Capitalism Nature Socialism*, Jg. 23, H. 1, S. 51–73.

Miegel, Meinhard (2010), *Exit: Wohlstand ohne Wachstum*, Berlin.

Miegel, Meinhard (2014), *Hybris: Die überforderte Gesellschaft*, Berlin.

Müller, Albrecht (2011), Wachstumswahn, Wachstumszwang, Wachstumskritik, Postwachstumsgesellschaft, etc. – seltsame Begriffe und eine vergleichsweise irrelevante und in die Irre leitende Debatte, *Nachdenkseiten*, 21.04.2011, *http://www.nachdenkseiten.de/?p=9169*.

Muraca, Barbara (2013), Decroissance: A Project for a Radical Transformation of Society, *Environmental Values*, Jg. 22, H. 2, S. 147–69.

Muraca, Barbara (2014), *Gut leben: Eine Gesellschaft jenseits des Wachstums*, Berlin.

Netzwerk Vorsorgendes Wirtschaften (2012), *Wege Vorsorgenden Wirtschaftens*, Marburg.

Paech, Niko (2012), *Befreiung vom Überfluss: Auf dem Weg in die Postwachstumsökonomie*, München.

Passadakis, Alexis J./Schmelzer, Matthias (2011), Jenseits des Wachstum, jenseits des Tellerrands. Postwachstum in Bewegung, 18.05.2011, *http://postwachstum.net/2011/05/18/jenseits-des-wachstum-jenseits-des-tellerrands*.

Petridis, Panos/Muraca, Barbara/Kallis, Gioros (2015), Degrowth: Between a Scientific Concept and a Slogan for a Social Movement, in: Martinez-Alier, Joan/Muradian, Roldan (Hg.), *Handbook of Ecological Economics*, Cheltenham, S. 176–200.

Rätz, Werner/von Egan-Krieger, Tanja/Muraca, Barbara/Passadakis, Alexis/Schmelzer, Matthias/Vetter, Andrea (Hg.) (2011), *Ausgewachsen! Ökologische Gerechtigkeit, soziale Rechte, gutes Leben*, Hamburg.

Reichardt, Sven (2014), *Authentizität und Gemeinschaft: Linksalternatives Leben in den siebziger und frühen achtziger Jahren*, Berlin.

Reuter, Norbert (2014), Die Degrowth-Bewegung und die Gewerkschaften, *WSI-Mitteilungen*, Jg. 67, H. 7, S. 555–559.

Romano, Onofrio (2012), How to Rebuild Democracy, Re-thinking Degrowth, *Futures*, Jg. 44, H. 6, S. 582–589.

Rosa, Hartmut (2009), Antagonisten und kritische Integrationisten oder: Wie gehen wir mit dem verdorbenen Kuchen um?, in: Klaus Dörre/Stephan Lessenich/Hartmut Rosa (Hg.), *Soziologie – Kapitalismus – Kritik. Eine Debatte*, Frankfurt/M., S. 265–279.

Rosa, Hartmut (2013), *Beschleunigung und Entfremdung. Entwurf einer kritischen Theorie spätmoderner Zeitlichkeit*, Frankfurt/M.

Schachtschneider, Ulrich (2015), Degrowth. Eine kapitalismuskritische Bewegung!?, 04.05.2016, *http://www.degrowth.de/de/2015/01/degrowth-eine-kapitalismuskritische-bewegung*.

Schmelzer, Matthias (2015), Gutes Leben statt Wachstum. Degrowth, Klimagerechtigkeit, Subsistenz – eine Einführung in die Begriffe und Ansätze der Postwachstumsbewegung, in: *Le Monde diplomatique/Kolleg »Postwachstumsgesellschaften« (Hg.), Atlas der Globalisierung: Weniger wird mehr. Der Postwachstumsatlas*, Berlin, S. 116–121.

Schmelzer, Matthias/Passadakis, Alexis J. (2011), *Postwachstum. Krise, ökologische Grenzen und soziale Rechte*, Hamburg.

Schneidewind, Uwe/Zahrnt, Angelika (2013), *Damit gutes Leben einfacher wird. Perspektiven einer Suffizienzpolitik*, München.

Seidl, Irmi/Zahrnt, Angelika (Hg.) (2010), *Postwachstumsgesellschaft. Neue Konzepte für die Zukunft*, Marburg.

Seidl, Irmi/Zahrnt, Angelika (2012), Postwachstumsgesellschaft: Verortung innerhalb aktueller wachstumskritischer Diskussionen, *Ethik und Gesellschaft* 1/2012, S. 1–22.

Sekulova, Filka/Kallis, Giorgos/Rodríguez-Labajos, Beatriz/Schneider, Francois (2012), Degrowth. From Theory to Practice, *Journal of Cleaner Production*, Jg. 38, H. 13, S. 1–6.

Steckner, Anne/Candeias, Mario (2014), Geiz ist gar nicht geil. Über Konsumweisen, Klassen und Kritik, *RLS-Standpunkte* 11/2014, Berlin.

Van Dyk, Silke (2010), Grenzüberschreitung als Norm? Zur »Vereinnahmung« von Gegenstrategien im Kapitalismus und den Konsequenzen für eine Soziologie des Widerständigen, in: Karina Becker/Lars Gertenbach/Henning Laux/Tilman Reitz (Hg.), *Grenzverschiebungen des Kapitalismus. Umkämpfte Räume und Orte des Widerstands*, Frankfurt/M., S. 33–54.

Voß, Elisabeth (2014), Vom Wedeln zum Handeln. Ist es nicht völlig unmöglich, basisdemokratisch eine Konferenz für 2500 Menschen zu organisieren? Doch, das geht!, *OYA* 28, 04.05.2016, *http://www.oya-online.de/article/read/1494-vom_wedeln_zum_handeln.html*.

Degrowth und die Frage des Subjekts

Stefanie Graefe

Michel Foucault empfiehlt in einem bekannten Aufsatz Anfang der 1980er Jahre, die »Frage des Subjekts« ausgehend von den Formen der Kritik zu untersuchen, die in einer Gesellschaft existieren (Foucault 1994). Diese Anregung greift der vorliegende Beitrag auf und fragt nach dem Zusammenhang von Wachstumskritik und Subjektivität. Weil nur verändert werden kann, was auch verstanden worden ist, ist die Analyse hegemonialer Subjektregime und Subjektivierungsweisen[1] essenziell für Transformationsperspektiven, die eine nicht-autoritäre Gesellschaftsveränderung ›von unten‹ anstreben. Dennoch ist dieser Zusammenhang nach meiner Wahrnehmung im Kontext von Wachstumskritik *explizit* eher selten Thema. Viele wachstumskritische Beiträge gehen vielmehr *implizit* davon aus, dass die Überwindung des kapitalistischen Wachstumsregimes nicht nur in ökologischer Hinsicht sinnvoll oder sogar unvermeidlich ist, sondern den Bürger*innen der früh industrialisierten Gesellschaften des globalen Nordens (und um die wird es im Folgenden gehen) darüber hinaus fraglos ein subjektives Surplus verspricht – an Lebensqualität, Freiheit von Konsum- und Leistungszwängen, Konzentration aufs Wesentliche oder kurz: an Glück. Aus dieser Sicht

---

1 Im Folgenden verstehe ich Subjektregime in Anlehnung an das regulationstheoretische Konzept des »Akkumulationsregimes« als Klammer für die gesellschaftlich-historisch je hegemoniale Art und Weise, in der Individuen normativ, institutionell und alltagskulturell als legitime, handlungsfähige gesellschaftliche Subjekte adressiert und sozial (an-)geordnet werden; demgegenüber sind mit Subjektivierungsweisen die Praxisformen und Selbstverhältnisse (resp.: die Lebensweisen) bezeichnet, die dieser Adressierung oder »Anrufung« (Althusser 1977) korrespondieren. Im Anschluss unter anderem an Foucault lässt sich davon ausgehen, dass der Prozess der Subjektivierung ebenso als Ermächtigung wie als Unterwerfung gedacht werden muss, wobei weder auf der Ebene des einzelnen Subjekts noch auf der Ebene sozialer Gruppen a priori vollständig determiniert ist, in welchem Mischungsverhältnis Ermächtigung und Unterwerfung koexistieren (oftmals lässt sich dies sowieso nur theoretisch unterscheiden). Der Nicht-Determinierbarkeit in letzter Instanz entspricht andererseits die Vorstrukturiertheit der Subjektivierungsweisen, die im Regelfall deutlich weniger frei gewählt werden, als es die Subjekte selbst wahrnehmen.

lässt sich die »Frage des Subjekts« (als Frage nach den Zwängen und Dispositionen, durch die Wachstum im Alltag verankert wird) also vergleichsweise leicht beantworten: Wachstum begrenzt Möglichkeiten subjektiver Selbstentfaltung; die Überwindung des Wachstumsimperativs ist deshalb nicht nur ökologisch, ökonomisch und sozial, sondern auch und vor allem aus subjektiver Perspektive sinnvoll.

Diese Grundannahme möchte ich im Folgenden kritisch hinterfragen. Dabei orientiere ich mich an drei Topoi, die im Diskurs um Wachstumskritik und Subjektivität eine wichtige, aber jeweils sehr unterschiedliche Rolle spielen: Konsum (1), Arbeit (2) und Glück (3). Während Konsum in aller Regel als zentrale Schaltstelle zwischen Subjektivität und Wachstum betrachtet wird, wird Arbeit – zumal in ihren konkreten Organisationsformen – in diesem Zusammenhang deutlich weniger thematisiert. Wo dies doch geschieht, bezieht man sich oftmals auf Burnout und Erschöpfung als wachstumsbedingtes Leiden an der Arbeit. Ich möchte demgegenüber im ersten Teil meines Beitrags die Grenzen wachstumsbezogener Konsumkritik diskutieren und anschließend im zweiten Teil begründen, warum Arbeit im Zusammenhang mit Subjektivität und Wachstum eine mindestens ebenso zentrale Rolle spielt wie Konsum – und auf die Problematik von Burnout und Erschöpfung nicht zu reduzieren ist. Die Thematik des »Glücks« stellt darüber hinaus einen strömungsübergreifenden Bezugspunkt der Debatte dar: Immer wieder wird – unter Verweis auf Ergebnisse der sogenannten Glücksforschung – argumentiert, Degrowth oder Postwachstum seien, anders als steigende Pro-Kopf-Einkommen, dazu geeignet, das persönliche Glück der Subjekte zu vermehren. Die in diesem Argument implizierten Grundannahmen werde ich im dritten Teil meines Beitrags hinterfragen. An- und abschließend werde ich auf die Ausgangsfragestellung nach dem Zusammenhang von Wachstumskritik und Subjektivität zurückkommen und einige weiterführende Schlussfolgerungen formulieren (4).[2]

Eine Bemerkung vorab: Wachstumskritik ist ein heterogenes Feld aus unterschiedlichen Positionen, Perspektiven und Programmatiken (vgl. dazu

---

2 Wesentlich angeregt wurden meine Überlegungen zum einen durch das Konzept der »imperialen Lebensweise« von Ulrich Brand und Markus Wissen (Brand/Wissen 2013) und zum anderen durch die gemeinsame Diskussion mit Dennis Eversberg über »Wachstumsregimes und subjektive Grenzen« (Eversberg 2014). Der vorliegende Beitrag knüpft an beide Texte in hoffentlich produktiver Weise an, auch wenn sie hier aus Platzgründen nicht so gewürdigt werden können, wie es notwendig und sinnvoll wäre.

den Beitrag von Matthias Schmelzer in diesem Band sowie Schmelzer/Passadakis 2011: 58ff.): »Die« Wachstumskritik gibt es nicht, und das ist gut so, macht das Geschäft einer konstruktiven Kritik aber nicht leichter. Schwerpunktmäßig werde ich mich im Folgenden vor allem auf – politisch-programmatische sowie sozialwissenschaftliche – Beiträge beziehen, die auf Degrowth bzw. eine Postwachstumsgesellschaft zielen *und* die »Frage des Subjekts« in der einen oder anderen Weise aufgreifen. Dabei kann ich hier die wachstumskritische Debatte weder in ihrer (auch internationalen) Breite noch in der Differenziertheit der Positionen ansatzweise abbilden.

1. Warum Konsum (vermeintlich) unglücklich macht

Einem für die Wachstumskritik zentralen Motiv zufolge stellen die konsumintensiven Lebensweisen des globalen Nordens nicht nur eine Bedrohung der natürlichen Lebensgrundlagen dar, sondern bereiten auch den Wachstumssubjekten selbst eine Menge Probleme (Lessenich 2014; Eversberg 2014). Von dieser Diagnose ausgehend lässt sich die Notwendigkeit der Abkehr vom Wachstumsimperativ doppelt begründen: Zu globalökologischen Folgeschäden addieren sich subjektive Leiden, die zugleich als *Konsequenzen* wie als *Grenzen* des Wachstums aufgefasst werden. Die Abkehr von einem »offenkundig pathologischen Konsumismus« (Jackson 2013: 90) verspricht folglich doppelten Gewinn: Nicht nur ermöglicht sie andere und umweltschonendere Formen des Wirtschaftens, sondern darüber hinaus auch den Abschied von einem »leere[n] Selbst« (ebd.: 91), das uns Konsument*innen, getrieben »von der Angst im Wettbewerb auf dem Markt abgehängt zu werden« (ebd.) und flankiert von Werbung, Kreditwesen und geplanter Obsoleszenz, zu »Süchtigen‹ des Giftstoffs Wachstum« macht (Latouche 2015: 39).

Konsumieren im wachstumsbasiertem Kapitalismus ist zweifelsohne eine vielschichtige Angelegenheit: teils unvermeidliche Notwendigkeit, teils unbewusste Routine in einer »massiv so-seiende[n] Welt« (Welzer 2011: 31), teils Mittel der symbolischen Reproduktion der eigenen Sozialposition, teils selbstläufiger Prozess. Wachstumskritische Diagnosen thematisieren vor allem eine Mischung aus den letzten beiden Dimensionen. Der Zwang, immer mehr zu konsumieren, resultiert demnach aus der Unmöglichkeit tatsächlicher Bedürfnisbefriedigung durch Konsum – und dies lässt schließlich (und paradoxerweise) das Konsumieren selbst, also das konkrete Ge- und Verbrauchen von Dingen, zugunsten des bloßen Kaufens verschwinden (Rosa 2011; Welzer 2011: 32). Übrig bleibt eine »Anhäufung von Symbolen oder Wohlstandstrophäen, deren Zweck nur noch darin besteht, sich ihrer Existenz zu vergewissern« (Paech 2013: 203) – und die deshalb bei nächster Gelegenheit gegen ein neues Modell ausgetauscht werden.

Was hier umrissen wird, stimmt recht genau mit Beschreibungen des Krankheitsbilds Kaufsucht überein, von dem in Deutschland etwa sieben Prozent der Bevölkerung, vor allem Frauen, betroffen sein sollen.[3] Kaufsucht stellt zweifelsohne ein veritables Leiden dar; nicht nur, weil die Betroffenen an der Unmöglichkeit verzweifeln, durch Konsum ein konsistentes Selbst zu schaffen, sondern auch, weil sie oftmals in einen Teufelskreis aus Verschuldung und Scham mündet. Allerdings sind sieben Prozent der Bevölkerung vielleicht doch zu wenig, um die Diagnose eines allgemeinen Leidens am Konsum zu begründen. Neuere empirische Untersuchungen belegen sogar einen positiven Zusammenhang von Konsum und Lebenszufriedenheit (ISI 2014) – und dass Konsum als »Megaprogramm der individuellen Verkümmerung« (Paech 2013: 205) strukturell irrational ist, überzeugt ebenfalls nicht ohne Weiteres. Gerade der unter Rationalitätsgesichtspunkten verdächtige »Geltungskonsum« (Veblen 1997 [1899]) lässt sich in einer Klassengesellschaft als durchaus vernünftige Handlungsweise auffassen, stellt die symbolische Reproduktion der »feinen Unterschiede« (Bourdieu 1987) doch eine vergleichsweise friedliche Affirmation der hierarchischen Sozialstruktur dar. Am Beispiel des symbolischen oder Statuskonsums lässt sich trotzdem am ehesten plausibilisieren, dass Konsum in der Tat oftmals unglücklich macht – nämlich vor allem jene, die aufgrund mangelnden ökonomischen Kapitals an einer nachhaltigen symbolischen Selbstaufwertung scheitern. Es handelt sich dann allerdings um ein Problem, das nicht »uns alle« im selben Maße betrifft, sondern einige mehr und andere weniger (Steckner/Candeias 2014).

Selbstverständlich: Die Erwartungen der Konsumierenden erfüllen sich oft nicht, die Ware entpuppt sich regelmäßig als vertracktes Ding, das sein »Gebrauchswertversprechen« (Haug 1971) nicht hält. Allerdings lässt sich annehmen, dass heutige Konsument*innen das Spiel mit dem ausbleibenden Gebrauchswert teilweise durchaus durchschauen und bisweilen sogar genießen; im Zweifel kauft man die Anti-Aging-Creme dann nicht, weil man

---

3 *http://www.spiegel.de/gesundheit/psychologie/kaufsucht-einkaufen-als-droge-bei-shopaholics-a-938594.html* (31.01.2016).

glaubt, das Produkt könnte Falten verschwinden lassen, sondern weil man Gefallen an dem Versprechen findet, das Altern hinauszuzögern (Haubl 2009: 7). Die Fähigkeit, sich freiwillig konsumtiv täuschen zu lassen, kann man als Persönlichkeitsdeformation verstehen – oder als Indiz dafür, dass die gegenwärtige Konsumkultur dabei ist, »sich von der Gebrauchswertbindung zu emanzipieren« (Ullrich 2009: 19).

Dabei handelt es sich freilich, falls überhaupt, um eine hochgradig ambivalente Emanzipation, die an die von Ingolfur Blühdorn sogenannte »Emanzipation zweiter Ordnung« erinnert (Blühdorn 2013a: 150). Demnach erodiert in demokratisch-kapitalistischen Wohlstandsgesellschaften der Gegenwart die Norm des selbstidentischen Vernunftsubjekts, während sich parallel Selbstbestimmungs- und Selbstverwirklichungsansprüche der Bürger*innen radikalisieren (ebd.: 162). Angesichts ständig steigender Flexibilisierungsanforderungen würden die Ressourcen der meisten Menschen vom »immer anspruchsvolleren Management des persönlichen Lebens vollständig ausgeschöpft« (ebd.: 153). Der »simulative Konsum« (Blühdorn 2013b), der eine vorher bestehende Identität nicht nur abbildet, sondern diese im Kaufakt selbst erst hervorbringt, bietet den von der Gesellschaft ebenso überforderten wie hochgradig anspruchsvollen Subjekten vor diesem Hintergrund die Möglichkeit einer niedrigschwelligen, flexiblen und permanenten Selbsterfindung. Doch nicht nur das *Subjekt* des Konsums, auch das *Objekt* folgt der Logik der Simulation: Die in der Ware vergegenständlichte Fiktion ist in fortgeschrittenen Konsumgesellschaften nicht einfach Täuschung, sondern »*Gestalt gewordene Einbildungskraft*« (Strehle 2014: 201),[4] die die Herstellung des je eigenen fiktiven Selbst ermöglicht. Alles in allem lässt sich simulativer Konsum als eine Weiterentwicklung des symbolischen Konsums verstehen, der soziale Positionen lediglich visuell und habituell abbildet. Statt bloßer Selbst*dar*stellung offeriert simulativer Konsum die Möglichkeit der Selbst*her*stellung – und stellt somit eine in der flexiblen Gegenwartsgesellschaft überaus zeitgemäße Subjektivierungsweise dar, die das »*ureigene*[ ] Interesse« der Subjekte »am effizienten Funktionieren des Marktes« (Blühdorn 2013b: 6) tief in diesen selbst verankert. Wachstum (hier in Form eines stetig erweiterten und ausdifferenzierten Warenangebots) wird dementsprechend weniger rational befürwortet, als vor allem emotional *begehrt* – und dies keineswegs nur von jenen, die über die finanziellen Mittel

---

4 Diese und alle weiteren Hervorhebungen im Zitat entsprechen dem jeweiligen Original.

verfügen, ihre Lebensführung nach den jeweils neuesten Styles und Designtrends auszurichten.

Das ist nicht nur unter ökologischen Gesichtspunkten wenig erfreulich, und es soll auch nicht bestritten werden, dass Konsum eine hochgradig ambivalente, weil marketinggesteuerte und somit systematisch fremdbestimmte Form der imaginären Selbsterschaffung darstellt. Nur: Mit einer Polarisierung von Krankheit und Gesundheit, Täuschung und Realität oder Fülle und Leere kommt man dieser komplizierten Konstellation analytisch nicht bei. Eben weil es – allein aus ökologischen Gründen – notwendig ist, eine »postconsumerist citizenship« zu realisieren, die »centres on a denial of consumption as a central, meaningful act in and of itself« (Chatzidakis u.a. 2014: 760), stehen wachstumskritische Gesellschaftsentwürfe vor nicht weniger als der Herausforderung, alternative soziale Praktiken zu entwickeln, die ihrerseits *aus sich selbst heraus* bedeutungsvoll *und* zeitgemäß sind – was einschließt, dass sie es erlauben, die Differenz zwischen Fiktion und Realität nicht von vornherein zugunsten einer Vorherrschaft des Realitätsprinzips aufzulösen. Oder anders gesagt: Wer nicht benennen kann oder will, was an der unendlichen Optionenvielfalt, die die Warenwelt im fortgeschrittenen Kapitalismus zahlungskräftigen Kaufbereiten bietet, im ursprünglichen Wortsinn »geil«[5] ist, wird kaum in der Lage sein zu verstehen, warum die Leute immer mehr Waren, bessere Waren, individuellere Waren einfordern – und damit Wachstum alltäglich und aktiv reproduzieren.

Eine besonders komplexe Form der konsumtiven Selbstsimulation liegt potenziell auch dort vor, wo Verbraucher*innen sich für ökologischen oder ethisch korrekten Konsum entscheiden: Man muss nicht daran glauben, damit wirklich etwas verändern zu können, um die Selbstinszenierung als ethisch verantwortliches Konsumsubjekt zu genießen (und man muss dafür noch nicht einmal tatsächlich wenig konsumieren, vgl. Brand/Wissen 2013: 10); selbst Nicht-Konsum hat noch das Potenzial zur Selbstsimulation. Allerdings wäre hier nicht nur zu fragen, ob eine solche Lösung tatsächlich massenkompatibel ist, sondern auch, inwiefern sie in Bezug auf jene Güter taugt, deren simulative Potenz eher gering ist, die unter ökologischen Gesichtspunkten aber erheblich ins Gewicht fallen (von Ananas, Kaffee und Bananen über Wasser, Strom, Wohnraum bis Druckerpapier oder Wäschetrockner). Wie also bewegt man Menschen dazu, auch jene Dinge, die dank eines langfristig wirksamen »Lock-in-Effektes« (Røpke 2010) gar nicht mehr

---

5 Aufschäumend, heftig, übermütig, ausgelassen, lustig, vgl. *http://www.sprachauskunft-vechta.de/woerter/geil.htm* (09.06.2016).

als extravagante Statussymbole oder Identitätsmarker, sondern schlicht als selbstverständlicher Bestandteil des normalen Lebens gelten, weniger oder sogar überhaupt nicht mehr zu konsumieren?

Corinna Burkhardt schlägt auf der Basis einer qualitativen Interviewstudie mit Volunteers in der südfranzösischen Degrowth-Commune *Can Decreix* die praktisch-experimentelle Entwöhnung von etablierten Lebensstandards vor (Burkhart 2015). Das zeitweise praktische Erleben ökologisch orientierter Konsumabstinenz erlaube die Herausbildung von »Degrowth Subjectivities« (ebd.: 81ff.), welche dazu befähigt seien, die »Power of Normality« (ebd.: 93ff.) nachhaltig in Frage zu stellen:

»As long as certain tendencies are exercised other tendencies, other practices and other theoretical possibilities will stay practically impossible such as compost toilets in backyards. [...] In Can Decreix these practices which I just located outside the social limits of a ›modern‹ society, are practiced. They are made possible. And they are normal in this place.« (Ebd.: 76)

Dass der allgemeine Umstieg aufs Kompostklo im Vorgarten oder auf dem Balkon bislang noch nicht erfolgt ist, wird hier letztlich darauf zurückgeführt, dass sich die Leute den herkömmlichen Normalitätsmächten unterwerfen. Entsprechend erlaube der experimentelle praktische Ausstieg aus dieser Normalität eine »Defamiliarisierung« des Subjekts in Bezug auf gesellschaftlich vorherrschende Handlungs- und Subjektivitätsideale (ebd.: 88ff.) und somit, so ließe sich zuspitzen, eine Art ›Entunterwerfung‹.

In diesem Argument zeichnet sich spiegelbildlich zum weiter oben skizzierten wachstumskritischen *Überschuss* des Realitätsprinzips meines Erachtens ein gewisser Realitäts*mangel* ab: Zum einen wird *Can Decreix* als Ort entworfen, der zumindest normativ außerhalb der modernen (Wachstums-)Gesellschaft angesiedelt ist – und nicht als (vielleicht sogar recht typischer) Teil von ihr. Zum anderen verkennt die Gleichsetzung von Wasserklosett und Normalitätsmacht den Freiheitsrausch, den Millionen Hausfrauen der 1960er Jahre bei Inbetriebnahme der ersten vollautomatischen Waschmaschine erlebt haben dürften oder auch die Euphorie darüber, sich nachts nicht mehr zum Plumpsklo auf den Hof schleichen zu müssen. Anders gesagt: Erst die vollendete Wachstumsgesellschaft bietet das Potenzial, den Verzicht auf Alltagsannehmlichkeiten als radikale Überschreitung gesellschaftlicher Grenzen und damit auch als (selbstsimulative) Transformation des Selbst in Richtung »Degrowth Subjectivity« zu erleben. Wachstum stellt somit nicht das Andere der hier anvisierten Alternativ-Subjektivität dar, sondern bildet ihre konstitutive Voraussetzung.

2. Warum vor allem Arbeit Subjektivität an Wachstum bindet

Konsum, nicht Arbeit, als Kernproblem von Wachstumsgesellschaften zu verstehen, ist unter ökologischen Gesichtspunkten naheliegend. Auch aus subjekttheoretischer Perspektive spricht einiges dafür, vor allem Konsum als Individualitäts- und damit als Wachstumsmotor zu begreifen. Arbeit im Zusammenhang mit Subjektivität kommt in wachstumskritischen Perspektiven – die zum Thema Arbeitszeitreduktion und erweiterter Arbeitsbegriff innovative und wichtige Beiträge leisten (Littig/Spitzer 2011) – insgesamt eher zu kurz (vgl. zum Beispiel Latouche 2015: 127ff.). Der Befund, dass Arbeit in fortgeschrittenen kapitalistischen Gesellschaften für die Subjektivität der Arbeitenden zentral ist, ist andererseits Gegenstand zahlreicher zeitdiagnostischer und arbeitssoziologischer Beiträge der letzten zweieinhalb Jahrzehnte; als bekannte Stichworte seien die Subjektivierung, Flexibilisierung, Entgrenzung und schließlich Prekarisierung von Arbeit benannt. Ein Thema, bei dem sich beide Perspektiven punktuell überschneiden, ist die Debatte um Burnout und Depression als »Leiterkrankungen des flexiblen Kapitalismus« (Voß/Weiss 2013) bzw. der Wachstumsgesellschaft: Weil wir es mit »Ressourcenverbrauch, Leistungssteigerung und Ökonomisierung übertrieben haben«, so erklärt etwa Daniel Constein, Mitorganisator der Degrowth-Konferenz in Leipzig 2014, weil die »alltäglich gewordenen Erfahrungen von Prekarität und Burnout die [...] Suche nach lebbaren Auswegen dringlicher machen«, gewinne die »persönliche Suche nach einem Guten Leben jenseits von Konsum und Erschöpfung« immer mehr an Bedeutung.[6] Quer durch die politischen Lager erkennen Wachstumskritiker*innen zudem Parallelen zwischen natürlicher Umwelt und menschlicher Psyche; der »Erosion der Biodiversität« entspreche die Vernutzung »psychischer Kapazitäten« (Altvater 2013: 79); Natur und Umwelt, aber auch Individuen und Gesellschaft, so Meinhard Miegel, seien in eine Art Erschöpfungsstreik getreten.[7]

Diese Sichtweise erscheint alltagsweltlich überaus plausibel; viele Burnoutgefährdete könnten ihren Seinszustand vermutlich problemlos als ausgetrocknetes Flusstal oder als giftgetränkte Schadstoffsenke metaphorisieren. Doch stellt sich die Frage, ob Psyche und Ökosysteme tatsächlich in dieser

---

6 https://www.gruene.de/debatte/wirtschaft-und-wachstum/an-wachstumskritik-wachsen.html (31.01.2016).

7 http://www.bosch.com/de/com/sustainability/stakeholder_in_dialog/miegel/miegel.html (31.01.2016).

Weise zu parallelisieren sind, immerhin konstruiert man menschliche Subjektivität damit als eine Art natürlicher Umwelt des Wachstumsregimes. Analytisch bleibt zudem unklar, wo genau die Schnittstelle zwischen Wachstum als makroökonomischer Kategorie und Erschöpfung als subjektive Erfahrung respektive statistischer Befund liegt. Um einen unmittelbaren Zusammenhang zu Wachstumsraten kann es sich kaum handeln: Die Erschöpfungsrate hätte in Hochzeiten fordistischer Wachstumsdynamik dann deutlich höher ausfallen müssen als unter den gegenwärtigen Bedingungen relativer Stagnation (vgl. den Beitrag von Norbert Reuter in diesem Band). Ein solcher Zusammenhang lässt sich plausibel folglich nur annehmen, wenn entweder mit Wachstum anderes gemeint ist als steigende BIP-Raten, oder aber, wenn Erschöpfung als Symptom von Wachstums*krisen* gedeutet wird (dann allerdings wäre nicht Wachstum die auslösende Ursache, sondern dessen Stagnation). In vielen wachstumskritischen Beiträgen überwiegt, so mein Eindruck, die erstgenannte Option: Wachstum als »schrankenloses Steigerungsspiel« (Rosa 2009), das sich in Wachstumsraten allenfalls partiell abbildet. Steigende betriebliche Outputanforderungen lassen sich davon ausgehend ebenso als Wachstumslogiken verstehen wie alltagskulturelle Praktiken der Selbstoptimierung. Burnout resultiert dann aus einer – selbst allerdings nicht näher spezifizierten – Kombination aus »Wachstum und Wettbewerb« (Neckel/Wagner 2014).

Empirisch ist die Frage nach den Ursachen für den Anstieg psychischer Erkrankungsdiagnosen (zum Beispiel in Deutschland) bislang nicht eindeutig beantwortet. Sicher scheint allenfalls, dass die Ursachen vielfältig sind und die Zunahme an Erschöpfungsdiagnosen – wiewohl es Häufungen gibt – auf keine spezifische Bevölkerungs- oder Berufsgruppe beschränkt ist. Unklar ist zudem, ob der Anstieg tatsächlich auf ein verändertes Krankheitsgeschehen oder nicht zumindest *auch* auf veränderte ärztliche, gesellschaftliche und individuelle Wahrnehmungsformen zurückzuführen ist (ausführlicher dazu Gahntz/Graefe 2016). Dass es offenbar einen engen (wenn auch nicht absoluten) Zusammenhang von Erschöpfung und (Erwerbs-)Arbeit gibt, wird hingegen kaum bestritten. Arbeitssoziologisch lässt sich dies mit der bereits erwähnten Veränderung des kapitalistischen Arbeitsregimes im Postfordismus erklären: Outputorientierte betriebliche Steuerungsformen, zunehmende Arbeitsverdichtung und steigender Leistungsdruck bei analog schwindenden Gratifikationen (in Form von Lohn, Aufstiegschancen, Beschäftigungssicherheit, Anerkennung, Befriedigung, vgl. Siegrist 2015) erhöhen die Anfälligkeit für das Leiden an der Arbeit, welches im Modus der

»Therapeutisierung des Sozialen« (Anhorn/Balzereit 2016) diskursiv aufgegriffen und befriedet wird. Demnach lässt sich die Erschöpfung als (zeitlich verzögertes) Symptom des Übergangs zum Postfordismus deuten bzw. als eine Form der individuellen und gesellschaftlichen *Problematisierung* der historischen Transformation von Arbeits- und Subjektregimen (Graefe 2015). Das Argument, Erschöpfung resultiere aus gesellschaftlichen »Steigerungsimperativen«, die auf irgendeine Weise mit makroökonomischen Wachstumsraten korrelieren, ist vor diesem Hintergrund zweifach diskutabel: zum einen, weil Wachstum und Wettbewerb darin umstandslos ineinsgesetzt werden; zum anderen und vor allem, weil es die Spezifik postfordistischer Arbeitsorganisation und Kapitalverwertung in den Hintergrund rückt.

Was Erwerbstätigen in der postfordistischen Gegenwart zum Problem wird, ist jedoch nicht bloß ein intensiviertes Wachstumsstreben sondern vor allem ein – vor dem Hintergrund des Wandels zur Dienstleistungsgesellschaft und »Projektpolis« (Boltanski/Chiapello 2006) – auf dem Prinzip der indirekten Steuerung (Glißmann/Peters 2001) basierendes, historisch *spezifisches* Arbeits- und Subjektregime, das auf Profitsteigerung durch die radikale Vermarktlichung der Arbeitskraft zielt. Beschäftigte werden zugleich subjektiviert (als Unternehmerinnen ihrer eigenen Arbeitskraft) *und* objektiviert (als Arbeitskraft). Dabei handelt es sich in erster Instanz gerade nicht um eine »Lebensweise«, die darin besteht, dass »wir Arbeit [...] als Selbstzweck betrachten« (Latouche 2015: 126), sondern um eine systematische Entgrenzung kapitalistischer Konkurrenzdynamiken, aus der sich auch bei noch so kritischer individueller »Einstellung« nicht einfach aussteigen lässt. Staatliche Steuer- und Sozialpolitik entscheidet durch die in wechselnden Semantiken legitimierte Umverteilung des gesamtgesellschaftlich erwirtschafteten Mehrprodukts dabei wesentlich darüber mit, in welchem Ausmaß »Steigerungsimperative« in den Alltag der Einzelnen hineinregieren. Je mehr etwa soziale Sicherung brüchig und – gefühlt oder real – sozialer Abstieg wahrscheinlich wird, umso höher die Bereitschaft der abhängig Arbeitenden, ihre Produktivität auch über die Grenzen der eigenen Gesundheit hinaus zu steigern.

Zahllose arbeitssoziologische Studien weisen nun darauf hin, dass der widersprüchliche Prozess der Subjektivierung von Arbeit (und Leben) den Subjekten nicht nur von oben oktroyiert wird, sondern – auf freilich systematisch verfremdete Weise – zugleich auf ein real existierendes Begehren nach Autonomie und Selbstverwirklichung antwortet (Kleemann u.a. 2002), dem auf der anderen Seite eine existenzielle Angst vor dem Versagen entspricht (Eichler 2009: 102). Subjektivierung bedeutet in einem erweiterten

Sinne also deutlich mehr als lediglich die Übertragung unternehmerischer Funktionen auf die Arbeitskraft (wie sie vor allem, wenn auch nicht nur, für Dienstleistungs- und Wissensarbeit typisch ist): Auch Prekarisierung bewirkt eine Form *negativer* Subjektivierung, indem sie die Identität des Subjekts symbolisch an den Erfolg oder das Scheitern ›im Beruf‹ bindet. Aus dieser Gesamtkonstellation resultiert – und das ist meines Erachtens der für Wachstumskritik entscheidende Punkt – eine historisch neue Identifikation der Arbeitssubjekte mit ihrer Arbeit, die sich an ihrem extremsten Punkt in einem neuen Typ arbeitsbedingten Suizids abbildet (Rau 2009). Systemzwänge und subjektive Dispositionen greifen dabei zwar unauflöslich ineinander, die entscheidende Dynamik geht jedoch von ersteren aus.

Davon ausgehend lässt sich vermuten, dass subjektivierte Arbeit (hier also verstanden im weiteren Sinne der allgemeinen Responsibilisierung und Produktivmachung von Subjektivität) wesentlich dazu beiträgt, die (simulative) Konsumdynamik anzutreiben: Weil die kapitalseitig im Kontext von Arbeit als Ziel, Verheißung und zugleich Pflicht offerierte Autonomie kaum mehr ist als die merkwürdige Freiheit, selbst die Verantwortung für die eigene Arbeitsmotivation, -organisation und Ausbeutung zu übernehmen, ist es umso attraktiver, wenigstens beim Shopping Souverän zu sein – und zu entscheiden, ob Levis oder Carhartt, Apple oder Samsung, Bio Company oder Aldi. Die »Tyranny of Choice« (Salecl 2010) der kapitalistischen Warenwelt bietet, bei aller Tyrannei, eben auch die Möglichkeit fortlaufender und zudem reversibler souveräner Entscheidungen, die die Performativität des eigenen Selbst immer wieder neu stützen.

Was die Leute ins Burnout treibt, ist also nicht Wachstum an und für sich, sondern eine auf betrieblicher wie sozialpolitischer Ebene angesiedelte radikalisierte Vermarktlichung, die zugleich nur *eine* mögliche Form der Operationalisierung des kapitalistischen Konkurrenzprinzips darstellt. Postfordistische Wachstumsregime affizieren Subjektivität deshalb nicht allein oder vorrangig über Konsum, sondern auch und vor allem über Arbeit. Die auch im wachstumskritischen Kontext virulente These, in postindustriellen Gesellschaften sei »Arbeit und das [...] Besitzrecht an der eigenen Arbeitskraft als Basis der personalen Identität in den Hintergrund« und an ihrer Stelle »weitgehend der Konsum« getreten (Wirsching 2009: 193), übersieht, dass Arbeit in einem in dieser Form bislang unbekannten Ausmaß sowohl positiv (in Form einer dynamischen Kongruenz von Subjektivität und Arbeitsvermögen) als auch negativ (als Angst vor Abstieg, Ausschluss und Abwertung) zur Basis individueller Identität geworden ist. Arbeit im Postfordismus stellt folglich nicht nur eine »Beschränkung menschlicher Möglichkeiten« durch Prozesse der Industrialisierung und Rationalisierung dar (Lorenz 2014: 58), sondern potenziell auch deren – freilich hochgradig widersprüchliche, weil strukturell zwangsförmige – Erweiterung: die Arbeit wird – auch psychisch – zur »Lebenskraft« (Jürgens 2009). Eine Politisierung dieser Konstellation setzt, neben vielem anderen (vgl. den Beitrag von Thomas Barth und Tilman Reitz in diesem Band), nicht nur ein verändertes Bewusstsein der Lohnabhängigen, sondern auch die Bereitschaft zur Konfrontation mit mächtigen Gegnern voraus (wovon im Kontext von Wachstumskritik jedoch insgesamt eher selten die Rede ist).

3. Warum Glück *kein* glücklicher Bezugspunkt für Wachstumskritik ist

»Ich habe den Wunsch und ich fühle das Bedürfnis, in einer *anderen* Gesellschaft zu leben, als der, die mich gegenwärtig umgibt. [...] Ich fordere nicht Unsterblichkeit, weder Allgegenwart, noch Allwissen. Ich verlange von der Gesellschaft auch nicht ›das Glück‹; ich weiß, dass Glück nichts ist, was man rationieren und auf dem Bürgermeisteramt oder beim lokalen Arbeiterrat verteilen könnte.« (Castoriadis 1990: 156; Hervorh. im Orig.)

Die für Cornelius Castoriadis noch selbstverständliche Grenze revolutionärer Machbarkeit wird in vielen wachstumskritischen Entwürfen leichtfüßig überschritten: Doch, man kann und man soll Glück von der (Postwachstums-)Gesellschaft verlangen – »the goal is the pursuit of well-being, ecological sustainability and social equity« (Schneider u.a. 2010: 512). Die zentrale Begründung für diese Zielmarge findet sich im sogenannten »Easterlin-Paradox«, demzufolge »GDP per capita does not correlate with happiness above certain levels of satisfaction of basic needs« (ebd.; Binswanger 2006;[8] Easterlin 1974). Wachstum wird davon ausgehend als eine Art Glücks-Bremse interpretiert, es könne »the emerging need for more meaning in life (and of life) in modern societies« (Damaria u.a. 2013: 197) nicht befriedigen, weshalb auf die Erkenntnisse der »economics of happiness« zurückzugreifen sei (ebd.). An anderer Stelle werden Einkommensverlusten – hier in Folge

---

8 Binswanger selbst referiert an anderer Stelle die begrenzte Aussagekraft von Easterlins Forschungen, *http://www.zeit.de/2011/43/Gluecksforschung-Wirtschaft* (31.01.2016).

der spanischen Austeritätspolitik – sogar positive Glückseffekte zugesprochen.[9]

Es überrascht kaum, dass das Easterlin-Paradox und sonstige Ergebnisse der Glücksforschung empirisch umstritten sind. So will das auf Basis von Daten des Sozio-oekonomischen Panel (SOEP) im Auftrag der Initiative Neue Soziale Marktwirtschaft entwickelte »Glücks-BIP« nicht nur erwiesen haben, dass Glück »im Verlauf einen recht engen Zusammenhang mit der Wachstumsrate des realen Bruttoinlandsprodukts« aufweist, sondern auch, dass zunehmende soziale Ungleichheit zumindest die Deutschen nicht unglücklicher mache.[10] Differenzierter resümiert Petra Böhnke in ihrer Durchsicht einschlägiger europäischer Studien, europaweit existiere ein eindeutiger Zusammenhang von Einkommenshöhe und Lebenszufriedenheit, allerdings profitierten »[w]ohlhabende Personen [...] weniger von steigendem Einkommen, weil der zusätzliche Nutzen bei ohnehin schon hohem Einkommen geringer ausfällt als bei niedrigem« (Böhnke 2011: 165). Entscheidend für Lebenszufriedenheit sei vor allem, wie viel vom Bruttosozialprodukt für soziale Sicherung, Bildungsgleichheit und Armutsbekämpfung ausgegeben wird (ebd.: 168). Eingewandt wird darüber hinaus, dass selbst wenn Einkommen und Glück nicht endlos korrelieren, der Umkehrschluss unzulässig ist, wonach Wirtschaftsschrumpfung die Lebenszufriedenheit erhöht (Funke u.a. 2015: 13). Schließlich schwanken die Angaben über das Niveau, ab dem weitere Einkommenszuwächse das Glück nicht mehr signifikant vermehren je nach Studie zwischen einem Netto-Pro-Kopf-Einkommen von 800 Euro (Keuschnigg/Wolbring 2012) und 5000 US-Dollar[11] monatlich.

Dass Geld allein nicht immer – und nicht immer alle – glücklich macht, ist eine Volksweisheit, deren Neuigkeitswert für die meisten Menschen (inklusive Finanzminister und Dax-Vorstände) ungefähr bei Null liegen dürfte. Wachstumskritische Verweise auf den diesbezüglich abnehmenden Grenznutzen von Einkommenszuwächsen scheinen zudem vorauszusetzen, dass Glück – anders als Einkommen oder BIP – permanent ansteigen kann und sollte. Diskussionswürdig ist darüber hinaus, ob man individuelles Glück

---

9 So jedenfalls das Ergebnis einer auf der Degrowth-Konferenz in Leipzig 2014 präsentierten Studie über die Effekte von Einkommensverlusten auf subjektives Wohlbefinden von Menschen in Barcelona, *http://www.degrowth.de/en/catalogue-entry/happiness-and-income-decrease-an-empirical-study-from-barcelona/* (31.01.2016).

10 *http://www.insm.de/insm/Publikationen/INSM-Studien/Deutschlands-erstes-Gl-cks-BIP.html* (31.01.2016).

11 *http://www.welt.de/regionales/muenchen/article112276564/Bei-5000-Euro-netto-ist-die-Gluecksgrenze-erreicht.html* (31.01.2016).

bzw. subjektives Wohlbefinden oder Lebenszufriedenheit[12] überhaupt zum Ziel von Politik und gesellschaftlicher Transformation machen sollte (Muraca 2012: 537f.):[13] Im Fokus auf individuelles Glück geraten Fragen wie etwa die nach Generationengerechtigkeit (bzw. eigentlich alles, was nicht der Verbesserung des je eigenen Lebens dient), kurzfristig aus dem Blick und mittelfristig unter Legitimationsdruck. Schließlich und vor allem lässt sich danach fragen, welche weitergehenden Implikationen man sich mit einem positiven Bezug auf die Glücksforschung einhandelt.

Die Glücksforschung entstand im letzten Drittel des vergangenen Jahrhunderts an der Schnittstelle von Wohlfahrtsökonomik und Positiver Psychologie. Insbesondere Letztere wiederum hat sich seit Beginn des neuen Jahrhunderts so rasant popularisiert, dass sie als ein zentraler Baustein der bereits erwähnten »Therapeutisierung des Sozialen« gelten kann. Die Kernbotschaft der Positiven Psychologie lautet, dass Glück nicht nur standardisiert und gemessen, sondern eben auch maximiert werden kann und soll. Menschliches Unglück resultiert demnach aus einem Übermaß an Negativität, dem durch eine – im Idealfall professionell angeleitete – Rationalisierung von Gefühlen, Beziehungen und Selbstbildern abzuhelfen ist.[14] Interessanterweise präsentieren sich Glücksökonom*innen gerne als Kritiker*innen des Homo Oeconomicus und neoklassischer Wohlfahrtsmodelle (Ruckriegel 2007). Doch nicht allein die Tatsache, dass die »Happiness Industry« inzwischen das Rahmenprogramm des Weltwirtschaftsforums in Davos organisiert (Davies 2015) oder der Umstand, dass Richard Layard, seines Zeichens Advokat der aktivierenden Arbeitsmarktpolitik im Rahmen von New Labour, Mitherausgeber des »World Happiness Reports« ist (Ruckriegel 2007), belegen eine durchaus harmonische Wahlverwandtschaft. Beide Paradigmen treffen sich sowohl in der Zentralstellung von »Eigenverantwortung« als auch in einem systematisch depolitisierten Gesellschaftsbild, wonach Individuen zwar mit den jeweilig gesetzten Rahmen- bzw. Marktbedingungen besser oder schlechter umgehen, diese aber im Grunde nicht – schon gar nicht kollektiv – verändern können.

---

12 Auf die durchaus relevanten Unterschiede zwischen den einzelnen Konzepten kann hier nicht weiter eingegangen werden.

13 Inwiefern die skizzierten Problematiken so oder so ähnlich auch auf Konzepte des »Guten Lebens« zutreffen, kann hier leider nicht weiter diskutiert werden.

14 Barbara Ehrenreich hat eindrucksvoll die bemerkenswert irrationale Rolle der in den USA zur Alltagsreligion avancierten Positiven Psychologie beim Finanzcrash 2008 nachgezeichnet (Ehrenreich 2010).

Hier kann man einwenden, dass Letzteres im Rahmen wachstumskritischer Diskurse ausdrücklich nicht vorausgesetzt wird. Gesellschaft muss als veränderbar gedacht werden, wenn Wachstumskritik Sinn machen soll. Zudem produziert soziologisch fundierte Forschung zum subjektiven Wohlbefinden auch in gesellschaftskritischer Absicht verwertbare Ergebnisse (Böhnke/Kohler 2007). Im Kontext wachstumskritischer Argumentation erscheinen Lebenszufriedenheit oder Wohlbefinden aber nicht einfach als empirische Variablen zur Messung von Wohlfahrtseffekten, sondern als umfassender normativer Bezugsrahmen für die Legitimation von Wachstumskritik. Darin ist eine Denkfigur eingelassen, die mit dem Konzept einer gesellschaftlichen Transformation von unten systematisch bricht: Menschen werden nicht als politische Akteure adressiert, die selbst wissen und artikulieren, was sie wollen und was nicht, sondern als Entitäten, deren »Subjektivität« bis in die intimsten Empfindungen hinein erfasst, gemessen und gesteuert werden kann:

»›Wellbeing‹ provides the policy paradigm by which mind and body can be assessed as economic resources, with varying levels of health and productivity. In place of the binary split between the productive and the sick, it offers gradations of economic, biological and psychological wellness. And in place of a Cartesian dualism between tasks of the body and those of the mind, blue and white collar, proponents of ›wellbeing‹ understand the optimization of mind and body as amenable to a single, integrated strategy.« (Davies 2011: 65)

Der für Postwachstumskonzepte so bedeutsamen Kritik am wissenschaftlichen Rationalismus (vgl. die Beiträge von Stephan Lorenz und Jörg Oberthür/Peter Schulz in diesem Band), entspricht, soweit ich es sehe, keine vergleichbar kritische Haltung gegenüber dem in der Gegenwartsgesellschaft zunehmend verbreiteten Glauben an die (psychologisch/neurobiologisch begründete) Rationalität der Lebensführung. Und während die Gefahr der Vereinnahmung von Gesellschaftskritik andernorts intensiv diskutiert wird (van Dyk 2010), scheint man diesbezüglich in der wachstumskritischen Debatte – jenseits der Kritik des »Green Capitalism« – eher unbesorgt zu sein. Damit macht sich Wachstumskritik jedoch substanziell anfällig für eine Vereinnahmung durch Politikkonzepte, die (etwa unter der Überschrift »Resilienz«, vgl. Graefe 2016) den Anspruch auf die Gestaltung von Gesellschaft zugunsten der Förderung individueller wie systemischer Krisenbewältigungskompetenz bzw. psychischer Stabilität suspendieren (Brunner 2014:

244f.). Glück oder Wohlbefinden als Ziel von Wachstumskritik und Gesellschaftstransformation auszugeben, vermindert jedenfalls die Chancen auf die Herausbildung einer kritischen politischen Subjektivität erheblich.

4.   Fazit und Ausblick

Im Durchgang durch wachstumskritische Thematisierungen von Subjektivität entlang der Topoi Konsum, Arbeit und Glück wurden hier drei Thesen zur Diskussion gestellt: a) Konsum in der Wachstumsgesellschaft ist nicht pathologisch, sondern stellt eine funktionale Subjektivierungsweise dar, insofern er die attraktive Möglichkeit bietet, das im Postfordismus systematisch uneingelöste Versprechen auf Autonomie und Selbstverwirklichung temporär und reversibel einzulösen. b) Die Bindung des Subjekts an die Wachstumsgesellschaft erfolgt dennoch nicht allein oder primär über Konsum, wie viele wachstumskritische Beiträge annehmen, sondern zentral über die Subjektivierung von Arbeit und Arbeitszwängen und erhöht damit seine Vulnerabilität durch Ausbeutung, ausbleibende Anerkennung und Angst vor Sozialabstieg, was wiederum die simulative Konsumdynamik kompensatorisch verstärkt. c) Das wachstumskritische Glücksversprechen setzt der sich aktuell abzeichnenden psychobiopolitischen Verschiebung neoliberaler Politikkonzepte, die sich zugleich als Lösungsangebot für die zuvor benannte Problematik darstellt, nicht nur nichts entgegen, sondern treibt diese konzeptionell mit voran. Diese Argumente könnten, was hier abschließend noch kurz umrissen werden soll, folgendermaßen verbunden und vertieft werden:

Wachstumskritik, die davon ausgeht, dass eine gesellschaftliche Transformation in Richtung Postwachstum auch aus der Perspektive des Subjekts notwendig und im emanzipatorischen Sinne wünschenswert ist, unternimmt eine Parallelisierung von Subjektivität und Ökologie, die zugleich richtig und falsch ist. Richtig ist sie, insofern »die ökologische Krise« nicht für sich steht, sondern in »konstitutive[r] Verbindung mit gesellschaftlichen Macht- und Herrschaftsverhältnissen sowie ihre[n] sozial und global ungleichen Auswirkungen« (Brand/Wissen 2013: 12). Ökologisches und Soziales lassen sich nur um den Preis voneinander trennen, dass Ökologie entweder zum Nebenwiderspruch erklärt wird oder man einem Katastrophismus zuarbeitet, der autoritäre Lösungen der ökologischen Krise plausibilisiert (ebd.). Allerdings geht die soziale Frage auch nicht vollständig in der ökologischen Frage auf (und vice versa, vgl. den Beitrag von Stephan Lorenz in diesem Band) – und dies gilt auch und erst recht für die Frage des Subjekts. Denn für das Subjekt ist, anders als steigender Stoff- und Energieumsatz für gesellschaftliche Naturverhältnisse, nicht Wachstum an sich das zentrale Problem, sondern die historisch spezifischen Subjektivierungsweisen in ihrem Zusammenhang zu kapitalistischen Wachstumsimperativen und den sie begründenden Formen sozialer und ideologischer Herrschaft.[15]

Subjekte werden im Postfordismus – in dieser Form historisch erstmalig – nicht nur als mit Vernunft und Autonomie ausgestattete Monaden, sondern konkret und praktisch unter der Bedingung umfassender Vermarktlichung zugleich als Subjekte und Objekte ihrer Arbeitskraft angerufen, und sie werden mit dem notwendigen Know-how ausgestattet, um der Anrufung die adäquate »Umwendung« folgen zu lassen (Althusser 1977). Dass sich die darin implizierte Wahrheitsbehauptung leicht und annähernd lückenlos widerlegen lässt, ändert an der Größe und imaginären Reichweite des ausgegebenen Versprechens ebenso wenig wie der Umstand, dass die Kluft zwischen Versprechen und Realisierung eigene Formen des Leidens hervorruft. Dieses Leiden stellt außerdem gerade keine *Grenze* des Wachstums dar (Eversberg 2014), sondern wird für eine »Erneuerung des Kapitalismus unter dem Vorzeichen der ›sustainability‹« (Neckel/Wagner 2014: 541) produktiv gemacht, nicht zuletzt durch weiter ausdifferenzierte Angebote anspruchsvollen (Gesundheits-)Konsums. Der Logik nach implizieren Anrufungsformen, die auf Nachhaltigkeit (respektive Mäßigung, Begrenzung) zielen, eine systematische Ambivalenz. Denn Subjektivität in der Gegenwart ist, wie sich in Anlehnung an Michael Makropoulos formulieren lässt, »konstitutiv mit der Überschreitung der Grenze zwischen dem Wirklichen und dem Möglichen befasst« (Makropoulos 2010: 215). Auch in dieser Hinsicht stellt die skizzierte programmatische Verschiebung also ein Angebot der Ambivalenzschließung dar, insofern sie die Notwendigkeit der ressourcenschonenden Reorganisation in die markt- und konsumvermittelte »Generalisierung der Konkurrenz« (ebd.: 214) und damit in die fortgesetzte Öffnung des Möglichkeitshorizontes einschreibt.

Analog stellt Wachstumskritik eine Aufhebung der Ambivalenz aus modernem Subjektideal und »voluntary simplicity, living better with less, downshifting and slowing down life's pace« (Demaria u.a. 2013: 202) beispielsweise dort in Aussicht, wo sie eine ideale Postwachstumspersönlichkeit

---

15 Im vorliegenden Beitrag habe ich mich auf eine Skizze der ideologischen Dimension konzentriert; eine Klassenanalyse wäre dementsprechend anzuschließen.

entwirft, deren Lebensinhalt aus »activities which are fundamental to one's well-being, such as social relations, political participation, physical exercise, spirituality and contemplation« (ebd.) besteht. Ein derart nützlicher Sozialcharakter stellt nicht nur keine Gegenfigur zum derzeitigen Wachstumsregime dar (Romano 2012: 587), sondern fügt sich geradezu nahtlos in den Wertehorizont der flexibilisierten Gegenwartsgesellschaft ein. Die in der genannten Vision eingelassene postmaterialistische Normativität erklärt die für den Übergang in eine Postwachstumsgesellschaft notwendige materielle Schrumpfung, bezogen auf das Subjekt, zudem für irrelevant: Was materiell verloren geht, wird durch Well-being und Lebensqualität ersetzt.

Zurück zum Anfang: Soll die weitere globale ökologisch-soziale Destruktion aufgehalten werden, dann wird es in den früh industrialisierten kapitalistischen Gesellschaften des globalen Nordens nicht nur um ein fragloses »subjektives Surplus«, sondern auch um einen zu betrauernden Verlust von Wohlstandserrungenschaften und Lebensweisen gehen müssen. Diesen Schritt zu überspringen und die kommende Transformation a priori als Winwin-Situation auszuweisen, wie es manche wachstumskritischen Beiträge tun, macht nur wahrscheinlicher, dass die Verteilungskämpfe darum, wer mehr und wer weniger verzichten muss umso brutaler ausfallen. Auf der anderen Seite muss jede Bewegung, die Gesellschaft von unten verändern will, nicht nur eine positive, sondern auch eine mobilisierungsfähige Vision zukünftigen Zusammenlebens anbieten. In einer (post-)modernen Gesellschaft kann eine solche Vision der Logik nach nicht anders denn in der Form von Weiterentwicklung und sozialem Fortschritt ausfallen – jedenfalls, sofern es sich nicht um eine im Kern konservative Revolte handeln soll (was wiederum andere Probleme nach sich zöge, hier aber nicht weiter thematisiert werden kann). Wachstumskritik muss in ihrem Angebot deshalb die Aufklärung über die ökologische Notwendigkeit demokratisch organisierter Reduktion mit der Aussicht auf Neues, Anderes, Besseres verbinden. Sie muss, anders gesagt, ein alternatives Angebot der Ambivalenzschließung unterbreiten, in dem Fortschritt nicht in der (psychohygienisch abgefederten) Verallgemeinerung von Vermarktlichung und Konkurrenz aufgeht. Was dies konkret heißen könnte, kann hier nicht weiter diskutiert werden; es wird vermutlich aber um nicht weniger als um eine Neuerfindung des »gesellschaftlich Imaginären« (Castoriadis 1990) und damit zentral um die Einlösung des Versprechens der Moderne auf Autonomie und Demokratie gehen müssen (vgl. dazu die Beiträge von Ulf Bohmann/Barbara Muraca sowie

Silke van Dyk in diesem Band), was wiederum (und paradoxerweise) einschließt, dass die Richtung der Transformation – Degrowth – nicht vorab festgelegt sein kann. Kurz: Die »Frage des Subjekts« bleibt unbeantwortet. Dass sie weiterhin gestellt werden muss, ist hoffentlich deutlich geworden.

Literatur

Althusser, Louis (1977), Ideologie und ideologische Staatsapparate. Anmerkungen für eine Untersuchung, in: Ders. (Hg.), *Ideologie und ideologische Staatsapparate. Aufsätze zur marxistischen Theorie*, Hamburg/Berlin, S. 108–153.

Altvater, Elmar (2013), Wachstum, Globalisierung, Anthropozän: Steigerungsformen einer zerstörerischen Wirtschaftsweise, *Emanzipation* Jg. 1, H. 3, S. 71–88.

Anhorn, Roland/Balzereit, Marcus (2016), *Handbuch Therapeutisierung und Soziale Arbeit*, Wiesbaden.

Binswanger, Mathias (2006), Why does income growth fail to make us happier? Searching for the treadmills behind the paradox of happiness, *The Journal of Socio-Economics*, Jg. 35, H. 2, S. 366–381.

Blühdorn, Ingolfur (2013a), *Simulative Demokratie. Neue Politik nach der postdemokratischen Wende*, Berlin.

Blühdorn, Ingolfur (2013b), »Das etablierte Lamento trägt nicht zur Veränderung bei«. Das Konzept der simulativen Demokratie. Ein Gespräch mit Ingolfur Blühdorn, *INDES. Zeitschrift für Politik und Gesellschaft*, Jg. 2, H. 3, S. 131–141.

Böhnke, Petra (2011), Gleichheit und Sicherheit als Voraussetzung für Lebensqualität?, *WSI-Mitteilungen*, Jg. 64, H. 4, S. 163–170.

Böhnke, Petra/Kohler, Ulrich (2007), Determinanten des Glücks: Lebenszufriedenheit in Europa, *WSI-Mitteilungen*, Jg. 60, H. 7, S. 374–379.

Boltanski, Luc/Chiapello, Eve (2006), *Der neue Geist des Kapitalismus*, Konstanz.

Bourdieu, Pierre (1987), *Die feinen Unterschiede. Kritik der gesellschaftlichen Urteilskraft*, Frankfurt/M.

Brand, Ulrich/Wissen, Markus (2013), Sozial-ökologische Krise und imperiale Lebensweise. Zur Krise und Kontinuität kapitalistischer Naturverhältnisse, 31.01.2016, *http://www.buko.info/fileadmin/user_upload/doc/reader/BUKO-Gesnat-Seminar-04-2013-Reader-V1.pdf*, S. 3–13.

Brunner, José (2014), *Die Politik des Traumas. Gewalterfahrungen und psychisches Leid in den USA, in Deutschland und im Israel/Palästina-Konflikt*, Berlin.

Burkhart, Corinna (2015), Who says what is absurd? A case study on being(s) in an alternative normality, in: *Schriften der Vereinigung für Ökologische Ökonomie*, Heidelberg, 31.01.2016, *http://lup.lub.lu.se/luur/download?func=downloadFile&recordOId=3800314&fileOId=3957442*.

Castoriadis, Cornelius (1990), *Gesellschaft als imaginäre Institution. Entwurf einer politischen Philosophie*, Frankfurt/M.

Chatzidakis, Andreas/Larsen, Gretchen/Bishop, Simon (2014), Farewell to consumerism: Countervailing logics of growth in consumption, *ephemera. theory & politics in organization*, Jg. 14, H. 4, S. 753–764.

Davies, William (2011), The Political Economy of Unhappiness, *New Left Review* 71, S. 65–80.

Davies, William (2015), *The Happiness Industry: How the Government and Big Business Sold us Well-Being*, London.

Demaria, Frederico/Schneider, Francois/Sekulova, Filka/Martinez-Alier, Joan (2013), What is degrowth? From an Activist Slogan to a Social Movement, *Environmental Values*, Jg. 22, H. 2, S. 191–215.

Easterlin, Richard (1974), Does Economic Growth Improve the Human Lot? Some Empirical Evidence, in: Paul A. David/Melvin W. Reder (Hg.), *Nations and Households in Economic Growth: Essays in Honor of Moses Abramovitz*, New York, S. 88–123.

Ehrenreich, Barbara (2010), *Smile or Die. How Positive Thinking Fooled America & The World*, London.

Eichler, Lutz (2009), Dialektik der flexiblen Subjektivität. Beitrag zur Sozialcharakterologie des Postfordismus, in: Stefan Müller (Hg.), *Probleme der Dialektik heute*, Wiesbaden, S. 85–111.

Eversberg, Dennis (2014), Die Erzeugung kapitalistischer Realitätsprobleme: Wachstumsregimes und ihre subjektiven Grenzen, *WSI Mitteilungen*, Jg. 67, H. 7., S. 528–535.

Foucault, Michel (1994), Warum ich Macht untersuche: Die Frage des Subjekts, in: Hubert L. Dreyfus/Paul Rabinow (Hg.), *Michel Foucault. Jenseits von Strukturalismus und Hermeneutik*, Weinheim, S. 243–250.

Funke, Franziska/Gressmann, Frithjof/Mathé, Philipp/Oberhaus, Michael/Obst, Johanna J./Roesti, Matthias/Weishaar, Daniel (2015), Wirtschaftswachstum aufgeben? Eine Analyse wachstumskritischer Argumente, 31.01.2016, *http://www.postwachstumskritik.de/content/downloads/postwachstumskritik.pdf*.

Gahntz, Christian/Graefe, Stefanie (2016), Burnout. Die widersprüchliche Logik der Therapeutisierung von Arbeitsstress, in: Roland Anhorn/Marcus Balzereit (Hg.), *Handbuch Therapeutisierung des Sozialen*, Wiesbaden, S. 367–389.

Glißmann, Wilfried/Peters, Klaus (2001), *Mehr Druck durch mehr Freiheit. Die neue Autonomie in der Arbeit und ihre paradoxen Folgen*, Hamburg.

Graefe, Stefanie (2015), Subjektivierung, Erschöpfung, Autonomie: eine Analyseskizze, in: *Ethik und Gesellschaft* 2/2015, *http://www.ethik-und-gesellschaft.de/ojs/index.php/eug/article/view/2-2015-art-3/322*.

Graefe, Stefanie (2016), Grenzen des Wachstums? Resiliente Subjektivität im Krisenkapitalismus, *psychosozial 143*, Jg. 39, H. 1, (i.E.).

Haubl, Rolf (2009), Wahres Glück im Waren-Glück?, *Aus Politik und Zeitgeschichte*, Jg. 59, H. 32–33, S. 3–8.

Haug, Wolfgang Fritz (1971) *Kritik der Warenästhetik*, Frankfurt/M.

ISI (2014), Lebenszufriedenheit steigt mit der Höhe der Konsumausgaben. Analysen zur Struktur von Konsumausgaben und subjektivem Wohlbefinden, *Informationsdienst Soziale Indikatoren* 51/2014, S. 1–6.

Jackson, Tim (2013), *Wohlstand ohne Wachstum: Leben und Wirtschaften in einer endlichen Welt*, München.

Jürgens, Kerstin (2009), *Arbeits- und Lebenskraft. Reproduktion als eigensinnige Grenzziehung*, Wiesbaden.

Keuschnigg, Marc/Wolbring, Tobias (2012), Reich und zufrieden? Theorie und Empirie zur Beziehung von Wohlstand und Lebenszufriedenheit, *Berliner Journal für Soziologie*, Jg, 22, H. 2, S. 189–216.

Kleemann, Frank/Matuschek, Ingo/Günter G. Voß (2002), Subjektivierung von Arbeit: Ein Überblick zum Stand der soziologischen Diskussion, in: Manfred Moldaschl/G. Günter Voß (Hg.), *Subjektivierung von Arbeit*, München/Mering, S. 53–100.

Latouche, Serge (2015), *Es reicht! Abrechnung mit dem Wachstumswahn*, München.

Lessenich, Stephan (2014), *Akteurszwang und Systemwissen. Das Elend der Wachstumsgesellschaft*, Working Paper der DFG-KollegforscherInnengruppe Postwachstumsgesellschaften, 3/2014, Jena.

Littig, Beate/Spitzer, Markus (2011), *Arbeit neu: Erweiterte Arbeitskonzepte im Vergleich. Literaturstudie zum Stand der Debatte um erweiterte Arbeitskonzepte*, Hans-Böckler-Stiftung, Arbeitspapier 229, Düsseldorf.

Lorenz, Stephan (2014), *Mehr oder weniger? Zur Soziologie ökologischer Wachstumskritik und nachhaltiger Entwicklung*, Bielefeld.

Makropoulos, Michael (2010), Kunstautonomie und Wettbewerbsgesellschaft. Nachtrag zur »Ökonomisierung des Sozialen«, in: Christoph Menke/Juliane Rebentisch (Hg.), *Kreation und Depression. Freiheit im gegenwärtigen Kapitalismus*, Berlin, S. 208–225.

Muraca, Barbara (2012), Towards a fair degrowth society: Justice and the right to a »good life« beyond growth, *futures,* Jg. 44, H. 6, S. 535–545.

Neckel, Sighard/Wagner, Greta (2014), Burnout. Soziales Leiden an Wachstum und Wettbewerb, *WSI Mitteilungen*, Jg. 67, H. 7, S. 536–542.

Paech, Niko (2013), Wege aus der Wachstumsdiktatur, in: Harald Welzer/Klaus Wiegand (Hg.), *Wege aus der Wachstumsgesellschaft*, Frankfurt/M., S. 200–219.

Rau, Alexandra (2009), Suizid und neue Leiden am Arbeitsplatz, *Widerspruch. Beiträge zu sozialistischer Politik*, Jg. 29, H. 56, S. 67–77.

Romano, Onofrio (2012), How to rebuild democracy, re-thinking degrowth, *futures,* Jg. 44, H. 6, S. 582–589.

Røpke, Inge (2010), Konsum: Der Kern des Wachstumsmotors, in: Irmi Seidl/Angelika Zahrnt (Hg.), *Postwachstumsgesellschaft. Konzepte für die Zukunft*, Marburg, S. 103–115.

Rosa, Hartmut (2009), Schrankenloses Steigerungsspiel: Die strukturbildende Einheit hinter der Vielfalt der Kapitalismen, in: Stephan A. Jansen/Eckhard Schröter/Nico Stehr (Hg.), *Mehrwertiger Kapitalismus. Multidisziplinäre Beiträge zu Formen des Kapitals und seiner Kapitalien*, Wiesbaden, S. 33–54.

Rosa, Hartmut (2011), Über die Verwechslung von Kauf und Konsum. Paradoxien der spätmodernen Konsumkultur, in: Ludger Heidbrink/Imke Schmidt/Björn Aahaus (Hg.), *Die Verantwortung des Konsumenten. Über das Verhältnis von Markt, Moral und Konsum*, Frankfurt/M., S. 115–132.

Ruckriegel, Karlheinz (2007), Happiness Research (Glücksforschung) – eine Abkehr vom Materialismus, *Schriftenreihe der Georg-Simon-Ohm-Fachhochschule Nürnberg*, Sonderdruck Nr. 38, Nürnberg.

Salecl, Renata (2010), *The Tyranny of Choice*, London.

Schmelzer, Matthias/Passadakis, Alexis (2011) *Postwachstum. Krise, ökologische Grenzen und soziale Rechte*, Hamburg.

Schneider, Francois/Kallis, George/Martinez-Alier, Joan (2010), Crisis or opportunity? Economic degrowth for social equity and ecological sustainability. Introduction to this special issue, *Journal of Cleaner Production* 18/2010, S. 511–518.

Siegrist, Johannes (2015), *Arbeitswelt und stressbedingte Erkrankungen. Forschungsevidenz und präventive Maßnahmen*, München.

Steckner, Anne/Candeias, Mario (2014), Geiz ist gar nicht geil. Über Konsumweisen, Klassen und Kritik, *RLS-Standpunkte*, 11/2014, Berlin.

Strehle, Samuel (2014), Infantilzustände in der Megamaschine. Zur Funktion des Fiktiven in der Konsumgesellschaft – zugleich ein Plädoyer für eine Kultursoziologie des Populären, in: Joachim Fischer/Stephan Möbius (Hg.), *Kultursoziologie im 21. Jahrhundert*, Wiesbaden, S. 193–205.

Ullrich, Wolfgang (2009), Über die warenästhetische Erziehung des Menschen, *Aus Politik und Zeitgeschichte*, Jg. 59, H. 32–33, S. 14–19.

van Dyk, Silke (2010), Grenzüberschreitung als Norm? Zur »Vereinnahmung« von Gegenstrategien im Kapitalismus und den Konsequenzen für eine Soziologie des Widerständigen, in: Karina Becker/Lars Gertenbach/Henning Laux/Tilman Reitz (Hg.), *Grenzverschiebungen des Kapitalismus*, Frankfurt/M./New York, S. 33–54.

Veblen, Thorstein (1997 [1899]), *Theorie der feinen Leute. Eine ökonomische Untersuchung der Institutionen*, Frankfurt/M.

Voss, Günter G./Weiss, Cornelia (2013), Burnout und Depression – Leiterkrankungen des subjektivierten Kapitalismus oder: Woran leidet der Arbeitskraftunternehmer?, in: Sighard Neckel/Greta Wagner (Hg.), *Leistung und Erschöpfung. Burnout in der Wettbewerbsgesellschaft*, Berlin, S. 29–57.

Welzer, Harald (2011), *Mentale Infrastrukturen. Wie das Wachstum in die Welt und in die Seelen kam*, Berlin.

Wirsching, Andreas (2009), Konsum statt Arbeit? Zum Wandel von Individualität in der modernen Massengesellschaft, *Vierteljahreshefte für Zeitgeschichte*, Jg. 57, H. 2, S. 171–199.

Commons & Care – Der Weg über die Halbinseln anderen Wirtschaftens

Friederike Habermann

1. Neue Perspektiven auf eine neue Gesellschaft

»Ein neues Wirtschaftssystem – die Kollaborativen Commons – betritt die ökonomische Weltbühne.« Mit dieser These beginnt der Ökonom und, laut *Spiegel Online*, »bemerkenswerteste Denker und Futurologe der Welt«, Jeremy Rifkin, sein im Jahr 2014 erschienenes Buch *Die Null-Grenzkosten-Gesellschaft. Das Internet der Dinge, kollaboratives Gemeingut und der Rückzug des Kapitalismus.* ›Commons‹ – oft mit ›Gemeingut‹ übersetzt – wurde in den letzten Jahren zum zentralen Begriff der neuen Debatten um Möglichkeiten nichtkapitalistischen Wirtschaftens. Im Grunde nichts anderes als das alte deutsche Wort ›Allmende‹ bedeutend, wird es durch die Verwendung des neuen Begriffs nicht nur von verengten historischen Assoziationen befreit, sondern verschiebt sich immer weiter angesichts technischer Entwicklungen, aber auch im Zuge eines sich verändernden Alltagsverständnisses. Für immer mehr ›Commonist_innen‹ zeichnet sich die Ermöglichung einer Gesellschaft ab, in welcher – der Vision von Karl Marx entsprechend – sich alle ihren Fähigkeiten und Bedürfnissen entsprechend einbringen könnten.

Ebenfalls stark in die Diskussion geraten, insbesondere unter Feministinnen, ist der Ausdruck ›Care‹; also »Versorge-, Vorsorge-, Fürsorge-, Entsorge-, Besorge- oder Umsorge«-Tätigkeiten (Maler 2010) – im Grunde all das, was in den früheren, stärker marxistisch geprägten Diskussionen ›Reproduktionsarbeit‹ genannt wurde. Die Sozialwissenschaftlerin Gabriele Winker entfacht unter dem Stichwort ›Care Revolution‹ nicht nur eine Debatte über die zunehmende Krisenhaftigkeit von Care, und hier insbesondere von Pflege, sondern sie macht ebenfalls klar: Um dieses Problem zu lösen, braucht es zwar eine Reihe sozialpolitischer Maßnahmen; doch letztlich lässt sich diese Krisenhaftigkeit nicht überwinden, solange die Gesellschaft kapitalistischer Logik folgt (Winker 2015: 181). In dem Aufruf *Care Revolution – für ein gutes Leben für alle* zum Frauenkampftag 2015 heißt es: »Für uns sind Achtsamkeit für die Bedürfnisse aller Menschen, Raum für Empathie und solidarisches Miteinander und wirkliche Demokratie in Politik und Ökonomie die entscheidenden Prinzipien. Wir treten ein für eine Gesellschaft, in der Menschen nicht nach ökonomischer Verwertbarkeit eingeteilt werden«.[1]

Beide Aspekte zusammengenommen ergeben gesellschaftliche Perspektiven, die sich von jenen aus den vergangenen Jahrzehnten qualitativ unterscheiden. Entsprechend geht es im Folgenden um die Potenziale, die in den Begriffen Commons und Care für eine emanzipatorische Gesellschaft liegen. Nach einer jeweiligen kurzen Einführung (Abschnitte 2.1 zu Commons und 2.2 zu Care) geht es um analytische Gemeinsamkeiten hinsichtlich ihrer gegenwärtigen Vernutzung (Abschnitt 3). Mit Blick auf ihren emanzipatorischen Gehalt wird gezeigt, wie Commons in ›Halbinseln anderen Wirtschaftens‹ bereits heute gelebt werden und wie sich hierin eine ›Care-Logik‹ wiederfinden lässt (Abschnitt 4). Die Schlussbemerkung widmet sich der gesamtgesellschaftlichen Ersetzung einer Profit-Logik durch eine Care-Logik (Abschnitt 5).

2. Commons und Care – schon immer gewesen und hoch aktuell

2.1   Commons

Der deutsche Ausdruck ›Allmende‹ ruft bei jenen, die ihn überhaupt noch kennen, in der Regel das Bild einer Weide im mittelalterlichen Dorf hervor, auf der alle Bauern ihre Kühe und Schafe grasen lassen durften. Die Tatsache, dass im Mittelalter auch das Ackerland Allmende war und innerhalb der Dorfgemeinschaft aufgeteilt wurde (Schibel 1985), ist den wenigsten bekannt.

1968 verfasste der Ökologe Garret Hardin in der Zeitschrift *Science* anhand dieser Vorstellung einen Aufsatz mit dem Titel *Tragedy of the Commons*, worin er postuliert, jede Allmende müsse durch das individuelle Streben (in diesem Fall: der Bauern) nach maximalem Nutzen zwangsläufig übernutzt und somit letztlich zerstört werden:

---

1 Siehe zum Beispiel *https://care-revolution.org/wp-content/uploads/2015/03/Care_Revolution_-8M%C3%A4rz_KoKreis_layoutet.pdf* (11.06.2016).

»Darin liegt die Tragödie. Jedermann ist fester Bestandteil eines Systems, das ihn seine Herde grenzenlos zu vermehren zwingt – und dass in einer begrenzten Welt. So eilen alle dem Schicksal ihres Ruins entgegen, jeder im Streben nach seinem eigenen Vorteil in einer Gesellschaft, die an die Freiheit der Allmende glaubt. Die Freiheit des Gemeinguts führt zum Ruin aller.«[2]

Was Ökonom_innen jahrzehntelang anscheinend nicht auffiel, formuliert Rifkin treffend:

»Persönlich finde ich es merkwürdig, dass Hardin der Allmende die Rolle des ›Schurken‹ zuschreibt – als stehe sie hinter der Entfesselung von all der Gier und Zerstörungswut der modernen Welt. Tatsache ist doch, dass es die neuzeitlichen Exzesse eines vom Markt getriebenen kapitalistischen Systems waren, dessen verbissenes, durch die schwere Hand staatlich gelenkter kolonialer – und neokolonialer – Programme gestütztes Profitstreben während der vergangenen drei Jahrhunderte sowohl zum Raubbau an den Ressourcen als auch zur pauschalen Ausbeutung der Menschen der Dritten Welt geführt hat.« (Rifkin 2014: 228f.)

Entsprechend sollte hier, so ist wohl hinzuzufügen, besser von der ›Tragik des Marktes‹ (Acksel u.a. 2015: 138) gesprochen werden.[3] Während der Bedarf an Wolle oder Milch sowohl bei individueller als auch bei gemeinschaftlicher Nutzung relativ schnell gedeckt, zumindest aber begrenzt ist, eröffnet die Möglichkeit einer Umwandlung dieser Güter in Geld die potenziell unbegrenzte Anhäufung von Reichtum. Mit anderen Worten: Nur in einer Marktgesellschaft besteht ein Anreiz, unbegrenzt zu produzieren.

Elinor Ostrom, die als erste Frau überhaupt (und als Nichtökonomin) 2009 den sogenannten Nobelpreis für Wirtschaft erhielt, hat anhand zahlreicher über den gesamten Globus verteilter Fallstudien gezeigt, dass sowohl Allmenden im Sinne gemeinschaftlicher Landnutzung als auch Commons unterschiedlicher Arten nicht nur in der Vergangenheit, sondern ebenso unter heutigen Bedingungen durchaus funktionieren – und zwar, weil die Menschen, die Commons nutzen, miteinander kooperieren (Ostrom 1990).

In die breitere öffentliche Diskussion kam der englische Ausdruck in den letzten Jahren zunächst für insbesondere zwei Güterarten – diese könnten jedoch verschiedener kaum sein, denn auf den ersten Blick haben zum Beispiel ein Wald und ein Softwareprogramm nichts gemeinsam. Auf der einen

---

2 Hier zitiert in der deutschen Übersetzung aus Rifkin (2014: 228). Das englische Original aus dem Magazin *Science* vom 13.12.1968 (Jg. 162, Nr. 3859, S. 1243–1248) findet sich online unter *http://www.sciencemag.org/content/162/3859/1243.full*.

3 Acksel u.a. sprechen wörtlich von der »Tragik der Märkte« sowie von einer »Tragik der Marktlogik« hinsichtlich des dem Kapitalismus innewohnenden Wachstumszwanges.

Seite geht es um ›natürliche Commons‹ wie Klima oder Weltmeere, also Bereiche, in denen die herkömmliche Warenlogik nicht funktioniert. Unter dem Stichwort ›global commons‹ widmet sich unter anderem die Weltbank seit den 1990er Jahren dem Problem, wie diese zu schützen seien; Lösungen werden beispielsweise in Zuteilungen gesehen, wie dies bei den Weltmeeren teilweise geschehen ist, oder in multilateralen Vertragswerken, worin Schutzmaßnahmen vereinbart werden.

Auf der anderen Seite geht es um ›digitale Commons‹ wie Linux oder Wikipedia, die von freiwillig Beitragenden gemeinsam geschaffen wurden und bei denen keine Rivalität im Konsum besteht: Ob eine weitere Person noch bei Wikipedia nachschaut, mindert nicht den Konsum der anderen. Wird diese Person dadurch angeregt, ebenfalls zu Wikipedia beizutragen, tritt sogar das ein, was Carol Rose (1986) in Umkehrung des Schlagworts von der ›Tragödie der Commons‹ als ›Komödie der Commons‹ bezeichnete: Je mehr mitmachen, desto besser.

Das Beitragen zum Erschaffen eines Commons – wie zu Linux – bezeichnet der Harvardprofessor Yochai Benkler (2006) als ›commons-based peer production‹, also als auf Commons beruhende Produktion unter Ebenbürtigen – jenseits von Hierarchien und ohne den Zwang zur (Lohn-)Arbeit. Doch für ihn ist freie Software

»genau genommen nur ein Beispiel für ein viel breiteres sozialökonomisches Phänomen. Ich weise darauf hin, dass wir die Herausbildung einer neuen, dritten Art von Produktion in der digital vernetzten Umgebung sehen. Ich nenne diese Art ›Commons Based Peer Production‹, um sie von den eigentums- und vertragsbasierten Arten der Firmen und Märkte zu unterscheiden. Ihr zentrales Merkmal besteht darin, dass Gruppen von Einzelpersonen erfolgreich an groß angelegten Projekten arbeiten. Sie folgen dabei eher einer Reihe unterschiedlicher Motivationen und sozialer Signale als Marktpreisen und Anordnungen eines Managements.« (Benkler 2002: 1f., zit. nach Rifkin 2014: 280)

Allerdings geht Benkler von einer auch zukünftigen Koexistenz commonsbasierter Peerproduktion und kapitalistischer Produktionsweise aus. An dieser Stelle trennen sich zwei Hauptströmungen: Während für die einen Commons eine sinnvolle Ergänzung der kapitalistischen Wirtschaftsweise darstellen, bergen sie für die anderen die lang gesuchte Möglichkeit, Leben und Wirtschaften nicht nur jenseits von, sondern ohne Kapitalismus, ja sogar ohne Staat und Markt zu denken.

Elinor Ostrom ist eindeutig der ersten Strömung zuzuordnen, wenngleich sie stets deutlich macht, dass die Organisation der Commons jenseits von Markt und Staat stattfindet. Bei anderen Autor_innen, so auch Benkler, ist die Unterscheidung nicht ganz scharf; er gehört zur großen Mehrheit der Menschen, die nicht davon ausgeht, Markt und Staat seien auf kurze oder auch nur auf mittlere Sicht abzuschaffen. Doch ein wesentlicher Unterschied liegt in der jeweiligen Antwort auf die Frage, was als Commons denkbar gilt. Aus Sicht derjenigen, die in Commons die Grundlage eines anderen Gesellschaftsmodells erblicken, können alle Güterarten Commons sein. Was für Jeremy Rifkin die Commons heute relevanter denn je macht, ist die Entstehung einer globalen Hightech-Plattform; die damit einhergehende peer-to-peer Produktionsweise mache den Kapitalismus »irrelevant« (Rifkin 2014: 139). Das kapitalistische System werde eingehen (ebd.: 107) und auf diese Weise der Übergang in das kollaboristische Zeitalter ermöglicht.

Während Rifkin als liberaler Theoretiker zu verorten ist, entspricht dies dennoch wesentlich dem Plädoyer für einen auf Commons beruhenden Kommunismus der Marxisten Michael Hardt und Antonio Negri in dem dritten Band ihrer Trilogie *Common Wealth* (2009). Hardt und Negri argumentieren, dass die heutigen Formen kapitalistischer Akkumulation eine ›Expansion des Gemeinsamen‹ nicht nur vorantreiben, sondern brauchen, und dass durch die Informatisierung der Produktion ein ›Common Wealth‹ geschaffen werde, in dem Ausschluss nicht mehr nötig wäre, da Knappheit durch das ›Prinzip des Reichlichen‹ ersetzt werde.

Auch einige Commons-Theoretiker_innen (darunter Silke Helfrich und Stefan Meretz) argumentieren in Richtung einer vollkommen mit Commons funktionierenden Gesellschaft:

»Eine auf Commons basierende Gesellschaft lässt sich als *soziales Makronetzwerk* denken, in dem die dezentralen Commons-Einheiten verteilte Knoten im Netz darstellen. Große soziale Netzwerke bilden über interne Ausdifferenzierung funktionale Cluster und Hubs (Verdichtungen und Knotenpunkte) mit vielen Verbindungen.« (Acksel u.a. 2015: 144, Herv. im Original)

2.2 Care

Gabriele Winkers Aufruf zu einer ›Care Revolution‹ wurde in den letzten Jahren sowohl zum Titel von Tagungen als auch zum Slogan auf Demonstrationen: Winker analysiert, dass die soziale Reproduktion in der Krise ist, und setzt damit einem Verständnis von Krise als ausschließlich auf Banken,

Märkte oder den Euro bezogen die Tatsache entgegen, dass vielen Menschen Zeit und/oder Geld für Sorgetätigkeiten fehlen. Denn das unbeirrte Weiterführen neoliberaler Politik als Dreiklang aus Liberalisierung, Privatisierung und Sparpolitik führe zu einer, wie es Biesecker u.a. (2007) ausdrücken, »doppelten Privatisierung« von Sorgetätigkeiten: Einerseits setzt sich im Neoliberalismus die kommerzialisierte Privatisierung immer weiter durch, was aber aufgrund des soeben genannten Zusammenhangs gesamtgesellschaftlich kontraproduktiv für die Profite von Unternehmen ist (Winker 2015: 53). Andererseits bewirken steigende Preise aufgrund des staatlichen Rückzugs und damit der Verlagerung ehemals öffentlicher Betreuungsangebote auf private Unternehmen vor allem in den Bereichen Erziehung und Pflege eine vermehrte Übernahme dieser Tätigkeiten durch private Haushalte. Zudem weisen Zeitverwendungsstudien nach, dass dies fast ungebrochen nach wie vor zu vermehrter Frauenarbeit führt.

Winker – und mit ihr eine regelrechte ›Care Revolution‹-Bewegung – fordert Zeit für Sorgearbeit, Zeit für politisches und zivilgesellschaftliches Engagement sowie Zeit für Muße bei gleichzeitiger sozialer Absicherung. Erste Schritte seien eine radikale Arbeitszeitverkürzung mit Lohn- und Personalausgleich, die Realisierung des Mindestlohns sowie ein bedingungsloses, die Existenz sicherndes Grundeinkommen. Zweitens sei die auf Freiwilligkeit beruhende, individuell geleistete Sorgearbeit in den Familien mit einem deutlich ausgebauten Netz staatlich, genossenschaftlich oder gemeinwirtschaftlich angebotener personennaher Dienstleistungen zu verbinden. Und drittens brauche es eine gesellschaftliche Aufwertung und deutlich höhere Entlohnung dieser Dienstleistungen. Verbunden mit humanen Aufenthaltsgesetzen ließen sich so auch die Arbeitsbedingungen von migrierten Angestellten in der Betreuungs- und Pflegearbeit legalisieren und verbessern.

Sorgetätigkeiten vermehrt in die Logik von Erwerbsarbeit einzubeziehen, sehen Feministinnen seit der Diskussion um die Forderung von ›Lohn für Hausarbeit‹ in den 1970er Jahren allerdings kritisch. Zum einen, da die geschlechtsspezifische Arbeitsteilung damit nicht nur unangetastet geblieben wäre, sondern sich im Zweifel sogar verstärkt hätte. Zum anderen aber wehrten sich damals viele Frauen gegen die Vorstellung von »Lohn für jede schmutzige Toilette, für jede freche Anmacherei und Vergewaltigung, für jede Tasse Kaffee und jedes Lächeln« – wie es 1977 im Manifest *An alle Regierungen* gefordert wurde – als Zynismus (denn Gewalt bleibt Gewalt) und als totale Vermarktung menschlicher Beziehungen (denn Sorge gegen Geld bleibt ein Widerspruch in sich) (Schwarzer 1977).

»Sorgearbeiten und die Care-Economy unterliegen einer eigenen Logik, nämlich der Für- und Vorsorge, der sozialen Nähe, des Reproduktiven und Lebenserhaltenden«, schreiben 2012 Adelheid Biesecker, Christa Wichterich und Uta von Winterfeld für die Enquete-Kommission *Wohlstand, Wachstum, Lebensqualität.* Der aus der Einbeziehung in die monetäre Logik resultierende Rationalisierungsdruck reduziert beispielsweise Pflegetätigkeiten auf das Abarbeiten von fließbandähnlichen Handgriffen; sowohl die pflegende als auch die gepflegte Person wird vertieft der Entfremdung unterworfen.

Darüber hinaus führt der stärkere Ausbau des Pflegebereichs im Speziellen und der persönlichen Dienstleistungen im Allgemeinen zu einer Senkung des Wirtschaftswachstums beziehungsweise des Bruttosozialprodukts, denn das für diese Umschichtung benötigte Kapital ›verzichtet‹ damit auf profitträchtigere Anlagemöglichkeiten. Was aus Postwachstumsperspektive erstrebenswert erscheint, steht im Widerspruch zum kapitalistischen Wachstumsimperativ. Nicht nur Unternehmen, auch Nationalstaaten stehen in einem Wettbewerb der Standortsicherung zueinander. Weder ein einzelnes Unternehmen noch eine Volkswirtschaft kann es sich leisten, auf Wachstum zu verzichten, da die Gefahr besteht, dass das Kapital sich lukrativere Investitionen sucht.

Entsprechend betont Winker weiter, auch wenn diese bisher dargestellten Schritte einer ›Care Revolution‹ im Rahmen eines kapitalistischen Systems denkbar seien, bedürfe es zum einen zu deren Durchsetzung harter sozialer Auseinandersetzungen. Nur einer starken sozialen Bewegung könne es gelingen, materielle Existenzsicherheit für möglichst viele Personengruppen zu erkämpfen, die ausgedehnten Erwerbsarbeitszeiten zu verkürzen und an individuelle Lebenslagen anpassbar zu gestalten, die soziale Infrastruktur auszubauen sowie zunächst im Care-Bereich das Prinzip der Profitmaximierung weitgehend auszuschalten und stattdessen Bereiche der Selbstverwaltung aufzubauen.

Nichtsdestotrotz sei sicher, dass jeder einzelne Erfolg immer wieder neu von Rückschlägen bedroht werde, umso mehr, wenn der vergesellschaftete Care-Bereich inmitten eines kapitalistischen Umfeldes existiere. Deshalb sei es nicht wünschenswert und letztendlich auch nicht möglich, an diesem Punkt stehenzubleiben. Der nächste Schritt, die Vergesellschaftung aller Bereiche, ergebe sich beinahe zwangsläufig (Winker 2015: 169). Mit anderen Worten: Eine Gesellschaft, in der die Care-Revolution stattgefunden hat, »kann wegen der Unvereinbarkeit der zugrunde liegenden Funktionslogiken nicht kapitalistisch sein« (ebd.: 181).

Auch Winker spricht also von der Notwendigkeit einer Überwindung des Kapitalismus. Dabei sei eine wichtige Frage, wie gesellschaftlich notwendige Arbeit so verteilt werden könne, dass die Wirkungen der historisch übernommenen und reproduzierten Herrschaftsverhältnisse schrittweise aufgehoben werden. Hierfür hält sie fest: »Ein entscheidender Fortschritt ist, dass es mit der Abschaffung der Lohnarbeit als gesellschaftlichem Verhältnis auch keine Unterscheidung zwischen Lohn- und Reproduktionsarbeit und damit tendenziell keine Abwertung von Care-Arbeit mehr gibt« (ebd.: 174f.). Dadurch werde der Spielraum von Menschen, unterschiedliche Tätigkeiten auszuprobieren, deutlich größer. Sie könnten erfahren, wo ihre individuellen Interessen und Vorlieben liegen, die sie in der heutigen Gesellschaft meist nicht entfalten können.

Doch der springende Punkt, warum eine solche Trennung in Lohn- und Reproduktionsarbeit notwendig ist und warum eine Einbeziehung von Care-Tätigkeiten in die Lohnarbeit auch keine Lösung sein kann, liegt in etwas anderem: Tätigkeiten wie ›das-Kind-zu-Bett-bringen‹ befinden sich auch in allen noch mit Erwerbsarbeiten und damit in Tauschlogik verankerten Entwürfen alternativen Wirtschaftens in einem Dilemma: Entweder sie werden ähnlich wie in der traditionellen Frauenarbeit wieder in die Privatsphäre verschoben – und damit nicht als Arbeit gewertet. Oder sie werden, quasi als ›Erwerbsarbeit‹, in die Tauschlogik einbezogen und damit Rationalisierungsprozessen sowie Entfremdung unterworfen.

Nach Marx wird in der Arbeit die menschliche Schaffenskraft so zugerichtet, dass sich in ihrer Verrichtung nichts Menschliches mehr findet. Diese Tätigkeiten verlieren ihre jeweilige Sinnhaftigkeit und werden einer einzigen Logik unterworfen: der Marktgängigkeit. Bei Care wird nur sichtbarer, was für jede Form von Tätigkeit gilt: Dass sie zwangsläufig entfremdet wird, solange sie im Tausch gegen ›Lebensmittel‹ und damit als Zwang absolviert wird. Es stimmt, dass es einen Unterschied macht, wer eine Person pflegt oder gar ein Kind großzieht – doch ist dies bei anderen Tätigkeiten wirklich anders? Bei Künstler_innen aller Art offensichtlich nicht. Doch ist es anders bei einer Tischlerin? Einem Bäcker? Einem Friseur oder anderen Handwerker_innen? Bei Ihnen? Und was würden Anhänger_innen des Extrembügelns dazu sagen? Je mehr Menschen, die scheinbar stumpfsinnige Arbeiten verrichten, diese Tätigkeit ohne den Zwang zu Profit selbst gestalten können, umso mehr macht es letztlich bei jeder Tätigkeit einen Unterschied, wer sie vollbringt.

3. Gemeinsamkeiten hinsichtlich ihrer Vernutzung im Kapitalismus

In der feministischen Diskussion wird vielfach das Bild eines Eisberges verwendet, dessen aus dem Wasser ragende sichtbare Spitze die Marktwirtschaft symbolisiert. Doch der größere Teil des Eisberges bleibt unter Wasser und damit unsichtbar. Den einen Teil davon stellen die ›Ökosystemdienstleistungen‹ dar, wie die Vorteile, die Menschen von der Natur erhalten, inzwischen genannt werden. Commons sind also nicht nur unsere Geschichte (und das gilt für alle Teile der Welt), sondern in gewissem Sinne auch unsere Gegenwart.

Dafür ist jedoch eine sprachliche Unterscheidung sinnvoll zwischen dem, was kritisiert und dem, was vertreten wird. Hierfür übernehme ich die Unterscheidung der Konferenz ›Un/Commons‹ in Berlin im Oktober 2015: Un/Commons steht für die privatwirtschaftliche Vernutzung dessen, was im Falle gemeinschaftlicher Organisierung Commons sein könnte. Ganz wie der Historiker Peter Linebaugh betont: »There is no commons without commoning«.[4]

Eine damit verbundene weitere Unschärfe in der Diskussion besteht, wenn auch ›öffentliche‹ oder ›unreine öffentliche‹ Güter (im Sinne von nicht oder nur beschränkt rival im Konsum), die sich in staatlicher Hand befinden und sofern sie verbunden sind mit öffentlichen Nutzungsrechten, als Commons bezeichnet werden: das Recht, im Wald spazieren zu gehen und Pilze sammeln zu dürfen, das Recht, im See zu baden etc. Insbesondere dann, wenn deren Privatisierung droht – zum Beispiel als die Seen Brandenburgs verkauft werden sollten – wird deutlich, was Eigentum als Ausschluss bedeutet: So zum Beispiel, wenn die am Ufer Wohnenden einen Zaun hingesetzt bekommen, sofern sie nicht für den Zugang zahlen. Dass diese Verkäufe gestoppt werden konnten, macht allerdings noch keine Commons aus diesen Seen. Stattdessen wird von ›Gemeinressourcen‹ gesprochen (englisch: common pool resources, CPR).

Den anderen Teil des Eisberges unter Wasser stellen in dem feministischen Bild die Sorgetätigkeiten sowie Subsistenzarbeiten dar. Hier kann eine weitere Unterscheidung getroffen werden: Der Ausdruck

---

4 Wobei sich dieses ihm immer und immer wieder zugeschriebene wörtliche Zitat so nicht, wie oft angegeben, in seinem Hauptwerk von 2008, *The Magna Carta Manifesto: Liberties and Commons for All* findet, dafür aber der Gedanke (2008: 278). Mit dem Begriff Commoning grenzt auch Linebaugh emanzipatorische Diskussionen von solchen der Weltbank ab.

›Reproduktionsarbeiten‹ verweist auf das privatwirtschaftliche Vernutzen unbezahlter sowie (wenn auch im sichtbaren Teil der Marktökonomie enthalten) unterbezahlter Sorgetätigkeiten. Im Ausdruck ›Care‹ klingt dagegen die nicht dem Profit unterwerfbare Logik solcher Fürsorge an.

Wie eng die Diskussionen um Commons und Care verwoben sind, zeigt sich auch mit einem Blick auf den Text, der als grundlegend für die Legitimation von Eigentum im europäischen Diskurs gilt: John Lockes zweite Abhandlung über die Regierung aus dem Jahr 1690 *Über den wahren Ursprung, Umfang und Zweck des staatlichen Gemeinwesens*. Ausgangspunkt war, wie damals selbstverständlich, die Natur als Allmende zu verstehen. Doch über das Recht auf die Verfügung über den eigenen Leib rechtfertigt er den Übergang zu einem Verständnis von Eigentum als Ausschluss:

»Obwohl die Erde und alle niedrigeren Geschöpfe den Menschen gemeinschaftlich gehören, so hat doch jeder Mensch ein Eigentum an seiner eigenen Person; auf diese hat niemand ein Recht als er selbst. Die Arbeit seines Körpers und das Werk seiner Hände, können wir sagen, sind im eigentlichen Sinn sein Eigentum. Alles also, was er dem Zustand, den die Natur vorgesehen, und in dem sie es gelassen hat, entrückt, hat er mit seiner Arbeit gemischt, ihm etwas zugesellt, was sein eigen ist, und macht es dadurch zu seinem Eigentum. Da es durch ihn dem gemeinsamen Zustand, in den die Natur es gestellt hatte, entzogen worden ist, hat es durch diese seine Arbeit etwas hinzugefügt erhalten, was das gemeinschaftliche Recht anderer Menschen ausschließt. Denn da diese Arbeit das unbestreitbare Eigentum des Arbeiters ist, kann niemand als er selbst ein Recht auf das haben, womit diese Arbeit einmal verbunden worden ist, wenigstens da, wo genug und ebenso gutes für den gemeinschaftlichen Besitz anderer vorhanden ist.« (Locke 1977 [1690]: II § 27)

Selbst Locke hält es also für notwendig, an dieser Stelle darauf hinzuweisen, dass dieses Recht auf Ausschluss kein unbedingtes ist, sondern damit ins Verhältnis gesetzt werden muss, ob andere hierdurch Mangel erleiden oder nicht.

Was aber Theoretiker_innen in all den unzähligen Artikeln und Diskussionen der vergangenen Jahrhunderte über die Lockesche Legitimation von Eigentum nicht auffiel, führen Adelheid Biesecker, Christa Wichterich und Uta von Winterfeld aus:

»Bei John Locke, dem ›geistigen Vater‹ bürgerlichen Eigentums, ist es eine bestimmte menschliche Arbeit, die mit den Objekten der Natur gemischt das Eigentum hervorbringt: Das Wasser gehört demjenigen, der es schöpft – und nicht derjenigen, die die Quelle hegt und pflegt. Die Birnen gehören derjenigen, die sie sammelt oder pflückt – nicht demjenigen, der für das Gedeihen des Baumes sorgt.« (Biesecker u.a. 2012: 14)

Sorge- und Pflegetätigkeiten aller Art also, die per Definition nicht zur Aneignung beziehungsweise ›Eroberung‹ eines Gutes führen, sondern zu dessen Erhalt und Gedeihen, legitimieren nicht zu Eigentum. Damit sind es insbesondere jene Tätigkeiten, die traditionell und immer noch überwiegend von Frauen geleistet werden, welche nicht zu Eigentum legitimieren – der im obigen Zitat dankenswerterweise geschlechtergerechten Sprache zum Trotz.

An der feministischen Ergänzung des Lockeschen Zitats lässt sich ebenfalls verdeutlichen, was Christa Wichterich mit dem Begriff ›Care-Extraktivismus‹ erfasst.[5] ›Extraktivismus‹ bedeutet die Ausbeutung von Rohstoffen und wird unter diesem Begriff in den letzten Jahren besonders in Lateinamerika stark kontrovers diskutiert. ›Care-Extraktivismus‹ wäre dann nicht nur der auf Natur bezogene ›Extraktivismus‹, also – in den obigen Bildern gesprochen – der Aneignung und Privatisierung von Wasser und Birnen, sondern ebenso der darin eingegangenen Erhaltungs- bzw. Sorgetätigkeiten.

Nun wird ein Agrarbetrieb auch das Pflanzen und das Düngen eines Baumes mit in seinen Kostenplan aufnehmen. Doch die Wahl des Erntens durch Locke ist kein Zufall, sondern Ausdruck der dann bei Adam Smith auch theoretisch vollzogenen Trennung in produktive und reproduktive Arbeit. Auch Smith hat diese Trennung nicht explizit benannt, doch es sind ausschließlich Waren und bezahlte Dienstleistungen, welche nach ihm den ›Wohlstand der Nationen‹ begründen.

Auch für die Eroberung der auf Commons beruhenden Kulturen und Ökonomien, Menschen und Länder, die dem westlichen Kolonialismus zum Opfer fielen, diente diese implizite Unterscheidung den Weißen als Legitimation. Die nicht-erobernden Tätigkeiten wurden nicht als ›Arbeit‹ anerkannt. Noch 1885 argumentierte ein kanadischer sogenannter ›Indianerbeamter‹, da die Indigenen »nicht das göttliche Gebot erfüllt haben, sich die Erde untertan zu machen, sind ihre Ansprüche auf Eigentum unhaltbar« (zit. nach Usher 1992: 45; Übersetzung F.H.). Michael Brie bringt diese Legitimierung der kolonialen Aneignung auf den Punkt:

»Locke hat nicht nur die Enteignung der englischen Bauern, sondern auch die Kolonialisierung Nordamerikas und die Vertreibung und Vernichtung der indigenen Völker vor Augen, Prozesse, die er als legitim ansieht, da diese Völker keine ›Arbeit‹ (im genannten Sinne) auf das von ihnen gemeinschaftlich besiedelte Land verwenden würden. Solche Nicht-Nutzung rechtfertige Enteignung, denn ›Eigentum aus

---

5 So unter anderem in ihrem Vortrag *Ökonomie, Wohlstand & Armut* am 14. November 2014 auf der 6. Österreichischen Entwicklungstagung *Umbruch – Aufbruch* in Salzburg.

Arbeit‹ – immer im Sinne effektiver Verwertung – müsse ›eine größere Bedeutung erlangen [...] als das gemeinsame Eigentum an Land‹, sei es doch die Arbeit, ›die jedem Ding seinen unterschiedlichen Wert gibt‹.« (Brie 2015)

4.   Ihr emanzipatorisches Potenzial in ›Halbinseln anderen Wirtschaftens‹

Im Nachklang meines Buches *Halbinseln gegen den Strom* (2009) über Ansätze alternativen Wirtschaftens im deutschsprachigen Raum wurde mir deutlich, dass jüngere Initiativen fast durchweg wesentlich den Prinzipien der ›commons-based peer production‹ entsprechen. Diese sollen im Folgenden anhand solch bestehender Beispiele solidarischer Ökonomie dargestellt werden. Dabei werde ich versuchen zu verdeutlichen, wo die Parallelen zu einer Ethik des Care liegen. Christa Wichterich benennt die offensichtlichen Gemeinsamkeiten von Care und Commons: 1. die von der Marktlogik grundverschiedene Handlungsrationalität, 2. Wohlstandsproduktion jenseits von BIP und Wachstumsimperativ, 3. sowohl Caring als auch Commoning haben Kooperation zur Grundlage, beide fokussieren auf das Relationale, auf die Beziehung zwischen Menschen; 4. sieht sie allerdings, dass beide die existierenden Genderrollen bislang bestätigten.[6]

Besitz statt Eigentum

Aus einer Commons-Perspektive gilt: Wer in einer Wohnung wohnt, der besitzt sie auch, kann sie aber nicht verkaufen – dies wurde bis 2011 in Kuba praktiziert. Auch in Deutschland gibt es Häuser, die als Allmende organisiert sind, das heißt, es ist unabhängig von Kauf oder Miete, wer einzieht. Natürlich können diese vorübergehend voll sein, doch an dem Allmende-Prinzip, dass das Nutzen das Entscheidende ist, ändert sich dadurch nichts.

Nicht-rivale Güter wie Software sind prädestiniert für einen freien Zugang, denn sie zu kopieren, schränkt den Gebrauch für niemand anderen ein. Das gleiche gilt für *öffentliche Güter*. Aber auch ›unreine öffentliche Güter‹ wie Straßen und Wege, Wasserver- und -entsorgung oder allgemein jede Art öffentlicher

---

6 So im Rahmen des *Commonssalons* der Heinrich-Böll-Stiftung am 18. März 2013 in Berlin; *http://commonsblog.files.wordpress.com/2008/04/wichterich-praesi-commonssalon.pdf* (27.06.2016).

Verkehrsmittel und Infrastruktur, bei denen eine gewisse Rivalität im Konsum besteht, können getrost nach dem Prinzip ›Besitz statt Eigentum‹ organisiert werden. Bedürfnisse sind relativ bald befriedigt.

›Besitz statt Eigentum‹ kann sich aber auch auf Gegenstände beziehen; zum einen auf solche, bei denen serielle Nutzung möglich ist, da sie nach einmaliger Benutzung nicht mehr benötigt werden – Krimis zum Beispiel. Neben öffentlichen Bücherschränken sind Umsonst- bzw. Kostnixläden (zum Teil auch als Möbellager), die wie Second-Hand-Läden funktionieren, nur eben ohne Geld und ohne Tauschlogik, Beispiele für die Nutzung in serieller Form. Wer etwas hat, was er nicht mehr möchte, bringt es. Wer etwas entdeckt, was sie gebrauchen kann, nimmt es.

Auch alternierende Nutzung ist möglich: so bei Werkzeugen, die nicht irgendwann ›ausgebraucht‹ sind. In Deutschland finden sich hierfür Nutzungsgemeinschaften (in Nachbarschaften, webbasiert oder appgestützt), Leihläden (einer Bibliothek entsprechend) sowie offene Werkstätten, ausgestattet mit Werkzeugen für Holz- oder Metallbearbeitung, als Fahrrad- oder Nähwerkstatt oder auch mit 3D-Druckern.

Selbst Essen – um das wohl rivalste unter den *rivalen Gütern* zu nennen – lässt sich mit ›Besitz statt Eigentum‹ fassen: Denn ›in Besitz‹ kann Essen nur genommen werden, wenn es auch gegessen wird. Vergammelt es oder wird es gar weiterverkauft, wurde es Eigentum. Vielleicht, weil Menschen zunehmend wieder verlernen, Essen wegzuschmeißen, wenn es über ihren eigenen Bedarf hinausgeht, nur weil es ihr Eigentum ist, entstehen derzeit in fast allen größeren Städten Deutschlands und Österreichs Foodsharing-Initiativen.

Und mit dieser Logik sollten auch Produktionsmittel im Besitz jener sein, die sie gebrauchen. Alstair Parvin, als frischgebackener britischer Absolvent der Architektur im Krisenjahr 2008 sofort erwerbslos geworden, wollte sein Wissen nicht nur jenen mit Geld zur Verfügung stellen; darum stellt er inzwischen Bausätze für ein aus Sperrholz gefertigtes Haus online frei zur Verfügung. Mit Blick auf die neuen Möglichkeiten dezentraler Produktion durch 3D-Drucker und offene Online-Bibliotheken für Software sieht er die Lösung für die Frage, wer die Produktionsmittel kontrollieren sollte, sich selbst beantworten mit: »Niemand. Alle.«[7]

In all diesem ist das sorgende Element deutlich: Statt nach Eigentumslogik auszuschließen, wird versorgt, wo Bedarf herrscht.

---

7 Siehe für das Zitat: *http://www.ted.com/talks/alastair_parvin_architecture_for_the_people_by_the_people* sowie *http://www.wikihouse.cc* für die Bausätze (04.01.2016).

Teile, was du kannst

»Teile, was Du kannst« kann all das bedeuten, um das es gerade ging: Abgeben, was aus dem eigenen Besitz fällt, was über den eigenen Nutzen hinausgeht. Aber es impliziert noch mehr. Zum einen: »Teile, was Du weißt«. Wobei Wissen sich bekanntlich vermehrt, ja vervielfacht durch Teilen. Hier setzt das sogenannte *skill-sharing* an, womit das Prinzip zur Produktion hinübergleitet. Bei der nächsten Interpretation von ›Teile, was Du kannst‹ geht es um das direkte Einbringen der eigenen Fähigkeiten als Tätigkeiten, was im Folgenden mithilfe des dritten Prinzips erfasst wird:

Beitragen statt Tauschen

Oder, mit Marx ausgedrückt: Ging es zunächst um den Aspekt »jedem nach seinen Bedürfnissen«, kommen wir nun zu »jeder nach seinen Fähigkeiten«. Wobei die Selbstverwirklichung des Menschen durch Tätigsein ein von Marx betonter Aspekt des menschlichen Bedürfnisses war. Statt die eigenen Fähigkeiten in Quantitäten ummünzen zu müssen (wie dies in einem herkömmlichen Tauschring immer noch der Fall ist), wird in commonsbasierter Peerproduktion aus einem Bedürfnis heraus aktiv gehandelt; das muss nicht unbedingt Spaß an der Sache bedeuten, sondern es kann auch Verantwortungsgefühl sein. Ein solcher Austausch ohne Tauschlogik wird ebenfalls in Nutzungsgemeinschaften praktiziert, denn auch Fähigkeiten sind Ressourcen.

Im *Repair-Café Saasen* engagieren sich rund 50 Leute und es kommen schon mal 200, die gerne etwas repariert hätten. Inzwischen muss sich deshalb angemeldet werden. Die Motivation lässt sich jedoch nicht auf den offensichtlichen ökologischen Aspekt, der geplanten Obsoleszenz von Produkten etwas entgegensetzen zu wollen, begrenzen. Die dort aktive Kristina Deselears versucht, in Worte zu fassen, was sie erlebt:

»Gehen Sie hin und versuchen Sie aufzunehmen, was an Stimmung im Raum ist, was für eine positive Spannung, eine unheimliche Wertschätzung – das ist mit Geld nicht zu bezahlen. Das findet sich ja kaum noch anderswo. Darum sind auch so viele

Menschen bereit, ihre Zeit da zu investieren. Und alle machen das ohne Belastungs-gefühl.«[8]

Ein Beispiel für politisch explizit tauschlogikfreies Produzieren stellt die *Vernetzung Nichtkommerzielles Leben* (NKL) dar. Daran nehmen nicht nur landwirtschaftliche Projekte teil, sondern auch nichtkommerzielle Gesundheitsprojekte von Heilpraktiker_innen sowie Bäckereigruppen, Baugruppen, Lernwerkstätten und Selbsthilfewerkstätten.

Interessanterweise begreift sich auch die in Griechenland besetzte Fabrik *Vio.Me* als Commons. Vio.Me verfolgt nicht das traditionelle Konzept, welches zwar Solidarität nach innen bedeutet, sich nach außen hin jedoch in die Marktstrukturen hineinbegibt. Statt sich einzureihen im Kampf um Marktanteile, geht es darum, bedürfnisorientiert zu produzieren. Neben dem Vertrieb über soziale Bewegungen wird Vio.Me derzeit von ›solidarity supporters‹ durch einen monatlichen Beitrag unterstützt; umgekehrt erhalten diese von ihnen benötigte Vio.Me-Produkte. Auch hier gilt erklärtermaßen die Devise:»Jeder trägt bei, was er kann.« Entscheidungen darüber, was produziert werden soll bzw. was gebraucht wird, werden gemeinsam mit Konsument_innen besprochen.

Doch die spannendsten Commonsprojekte in Griechenland kommen aus dem Pflegebereich: die *Solidaritätskliniken*. Inzwischen gibt es im ganzen Land 60, davon sind 48 auf der Basis autonomer Prinzipien vernetzt und werden jeweils von offenen lokalen als auch von einer nationalen Versammlung getragen. Sie entstanden aus der Unterstützungsgruppe für einen 46 Tage dauernden Hungerstreik von über 50 Geflüchteten in Thessaloníki. Inzwischen stellt die dortige Klinik einen Großteil dessen zur Verfügung, was an medizinischen Leistungen benötigt wird: von Allgemeinmedizin (sowohl schulmedizinische als auch naturheilkundliche) über Geburtshilfe, Kinder- und Jugendmedizin bis hin zu zahnmedizinischer Versorgung, psychiatrischer und neurologischer Behandlung sowie Apotheken.

Dabei wird alles kostenfrei zur Verfügung gestellt, sowohl Medikamente als auch Materialien und die gesamten Tätigkeiten. Erst im Laufe der Zeit sei ihnen bewusst geworden, dass das, was sie taten, Commons war, so Ilektra Bethymouti, eine Aktivistin, auf der erwähnten Un/Commons-Veranstaltung im Herbst 2015 in Berlin.

---

8 Auf der Veranstaltung *Teilen, Tauschen, Schenken – GUT leben* vom Frauenwerk der Nordkirche sowie der Evangelischen Akademie Hamburg am 07.11.2015 in Hamburg-Steilshoop.

Gleichzeitig geht es aber nicht darum, den existierenden Staat aus der Verantwortung zu lassen. Während die staatlichen Kliniken ausbluteten, bot die griechische Regierung den solidarischen Kliniken Geld an. Doch diese lehnten ab – zum einen aus Angst vor Kontrolle, zum anderen, weil vermutet wurde, dass der Staat auf diese Weise mit wenig Geld für Menschen, die sich aufopfern, dafür ›gesorgt‹ haben wollte, dass die Masse nicht verelendet.

Nick Dyer-Witherford (2007), viel zitiert mit seiner Aussage, »If the cell form of capitalism is the commodity, the cellular form of a society beyond capital is the common«, bemerkt, dass die Bewegung gespalten ist in autonome Teile mit starker anti-staatlicher Perspektive und jene, die an die Wohlfahrtsfunktion des Staates appellieren. Er ruft dazu auf, das Potenzial auszuloten, welches sich im Zusammenspiel dieser beiden Positionen ergebe. Doch diese Position wird bereits vielfach vertreten. So schreiben Silke Helfrich und David Bollier (2012: 22): »Wir brauchen einen Staat, der Allmendeprinzipien aktiv unterstützt und deren Torpedierung sanktioniert, so wie er derzeit das Marktprinzip unterstützt und dessen Übertretung sanktioniert«. Und Yochai Benkler bemerkt, er sehe keinen Grund, warum beispielsweise Bildung nicht weiter überwiegend staatlich finanziert werden solle (Benkler 2006: 34). Wie auch bei den Solidaritätskliniken in Griechenland kann dies einhergehen mit Direkter Aktion in David Graebers Definition als »eine Form, ›schon jetzt die Zukunft aufzubauen‹« (Graeber 2009: 18). Nicht zu fordern, nicht zu warten, sondern das Neue zu leben – das ist Commoning.

Auch Sorgetätigkeiten würden also mit dem Prinzip ›Beitragen statt Tauschen‹ abgedeckt. Letztlich wird die Unterscheidung zwischen produktiven und reproduktiven Tätigkeiten in einer commonsbasierten Peerproduktion sogar obsolet. Und nur in einer Form des Wirtschaftens, in welcher diese Unterscheidung hinfällig wird, nur dann, wenn Tätigkeiten nicht dem Tauschzwang unterliegen, ist das Problem zu lösen, warum Care im Kapitalismus immer krisenhaft bleiben wird – weil produktive Tätigkeiten gewinnbringender zu verwerten sind.

Die Erfahrung von Christa Wichterich, dass sich in Commons Geschlechterrollen bestätigen würden, kann ich manchmal teilen und häufig sehe ich das Gegenteil. Teilen kann ich es in jenen Projekten, die ein eher unpolitisches Spektrum und eine ältere Generation ansprechen, wie die Initiative *Anti-Rost*, einem Netzwerk von Ruheständler_innen, die für Senior_innen kleine Reparaturtätigkeiten übernehmen. Unter den rund 80 Aktiven der Sektion in Münster findet sich kaum eine Frau, während viele derjenigen, die um Hilfe ansuchen, weiblich sind. Jene, die damit sozialisiert sind, übernehmen also die entsprechenden Tätigkeiten. In politisch bewussteren Projekten wie dem *Karlshof* mit seiner nichtkommerziellen Landwirtschaft wird intensiv versucht, solche Rollenzuschreibungen zu überwinden. Doch auch ohne solche expliziten Versuche kommt es nach meiner Erfahrung vielfach deutlich zu einer Aufhebung traditioneller Zuordnungen, da gegen niemand in Konkurrenz ›anproduziert‹ werden muss.

In einer commonsbasierten Peerproduktion muss niemand sich darauf begrenzen, welche Fähigkeiten er oder sie am Markt verwerten kann – entweder beschränkt durch Niedrigqualifikation oder verengt auf die eine spezielle Qualifikation, bei der sich viele andere ›auskonkurrieren‹ lassen. Es muss auch niemand in Eigenarbeit alles selbst machen. Aber es wäre ein Ende des strukturellen Hasses, wo den eigenen Lebenslauf aufzuwerten immer bedeutet, den aller anderen zu verschlechtern, und den Job zu bekommen, jemand anderen auszubooten. Es wäre ein System struktureller Gemeinschaftlichkeit, indem jede und jeder auf dem aufbauen kann, was andere schaffen. Eine Care-Logik. Doch ohne die Enge von Gemeinschaft und ohne bessere Menschen zu sein. Es wäre eine andere gesellschaftliche Realität.

5.   Eine Gesellschaft der freien Kooperation

Freiwilligkeit, manchmal als viertes Prinzip aufgeführt, ist das, was das Beitragen vom Tauschen unterscheidet. Eine Voraussetzung ist dabei der offene Zugang zu Ressourcen. Nur so kann es sich um eine Gesellschaft freier Kooperation mit selbstbestimmten Individuen handeln.

Dabei drängt sich die Frage auf: Und wenn das alles nicht klappt? Elinor Ostrom hebt in *Die Verfassung der Allmende* hervor, wie hoch angesichts der stets lauernden Versuchungen in all den von ihr untersuchten Commons die Regelkonformität gewesen sei (Ostrom 1990: 233). Zwar verfügten alle Allmendesysteme über eingebaute Überwachungs- und Sanktionsmaßnahmen, doch es falle auf, dass in fast jeder ihrer Fallstudien die Bußen für Verstöße gegen die Normen überraschend niedrig seien. Konkret: »Sie betragen selten mehr als einen Bruchteil des Geldwerts, den ein Regelverstoß einbrächte« (ebd.: 234). Nach wirtschaftswissenschaftlicher Logik bedeutet das aber nichts anderes, als dass sie als Sanktionsmechanismen irrelevant sind für die

Einhaltung: Wenn die Bestrafung weniger kostet als das Vergehen, entscheidet sich jeder homo oeconomicus für das Vergehen. Offensichtlich geht es dabei also vielmehr um die Symbolfunktion. Um das Markieren des Selbstverständlichen im jeweiligen Commons-Raum. »Aus psychologischer Sicht entsprechen solche Arrangements eher internalisierten als von außen verordneten Normen«, so Beckenkamp (2012: 56).

Silke Helfrich stellt dem beitragsökonomisch lebenden Architekten Van Bo Le-Mentzel die Frage »Wenn alle immer nur noch machen, worauf sie Lust haben, wer macht dann die Drecksarbeit?«. Dieser setzt dem entgegen:

»Wer macht die Drecksarbeit heute? Man zahlt Menschen, die auf Geld zum Überleben angewiesen sind, ein kleines Geld, und dann machen die alles: Klos putzen, in Bergwerken Erze abbauen, Sexarbeit, Baumwolle pflücken. In Indien fangen Frauen neuerdings an, gegen Geld Babys auszutragen. Das ist für mich keine Alternative. Freiwillig machen diese Menschen das nicht.« (Helfrich/Heinrich-Böll-Stiftung 2015: 156)

Es geht um die Aufhebung der gesellschaftlichen Profit-Logik zugunsten einer Logik von ›Care‹. Dies ist nicht mit Altruismus zu verwechseln, sondern es steht für die »Wiederentdeckung des Selbstverständlichen«, wie Ina Praetorius in ihrer Schrift *Wirtschaft ist Care* es nennt. D.h. für die Tatsache, dass die allermeisten von uns selbstverständlich tätig werden, wenn wir die Notwendigkeit sehen. »Es ist selbstverständlich, dass Menschen als bezogen-freie Wesen mehr mehren wollen als ihren persönlichen Vorteil« (Praetorius 2015: 56). Es geht darum, eine andere Handlungsrationalität gesellschaftlich zu ermöglichen. Statt in strukturellem Hass zueinander agieren zu müssen, könnten wir unser Leben und Wirtschaften als Miteinander gestalten.

Literatur

Acksel, Britta/Euler, Johannes/Gauditz, Leslie/Helfrich, Silke/Kratzwald, Brigitte/Meretz, Stefan/Stein, Flavio/Tuschen, Stefan (2015), Commoning. Zur Kon-struktion einer konvivalen Gesellschaft, in: Frank Adloff/Volker Heins (Hg.), *Konvivialismus. Eine Debatte*, Bielefeld.

Beckenkamp, Martin (2012), Der Umgang mit sozialen Dilemmata. Institutionen und Vertrauen in den Commons, in: Silke Helfrich/Heinrich-Böll-Stiftung (Hg.), *Commons. Für eine neue Politik jenseits von Markt und Staat*, Bielefeld.

Benkler, Yochai (2002), Coase's Penguin, or, Linux and The Nature of the Firm, *Yale Law Journal*, Jg. 112, H. 3, S. 369–446.

Benkler, Yochai (2006), *The Wealth of Networks*, New Haven/London.

Biesecker, Adelheid/Braunmühl, Claudia von/Wichterich, Christa/Winterfeld, Uta von (2007), Zu den Auswirkungen der doppelten Privatisierung, *Femina Politica. Zeitschrift für feministische Politikwissenschaft*, 02/2007, Leverkusen, S. 28–41.

Biesecker, Adelheid/Wichterich, Christa/Winterfeld, Uta von (2012), *Feministische Perspektiven zum Themenbereich ›Wohlstand, Wachstum, Lebensqualität‹*, Hintergrundpapier für die gleichnamige Enquete-Kommission, Bremen/Bonn/Wuppertal.

Brie, Michael (2015), *Urkommunismus und menschliche Natur*, derzeit unveröffentlichtes Manuskript.

Dyer-Witherford, Nick (2007), Commonism, in: Turbulence 1, 04.01.2016, *http://turbulence.org.uk/turbulence-1/commonism*.

Graeber, David (2009), *Direkte Aktion. Ein Handbuch*, Hamburg.

Habermann, Friederike (2009), *Halbinseln gegen den Strom. Anders leben und wirtschaften im Alltag*, Königstein.

Hardt, Michael/Negri, Antonio (2009), *Common Wealth. Das Ende des Eigentums*, Cambridge.

Helfrich, Silke/Bollier, David (2012), Commons als transformative Kraft. Eine Einführung, in: Silke Helfrich/Heinrich-Böll-Stiftung (Hg.), *Commons. Für eine neue Politik jenseits von Markt und Staat*, Bielefeld, S. 15–23.

Helfrich, Silke/Bollier, David/Heinrich-Böll-Stiftung (Hg.) (2015), *Die Welt der Commons. Muster gemeinsamen Handelns*, Bielefeld.

Linebaugh, Peter (2008), *The Magna Carta Manifesto. Liberties and Commons for All*, Berkeley u.a.

Locke, John (1977 [1690]), *Zwei Abhandlungen über die Regierung*, Frankfurt/M.

Maler, Gerda (2010), Das Unsichtbare sichtbar machen, *ak – analyse & kritik. Zeitung für linke Debatte und Praxis*, Nr. 552.

Ostrom, Elinor (1990), *Die Verfassung der Allmende*, Tübingen.

Praetorius, Ina (2015), *Wirtschaft ist Care oder: Die Wiederentdeckung des Selbstverständlichen*, hg. v. d. Heinrich-Böll-Stiftung, Berlin.

Rifkin, Jeremy (2014), *Die Null-Grenzkosten-Gesellschaft. Das Internet der Dinge, kollaboratives Gemeingut und der Rückzug des Kapitalismus*, Frankfurt/M.

Rose, Carol (1986), The Comedy of the Commons, *University of Chicago Law Review*, Jg. 53, H. 3, S. 711–781.

Schibel, Karl (1985), *Das Alte Recht auf die neue Gesellschaft. Zur Sozialgeschichte der Kommune seit dem Mittelalter*, Frankfurt/M.

Schwarzer, Alice (1977), Hausfrauenlohn?, in: *Emma* 5/1977, 04.01.2016, *http://www.frauenmediaturm.de/themen-portraets/chronik-der-neuen-frauenbewegung/19 74/hausfrauenlohn*.

Usher, Peter J. (1992), Property as the Basis of Inuit Hunting Rights, in: Terry L. Anderson (Hg.), *Property Rights and Indian Economies*, Boston.

Winker, Gabriele (2015), *Care Revolution. Schritte in eine solidarische Gesellschaft*, Bielefeld.

V. Degrowth und Demokratie

Vorwärts in die Vergangenheit: Postwachstum als Gemeinschaftsprojekt? Zur Wiederentdeckung des Gemeinsinns

Silke van Dyk

1. Einleitung

Die Debatte um die zerstörerischen sozialen und ökologischen Folgen einer auf permanentes Wachstum setzenden Ökonomie hat in der jüngeren Vergangenheit auch im deutschsprachigen Raum an Fahrt gewonnen. Es mehren sich die Stimmen, die skeptisch ob des Versprechens sind, dass ein grüner Kapitalismus mit einer auf technologischen Fortschritt setzenden Entkoppelung von Wachstum und Ressourcenverbrauch die multiplen Krisen der Gegenwart in den Griff bekommen könne (vgl. zum Beispiel Le Monde Diplomatique/Kolleg Postwachstumsgesellschaften 2015; Biesecker u.a. 2012; www.degrowth.de). Zugleich dürfen das Erwachen einer Graswurzel-Degrowth-Bewegung und die wachsende Anzahl wachstumskritischer Wissenschaftler_innen nicht darüber hinwegtäuschen, dass wir es gesamtgesellschaftlich mit einer weiterhin hochgradig marginalisierten Position zu tun haben.

Brisant ist nun, dass in der jüngeren Vergangenheit zwar eine Revitalisierung linker, vor allem ungleichheitssensibler Analysen und politischer Kräfte zu beobachten ist, dass dies an der Marginalität wachstumskritischer Positionen aber nichts geändert hat – im Gegenteil. Wie passt das zusammen? Sowohl die weltweiten Krisenproteste als auch die äußerst kontroverse europäische Krisenpolitik der vergangenen Jahre haben gezeigt, dass eine radikal neoliberale Austeritätspolitik ihrer Dominanz zum Trotz neuerdings umkämpft ist (vgl. Forschungsgruppe »Staatsprojekt Europa« 2012). Parallel sind Re-Justierungen des wirtschaftswissenschaftlichen Mainstreams (Thomas Piketty als neuer »Starökonom«) zu beobachten sowie leichte Kurskorrekturen in IWF- und Weltbankverlautbarungen, die das destabilisierende Potenzial einer sich radikal öffnenden sozialen Schere zu erkennen beginnen (vgl. IMF 2010). Dies sind Indizien hegemonialer Verschiebungen, auch wenn davon in Deutschland, mit seiner hochgradig orthodoxen Wirtschaftswissenschaft und der allseits bekannten Politik im Kontext der »Griechenlandkrise«, am wenigsten zu spüren ist. Eine keynesianisch orientierte Wachstumspolitik, die einer Austerität des »Kaputtsparens« entgegentritt und die neoliberale Architektur der EU in Frage stellt,[1] markiert im Lichte dieser Veränderungen die im politischen Tagesgeschäft als links markierte Position.

Das Erstarken linker Kräfte hat also wesentlich dazu beitragen, das Wachstumsparadigma auf eine breitere politische wie ökonomische Basis zu stellen. Eine potenzielle Auseinandersetzung über das kapitalistische System und die ihm eigenen Wachstums- und Krisendynamiken – wie sie angesichts der Finanzkrise ab 2008 aber auch mit Blick auf anfängliche Syriza-Positionen zumindest möglich erschien – ist in eine Auseinandersetzung um unterschiedliche Wachstumsparadigmen umgeleitet worden. In dieser komplexen Kräftekonstellation sind Fragen nach konkreten Schritten einer das Wachstumsparadigma herausfordernden, sozial-ökologischen Transformation drängender und schwerer zu beantworten denn je (vgl. Brand 2014).

Innerhalb der Postwachstumsdebatte spielt der Rekurs auf *Commons* und *Commoning* (vgl. zum Beispiel Helfrich/Bollier 2014) sowie auf gemeinschaftliche Formen des Konvivialismus (Les Convivialistes 2014; Schwerpunktheft *European Journal of Cultural Studies* 2014) eine Schlüsselrolle, wenn es um realisierbare Möglichkeiten für ressourcen- und sozialverträgliche Lebens- und Wirtschaftsweisen geht – und zwar sowohl als Ansatzpunkt für alternative (Mikro-)Praktiken im Hier und Jetzt als auch als Transformationsstrategie mit Blick auf eine Postwachstumsökonomie. Es sind diese Praktiken sowie ihre potenziell transformative Kraft, die ich im Folgenden kritisch in den Blick nehmen möchte. Ich werde argumentieren, dass die zu beobachtende Wiederentdeckung von Gemeinsinn, Gemeinwohl und Gemeinschaft als Keimzelle und Kitt einer Postwachstumsgesellschaft – aller Verdienste von konkreten Alternativökonomien zum Trotz – problematische Konsequenzen zeitigt: Aus einer Position der gesellschaftlichen Schwäche heraus wird das gemeinsame (Mensch-)Sein als Zielperspektive beschworen und das gemeinschaftliche Wirtschaften als Ethos der *Notwendigkeit* konturiert – um den Preis der Negierung von Interessen-, Deutungs- und Verteilungskonflikten; Ausnahmen bestätigen wie immer die Regel. Im Anschluss an einen kurzen Überblick über die Debatte formuliere ich in drei Schritten kapitalismus- und wohlfahrtsstaatstheoretische Einwände gegen die Affirmation von

---

1 Vgl. zum Beispiel den entsprechenden Aufruf von 80 französischen Ökonom_innen »Sortir de l'impasse économique« in der *Le Monde Economie* (10.02.2016).

Gemeinschaft und Gemeinsinn, um dann in solidarisch-kritischer Absicht nach Ansatzpunkten für eine emanzipatorische Postwachstumsperspektive zu fragen.[2]

2. Die »Wiederentdeckung« von Gemeinsinn und Gemeingut

Nachdem radikale Gesellschaftsentwürfe am Reißbrett innerhalb linker Bewegungen zu Recht in Misskredit geraten sind, ist die Frage, wie das radikal Andere aus den bestehenden Verhältnissen heraus entwickelt werden kann, zur zentralen Frage systemkritischer Ansätze geworden. Von Frankreich ausgehend hat sich jüngst eine illustre Runde linker Wissenschaftler_innen – von Chantal Mouffe und Ève Chiapello über Serge Latouche und Alain Caillé bis hin zu Susan George und Éva Illouz – zusammengefunden und ein Manifest für eine »neue Kunst des Zusammenlebens« (Les Convivialistes 2014) verfasst, die »die Beziehung und die Zusammenarbeit würdigt und ermöglicht, einander zu widersprechen, ohne einander niederzumetzeln, und gleichzeitig füreinander und für die Natur Sorge zu tragen« (ebd.: 47). Das Manifest kreist um die Idee gemeinschaftlicher, ressourcenschonender (Für-)Sorge, die auf dem »Prinzip der gemeinsamen Menschheit« (ebd.: 61) basiert und »unterhalb der Ebene des Staates und des Marktes für die Vermehrung gemeinsamer und assoziativer Tätigkeiten« eintritt, die eine globale Zivilgesellschaft konstituieren. Der Schutz und die Ausweitung von Gemeingütern und Commons steht – wie auch in den Debatten um Degrowth und Postwachstum – im Zentrum dieser Überlegungen (ebd.: 66f.).

Grundsätzlich sind vier Kategorien von Commons zu unterscheiden, je nachdem, ob sie die natürliche Umwelt (etwa die Atmosphäre), materielle Schöpfungen (etwa Bibliotheken) oder immaterielle Schöpfungen (etwa Wissen) betreffen; aber auch Sorge- und Dienstleistungen sind als Commons denkbar. Commons sind nicht einfach da, das heißt sie bezeichnen weniger das Ding oder die Ressource, sondern die »soziale Beziehung zwischen den Ressourcen und den jeweiligen Gemeinschaften, die ihre An-

---

2 Sowohl die in diesem Beitrag formulierten Einwände und Problematisierungen als auch die Überlegungen für alternative Ansatzpunkte einer solidarischen Postwachstumsperspektive beziehen sich auf den europäischen Kontext und die in diesem institutionellen und politischen Rahmen geführten Debatten.

spruchsrechte auf diese Ressourcen erheben und ihre Zugangs- und Nutzungsrechte in unterschiedlicher Form gestalten« (Helfrich 2009: 25). Wenn wir Commons als soziale Beziehung im Sinne der kollektiven Regelung von Nutzungs- und Anspruchsrechten verstehen, haben wir es mit einem klassischen leeren Signifikanten (Laclau 2010: 65f.) zu tun, der in unterschiedlicher Weise gefüllt werden kann und für disparate Interessen anschlussfähig ist – sind solche Regelungen doch etwa nationalstaatlich oder über internationale Abkommen, genossenschaftlich, kommunal, berufsständisch oder auch nachbarschaftlich denkbar. Es kommt deshalb darauf an, nachzuzeichnen, in welche Kontexte und Deutungsrahmen konkrete Commons-Perspektiven eingebunden sind. Tatsächlich zeigt bereits eine erste Durchsicht programmatischer Beiträge substantielle konzeptionelle Unterschiede.

Einig wissen sich viele darin, dass Commons – wenn auch mit unterschiedlichen Akzentsetzungen – als Dritter Weg jenseits »staatliche[r] Regulierung und/oder Wettbewerb« (Bollier 2009: 28) zu begreifen sind. Uneinigkeit besteht insbesondere hinsichtlich der Bedeutung von »Werten und Traditionen« (ebd.), zumal wenn diese explizit ethnisiert werden:

»Indigene Völker beispielsweise betrachten ihre Kenntnis der örtlichen Flora und Fauna und deren medizinischer Anwendung als Gemeinschaftsbesitz, nicht als marktfähiges Gut. Ihr traditionelles Wissen hilft ihnen, sich als Volk zu definieren.« (ebd.: 37)

Auch wenn der Gemeinschaftsfokus durchgängig zentral ist, verstehen viele Gemeinschaft nicht als etwas Vorgefundenes oder »Natürliches«, sondern fragen stattdessen nach der Konstituierung gemeinschaftlicher Prozesse des Commoning. Ein besonders einflussreicher Strang der Debatte geht auf die Arbeiten der Nobelpreisträgerin Elinor Ostrom zurück, die konstatiert, »dass die Bürger eine wesentliche Rolle bei der Bewirtschaftung von Gemeinressourcen spielen und dass Bestrebungen, die Verantwortlichkeit für die Ressourcen an externe Experten zu übertragen, langfristig kaum dem Schutz der Ressourcen dient.« (Ostrom 2009: 228). Commons sind in dieser Perspektive ein Modus »der Bürgerbeteiligung« (ebd.) unter bestehenden politischen und ökonomischen Bedingungen. Auch im *Konvivialistischen Manifest* finden sich Vorstellungen einer *Mixed Economy* aus marktlich-wettbewerbsförmiger, staatlicher sowie zivilgesellschaftlicher und commons-basierter Wohlfahrtsproduktion (Les Convivialistes 2014). Anderen geht es in weitergehender Absicht darum, die Kommodifizierung, das heißt, das Zur-Ware-Machen im Kapitalismus »umzukehren, und vor allem lebensnotwendige Güter wie Wasser, Luft, Meere, Wälder, Boden, Lebensmittelversorgung,

Wohnraum und Wissen dem Markt (aber auch der staatlichen Verwaltung) zu entziehen und kollektiv und solidarisch zu verwalten.« (Schmelzer/Passadakis 2011: 74f.). Hier ist die Ausdehnung der Gemeingüter das Ziel und zwar »auch in der Sphäre der Produktion« (ebd.), womit dezidiert das Privateigentum an Produktionsmitteln und damit das kapitalistische Wirtschaftssystem adressiert ist. Zusätzlich gelten Commons vielen nicht nur als »Mittel, um den Menschen ihren Lebensunterhalt zu sichern, sondern immer auch [als] ein Ort, an dem man zusammenkam, Fragen und Probleme besprach. [...] Hier war der Ort, wo Menschen gemeinsame Problemlösungen entwickeln konnte, aber auch Aufstände vorbereiten.« (Exner/Kratzwald 2012: 35; vgl. auch Habermann 2009). Konzeptionelle Unterschiede bestehen also vor allem dahingehend, wie »Gemeinschaft« als zentrale Bezugskategorie bestimmt wird, ob Commoning systemkritisch gewendet wird und welche Rolle dem Staat in diesem Setting zukommt. Gerade weil Commons-Perspektiven in dieser Bandbreite aufgefächert und für unterschiedliche politische Projekte anschlussfähig sind, lohnt der Blick auf einige grundsätzliche Problematiken, die zwar nicht alle Ansätze gleichermaßen charakterisieren, die aber gleichwohl infolge hegemonialer Fixierungen des leeren Signifikanten ›Commons‹ die Debatte prägen. Aus diesem Grund ist es unabdingbar, die die Commons-Perspektiven situierenden gesellschaftlichen Kräfteverhältnisse und polit-ökonomischen Kontextbedingungen in den Blick zu nehmen, was ich im Folgenden in drei Schritten tun werde.

2.1 Zur nostalgischen Verklärung vormoderner Commons und der Romantisierung von Überlebensökonomien

Die Commons-Debatte ist aller Heterogenität zum Trotz durch eine Tendenz zur Idealisierung des vormodernen Reproduktionsmoments der *Allmende*, das heißt des gemeinschaftlich genutzten Gemeindelandes gekennzeichnet. In zahlreichen Veröffentlichungen ist von der »Wiederentdeckung der Gemeingüter« (Helfrich/Heinrich Böll Stiftung 2009), der »Wiederaneignung« der Allmende, der »Renaissance des Gemeinsinns« die Rede (Les Convivialistes 2014: 67), während deren Einbettung in feudale Herrschaftsverhältnisse und patriarchale Ordnungen eher als Fußnote auftauchen. Die sozial-ökologische Transformation hin zur Postwachstumsökonomie erscheint nicht selten als nostalgische Rückkehr zu den feudalen Wurzeln vorkapitalistischer Gesellschaften:

»This discourse includes a Romantic narrative of community as prior in time to ›society‹, locating community in a long-lost past for which we yearn nostalgically from our current fallen state of alienation, bureaucratization, rationality.« (Joseph 2002: 1)

Dieser Diskurs negiert den Umstand, dass in der (partiellen) Überwindung feudaler und gemeinschaftsförmiger Partikularität, aller Entfremdung durch die universalen Strukturen des Kapitalismus zum Trotz, auch ein Fortschritt gesehen werden kann, der die Grundlage für eine weitergehende Befreiung der Menschheit schafft – wie nicht zuletzt bei Marx zu lesen ist. Statt dieser dialektischen Entwicklung gewahr zu werden, sind viele Commons-Perspektiven und konvivialistische Utopien durchzogen von romantisierten Subsistenz- und Eigenarbeitsvorstellungen in kleinen Gemeinschaften, die Roswitha Scholz (2010) treffend »small is beautiful«-Ideologie genannt hat.

Noch häufiger als eine nostalgisch konturierte Vormoderne findet sich eine ebenfalls romantisierende Umdeutung von gegenwärtigen Überlebensökonomien und -strategien in Emanzipationsprojekte: Ein aktuelles Beispiel sind die euphorischen Berichte in zahlreichen Artikeln über die alternative Gesundheitsversorgung durch Basisinitiativen in Griechenland, die helfen, das Schlimmste in einem Land zu verhindern, in dem mehr als ein Drittel der Bevölkerung nicht mehr krankenversichert ist (vgl. kritisch zum Beispiel Kritidis 2014). Das sind ohne Zweifel wichtige Initiativen, die konkretes Elend lindern; die Frage ist aber, ob sie in dieser Form tatsächlich Blaupausen für eine andere Gesellschaft (ohne öffentliches Gesundheitssystem?) sein können und sollen. Für das Feld der Ernährung gilt Ähnliches: Auch die vielen, im Kleinen beeindruckenden Projekte der solidarischen Landwirtschaft oder des *community gardening* werden eher selten daraufhin diskutiert, ob sie wirklich hochskalierbar sind und nur unter Bedingungen gesellschaftliche Ernährungssicherheit gewährleisten können, die mit Blick auf Arbeitsaufwand und Selbstausbeutung emanzipatorisch fragwürdig sind.[3]

Mit dieser Problematisierung von Perspektiven und Praktiken des Commoning ist keineswegs die dem zugrundeliegende Kritik an den sozialen und ökologischen Verwerfungen des Gegenwartskapitalismus hinfällig, sondern nur die angebotene Alternative fraglich. So überzeugend und evidenzbasiert beispielsweise die Kritik an der Industrialisierung der Landwirtschaft im globalen Süden ist (vgl. beispielhaft den Weltagrarreport IAASTD 2009), so wenig kann die umfassende Rückkehr zur kleinbäuerlichen Subsistenz – und

---

3 Weitergehende Ideen, wie sich eine Aufwertung von Subsistenz in ein umfassendes Konzept materieller gesellschaftlicher (Re-)Produktion einbinden lässt, finden sich insbesondere bei Nico Paech (2014) sowie in Frigga Haugs (2011) *Die Vier-in-einem-Perspektive*.

die damit verbundene Präskription entsprechender Lebensweisen – die emanzipatorische Lösung sein. So gut begründet die Frage nach einer weniger zerstörerischen Wirtschafts- und Lebensweise jenseits von Markt und Staat ist, so sehr sollte es darum gehen, die favorisierten gemeinschaftlichen, lokalen und gemeinsinnorientierten Bezüge im dezidiert (spät-)modernen Kontext von Individuum und Gesellschaft zu denken. Eine kritische Auseinandersetzung mit dem Dualismus von Gemeinschaft und Gesellschaft, der die Soziologie seit ihren Anfängen begleitet sowie die Rezeption aktueller Theorien der Gemeinschaft, die dezidiert auf eine Überwindung exklusividentitärer Partikularität zielen (vgl. im Überblick: Gertenbach u. a. 2010: 153ff.), könnten die wissenschaftliche Auseinandersetzung mit Commons-Perspektiven befruchten.

Stattdessen werden Positivbeispiele der Selbstorganisation in Mikro-Kontexten häufig als Blaupause für neue Gesellschaftsmodelle verwendet, ohne dass die damit verbundenen ›Übersetzungsprobleme‹ debattiert werden. Gemeinschaftsförmige Abhängigkeitsverhältnisse werden verallgemeinert und im ›feel-good-Modus‹ entproblematisiert: Nicht »abstrakte[...] Gleichheit« (Meretz 2014: 62) sei entscheidend, sondern die Besonderheit der Individuen, deren Kooperation auf der Basis »wechselseitiger Sympathie« (Adloff 2015: 11) lokale Strukturen schaffe, in denen die Menschen sich »wohl fühlen und auf subjektiv erfüllende und sinnhafte Art und Weise einbringen können« (Acksel u.a. 2015: 140). So wenig natürlich gegen Sympathie, Anerkennung von Besonderheit und sinnstiftendes Wohlbefinden im Konkreten einzuwenden ist, so sehr gilt es doch auf ihre regressiven Implikationen hinzuweisen, wenn sie über partikulare Kontexte hinaus zum Gesellschaftsmodell hochgerechnet werden: Es ist eine wesentliche, wenn auch nie umfassend realisierte Errungenschaft der Moderne, dass ein Mensch nicht gemocht oder als besonders (klug, interessant, einzigartig) anerkannt werden muss, um ein Recht auf (soziale, politische, bürgerliche) Rechte zu haben.

Die Commons-Perspektiven sind, wie diese Beispiele zeigen, geprägt durch klassisch kommunitaristische Bezüge »auf Topoi wie Anerkennung, Gemeinwesen und gutes Leben« (Kluge 2008: 59), während Fragen sozialer Ungleichheit oder der systematischen Umverteilung von Ressourcen eine untergeordnete Rolle spielen. Die Perspektive auf Commons als drittem Weg zwischen Markt und Staat, der aus der Entfremdung in die Gemeinschaft führt, ist ein klassisches Beispiel kultureller Kapitalismuskritik, die die materialistische Basis aus dem Blick verliert und dazu tendiert, Klassenverhältnisse im gemeinschaftlichen Gärtnern und Tauschen aufzulösen. An die Stelle der Analyse von politischen und ökonomischen Strukturen sowie den in diesen Strukturen wurzelnden Interessenkonflikten tritt eine Re-Moralisierung von Politik, in der die Beschwörung von Gemeinsinn und die »Beschämung« der reichsten Profiteure (Adloff 2015; Jacquet 2015) zum Modus politischen Handelns wird.

Der in der Postwachstumsdebatte weit verbreitete Slogan »Weniger wird mehr« (vgl. zum Beispiel Le Monde Diplomatique/Kolleg Postwachstumsgesellschaften 2015) ist beredter Ausdruck dieser Engführung: Der Slogan folgt zwar dem wichtigen Gedanken, dass Lebensqualität nicht in Parametern ökonomischer Wachstumsindikatoren zu messen ist, er verliert aber aus dem Blick, dass die Frage qualitativer Maßstäbe – und damit die Frage nach dem guten Leben – auch eine Frage der materiellen Basis ist, zumal in Zeiten wachsender sozialer Ungleichheit. Unter den gegebenen sozioökonomischen Bedingungen ist weniger für viele schlicht weniger. »Weniger ist mehr« droht zum Instrument post-materialistisch orientierter Mittelschichten zu werden, die ihres ungleich größeren ökologischen Fußabdrucks zum Trotz den unteren Klassen das gute Leben bei abnehmenden Ressourcen nahelegen. Ökologisches Bewusstsein und ›alternative‹ Lebensführung als (mehr oder weniger) neuen Modus der Klassenpolitik und der dezidierten Distinktion zu analysieren, scheint mir eine noch zu bearbeitende Leerstelle in der aktuellen Debatte um Postwachstumsgesellschaften zu sein.

2.2 Jenseits von Markt und Staat: Verkürzte Kapitalismuskritik und pauschaler Anti-Etatismus

»Commons stehen in einem permanenten Konflikt sowohl mit Markt wie mit Staat. Dort wo Commons sind, kann ein Markt sich nicht ausdehnen, dort wo die Commons ihre eigenen Konflikte regeln, kann der Staat draußen bleiben.« (Meretz 2010)

Indem sie Commons als dritten Weg jenseits marktförmiger und staatlicher Mechanismen beschreiben, nehmen viele Protagonist_innen des Commoning für sich in Anspruch, eine dezidiert systemkritische Position zu beziehen. Mit Blick auf die in vielen Projekten und Alternativökonomien realisierten Freiräume für subversives Denken und kritische Praxis liegt es mir fern, diesen Anspruch gänzlich von der Hand zu weisen. Zu bedenken ist aber, dass eine Kritik, die den Kapitalismus als mehr oder weniger stark regulierte

Marktwirtschaft engführt, einen wesentlichen Sachverhalt aus dem Blick verliert: Als reine Marktwirtschaft ist das kapitalistische System nicht überlebensfähig, da es für seine soziale Reproduktion auf nicht vollständig kapitalisierbare *systemfremde* Elemente – so dem Zugriff auf nicht entlohnte Sorgearbeit oder ›natürliche‹ Ressourcen – konstitutiv angewiesen ist:

»Diese Struktur ist systemisch bedingt – es handelt sich um Externalisierung als Prinzip. Denn: Das Licht braucht den Schatten – das Abgespaltene wird für die alltägliche Kapitalverwertung gebraucht. Anders ausgedrückt: Es muss ein dieser Ökonomie Äußeres geben, das als unsichtbar Abgespaltenes kostenlos angeeignet werden kann.« (Biesecker 2012)

Das heißt umgekehrt, dass ein Kapitalismus, der sich sukzessive den Begrenzungen radikaler Ökonomisierung und Vermarktlichung entledigt, seine eigenen Funktionsbedingungen untergräbt:

»Capitalism would be an unreproducible and chaotic social order if the state played the minimalist role specified in the libertarian fantasy, but it would also, as Polanyi argued, function much more erratically if civil society was absorbed into the economy a fully commodified and atomized arena of social life.« (Wright 2006: 108)

Unbezahlte Arbeit und natürliche Ressourcen stellen die Lebenssäfte des Kapitals dar (Dowling/Harvie 2014: 882) und überall dort, wo Zugänge verschlossen oder erschwert werden, ist die politische Ökonomie der Gegenwart darauf gerichtet, alternative Ressourcen auszubeuten. Sowohl die sich abzeichnende Endlichkeit ›natürlicher‹ Ressourcen als auch der Wandel der Geschlechterverhältnisse stellen die Reproduktionsbedingungen des kapitalistischen Systems vor neue Herausforderungen. In Zeiten, da immer weniger Frauen ganztägig und unbezahlt als »heimliche Ressource der Sozialpolitik« (Beck-Gernsheim 1991: 66) zur Verfügung stehen, stehen gegenwärtig vor allem neue Formen und Akteure unbezahlter Arbeit politisch hoch im Kurs. Commons befinden sich deshalb, anders als im obigen Zitat behauptet, nicht notwendigerweise im permanenten Konflikt mit Markt und Staat. Ganz im Gegenteil, können sie doch eine *potenziell* zu nutzende (kostenlose) Ressource sein.[4]

Unglücklicherweise sind zentrale Stränge der Debatte um Commons und neue Formen des Konvivialismus weder zeitdiagnostisch noch polit-ökonomisch hinreichend kontextualisiert, um im Lichte der Krise der sozialen Re-

---

4 Vgl. als eine der wenigen Kritiken dieser Art in der Commons-Debatte den Beitrag Commons against and beyond Capitalism (Caffentzis/Federici 2014: 97).

produktion die hohe Anschlussfähigkeit bestimmter Formen des Commoning an kommunitaristisch gerahmte wohlfahrtsstaatliche Diskurse und Praktiken in den Blick zu bekommen. Nicht zuletzt der Nobelpreis für Elinor Ostroms Gemeingüteranalysen ist Ausdruck der Popularisierung von Konzepten der Bürgergesellschaft oder »Big Society« (David Cameron), die eben nicht das atomisierte nutzenmaximierende Individuum, sondern den Nutzen kooperativer Daseinsvorsorge jenseits von Markt und Staat – gleichwohl aber im Kontext einer kapitalistischen *Mixed Economy* – beschwören (Dowling/Harvie 2014). Die als einigendes soziales Band propagierte Bürgergesellschaft ist dabei mit einem von neoliberaler wie konservativer Seite befeuerten Krisendiskurs der wohlfahrtsstaatlichen Erschöpfung aufs Engste verbunden. Einschränkungen der öffentlichen Infrastruktur und der Rückbau sozialpolitischer Leistungen bei gleichzeitig wachsendem Sorge- und Betreuungsbedarf sollen durch ein »Fitnesstraining der Zivilgesellschaft« (Kocyba 2004: 20) kompensiert werden: Aufrufe zum freiwilligen Engagement und Ehrenamt, die Förderung des Mehrgenerationenwohnens als Lösung der Pflegekrise, die Wiederentdeckung von Subsistenzwirtschaft in den Metropolen oder staatliche Appelle an die Selbstsorge in lebensweltlichen Kontexten gehören heute zur politischen Tagesordnung. Vor diesem Hintergrund ist die Entstehung einer kapitalistischen Formation zu beobachten, die als Community-Kapitalismus bezeichnet werden kann und die sich »durch die gezielte Indienstnahme und Inwertsetzung der ›Ressource Gemeinschaft‹ auszeichnet« (van Dyk u.a. 2016: 38).[5] Die starke Betonung von ›Gemeinschaft‹ und Gemeinsinn in Commons-Perspektiven ist deshalb ebenso wie die ausgeprägte Moralisierung von Politik im Modus von Scham und affektiver Verbundenheit nicht per se ein kritisches Gegenprogramm jenseits von Markt und Staat; schlimmstenfalls erweisen sich commons-basierte Alternativökonomien als eine Säule des »Regieren[s] durch Community« (Rose 2000: 81), teilen sie mit der Regierungsprogrammatik doch den

---

Wie anschlussfähig so manche Commons-Perspektive an diese Form des Community-Kapitalismus ist, zeigt das folgende Zitat: »Durch die starke Zentrierung auf den fürsorglichen, aber patriarchalen Sozialstaat ist dieser Bereich [Anm.: der Bereich jenseits von Markt und Staat] aus dem Blick geraten. Seine Bedeutung wurde kaum wahrgenommen, weil wir unsere Forderungen an den Staat gerichtet und die Wohlstandssicherung delegiert haben. Mit dem Wegbrechen sozialstaatlicher Sicherungen wird dieser Bereich nun wieder wichtiger. Doch zugleich ist er bedroht, weil die Menschen immer weniger Zeit für Ehrenamt haben.« (Kratzwald 2014: 81). Problematisiert wird nicht der Rückbau sozialstaatlicher Leistungen und die Preisgabe sozialer Rechte, sondern dass die Menschen mehr Zeit bräuchten, um die soziale Infrastruktur ehrenamtlich und unbezahlt zu gewährleisten.

Fokus auf die Zentralstellung »mikro-moralischer Beziehungen zwischen Personen« (ebd.: 79).

Pauschaler Anti-Etatismus

Neben einem Marktverständnis, das marktexterne Prozesse vorschnell als anti-kapitalistisch kurzschließt, ist die Debatte um Commons und Alternativökonomien – wie nicht nur das Zitat von Kratzwald zeigt (vgl. Fußnote 5) – durch einen starken Anti-Etatismus geprägt. Insbesondere die Affirmation (autonomer) sorgender Gemeinschaften wird mit einer grundsätzlichen Problematisierung staatlicher Sozialpolitik kurzgeschlossen (vgl. etwa Klie 2015: 213). Die Perspektive, den Staat – und damit auch den Wohlfahrtsstaat – als kapitalistischen Staat zu problematisieren, ist zunächst ein gewinnbringender Ausgangspunkt: Auch der innerhalb der politischen Linken häufig mit einer gewissen Nostalgie erinnerte fordistische Wohlfahrtsstaat war keine wohltätig-karitative, sondern eine produktivistische, auf die Beförderung wirtschaftlicher Leistungserbringung und die Ermöglichung marktförmiger Wertschöpfung bezogene Veranstaltung (vgl. kritisch: Lenhardt/Offe 1977). Dies zu erkennen, muss im Umkehrschluss aber nicht heißen, potenziell autonomiefördernde oder sichernde Funktionen des Staates komplett aus dem Blick zu verlieren. So sind die exkludierenden, normierenden und geschlechterhierarchischen Implikationen von Sozialpolitik in der kritischen Wohlfahrtsstaatsforschung sowie in feministischen Analysen umfangreich diskutiert worden (vgl. etwa Lessenich 2012: 25ff.; Braun/Jung 1997), ohne dass deshalb im Gleichklang mit liberalen und konservativen Sozialstaatskritiker_innen pauschal die Entmündigung durch den Wohlfahrtsstaat beschworen wurde. Aufgezeigt wird vielmehr, dass Sozialpolitik hoch ambivalent und stets Ausdruck gesellschaftlicher Kräfteverhältnisse ist: Der Sozialstaat baut manche Ungleichheiten ab und vertieft andere; er sichert hier und entsichert dort; er ermöglicht und diszipliniert gleichermaßen; fördert Autonomie und entmündigt; schließt ein und grenzt aus; kommodifiziert und de-kommodifiziert (Lessenich 2012: 25ff.). In der Debatte um commons-basierte Ökonomien finden wir kaum Anschlüsse an die umfangreiche sozialstaatstheoretische Literatur, die diesen Ambivalenzen nachgeht und die Rahmenbedingungen diskutiert, unter denen die ermöglichenden und inkludierenden Funktionen gestärkt werden können.

Ich möchte dies am Beispiel der mitunter verklärenden Rezeption der Organisationen der Arbeiterselbsthilfe im 19. Jahrhundert illustrieren (vgl.

etwa Exner/Kratzwald 2012: 54f.; Stützle 2016). Die typische, von mir zu-
gespitzte Erzählung geht folgendermaßen: Es gab zahlreiche kollektive
Selbsthilfeorganisationen (Krankenkassen, Sparvereine, Unfallversiche-
rungen), die sich großer Beliebtheit erfreuten und einen hohen Organisati-
onsgrad aufwiesen (das ist richtig). Die Selbsthilfeorganisationen funktio-
nierten hervorragend und waren der Obrigkeit ein Dorn im Auge; aus
diesem Grund waren sie für die Destabilisierung des Systems relevanter als
die Kämpfe der Arbeiter_innen um mehr Lohn und bessere Arbeitsbedingungen (das ist falsch). Konservative Regierungen setzten staatlich
organisierte Sozialversicherungen durch, um den Widerstand der Arbeiterbewegung zu brechen (das ist richtig), damit wurden die erfolgreichen solidarischen Formen der Selbstorganisation abgeschafft und durch ein hierar-
chisches Zwangssystem ersetzt (das ist zu einseitig).

Tatsache ist, dass die Selbsthilfeorganisationen aus unterschiedlichen
Gründen nicht gut funktioniert haben: Ein Problem war die hohe Homogenität der Mitgliedschaft, da die Arbeiter_innen sich meist innerhalb der Be-
rufsgruppen zusammenschlossen. Dadurch traten Risikohäufungen auf, was
in den kleinen Versicherungskollektiven zu regelmäßigen Zahlungsausfällen
führte. Mehrheitlich handelte es sich zudem um Zusammenschlüsse privilegierter Arbeiter_innen, aus denen vor allem ältere und ungelernte Arbei-
ter_innen sowie Tagelöhner_innen ausgeschlossen blieben: »Gerade den besonders Hilfsbedürftigen boten die Selbsthilfeorganisationen der Arbeiter
daher keinerlei Schutz.« (Ullrich 2005: 71). Was den systemdestabilisieren-
den Charakter der Selbsthilfeorganisationen angeht, haben Wirtschafts- und
Sozialhistoriker gezeigt, dass zentrale Bereiche wie die arbeiterschaftlichen
Unfall- oder Krankenkassen mit den gemeinschaftlich-konservativen Vorstellungen der Obrigkeit gut vereinbar waren und dass die Selbstorganisation
der Arbeiter erst eingeschränkt und als bedrohlich empfunden wurde, als die
kollektiven Mittel als Streikkasse oder zu politischen Zwecken eingesetzt
wurden (vgl. etwa Rodenstein 1978).

Dass die unter Bismarck eingeführten staatlich organisierten Sozialversicherungen Ende des 19. Jahrhunderts auch eine Versicherung gegen die
proletarische Revolution waren, steht ebenso außer Frage wie ihre Exklu-
sivität und geschlechterhierarchische Selektivität. Damit ist jedoch noch
nichts über das Funktions*prinzip* der Versicherungsgesellschaft – und ihre
potenziellen emanzipatorischen Implikationen gesagt:

»Die Versicherung geht Hand in Hand mit dem Zerfall feudaler Solidargemeinschaften, mit der Befreiung und Autonomisierung des Individuums. […] Die Versicherung ist eine Technik des Schadensausgleichs, die sich in die lange Geschichte der Hilfeleistungen einreiht. […] Sie hat sich allmählich herausgelöst sowohl aus nachbarschaftlichen Solidaritäten, die lange Zeit mit ihr konkurrierten, als auch aus Unterstützungsvereinen auf Gegenseitigkeit. Sie hat sie rationalisiert, indem sie die unmittelbaren Beziehungen ›brüderlicher‹ Hilfe umwandelte in dauerhafte vertragsrechtliche Beziehungen. Aber auch wenn die Versicherung individualisiert, so isoliert sie doch nicht.« (Ewald 1989: 387)

Um es noch einmal zu unterstreichen: Mir geht es an dieser Stelle nicht um eine entproblematisierend-einseitige Würdigung des Sozialstaats als Versicherungsstaat, der stets (auch) ein »spaltender Sozialstaat« (Stützle 2016: 1) war und ist, zumal infolge der hierarchischen Trennung von Armen- und Arbeiterpolitik keineswegs alle in den ›Genuss‹ von Versicherungsleistungen kommen (Kaufmann 2003: 259ff.). Mir geht es vielmehr um das Versicherungs*prinzip* und die ihm eigene Abstraktion von moralisch aufgeladenen Sozialbeziehungen, die meiner Meinung nach emanzipatorisch anschlussfähig ist: Im Gegensatz zur »small is beautiful«-Ideologie funktioniert die Versicherung als Politik und Risikoteilung der großen Zahl und schafft gerade durch die Entkoppelung von sozialer Sicherung und sozialer Beziehung – bei allen angedeuteten Problematiken – eine Form der Autonomiegewinnung: Der Risiko- bzw. Schadenseintritt wird entindividualisiert und entmoralisiert, an die Stelle klassischer gemeinschaftsbasierter Solidaritätsformen (und ihrer Ausschlüsse) tritt ein anonymer Ausgleichsmechanismus. Weite Teile der Commons-Debatte sind ebenso wie der Konvivialismus als »neue Kunst des Zusammenlebens« (Les Convivialistes 2014) demgegenüber geprägt durch die positive Bezugnahme auf gemeinschaftliche Formen der Reziprozität, die eben diesen – auch autonomiefördernden und nicht nur entfremdenden – Effekt anonymisierter, gesellschaftlicher Regulierungen negiert.

2.3 Commons im Kontext gesellschaftlicher Kräfteverhältnisse

Am 31. Juli 2008 war im *Economist*, seit Jahrzehnten Organ marktliberaler Positionen, Folgendes zu lesen:

»Die Ökonomik der ›neuen Commons‹ steckt noch in den Kinderschuhen. Es ist noch zu früh, um Vertrauen in ihre Thesen zu haben. Doch könnte sie sich hinsichtlich bestimmter Probleme, bei deren Lösung politische Entscheidungsträger auf jede

Hilfe angewiesen sind, als hilfreich erweisen: von der Verwaltung des Internets über das intellektuelle Eigentum bis hin zur weltweiten Umweltverschmutzung.«

Die Frage der Vereinnahmung von Commons ist mehr als eine nur theoretisch denkbare Möglichkeit, zumal die Nähe von Commons-Ökonomie und Community-Kapitalismus – wie dargelegt – nicht von der Hand zu weisen ist. Tatsächlich findet dieser Sachverhalt auch innerhalb der Postwachstumsdebatte kritische Aufmerksamkeit und die Warnungen, dass man vorsichtig zu sein habe, dass Commons nicht zur Ressource des krisenhaften Gegenwartskapitalismus werden, sind zahlreich (vgl. etwa Exner/Kratzwald 2012: 33f.; Federici 2012: 92). Tatsächlich ist die Frage der Nicht-Vereinnahmung aber nicht eine der Wachsamkeit und des erklärten Willens, sondern eine der strukturellen Passfähigkeit, die es mit Blick auf die gegenwärtigen Kräfteverhältnisse und die Popularität der Bürgergesellschaft im Community-Kapitalismus genauer zu analysieren gilt. Welche Rolle spielen zum Beispiel Food-Commons und subsistenzwirtschaftliches *gardening* in Zeiten zunehmender sozialer Ungleichheit und wie sind alternative *caring communities* in Zeiten zu bewerten, da die neue, nachbarschaftliche »Kultur des Helfens« sogar im Sozialgesetzbuch angerufen wird (Haubner 2016)?[6]

Für die kritische Diskussion der Vereinnahmung von Commons erscheinen mir zwei Positionen besonders interessant: Massimo de Angelis unterscheidet mit Blick auf die Vereinnahmungsfrage zwischen zwei unterschiedlichen Funktionen von Commons: Commons als Modus der Ressourcenerzeugung und -nutzung einerseits und Commons als herrschaftsfreie Erfahrungsräume und Wegbereiter der Postwachstumsgesellschaft andererseits. Während de Angelis mit Blick auf die Ressourcenerzeugung und -nutzung die Gefahr einer Vereinnahmung ›von oben‹ sieht (de Angelis 2014: 228), begreift er die zweite Funktion, also die »Emanzipation *durch* Commons« als Versicherung gegen eine solche Entwicklung – würden hier doch Räume für radikale Alternativen entstehen. Tatsächlich gerät mit dieser Unterscheidung, die die Vereinnahmung auf die Kooptierung des in Commons erzeugten sozialen Mehrwerts beschränkt, aber etwas Wesentliches aus dem Blick: Dass es nämlich gute Gründe dafür gibt, auch die Möglichkeit

---

6 In §8 SGB XI, der die pflegerische Versorgung der Bevölkerung regelt, heißt es: Länder, Kommunen, Pflegeeinrichtungen und Pflegekassen »unterstützen und fördern darüber hinaus die Bereitschaft zu einer humanen Pflege und Betreuung durch hauptberufliche und ehrenamtliche Pflegekräfte sowie durch Angehörige, Nachbarn und Selbsthilfegruppen und wirken so auf eine neue Kultur des Helfens und der mitmenschlichen Zuwendung hin.«

einer Vereinnahmung der »Emanzipation durch Commons« zu denken, also der Vereinnahmung, der im Kontext von Commons praktizierten Kooperations- und Subjektivierungsweisen. Was ist damit gemeint? Verschiedene Analysen haben aufgezeigt, dass und inwiefern gerade emanzipatorische und autonomieorientierte Haltungen und Praktiken der sozialen Bewegungen der 1960er und 1970er Jahre im System aufgegriffen und zu Ressourcen eines zunehmend kognitiv operierenden Kapitalismus umgearbeitet worden sind. »Herrschaft durch Autonomie« (Moldaschl 2001: 132) oder »Organisierte Selbstverwirklichung« (Honneth 2002: 141) sind nur zwei der zahlreichen Diagnosen, die diesen paradoxen Prozess beschreiben. So problematisch die Pauschalität dieser Diagnose ist (vgl. kritisch: van Dyk 2010), so wichtig ist ihr Grundimpuls für die Debatte um Commons-basierte Alternativökonomien, in der Konzepte wie Empowerment, Aktivierung oder Selbstorganisation bislang recht unbeschwert verwendet werden, ohne deren produktive Kraft im flexiblen Kapitalismus der Gegenwart systematisch zu erfassen (vgl. kritisch etwa Bröckling 2003).

Ferner sind für die Vereinnahmungsfrage solche Ansätze von Interesse, die Commons explizit in einer politisch regulierten solidarischen Ökonomie verorten, in der Arbeitszeitverkürzung, Grundeinkommen, Umverteilung und staatliche Investitionslenkung zentrale Säulen bilden, so etwa die Postwachstumsperspektive von Matthias Schmelzer und Alexis Passadakis (2011) oder die Transformationsperspektive von Serge Latouche (2014). Diese Ansätze gehen über eine einfache Mahnung vor der Vereinnahmung von Commons hinaus: Sie schenken den sozioökonomischen Rahmenbedingungen commons-basierter Ressourcenerzeugung und -nutzung größere Aufmerksamkeit und tappen damit nicht in die Falle, Commons faktisch im bürgergesellschaftlichen Community-Kapitalismus zu situieren, um dann vor ihrer Vereinnahmung zu warnen. Problematisch ist allerdings, dass die Konzepte einer »Makroökonomie des Schrumpfens« (Schmelzer/Passadakis 2011: 73) kaum an gesellschaftliche Kräfteverhältnisse rückgebunden sind, so dass sie sich bisweilen lesen wie in Wunschkonzert im luftleeren Raum. Um diese Entkoppelung von den realen Verhältnissen zu überwinden, ist es hilfreich an Erik-Olin Wright (2006) anzuschließen, der in seinen Orientierungspunkten für den Weg zu einer sozialistischen Alternative drei Reichweiten von Alternativen unterscheidet: *desirable, viable* und *achievable alternatives*. Während *desirable alternatives* dem Wortsinn nach wünschenswerte Alternativen mit utopischen Charakter ausweisen, sind *viable alternatives* in kapitalistischen Gesellschaften theoretisch realisier- und *durchführbar* (etwa ein bedingungsloses Grundeinkommen), aber nicht – wie *achievable alternatives* – auch praktisch und strategisch *durchsetzbar*. Da viele Commons unter gegebenen Bedingungen *achievable* sind – was ja gerade ihren Reiz und ihre politisch-strategische Bedeutung ausmacht –, entkoppelt sich das Commoning von den vorgeschlagenen Rahmenbedingungen der Solidarischen Ökonomie, die gegenwärtig entweder, wie ein bedingungsloses Grundeinkommen *viable*, aber nicht *achievable* oder aber wie eine weitgehende Investitionslenkung wünschenswert, aber unter kapitalistischen Bedingungen auch theoretisch kaum realisierbar sind. Damit laufen auch solche Ansätze, die eigentlich strukturelle Rahmenbedingungen einer commons-basierten Ökonomie thematisieren, Gefahr, dass Commons faktisch ihre Wirkung unter bestehenden ökonomischen und wohlfahrtsstaatlichen Bedingungen entfalten – mit allen angezeigten Gefahren ihrer Vereinnahmung.

3.   Fazit und Ausblick

Die von mir entfalteten Problematisierungen zielen nicht darauf, alle Perspektiven des Commoning unter Generalverdacht zu stellen und ihren potenziell emanzipatorischen Charakter per se in Abrede zu stellen, ganz im Gegenteil: Gerade um das emanzipatorische Transformationspotenzial von commons-basierten Alternativökonomien ausloten zu können, gilt es den skizzierten Fallstricken gewahr zu werden und nicht *per se* Systemkritik und Subversion zu unterstellen. Wie schon die Geschichte der Arbeiterbewegung zeigt, erfordert ein Commoning, das über eine alltagsweltliche Nischenpolitik hinausgehen soll, den Anschluss an eine explizit politische Praxis, welche die sozio- und politökonomischen Rahmenbedingungen des Commoning sowie die sie situierenden gesellschaftlichen Kräfteverhältnisse reflektiert. Eine solche Einbettung öffnet den Blick dafür, dass angesichts des substantiellen Abbaus sozialer Rechte im Community-Kapitalismus insbesondere die anti-etatistische Programmatik unter gegebenen Bedingungen anschlussfähig an einen liberalen Staatsabbau ist, der wenig mit der emanzipatorischen Vision einer herrschaftsfreien Gesellschaft jenseits von Markt und Staat zu tun hat. Auch wenn ein solcher Anschluss von vielen Autor_innen und Aktivist_innen nicht im Entferntesten intendiert ist, gilt es in die Analyse und Praxis einzubeziehen, dass der leere Signifikant ›Commons‹ gegenwärtig unter eben diesen hegemonialen Bedingungen mit Inhalt gefüllt wird. Der Umkehrschluss muss aber keineswegs auf eine staatstragende Affirmation öffentlicher Wohlfahrt mitsamt ihrer Exklusivitäten und Disziplinierungen hinauslaufen: Die berechtigte Problematisierung von Markt und Staat als gesellschaftliche (De-)Regulierungsinstanzen aufgreifend, gilt es aus meiner Sicht vielmehr, danach zu fragen, wie beispielsweise das *Prinzip* der Sozialversicherung als verlässlicher, anonymer, entmoralisierter Ausgleichsmechanismus verallgemeinert und gegebenenfalls auch auf eine neue organisatorische Basis gestellt werden kann, etwa in genossenschaftlichen Strukturen (Altvater 2015).

Statt solche Fragen zu adressieren und vor allem systematisch wie strategisch das Verhältnis von öffentlichen Gütern (in Gestalt staatlicher Sozialpolitik und Infrastruktur) und Gemeingütern zu klären (vgl. hierzu Federici/Caffentzis 2014: 100f.), begegnet uns – Ausnahmen bestätigen wie immer die Regel – die Überaffirmation von Mikro-Praktiken in Gestalt von Repair-Cafés, Umsonstläden oder *community gardening*, die zur Systemalternative aufaddiert werden, während strukturelle Fragen wie das Privateigentum an Produktionsmitteln in den Hintergrund rücken. Für eine solche Praxis hat Adorno seinerzeit harte Worte gefunden:

»Pseudo-Aktivität ist generell der Versuch, inmitten einer durch und durch vermittelten und verhärteten Gesellschaft sich Enklaven der Unmittelbarkeit zu retten. Rationalisiert wird das damit, die kleine Veränderung sei eine Etappe auf dem langen Weg zu der des Ganzen. Das fatale Modell von Pseudo-Aktivität ist das ›Do it yourself‹, Mach es selber: Tätigkeiten, die, was längst mit den Mitteln der industriellen Produktion besser geleistet werden kann, nur um in den unfreien, in ihrer Spontaneität gelähmten Einzelnen die Zuversicht zu erwecken, auf sie käme es an. Der Unsinn des ›Mach es selber‹ bei der Herstellung materieller Güter, auch bei vielen Reparaturen, liegt auf der Hand.« (Adorno 1977: 796f.)

Adornos radikales Diktum, dass jede partikulare Enklave und Praxis nur Ausweis des universalen kapitalistischen Prozesses ist, erweist sich als hilfreich, um der »romance of community« (Joseph 2002) oder der Illusion einer gebrauchswertorientierten kapitalistischen Ökonomie vorzubeugen. Was diese Perspektive aber negiert, ist die *potenziell* subversive Eigenlogik der Praxis, auf die viele Commons-Aktivist_innen zu Recht pochen: »Communing initiatives are more than dikes against the neoliberal assault on our livelihood. They are the seeds, the embryonic form of an alternative mode of production in the make.« (Caffentzis/Federici 2014: 95). Entscheidend aber ist, dass es sich nur um eine Potenzialität handelt, und dass genau dieser

Umstand die (Selbst-)Kritik zum obersten Gebot macht, zumal in einem Feld, in dem sich ein mikropolitischer Voluntarismus qua Negation der materiellen Verhältnisse Bahn bricht. Ansätze für eine kritische Vermessung des emanzipatorisch-antikapitalistischen Potenzials von Commons-Perspektiven finden sich überall dort, wo sie eingebettet sind in eine übergreifende Analyse kapitalistischer Verhältnisse, wie beispielsweise in Paul Masons aktueller Diagnose des Postkapitalismus:

»Buzzwords such as the ›commons‹ and ›peer-production‹ are thrown around, but few have bothered to ask what this development means for capitalism itself. I believe it offers an escape route – but only if these micro-level projects are nurtured, promoted and protected by a change in our thinking – about technology, ownership and work. So that, when we create the elements of the new system, we can say to ourselves, and to others: ›this is no longer simply my survival mechanism, my bolt hole from the neoliberal world; this is a new way of living in the process of formation‹.« (Mason 2015: 2)

Dieser »new way of living« wird Gegenstand von heftigen Deutungs-, Interessen- und Verteilungskonflikten sein, doch ausgerechnet diese werden in der Debatte um konvivialistische und commons-basierte Alternativen unterschätzt oder negiert: Die Zukunft der Postwachstumsökonomie wird stattdessen im Modus der Moralisierung als eine Frage des Allgemeinwohls verhandelt (Helfrich/Bollier 2014). Die mit Blick auf Interessenvielfalt und Herrschaftsverhältnisse so zentrale Frage, »wessen Wohl [...] das Gemeinwohl« (Offe 2002: 55) ist, bleibt im fragwürdigen Rekurs auf das gemeinsame Menschsein (Les Convivialistes 2014: 61) allzu häufig unbeantwortet, erscheint dieses doch frei von Klassen-, Ausbeutungs- und Geschlechterverhältnissen.

Demokratiepolitisch fragwürdig ist daran, dass das, was normativ gewünscht ist, als ›organisch‹, ›natürlich‹ oder auch ›notwendig‹ ausgegeben wird: So ist zu lesen, »dass die Methodik der Natur selbst die Commons als stabiles und tragfähiges Paradigma nahelegt« (Helfrich/Bollier 2014: 15f.) und dass wir Menschen auf »Kooperation geeicht« seien (ebd.: 23). Mir scheint, dass auf Seiten emanzipatorischer Gegenbewegungen insgesamt Notwendigkeitsemphasen und Verheißungen von (rettenden) Imperativen einen augenfälligen Aufschwung erleben. So beschwört Naomi Klein in ihrem Buch *This changes everything. Capitalism versus Climate* die Sachgesetzlichkeit des Klimawandels als Geburtsstunde für ein linkes Zukunftsprojekt:

»Kurz gesagt unterstreicht der Klimawandel die Dringlichkeit fast aller Forderungen, die progressive Kräfte seit langem stellen. Zugleich verknüpft er sie zu einer kohärenten Agenda – auf der Grundlage eines unzweideutigen, wissenschaftlich begründeten Imperativs. […] Ein Glaubensgebäude indes, das kollektives Handeln verteufelt und weiterhin auf die totale Entfesselung der Märkte schwört, lässt sich *mit dem Imperativ unserer Tage* schlichtweg nicht vereinbaren.« (Klein 2012: 88; Hervorhebung SvD)

Um nicht missverstanden zu werden: Es geht nicht darum, in normativer Hinsicht die Wünschenswertigkeit einer anderen Welt in Frage zu stellen; es soll vielmehr problematisiert werden, dass hier mit dem Anspruch auf ein emanzipatorisches Projekt das preisgegeben wird, was das erklärte Ziel kritischer Analyse und Praxis ist: die Macht- und Herrschaftsverhältnisse aufzudecken, die das Soziale und Kontingente als das Zwingende, Natürliche und Wahre erscheinen lassen. Imperative sind immer Verdichtungen von Kräfteverhältnissen, auch wenn man sie in Grad Celsius messen kann. Egal wie hoch der Temperaturanstieg ausfällt, egal wie viele Inseln im Meer versinken, es ist eine Frage der bestreitbaren politischen Priorität, wie die gesellschaftlichen Verhältnisse aussehen werden, die aus dieser sozial-ökologischen Konstellation erwachsen. Insbesondere radikale Demokratietheorien sensibilisieren in instruktiver Weise dafür, dass nicht Konflikt, Dissens und politischer Streit, sondern dass Konsens und Gemeinwohlbehauptungen – und beides ist in der Postwachstumsdebatte ebenso wie im Konvivialistischen Manifest sehr beliebt – die Demokratie gefährden, indem sie die Kraft des Politischen ausschalten (vgl. zum Beispiel Rancière 2002).

In sozialpolitischer Hinsicht ist fragwürdig, dass Verteilungskonflikte und Fragen sozialer Ungleichheit zugunsten der Affirmation von Gemeinsinn und Gemeinwohl vernachlässigt werden – zumindest sofern es um Klassenverhältnisse innerhalb der Länder des globalen Nordens geht. Ich bin hingegen der Überzeugung, dass unter den gegebenen Kräfteverhältnissen die Frage der sozialen Ungleichheit der entscheidende Ansatzpunkt für Perspektiven des kooperativen Lebens und Wirtschaftens ist (vgl. auch: Dörre u.a. 2015). In diesem Feld gerät derzeit etwas in Bewegung, hier schließen aktuelle soziale Konflikte an, hier werden (alte und neue) linke Kräfte sichtbar, auf die eine solidarische Postwachstumsbewegung angewiesen sein wird. Vor allem aber kann die Frage der Lebensqualität im Sinne eines ›Weniger wird mehr‹ nur dann eine progressive Kraft entfalten, wenn sie mit einer zweiten Devise einhergeht und die heißt, wie Wilkinson und Pickett (2012) treffend formuliert haben, »Gleichheit ist Glück«. Ungleichheit ist, wie ihre Studie eindrucksvoll zeigt, der größte Feind gegenseitigen

Vertrauens in einer Gesellschaft. Wenn Commons mehr sein sollen als entweder Überlebensökonomien in Zeiten der Verelendung oder mittelschichtsaffine Kooperationen umweltbewusster Menschen in den Metropolen, wird die Adressierung und der Abbau sozialer Ungleichheit die wesentliche Voraussetzung für die Stärkung alternativer Kooperationen im Kontext einer solidarischen Ökonomie sein.

Literatur

Acksel, Britta/Euler, Johannes/Gauditz, Lesli/Helfrich, Silke/Kratzwald, Brigitte/Meretz, Stefan/Stein, Flavio/Tuschen, Stefan (2015), Commoning. Zur Kon-struktion einer konvivialen Gesellschaft, in: Frank Adloff/Volker M. Heins (Hg.), *Konvivialismus. Eine Debatte*, Bielefeld, S. 133–145.

Adloff, Frank (2015), Immer im Takt bleiben? Zu einer konvivialistischen Affektpolitik, in: Frank Adloff/Volker M. Heins (Hg.), *Konvivialismus. Eine Debatte*, Bielefeld, S. 71–84.

Adorno, Theodor W. (1977), Resignation, in: Ders. (Hg.), *Kulturkritik und Gesellschaft II. Eingriffe, Stichworte, Anhang*, Frankfurt/M., S. 794–799.

Altvater, Elmar (2015), Genossenschaften und gutes Leben. Der Sozialismus des 21. Jahrhunderts, in: Blätter für deutsche und internationale Politik (Hg.), *Mehr geht nicht! Der Postwachstums-Reader*, Berlin, S. 275–284.

de Angelis, Massimo (2014), Krise, Kapital und Vereinnahmung – braucht das Kapital die Commons?, in: Silke Helfrich/Heinrich-Böll-Stiftung (Hg.), *Commons. Für eine neue Politik jenseits von Markt und Staat*, Bielefeld, S. 227–235.

Beck-Gernsheim, Elisabeth (1991), Frauen – die heimliche Ressource der Sozialpolitik, *WSI-Mitteilungen* 2, S. 58–66.

Biesecker, Adelheid (2012), *Tätigsein in den Commons – Jenseits von Lohnarbeit und Geschlechterhierarchie*, Auftakt zum interdisziplinären Salon »Zeit für Allmende«, 18.10.2012, Manuskript, Berlin.

Biesecker, Adelheid/Wichterich, Christa/von Winterfeld, Uta (2012), *Feministische Perspektiven zum Themenbereich Wachstum, Wohlstand, Lebensqualität*, Feministische Expertise für die Bundestags Enquete-Kommission »Wachstum, Wohlstand, Lebensqualität«, Bremen/Bonn/Wuppertal.

Bollier, David (2009), Gemeingüter – eine vernachlässigte Quelle des Wohlstands, in: Silke Helfrich/Heinrich-Böll-Stiftung (Hg.), *Wem gehört die Welt? Zur Wiederentdeckung der Gemeingüter*, München, S. 28–38.

Brand, Ulrich (2014), Sozial-ökologische Transformation als gesellschaftspolitisches Projekt, *Kurswechsel*, Jg. 28, H. 2, S. 7–18.

Braun, Helga/Jung, Dörthe (Hg.) (1997), *Globale Gerechtigkeit? Feministische Debatte zur Krise des Sozialstaats*, Hamburg.

Bröckling, Ulrich (2003), You are not responsible for being down, but you are responsible for getting up. Über Empowerment, *Leviathan,* Jg. 31, H. 3, S. 323–344.

Caffentzis, George/Federici, Silvia (2014), Commons against and beyond capitalism, *Community Development Journal,* Jg. 49, H. S1, S. 92–105.

Dörre, Klaus/Lessenich, Stephan/Rosa, Hartmut (2015), Lob der Gleichheit, in: Le Monde Diplomatique/Kolleg Postwachstumsgesellschaften (Hg.), *Altas der Globalisierung: Weniger wird mehr,* Berlin/Jena, S. 160–161.

Dowling, Emma/Harvie, David (2014), Harnessing the Social. State, Crisis and (Big) Society, *Sociology,* Jg. 48, H. 5, S. 869–886.

van Dyk, Silke (2010), Grenzüberschreitung als Norm? Zur ›Vereinnahmung‹ von Gegenstrategien im Kapitalismus und den Konsequenzen für eine Soziologie des Widerständigen, in: Karina Becker/Lars Gertenbach/Henning Laux/Tilman Reitz (Hg.), *Grenzverschiebungen des Kapitalismus,* Frankfurt/New York, S. 33–54.

van Dyk, Silke/Dowling, Emma/Haubner, Tine (2016), Für ein rebellisches Engagement, *Blätter für deutsche und internationale Politik,* Jg. 61, H. 2, S. 37–40.

European Journal of Cultural Studies (2014), *Special Issue: Convivialities,* Jg. 17, H. 4, S. 341–486.

Ewald, Francois (1989), Die Versicherungs-Gesellschaft, *Kritische Justiz,* Jg. 22, H. 4, S. 385–393.

Exner, Andreas/Kratzwald, Brigitte (2012), *Solidarische Ökonomie & Commons,* Wien.

Federici, Silvia (2012), *Aufstand aus der Küche. Reproduktionsarbeit im globalen Kapitalismus und die unvollendete feministische Revolution,* Münster.

Forschungsgruppe »Staatsprojekt Europa« (Hg.) (2012), *Die EU in der Krise. Zwischen autoritärem Etatismus und europäischem Frühling,* Münster.

Gertenbach, Lars/Laux, Henning/Rosa, Hartmut/Strecker, David (2010), *Theorien der Gemeinschaft zur Einführung,* Hamburg.

Habermann, Friederike (2009), *Halbinseln gegen den Strom: Anders leben und Wirtschaften im Alltag,* Königsstein.

Haubner, Tine (2016), Die neue Kultur des Helfens: Zur Ausbeutung ehrenamtlicher Pflegearbeit in der Care-Krise, in: Luxemburg, 02.05.2016, *http://www.zeitschrift-luxemburg.de/tine-haubner/*.

Haug, Frigga (2011), *Die Vier-in-einem-Perspektive: Politik von Frauen für eine neue Linke,* Hamburg.

Helfrich, Silke/Heinrich-Böll-Stiftung (Hg.) (2009), *Wem gehört die Welt? Zur Wiederentdeckung der Gemeingüter,* München.

Helfrich, Silke/Bollier, David (2014), Commons als transformative Kraft. Eine Einführung, in: Silke Helfrich/Heinrich-Böll-Stiftung (Hg.), *Commons. Für eine neue Politik jenseits von Markt und Staat,* Bielefeld, S. 15–23.

Honneth, Axel (2002), Organisierte Selbstverwirklichung. Paradoxien der Individualisierung, in: Ders. (Hg.), *Befreiung aus der Mündigkeit. Paradoxien des gegenwärtigen Kapitalismus,* Frankfurt/New York, S. 141–158.

IAASTD (2009), *Agriculture at a Crossroads. Global Report,* Washington.

IMF (2010), *Inequality, Leverage and Crisis*, Working Paper WP/10/268, Washington.

Jacquet, Jennifer (2015), Schämt Euch! Moralische Anklage als gewaltloser Widerstand, *Blätter für deutsche und international Politik*, Jg. 60, H. 11, S. 79–88.

Joseph, Miranda (2002), *Against the Romance of Community*, Minneapolis/London.

Kaufmann, Franz-Xaver (2003), *Varianten des Wohlfahrtsstaats. Der deutsche Sozialstaat im internationalen Vergleich*, Frankfurt/M.

Klein, Naomi (2012), Klima vs. Kapitalismus. Was die linke Umweltbewegung von den rechten Think Tanks lernen kann, *Blätter für deutsche und internationale Politik*, Jg. 57, H. 1, S. 75–88.

Klie, Thomas (2015), Im Interview mit Bjørn Kähler, in: Thomas Behr (Hg.), *Aufbruch Pflege*, Wiesbaden, S. 205–213.

Kluge, Sven (2008), Affirmativer Protest – Ambivalenzen und Affinitäten der kommunitaristischen Kapitalismuskritik, in: Rolf Eickelpasch/Claudia Rademacher/Philipp Ramos Lobato (Hg.), *Metamorphosen des Kapitalismus – und seiner Kritik*, Wiesbaden, S. 59–78.

Kocyba, Hermann (2004), Aktivierung, in: Ulrich Bröckling/Susanne Krasmann/Thomas Lemke (Hg.), *Glossar der Gegenwart*, Frankfurt/M., S. 17–22.

Kratzwald, Brigitte (2014), Commons und das Öffentliche. Wem gehören öffentliche Dienstleistungen?, in: Silke Helfrich/Heinrich-Böll-Stiftung (Hg.), *Commons. Für eine neue Politik jenseits von Markt und Staat*, Bielefeld, S. 79–84.

Kritidis, Gregor (2014), *Griechenland – auf dem Weg in den Maßnahmenstaat? Autoritäre Krisenpolitik und demokratischer Widerstand*, Hannover.

Laclau, Ernesto (2010), *Emanzipation und Differenz*, Wien.

Latouche, Serge (2014), *Farewell to growth*, Cambridge/Malden.

Le Monde Diplomatique/Kolleg Postwachstumsgesellschaften (2015), *Altas der Globalisierung: Weniger wird mehr*, Berlin/Jena.

Lenhardt, Gero/Offe, Claus (1977), Staatstheorie und Sozialpolitik, in: Christian von Ferber/Franz Xaver Kaufmann (Hg.), *Soziologie und Sozialpolitik*, Opladen, S. 98–127.

Les Convivialistes (2014), *Das konvivialistische Manifest. Für eine neue Kunst des Zusammenlebens*, Bielefeld.

Lessenich, Stephan (2012), *Theorien des Sozialstaats*, Hamburg.

Mason, Paul (2015), The end of capitalism has begun, *The Guardian*, 17.07.2015.

Meretz, Stefan (2010), Einschluss statt Ausschluss – Commons jenseits des Kapitalismus, in: keimform, 12.01.2016, *keimform.de/2010/einschluss-statt-ausschluss/*.

Meretz, Stefan (2014), Ubuntu-Philosophie. Die strukturelle Gemeinschaftlichkeit der Commons, in: Silke Helfrich/Heinrich-Böll-Stiftung (Hg.), *Commons. Für eine neue Politik jenseits von Markt und Staat*, Bielefeld, S. 58–65.

Moldaschl, Manfred (2001), Herrschaft durch Autonomie – Dezentralisierung und widersprüchliche Arbeitsanforderungen, in: Burkhardt Lutz (Hg.), *Entwicklungsperspektiven von Arbeit*, Berlin, S. 132–164.

Offe, Claus (2002), Wessen Wohl ist das Gemeinwohl?, in: Herfried Münkler/Karsten Fischer (Hg.), *Gemeinwohl und Gemeinsinn. Rhetoriken und Perspektiven sozialmoralischer Orientierung*, Berlin, S. 55–76.

Ostrom, Elinor (2009), *Gemeingütermanagement – eine Perspektive für bürgerschaftliches Engagement*, München.

Paech, Niko (2014), *Befreiung vom Überfluss. Auf dem Weg in die Postwachstumsökonomie*, München.

Rancière, Jacques (2002), *Das Unvernehmen. Politik und Philosophie*, Frankfurt/M.

Rodenstein, Marianne (1978), Arbeiterselbsthilfe, Arbeiterselbstverwaltung und staatliche Krankenversicherungspolitik in Deutschland, in: *Starnberger Studien 2. Sozialpolitik als soziale Kontrolle*, Frankfurt/M., S. 113–180.

Rose, Nikolas (2000), Tod des Sozialen? Eine Neubestimmung der Grenzen des Regierens, in: Ulrich Bröckling/Susanne Krasmann/Thomas Lemke (Hg.), *Gouvernementalität der Gegenwart*, Frankfurt/M., S. 72–109.

Schmelzer, Matthias/Passadakis, Alexis (2011), *Postwachstum. Krise, ökologische Grenzen und soziale Rechte*, Hamburg.

Scholz, Roswitha (2010), Maria breit den Mantel aus. Produktion und Reproduktion in der Krise des Kapitalismus, 09.10.2015, *http://www.exit-online.org/link.php?tabelle=autoren&posnr=461*.

Stützle, Ingo (2016), Spaltender Sozialstaat, *analyse & kritik*, 613, S. 1, 8.

Ullrich, Carsten (2005), *Soziologie des Wohlfahrtsstaates*, Frankfurt/New York.

Wilkinson, Richard/Kate Pickett (2012), *Gleichheit ist Glück. Warum gerechte Gesellschaften für alle besser sind*, Berlin.

Wright, Erik Olin (2006), Compass Points. Towards a Socialist Alternative, *New Left Review* 41, S. 93–124.

Ist eine nachhaltige Moderne möglich? Zum Verhältnis von Wachstum, sozialer Differenzierung und Naturverbrauch

Bernd Sommer

Der als Frage formulierte Titel des Beitrags mag überraschen, ist das Konzept der Nachhaltigkeit doch selbst ein Kind der Moderne und gilt die »ökologische Modernisierung« (Jänicke 1984) doch als zentrale Bearbeitungsstrategie aktueller Nachhaltigkeitskrisen. Wieso also sollte hier ein Widerspruch bestehen oder gar eine Unvereinbarkeit von Moderne und Nachhaltigkeit?

Ausgehend von einer sozial-metabolischen Perspektive[1] wird im Folgenden zunächst argumentiert, dass der Gesellschaftstypus der industriellen Moderne, in dem heute zahlenmäßig der größte Teil der Menschheit lebt, strukturell nicht nachhaltig ist, da er auf energetischen und ökologischen Voraussetzungen beruht, die nicht dauerhaft zur Verfügung stehen. Auch die in modernen Gesellschaften typischerweise zu beobachtenden Emanzipationsprozesse – die Verbesserung materieller Wohlfahrt für breite Teile der Bevölkerung, die Etablierung von Rechtsstaatlichkeit und demokratischen Beteiligungsmöglichkeiten sowie die mit all diesen Prozessen zusammenhängende Ausweitung individueller Handlungsspielräume – basieren auf einem nicht nachhaltigen Niveau des Naturverbrauchs. Anschließend werden ökonomisches Wachstum sowie der Komplementärprozess der sozialen Differenzierung als Kerndynamiken von Modernisierungsprozessen und zugleich als Treiber des Naturverbrauchs analysiert. Die Etablierung eines nachhaltigen sozial-metabolischen Regimes, das gleichzeitig die Charakteristika einer modernen Gesellschaft aufweist – also die »Ergrünung« einer Gesellschaft, in der ansonsten alles so bleibt, wie es heute ist – scheint aus gesellschaftstheoretischer Sicht nicht ohne weiteres möglich. Bislang kennen

---

1 »Gesellschaftlicher Metabolismus« bezeichnet die materiellen und energetischen Austauschbeziehungen zwischen Gesellschaften und ihrer natürlichen Umwelt: Gesellschaften entnehmen der Natur Rohstoffe, verarbeiten sie zu Nahrung und anderen Produkten und geben schließlich wieder Abfälle und Emissionen an sie ab (Fischer-Kowalski/Haberl 1997).

wir lediglich entweder vor- bzw. nichtmoderne Gesellschaften, deren Stoffwechsel mit der natürlichen Umwelt ein nachhaltiges Niveau aufweist,[2] oder moderne Gesellschaften, die nicht nachhaltig sind, deren Nutzungsraten von natürlichen Ressourcen und Senken also über den ökologischen Regenerationsraten liegen. Ob eine nachhaltige und damit zukunftsfähige Moderne möglich ist, ist daher eine offene Frage. Oder anders formuliert: Es ist heute noch weitgehend unklar, wie eine »reduktive Moderne« (Welzer u.a. 2014: 6), also eine Gesellschaft, die ihre zivilisatorischen Standards bei erheblich weniger Material- und Energieverbrauch bewahrt, aussieht. Der Beitrag schließt mit einer Skizze gegenwärtig existierender »Reallabore« einer reduktiven Moderne. Das sind Beispiele des Produzierens und Konsumierens, bei denen Akteurinnen und Akteure unter bestehenden Bedingungen um einen nachhaltigen Stoffwechsel mit der Natur bemüht sind, ohne die normativen Versprechen und »Errungenschaften der Moderne« in Frage zu stellen.[3]

---

2 Dies schließt selbstverständlich nicht aus, dass auch vormoderne Gesellschaften durch nicht-nachhaltige Praktiken gekennzeichnet sein konnten und mitunter sogar an diesen zu Grunde gegangen sind, wie Jared Diamond in seiner Studie Collapse (2005) eindrucksvoll zeigt. Doch waren die Möglichkeiten der Menschen, ihre natürliche Umwelt zu beeinflussen, sehr viel geringer als im industriellen Zeitalter (Fischer-Kowalski u.a. 2014). Im Vergleich zur Persistenz dieser vormodernen sozial-ökologischen Figurationen über mehrere tausend Jahre ist heute abzusehen, dass das auf fossilen Brennstoffen basierende industrielle sozial-metabolische Regime sehr viel kurzlebiger sein wird (Sieferle 2010).

3 Wenn hier und im Folgenden auf die materiellen und nicht-materiellen »Errungenschaften« der kapitalistischen Moderne verwiesen wird, soll damit nicht in Abrede gestellt werden, dass diese Entwicklung auch und vor allem auf der Herrschaft über bzw. der Ausbeutung anderer machtschwächerer Gruppen in- und außerhalb der europäischen und nordamerikanischen Gesellschaften sowie der außermenschlichen Natur beruhte. Das Ausmaß an Naturbeherrschung und -zerstörung, welches mit dieser Entwicklung im Zusammenhang steht, ist gerade Gegenstand dieses Beitrags. In Anlehnung an Stephan Lessenich (2015) lassen sich moderne Gesellschaften daher auch als »Externalisierungsgesellschaften« bezeichnen: »Über die Externalisierung von Zwängen werden die eigenen Freiheiten geschaffen, mittels Zerstörung fremder Lebenswelten die eigenen Lebenschancen gesichert, durch eine Politik zu Lasten Dritter die eigenen Verhältnisse gelebt« (ebd.: 24).

1. Die expansive Moderne: Gesellschaftliche Emanzipationsprozesse auf Basis eines nicht nachhaltigen Naturverbrauchs

Es ist bemerkenswert, dass in der sozialwissenschaftlichen Literatur der Zusammenhang zwischen der Moderne, einschließlich der mit ihr verbundenen kapitalistischen Wachstumsökonomie, und ihren energetischen Voraussetzungen zumeist ignoriert wird. In vormodernden Gesellschaften existierte eine relativ starre energetische Grenze für materielles Wachstum: die Fläche, von der Energie – in Form von Nahrungs- und Futtermitteln sowie Brennmaterialien –»geerntet« werden konnte (Sieferle 2010). Wasser- und Windkraft spielten für vorindustrielle Gesellschaften eine zu vernachlässigende Rolle (ebd.). Daher verliefen Wirtschafts- und Bevölkerungswachstum über Jahrhunderte hinweg fast im gleichen Tempo (McNeill 2005: 23). Im Zugriff auf den »unterirdischen Wald« (Sieferle 1982), die Steinkohle, wurden die Emanzipation von der Fläche und ein exponentielles Wachstum möglich. Zu Beginn des 19. Jahrhunderts begann das Wachstum der Wirtschaft jenes der Bevölkerung deutlich zu überflügeln und das Pro-Kopf-Einkommen stieg auch in den Folgejahrzehnten nahezu kontinuierlich an. Diese Entwicklung, die bis heute anhält, wurde erst durch die Nutzung von Öl, Gas und Kohle ermöglicht.[4]

Fossile Energieträger erlaubten aber nicht nur zuvor unerreichte und anhaltende Wachstumsraten. Ihre Nutzung sowie auf ihnen basierende Technologien begünstigten noch in weiterer Hinsicht die signifikante Verbesserung der Lebenssituation zahlreicher Menschen. Marina Fischer-Kowalski u.a. (2014: 21) nennen in diesem Zusammenhang vier Entwicklungen, denen die Nutzung fossiler Brennstoffe zu Grunde liegt: die Anhebung hygienischer und medizinischer Standards, die Etablierung eines verlässlichen Langstrecken-Transportsystems, die enorme Produktivitätssteigerung in der Landwirtschaft sowie die Entstehung eines globalen Informations- und Wissensaustauschs. Dies alles trug dazu bei, dass sich die durchschnittliche Lebenserwartung der Menschen in den frühindustrialisierten Gesellschaften des globalen Nordens in einem Zeitraum von weniger als 150 Jahren verdoppelte (Hradil 2012: 44).

---

4 Die globale Energieversorgung beruht auch heute zu etwa 85 Prozent auf der Nutzung fossiler Energieträger (WBGU 2011: 56). Autoren wie Ulrich Brand sprechen daher auch von einer »fossilistisch-kapitalistischen Produktions- und Lebensweise« (2009: 3). Vgl. auch Ulrich Brand in diesem Band.

Kann der Wandel des Energieregimes – also der Umstieg von Wind- und Wasserkraft und vor allem Biomasse auf primär fossile Brennstoffe – auch als Voraussetzung gelten, so erklärt er allein doch nicht die Dynamik des Wirtschaftswachstums und den damit einhergehenden Naturverbrauch insbesondere seit der Mitte des 20. Jahrhunderts.

Socio-economic trends

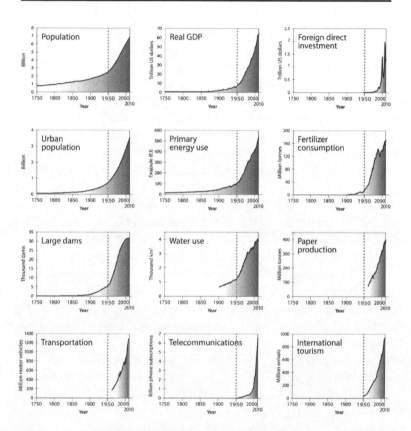

Abbildung 1: Sozioökonomische Trends der »Großen Beschleunigung«

(Quelle: Steffen u.a. 2015)

Abbildung 1 zeigt die Indikatoren einer Entwicklung, die die Erdsystemforschung und Umweltgeschichte als »Große Beschleunigung« (Steffen u.a. 2015) oder auch als »50er-Jahre-Syndrom« (Mauelshagen/Pfister 2010: 252) bezeichnen: Zu sehen ist der rasante Anstieg des Wirtschaftswachstums (Real GDP)[5], des Papier-, Wasser- und Energieverbrauchs, des Tourismus, des Transportaufkommens, ausländischer Direktinvestitionen, des Einsatzes von Düngemitteln etc., insbesondere seit den 1950er Jahren.

Earth system trends

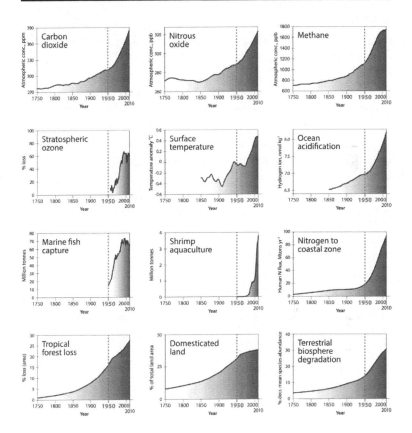

Abbildung 2: Erdsystem-Trends der »Großen Beschleunigung«

(Quelle: Steffen u.a. 2015).

---

5 »Real Gross Domestic Product (GDP)« wird in der Regel vom »Nominal GDP« unterschieden. Ersteres erfasst die Zunahme tatsächlicher Quantitäten gehandelter Güter und Dienstleistungen, während Letzteres sich auf ihren Marktwert bezieht (Victor 2015).

In *Abbildung 2* ist die ökologische Schadensbilanz der »Großen Beschleunigung« zu sehen: Der Anstieg der CO_2-Konzentration und der globalen Durchschnittstemperaturen, der Verlust tropischen Regenwaldes und an Biodiversität, die Menge an gefangenem Meeresfisch und die Versauerung der Ozeane. Auch hier beginnt die Entwicklung zum Teil bereits früher, ihre eigentliche Dynamik entsteht aber erst in den 1950er Jahren.

Über die gesellschaftlichen Kräfte, die hinter der »Großen Beschleunigung« stehen, hat die Erdsystemforschung allerdings wenig zu sagen. Welche soziale Dynamik liegt dieser Entwicklung zugrunde? Der allgemeine Verweis auf »den Kapitalismus« ist hier nicht ausreichend, da die kapitalistische Wirtschafts- und Gesellschaftsordnung schon sehr viel eher ihren Ausgang nahm. Zwar war der gesellschaftliche Stoffwechsel mit der Natur auch in früheren Phasen des industriellen Kapitalismus alles andere als nachhaltig, doch dürfte beim rasanten Anstieg der Wachstums- und Konsumraten in umweltrelevanten Handlungsfeldern seit den 1950er Jahren eine spezifische Formation des Industriekapitalismus eine entscheidende Rolle spielen. In den Sozialwissenschaften wird diese in einem erweiterten theoretischen Sinne als Regulationsweise des »Fordismus« (Aglietta 2000) bezeichnet, die nach Uwe Schimank (2012: 22ff.) durch vier Merkmale gekennzeichnet ist:

o   standardisierte Massenproduktion,
o   Steigerung der Massenkaufkraft,
o   Aufbau des Sozialstaats sowie
o   steigende Ansprüche an die individuelle Lebensführung.[6]

Haben sich in den vergangenen Jahrzehnten auch weitreichende gesellschaftliche Veränderungen vollzogen, sodass heute auch von »Postfordismus« gesprochen wird, so kann doch kein Zweifel daran bestehen, dass sich das System der Massenproduktion und des Massenkonsums sowie die damit einhergehenden gewachsenen Erwartungen an die individuelle Lebensplanung in den vergangenen Jahren globalisiert haben. Der Fordismus führte zu einer tendenziellen Demokratisierung des Konsums, zu einer Verbesserung der Lebensumstände und Entscheidungsspielräume breiter Teile der Bevölkerung zunächst innerhalb der Gesellschaften des globalen Nordens, zunehmend aber auch außerhalb. Was derzeit in den Schwellenländern pas-

---

6 Damit ist gemeint, dass beispielsweise der Wunsch nach dem »eigenen Haus« oder der »Jahresurlaub im Süden« Bestandteil der individuellen Lebensplanung wird (Schimank 2012: 24).

siert, entspricht jenem »Fahrstuhl-Effekt« (Beck 1986: 124), der in den früh-industrialisierten Staaten der Nachkriegszeit zu beobachten war: Zwar bleibt soziale Ungleichheit bestehen und verstärkt sich in jüngerer Zeit in Ländern wie Deutschland sogar wieder (Eurostat 2015), aber insgesamt steigt der Lebensstandard an. Das ist das unzweifelhafte Verdienst des fordistisch-fossilistischen Wachstumsmodells: Kein System hat historisch vergleichbar schnell soziale Verhältnisse verbessert, die Handlungsspielräume von vielen Menschen erweitert und für einen erheblichen Zuwachs ihrer Lebenszeit gesorgt.

Beispiele dafür, wie sich das expansive Prinzip dieses sozioökonomischen Modells auf der Subjektebene manifestiert, sind die wachsende Zahl an Dingen (Konsumgüter), über die Menschen in Gesellschaften dieses Typs verfügen,[7] oder auch der Anstieg der durchschnittlich genutzten Wohn- und Verkehrsfläche pro Person.[8] »Konsumismus« ist in einer Wachstumsgesellschaft – also in einer Gesellschaft, die von ökonomischem Wachstum abhängig ist, um sich zu stabilisieren – eine komplementäre bzw. funktionale soziale Praxis. In Anlehnung an die Soziologie Norbert Elias' lässt sich hier auch von einer Interdependenz von Sozio- und Psychogenese sprechen, also der gegenseitigen Bedingtheit von Gesellschafts- und Persönlichkeitsstrukturen (Elias 1997). Die expansive Moderne zeichnet sich eben nicht allein durch ökonomische Wachstumsprozesse aus, sondern auch durch entsprechende »mentale Infrastrukturen« (Welzer 2011) sowie ein dazugehöriges expansives Kulturprogramm. Wie energieintensiv damit die heutigen Lebensstile geworden sind, verdeutlicht die Metapher der »Energiesklaven« (McNeill 2005: 30): Nach Berechnungen des Umwelthistorikers John McNeill benötigt ein/e Amerikaner/in zur Aufrechterhaltung seines/ihres Lebensstandards gegenwärtig durchschnittlich das Energie-Äquivalent von 75 Arbeitskräften, die 24 Stunden pro Tag und 365 Tage pro Jahr für ihn/sie

---

7 Wolfgang Uchatius (2013) hat in einem Essay für *Die Zeit* auf Basis von Ergebnissen der Marktforschung aufgelistet, dass der typische deutsche 18-Jährige heute ca. 500 verschiedene Produkte sein Eigen nennen kann. Dazu zählen unter anderem »ein Flachbildfernseher, 32 Zoll, ein Computer mit Monitor, zwei angeschlossene Lautsprecherboxen, ein Kopfhörer, ein Smartphone, ein CD-Radio-Kassettenrekorder, [...] ein Rucksack, ein Globus, mehrere Paar Sportschuhe sowie Hemden, Hosen, Jacken, Bücher, Spiele, Stifte, DVDs« (ebd.).

8 Landnutzungsveränderungen (Land use change) sind ein ökologisches Problem nicht nur in Entwicklungs- und Schwellenländern, die naturnahen Regenwald abholzen, um auf dessen Fläche Futtermittel- und Palmölplantagen zu bewirtschaften. Auch in Deutschland schreitet die Flächenversiegelung mit durchschnittlich 158 km² pro Jahr voran (UBA 2013).

arbeiten (ebd.). So stellt auch der Historiker Dipesh Chakrabarty fest: »The mansion of modern freedoms stands on an ever-expanding base of fossil fuel use. Most of our freedoms so far have been energy-intensive« (2009: 208).[9]

Es wäre aber unzureichend, die Errungenschaften der expansiven Moderne allein auf die Anhebung des materiellen Wohlstandsstandards zu reduzieren. Oben ist bereits darauf hingewiesen worden, dass sich im Zusammenhang mit dieser Entwicklung auch die Handlungsspielräume unzähliger Menschen derart vergrößerten, dass sie erstmals die Erfahrung machen konnten Herr (und historisch später auch Frau) ihrer eigenen Geschicke zu sein. Die hier angesprochenen gesellschaftlichen Emanzipationsprozesse haben ihren Ursprung *nicht allein* in der materiellen Verbesserung der Lebensumstände. Trotz aller Defizite garantieren demokratische Verfassungsstaaten ihren Staatsbürgerinnen und Staatsbürgern auf einem historischen Niveau Beteiligungsrechte wie freie, geheime und gleiche Wahlen, Versammlungs- und Vereinigungsfreiheit, formale Gleichheit vor dem Gesetz, Schutz oder auch die Möglichkeit der Vergesellschaftung von Eigentum. Die Demokratisierung der frühindustrialisierten OECD-Staaten steht historisch nichtsdestotrotz in einem engen Zusammenhang mit der Zunahme ihres materiellen Wohlstands und damit auch mit der Nutzung fossiler Energieträger.[10] Ökonomisches Wachstum, also die exponentielle Steigerung der wirtschaftlichen Leistungskraft, korreliert nicht nur mit einer formalen und rechtlichen Demokratisierung, sondern bildet – insbesondere in den 1950er und 1960er Jahren – auch die sozioökonomische Grundlage eines »demokratischen Kapitalismus« (Streeck 2013), also einer politischen Ökonomie, die nicht allein »Marktgerechtigkeit«, sondern auch soziale Gerechtigkeit als Verteilungsprinzip anerkennt (ebd.: 91). Empirisch und institutionell drückt sich dies in einer stärkeren Umverteilung des gesellschaftlich erwirtschafteten Reichtums, der Ausweitung der betrieblichen Mitbestimmung sowie im

---

9 Sinnbildlich lässt sich die damit einhergehende Ambivalenz am Phänomen des Massentourismus verdeutlichen: Hier hat sich eine Praxis, die lange Zeit nur Mitgliedern der Oberschicht vorbehalten war, durch erschwinglichere Flug- oder Kreuzfahrtreisen weitgehend demokratisiert. Den normativen Gründen, die für eine solche Praxis sprechen mögen, steht ihre ökologische Nicht-Nachhaltigkeit und damit Nicht-Verallgemeinerbarkeit entgegen, wobei auch inter- und intragenerationelle Gerechtigkeitsfragen virulent werden.

10 Auf den Zusammenhang von Demokratie und der Verfügbarkeit über natürliche Ressourcen hat Alexis de Tocqueville schon in seiner klassischen Studie *Über die Demokratie in Amerika* aufmerksam gemacht (Tocqueville 2002: 337f.).

Zugang zu einem historisch einzigartigen Niveau an öffentlicher Bildung und sozialer Vor- und Fürsorge aus. In diesem Kontext ist auch der Zusammenhang zwischen der Nutzung fossiler Energieträger (vor allem Kohle) und dem Entstehen der modernen Massendemokratie zu sehen, den Timothy Mitchell (2011: 12ff.) herausgearbeitet hat: Der Aufstieg der Kohle zum primären Energieträger sowie die zentralisierte Form ihrer Förderung habe es der im Kohlesektor beschäftigten, gut organisierten Arbeiterschaft ermöglicht, zentrale Forderungen nach demokratischer Mitbestimmung und Teilhabe am erwirtschafteten Wohlstand durchzusetzen. Soziologisch formuliert: Aufgrund der fundamentalen Abhängigkeit moderner Gesellschaften und ihrer Funktionssysteme von fossiler Energie verschob sich die soziale Machtbalance zugunsten der gesellschaftlichen Gruppen, welche die Versorgung mit Energie gewährleisteten.[11]

2. Moderne, soziale Differenzierung und Naturverbrauch

Was macht die Moderne aus? Diese Frage ist Gegenstand langer und anhaltender Diskussionen in den Geistes- und Sozialwissenschaften. Bereits die Phasierung der Moderne, also die zeitliche Abgrenzung der im Fokus stehenden gesellschaftlichen Entwicklungen, fällt je nach Betrachtungsgegenstand und -perspektive unterschiedlich aus: Ideengeschichtlich wird die Renaissance als ihr Anfang ausgemacht, die Französische Revolution von 1789 gilt politisch als Beginn der Moderne und ökonomisch wird in der Regel die industrielle Revolution in Europa als ihr Ausgangspunkt gesehen. Um die Gegenwart begrifflich von früheren Phasen abzugrenzen, wird mitunter die Bezeichnung »Spät-« oder »Postmoderne« verwendet oder zwischen »Erster« und »Zweiter Moderne« (Beck 1996) unterschieden. In Anschluss an Shmuel N. Eisenstadt (2000) wird auch von einer »Vielfalt der Moderne« oder »multiplen Modernen« gesprochen, die nicht alle dem europäisch-

---

11 In der Tatsache, dass Erdöl in der zweiten Hälfte des 20. Jahrhunderts als Energieträger stark an Bedeutung gewann, sieht Mitchell (2011: 109ff.) wiederum einen Grund für die Schwächung der nationalstaatlich organisierten Arbeiterschaft und ihrer Anliegen. An die Stelle der Abhängigkeit von der an Massendemokratie interessierten Arbeiterschaft in der Montanindustrie sei eine Abhängigkeit von erdölproduzierenden Ländern und insbesondere von Mineralölkonzernen getreten, denen nun ein außerordentliches gesellschaftliches Machtpotenzial zufiele.

westlichen Entwicklungspfad folgen. Trotz der relativen Offenheit des Konzepts betrachten diverse soziologische Theorien Prozesse der sozialen Differenzierung als zentrales Charakteristikum der Moderne: So steht bei den soziologischen Klassikern Durkheim (1997), Elias (1997) und Simmel (1989) die zunehmende gesellschaftliche Arbeits- und Funktionsteilung im Fokus der Analyse, während die Systemtheorie die Ausdifferenzierung autopoietischer sozialer Systeme thematisiert, die durch unterschiedliche Kommunikationsmedien und Codes gekennzeichnet sind (Luhmann 1986). Erving Goffman (2003) wiederum hat herausgearbeitet, dass diese Entwicklung auf der Akteursebene mit zunehmender Spezialisierung und Rollendifferenzierung korrespondiert. Werden in den jeweiligen theoretischen Ansätzen auch unterschiedliche Dimensionen und Ebenen der sozialen Entwicklung adressiert (mit den Polen der Makro- bzw. Systemebene in der Systemtheorie und der Mikro- bzw. Subjektebene bei Goffman), so ist ihnen gemeinsam, dass sie vor allem soziale Differenzierungsprozesse als typisches Kennzeichen der Moderne begreifen.

Inwiefern Prozesse der sozialen Differenzierung in einem engen Zusammenhang mit den oben angesprochenen Errungenschaften der Moderne stehen bzw. als deren soziale Voraussetzung gelten können, lässt sich exemplarisch anhand Norbert Elias' Zivilisationstheorie veranschaulichen. Eine Stärke der Elias'schen Prozesssoziologie ist, dass sie Differenzierungsprozesse auf der Makro- und auf der Mikroebene zueinander in Beziehung setzt: Unter »Zivilisierung« versteht Elias nicht allein die Umwandlung von Fremd- zu Selbstzwängen, sondern vor allem die Herausbildung »ebenmäßigerer, allseitigerer und stabilerer Selbstkontrollmuster« (Elias 1995: 408). Die Zivilisierung des Verhaltens und Empfindens steht in Verbindung mit einem Rückgang körperlicher Gewalt in zwischenmenschlichen Beziehungen (Elias 1997: 336), der Ausweitung der Fähigkeit zur Empathie mit anderen Menschen in relativer Unabhängigkeit von deren Gruppenzugehörigkeit (Elias 1995: 410) sowie mit der Entwicklung einer »Langsichtfunktion«, also der Fähigkeit, Handlungsfolgen über eine größere zeitliche und räumliche Distanz abzuschätzen (Elias 1997: 349). Neben Staatsbildungsprozessen, also der Entstehung immer größerer und nach innen befriedeter sozialer Einheiten, ist es für Elias vor allem die zunehmende Arbeits- und Funktionsteilung, welche diese Veränderungen auf der Ebene des Habitus der Menschen zugleich begünstigt und erfordert:

»Von den frühesten Zeiten der abendländischen Geschichte bis zur Gegenwart differenzieren sich die gesellschaftlichen Funktionen unter einem starken Konkurrenzdruck mehr und mehr. Je mehr sie sich differenzieren, desto größer wird die Zahl der Funktionen und damit der Menschen, von denen der Einzelne bei allen seinen Verrichtungen, bei den simpelsten und alltäglichsten ebenso, wie bei den kompliziertesten und selteneren, beständig abhängt. Das Verhalten von immer mehr Menschen muss aufeinander abgestimmt werden, das Gewebe der Aktionen immer genauer und straffer durchorganisiert sein, damit die einzelne Handlung darin ihre gesellschaftliche Funktion erfüllt. Der Einzelne wird gezwungen, sein Verhalten immer differenzierter, immer gleichmäßiger und stabiler zu regulieren.« (Elias 1997: 327)

Beschreibt Elias den abendländischen Zivilisationsprozess empirisch zunächst am Beispiel weltlicher Oberschichten, so führt er in seinem »Entwurf zu einer Theorie der Zivilisation« (ebd.: 323ff.) aus, wie es mit dem Fortschreiten der gesellschaftlichen Funktionsteilung auch bei Angehörigen der sozialen Mittel- und Unterschichten zu bedeutsamen Verhaltensänderungen kommt, ohne dass dies einer vollkommenen Uniformierung des Verhaltens gleich käme. Im gleichen Maße wie sich die einst erheblichen Kontraste im Verhalten verringern, vervielfältigen sich mit zunehmender Differenzierung der gesellschaftlichen Funktionen auch die individuellen Variationen; anders gesagt: es vollziehen sich Individualisierungsprozesse (ebd.: 359).

Eine Ausdifferenzierung sozialer Funktionen bedeutet nach Elias ferner – in dem obigen Zitat wird dieser Punkt bereits angesprochen –, dass die *gegenseitige* Abhängigkeit zwischen den Menschen zunimmt. Diese Entwicklung lässt sich auch als »funktionale Demokratisierung« (Elias 1996: 72) beschreiben, da mit zunehmender Interdependenz die Machtasymmetrien zwischen den Menschen graduell abnehmen. Folgt man dieser Perspektive, so liegt in der fortschreitenden sozialen Differenzierung und der damit einhergehenden wachsenden Abhängigkeit aller von allen eine zentrale strukturelle Voraussetzung für die in Europa sich insbesondere seit dem 18. Jahrhundert vollziehenden *institutionellen* Demokratisierungsprozesse. Elias schreibt hierzu:»Diese Ausbreitung des Wahlrechts ist die manifeste, institutionelle Folgeerscheinung einer latenten Verlagerung der Machtgewichte zugunsten breiterer Schichten« (Elias 1996: 70). Im Anschluss an die Elias'sche Prozesssoziologie kann Modernisierung somit als reversibler, aber bislang dominant gebliebener Entwicklungstrend in Richtung fortschreitender Differenzierung und sozialer Integration beschrieben werden, ohne welche die Herausbildung eines komplexer werdenden arbeitsteiligen Sozialgefüges dauerhaft nicht möglich wäre. Die Differenzierung sozialer Funktionen und die damit einhergehende Ausweitung von Interdependenzketten zwischen den Menschen stellt einen zentralen Mechanismus für die Zivilisierung der zwischenmenschlichen Beziehungen im Elias'schen Sinne sowie die Herausbildung demokratischer Institutionen dar.

Auch in anderen differenzierungstheoretischen Ansätzen werden enge Zusammenhänge zwischen funktionaler Differenzierung und der Herausbildung moderner Errungenschaften, wie sie oben beschrieben worden sind, betont. Beispielsweise konstituiert sich erst durch die Ausdifferenzierung autopoietischer (Sub-)Systeme (Luhmann 1986), also die relative Geschlossenheit gegenüber anderen Systemen durch eigene Codes und Kommunikationsmedien, der spezifisch moderne Charakter des Rechts- oder Wissenschaftssystems: Die Rechtsprechung ist nicht politisch, die Systeme Recht und Politik sind operativ getrennt, die Wissenschaft weitgehend autonom von religiösen Glaubensvorstellungen. Und die enormen Fortschritte und Wissenszuwächse, die in den jeweiligen Bereichen zu beobachten sind, waren und sind erst auf Basis dieser relativen Autonomie der verschiedenen gesellschaftlichen Systeme möglich.

Während sich der Zusammenhang zwischen sozialer Differenzierung und gesellschaftlichen Emanzipationsprozessen sozialtheoretisch gut nachzeichnen lässt, findet in der sozialwissenschaftlichen Literatur der wachsende Naturverbrauch moderner Gesellschaften, der mit der Zunahme gesellschaftlicher Komplexität einhergeht, sehr viel weniger Beachtung. Bereits in der klassischen Nationalökonomie finden sich jedoch Hinweise auf den Zusammenhang zwischen sozialer Differenzierung und ökonomischem Wachstum. So wies bereits Adam Smith darauf hin, dass der »Wohlstand der Nationen« auf Arbeitsteilung beruht, und David Ricardo hat die aus Spezialisierung und (internationaler) Arbeitsteilung resultierenden komparativen Kostenvorteile als Hauptquelle einer Steigerung der Wirtschaftskraft identifiziert (Victor 2015: 109). Mit anderen Worten: Die fortschreitende gesellschaftliche Arbeits- und Funktionsteilung ist ein wesentlicher Motor der enormen Produktivitätssteigerung und für wirtschaftliches Wachstum. Entsprechend sehen Vorschläge für eine »Postwachstumsökonomie« (Paech 2012 sowie in diesem Band) auch eine partielle Rücknahme der gesellschaftlichen Arbeitsteilung sowie eine Stärkung der Subsistenzproduktion vor (siehe hierzu auch Schor 2016: 125ff.).

Aber auch über diese ökonomische Dimension hinaus sind Prozesse der sozialen Differenzierung in mehrfacher Hinsicht mit dem fortschreitenden

Naturverbrauch in der Moderne verknüpft. So ist es kennzeichnend für moderne Gesellschaften, dass sie auf Probleme mit der Ausdifferenzierung und Spezialisierungen reagieren. Es gehört zur Logik der Arbeits- und Funktionsteilung, dass im Zuge des Virulentwerdens von Umweltproblemen entsprechende Expertenfunktionen und Subsysteme entstehen, die mit den fortgesetzten nicht-nachhaltigen Produktions- und Konsumptionsverhältnissen koexistieren:

»An Corporate-Social-Responsibility-Abteilungen in Unternehmen und Umweltressorts in der Politik wird die Bearbeitung von Nachhaltigkeitsproblemen delegiert, während die Unternehmensvorstände von Aufsichtsräten und Anteilseignern weiter auf der Basis ihrer monetären Geschäftsergebnisse bewertet werden und Wirtschaftsministerien sich darum bemühen, gute Rahmenbedingungen für mehr Wirtschaftswachstum zu schaffen.« (Sommer/Welzer 2014: 39)

Aufgrund dieser Koexistenz und häufig auch Dominanz von Subsystemen und Funktionslogiken, die mit einer Erhöhung des Naturverbrauchs einhergehen, hat sich in den zeitgenössischen Gesellschaften insgesamt an der Steigerungslogik von Material- und Energieverbrauch und der Zunahme von Emissionen in den vergangenen Jahrzehnten nur wenig verändert, obwohl seit langem eine gesellschaftliche Ökologiebewegung existiert, die ihren Ausdruck in Parteien, Professuren, Studiengängen, Institutionen, Schulprojekten, Gesetzgebung, Initiativen, Ministerien, Nichtregierungsorganisationen etc. findet.

Nicht zuletzt führt die zunehmende gesellschaftliche Differenzierung selbst zu einem wachsenden Ressourcen- und Energieverbrauch. Der Anthropologe Joseph Tainter (1988) hat anhand verschiedener historischer Fallbeispiele aufgezeigt, dass die fortschreitende Differenzierung und damit die Erhöhung der gesellschaftlichen Komplexität zentraler Treiber einer Steigerung der Umsatzraten des gesellschaftlichen Stoffwechsels mit der Natur ist: Ist die Schaffung neuer Expertenfunktionen, Bürokratien und Infrastrukturen im Hinblick auf die Bewältigung gesellschaftlicher Probleme auch höchst funktional, so scheint die zunehmende Komplexität von Gesellschaften beim Naturverbrauch doch gerade zur Verschärfung der Problematik beizutragen.[12]

---

12 Den Herausgebern danke ich für zahlreiche kluge Kommentare, darunter auch den Hinweis auf die Ähnlichkeit der Argumentation an dieser Stelle mit Ulrich Becks Nebenfolgen-These, wonach in Modernisierungsprozessen strukturell angelegte Entwicklungen zu Problemen führen, die mit eben jenen Logiken nicht in den Griff zu bekommen sind.

Sind Prozesse der sozialen Differenzierung aber Voraussetzung von gesellschaftlichen Emanzipationsprozessen und *zugleich* Treiber eines nicht-nachhaltigen Naturverbrauchs, so zeichnet sich ein Dilemma ab: Fraglich scheint, ob eine Form *moderner* Sozialität, die sich durch einen nachhaltigen Stoffwechsel mit der Natur auszeichnet, überhaupt möglich ist. Zugleich kann aus der Tatsache, dass das Niveau der sozialen Differenzierung und Komplexität moderner Gesellschaften in Hinblick auf den damit verbundenen Energie- und Ressourcenverbrauch prinzipiell nicht-nachhaltig ist, nicht im Umkehrschluss folgen, dass eine weitgehende Rücknahme der Arbeits- und Funktionsteilung die Lösung dieses Problems darstellt. Abgesehen von der Frage, inwiefern eine solche Entwicklung sich überhaupt bewusst steuern ließe, droht dann nämlich eine Beschädigung zivilisatorischer Standards. Beispielsweise ginge eine Verringerung des Niveaus der gesellschaftlichen Arbeits- und Funktionsteilung, insbesondere der räumlichen Interdependenzketten, vermutlich mit der Gefahr des Erstarkens von Regionalismen oder Nationalismen einher. Oder anders formuliert: Es ist alles andere als klar, ob eine kosmopolitische, offene Grundhaltung auf Subjektebene, die – wenn man Elias folgt – bis zu einem gewissen Grad eine Komplementärerscheinung globaler Interdependenzen ist, auch im Kontext eines Vergesellschaftungsmodus existieren kann, der sich durch starke lokale und regionale Verflechtungen bzw. insgesamt deutlich kürzere Abhängigkeitsketten auszeichnet.

Die Frage nach einer »reduktiven Moderne«, die hier im Beitrag angesprochen wird, ist somit neu und als solche unbeantwortet. Denn bei der reduktiven Moderne kann es nicht einfach um eine Rückkehr zur Vormoderne oder individuelle Exit-Option in Form einer »Flucht vor der Zivilisation« (Bachmann 2016) gehen. Vielmehr geht es darum, einem Modus der Vergesellschaftung und Vergemeinschaftung nachzuspüren, der bei radikal reduziertem Naturverbrauch die Aufrechterhaltung und sogar Weiterentwicklung der zivilisatorischen Standards der Moderne ermöglicht.

Auch Beck veranschaulicht dies unter anderem am Beispiel der funktionalen Differenzierung: »Funktionale Differenzierung erzeugt fundamentale Folgeprobleme, die ihrerseits nicht durch funktionale Differenzierung (auf)gelöst werden können. Das gilt beispielsweise für die ökologische Krise, die ja als ›Externalisierung von Folgekosten‹ entschlüsselt werden kann, aber auch für Risikofragen und -konflikte ganz allgemein. Das heißt: Differenzierung selbst wird zum gesellschaftlichen Problem, das nicht mehr durch Differenzierung bewältigt werden kann« (Beck 1996: 46; Herv. im Original).

3. Konklusion: Pioniere und Konturen einer reduktiven Moderne

Wie eingangs erwähnt, existiert bislang keine Gesellschaft, die sich als »modern« charakterisieren ließe *und* sich zugleich durch einen nachhaltigen Stoffwechsel mit der Natur auszeichnet. Eine Erörterung der Möglichkeitsbedingungen einer »reduktiven Moderne« auf rein theoretischer Ebene würde mangels empirischer Rückbindungsmöglichkeiten somit zwangsläufig höchst abstrakt und bis zu einem gewissen Grad spekulativ ausfallen. Daher sollen abschließend unterhalb der gesellschaftlichen Makroebene Beispiele von Assoziationen und Unternehmungen skizziert werden, die um einen nachhaltigen Stoffwechsel mit der Natur bemüht sind und sich gleichzeitig (zumindest implizit) an gewissen zivilisatorischen Standards, wie eine möglichst egalitäre (demokratische) Ausgestaltung ihrer Beziehungen, aber auch an der Gewährleistung eines bestimmten materiellen Lebensstandards orientieren.

Futurzwei Stiftung Zukunftsfähigkeit sammelt sogenannte Geschichten des Gelingens von Akteurinnen und Akteuren, die unter bestehenden Bedingungen Handlungsspielräume nutzen und zukunftsfähiges Wirtschaften, Kommunizieren oder Fortbewegen erproben.[13] Im Rahmen einer Untersuchung zu den Charakteristika und Diffusionsbedingungen »guter Beispiele nachhaltigen Handelns« ist die Stiftungsdatenbank, in der sich seinerzeit insgesamt über 600 solcher Fallbeispiele befanden, systematisch ausgewertet worden (Kny u.a. 2015: 43ff.).[14] Vor dem Hintergrund der obigen Ausführungen ist interessant, dass sich hier ebenfalls Fragen der (Ent-)Differenzierung als relevant erwiesen. In der Auswertung der Fälle zeigte sich, dass zwar verschiedene Handlungstypen (wie Erzeugung, Verbrauch etc.), Handlungsbereiche (wie Ernährung, Energie, Bildung etc.) oder Akteurstypen (wie Unternehmen oder zivilgesellschaftliche Initiativen) analytisch unterschieden werden können, real jedoch zahlreiche Mischformen existieren (ebd.: 53).

Illustrieren lässt sich dies beispielsweise anhand von Projekten im Bereich der solidarischen Landwirtschaft (SoLaWi). So gewähren die Mitglieder

---

13 Die »Geschichten des Gelingens« werden im sogenannten Zukunftsalmanach (Welzer u.a. 2014) sowie auf der Homepage der Stiftung (www.futurzwei.org) veröffentlicht.

14 Die Studie wurde im Auftrag des Umweltbundesamtes (UBA) im Rahmen des Umweltforschungsplanes – Forschungskennzahl 3713 11 102 – erstellt und mit Bundesmitteln finanziert.

der Münchener Genossenschaft *Kartoffelkombinat* eine sogenannte Abnahme-garantie, das heißt sie zahlen monatlich einen festen Betrag, für den sie regel-mäßig frisches Bio-Obst und -Gemüse erhalten. Gleichzeitig bestimmen sie aber auch mit, was wann wie angebaut wird. Aktuelles Ziel des Projekts ist die ökologische Erzeugung von Lebensmitteln unter möglichst geringem Energieeinsatz (regional und saisonal). Darüber hinaus können die Gen-ossenschaftsmitglieder auch als Erntehelferinnen und -helfer aktiv werden. Mit anderen Worten, die Mitglieder des Kartoffelkombinats konsumieren nicht nur, sondern produzieren zugleich auch mit; sie sind sogenannte Pro-sumentinnen und Prosumenten (ebd.).

Ein weiteres Beispiel ist die Berliner Bäckerei *Märkisches Landbrot*. Die Zutaten für die Backwaren sind regional und nach höchstem biologischen Standard erzeugt, die Bäckerei verfügt über eine hauseigene Mühle, eine Photovoltaik-Anlage zur Stromversorgung sowie einen eigenen Brunnen und ein Wasseraufbereitungssystem. Zudem verzichtet das *Märkische Land-brot* weitestgehend auf Zwischenhändler. Getreide wird direkt von Landwir-ten bezogen, welche die Preise in sogenannten Getreidetischen gemeinsam festlegen und alte Sorten anbauen, anstatt Saatgut industrieller Anbieter ein-zusetzen. Hier – wie bei der Energie- und Wasserversorgung – erfolgt also eine bewusste »Entflechtung« im Sinne der Wahrung einer relativen Auto-nomie gegenüber der etablierten und marktförmig organisierten gesellschaft-lichen Arbeits- und Funktionsteilung. Da über den Verkauf ihrer Backwaren ausreichend Erträge erwirtschaftet werden, ist das Unternehmen dazu in der Lage, den Mitarbeiterinnen und Mitarbeitern Gehälter zu zahlen, die deutlich über dem Branchendurchschnitt liegen. Die Lohnstruktur des Unternehmens zeichnet sich insgesamt durch eine geringe Spreizung aus. Das *Märkische Landbrot* verzichtet auf klassische Werbung und organisiert stattdessen inhaltliche und politische Bildungsarbeit. Mehrere hundert Führungen und Workshops organisiert die Bäckerei jährlich, und in einer hauseigenen Publikation informieren sie Kundinnen und Kunden halb-jährlich über sozial-ökologische Probleme (wie beispielsweise den Verlust der Biodiversität), ihr soziales Engagement sowie über thematisch relevante Politikentwicklungen (etwa die Reform der EU-Bestimmungen zum öko-logischen Landbau).

Ein letztes Beispiel für Initiativen, die mit der für moderne Gesell-schaften typischen Differenzierung in spezialisierte Funktionen und Be-reiche brechen, sind die *Elektrizitätswerke Schönau* (EWS). Die EWS ent-standen in den 1980er Jahren als Bürgerinitiative von Eltern aus dem badenwürttembergischen Schönau, die sich nach der Nuklearkatastrophe von Tschernobyl für eine atomstromfreie Energieversorgung einsetzten. Nachdem die Bemühungen der Elterninitiative scheiterten, ihre Ziele über Lobbyarbeit bei Politikern und dem lokalen Energieversorger zu realisieren, gründeten die Mitglieder ein Unternehmen und kauften in Folge der Liberalisierung des Strommarktes das örtliche Stromnetz. Schließlich begannen sie, selbst Energie zu erzeugen und bundesweit zu vertreiben. Das Aufnehmen einer unternehmerischen Tätigkeit erfolgte hier also aus dem konkreten Bemühen, bestimmte gesellschaftspolitische Ziele (die Schaffung einer atomfreien und klimafreundlichen Energieversorgung) zu erreichen. Heute zählen die EWS mit rund 150.000 Stromkundinnen und -kunden zu den größten Ökostromanbietern in Deutschland. Damit sind die EWS aber noch kein klassisches Unternehmen. Die Geschäftsführung und Gesellschafter verzichten auf »unbedingte Gewinnmaximierung«, sondern »investieren in eine nachhaltige Energieversorgung« und haben sich dabei »strengen ökologischen Leitlinien« verpflichtet (EWS 2014). Ähnlich wie das *Märkische Landbrot* setzen sie neben ihrer unternehmerischen Tätigkeit auch ihre politische Aufklärungs- und Kampagnenarbeit fort.[15]

Was veranschaulichen diese Beispiele? Bei allen drei Initiativen lässt sich ein Bruch mit der für moderne Gesellschaften typischen Arbeits- und Funktionsteilung feststellen: Beim *Kartoffelkombinat* transzendieren die Grenzen zwischen Erzeuger und Verbraucher, die Bäckerei *Märkisches Landbrot* backt nicht nur, sondern versorgt sich auch selbst (ökologisch nachhaltig) mit Elektrizität und Wasser und leistet politische Bildungsarbeit; bei den EWS handelt es sich um eine ehemalige Bürgerinitiative, welche die Energiewende gewissermaßen selbst in die Hand genommen und nun die Form eines Unternehmens angenommen hat. Alle drei Initiativen orientieren sich zudem nicht primär an betriebswirtschaftlichen Kerngrößen wie Umsatz oder Gewinn. Für sie stehen andere Zielgrößen wie ökologische Nachhaltigkeit oder ein solidarisches Miteinander im Vordergrund. Damit entsprechen sie einem Typus von Unternehmen, den Liesen als »wachstumsneutral« bezeichnet (Liesen u.a. 2013: 10). Trotz der punktuellen Entflechtung und dem partiellen Ausscheren aus der für moderne Gesellschaften typischen Arbeits- und Funktionsteilung flüchten die Protagonistinnen und Protagonisten nicht vor der Zivilisation, sondern engagieren sich politisch

---

15 Eine ausführliche sozialwissenschaftliche Untersuchung dieses Fallbeispiels ist jüngst von Martin David und Sophia Schönborn (2016) vorgelegt worden.

und versuchen, im Rahmen ihrer Handlungsspielräume ökologisch nachhaltige Lebens- und Wirtschaftsweisen zu etablieren. Die Beispiele zeigen damit, dass es auf der Ebene von Genossenschaften und Unternehmen (also auf gesellschaftlicher Mesoebene) durchaus möglich ist, im Sinne einer reduktiven Moderne unter Beibehaltung zivilisatorischer Standards den Naturverbrauch deutlich zu reduzieren. Vor dem Hintergrund der hier vorgenommenen theoretischen Ausführungen bleibt es vorerst jedoch eine offene Frage, ob sich solche Initiativen in größerem Maßstab gesellschaftlich verallgemeinern lassen, ohne dass die auf Differenzierung beruhenden Errungenschaften der Moderne untergraben werden.

Literatur:

Aglietta, Michel (2000), *A Theory of Capitalist Regulation. The US Experience*, London/New York.

Bachmann, Sascha (2016), *Flucht vor der Zivilisation. Untersuchung gesellschaftlichen Aussteigens und zwanghafter Selbstverwirklichung*, Wiesbaden.

Beck, Ulrich (1986), *Risikogesellschaft. Auf dem Weg in eine andere Moderne*, Frankfurt/M.

Beck, Ulrich (1996), Das Zeitalter der Nebenfolgen und die Politisierung der Moderne, in: Ulrich Beck/Anthony Giddens/Scott Lash (Hg.), *Reflexive Modernisierung. Eine Kontroverse*, Frankfurt/M., S. 19–112.

Brand, Ulrich (2009), Die multiple Krise. Dynamik und Zusammenhang der Krisendimensionen, Anforderungen an politische Institutionen und Chancen progressiver Politik, Berlin, 25.09.2015, *https://www.boell.de/sites/default/files/multiple_krisen_u_brand_1.pdf*.

Chakrabarty, Dipesh (2009), The Climate of History: Four Theses, *Critical Inquiry*, Jg. 35, H. 2, S. 197–222.

David, Martin/Schönborn, Sophia (2016), *Die Energiewende als Bottom-up-Innovation. Wie Pionierprojekte das Energiesystem verändern*, München.

Diamond, Jared (2005), *Collapse. How Societies Choose to Fail or Succeed*, New York.

Durkheim, Émile (1997), *Über die Teilung der sozialen Arbeit*, Frankfurt/M.

Eisenstadt, Shmuel N. (2000), *Die Vielfalt der Moderne*, Weilerswist-Metternich.

Elias, Norbert (1995), Zivilisation, in: Bernhard Schäfers (Hg.), *Grundbegriffe der Soziologie*, 4. Aufl., Opladen, S. 406–411.

Elias, Norbert (1996), *Was ist Soziologie?*, München.

Elias, Norbert (1997), *Über den Prozess der Zivilisation. Soziogenetische und psychogenetische Untersuchungen. Wandlungen der Gesellschaft. Entwurf zu einer Theorie der Zivilisation*, Bd. 2, Frankfurt/M.

Eurostat (2015), Gini coefficient of equivalised disposable income (source: SILC), in: Eurostat, 10.04.2016, *http://epp.Eurostat.ec.europa.eu/tgm/refreshTableAction.do? tab=table&pcode=tessi190&language=en.*

EWS – Elektrizitätswerke Schönau (2014), Der etwas andere Energieversorger, 10.04.2016, *http://www.ews-schoenau.de/ews.html.*

Fischer-Kowalski, Marina/Haberl, Helmut (1997), Stoffwechsel und Kolonisierung: Konzepte zur Beschreibung des Verhältnisses von Gesellschaft und Natur, in: Marina Fischer-Kowalski (Hg.), *Gesellschaftlicher Stoffwechsel und Kolonisierung von Natur. Ein Versuch in Sozialer Ökologie,* Amsterdam, S. 3–12.

Fischer-Kowalski, Marina/Krausmann, Fridolin/Pallua, Irene (2014), A socio-metabolic reading of the Anthropocene. Modes of subsistence, population size and human impact on Earth, *The Anthropocène Review,* Jg. 1, H. 1, S. 8–33.

Goffman, Erving (2003), *Wir alle spielen Theater. Die Selbstdarstellung im Alltag,* München.

Hradil, Stefan (2012), Bevölkerung. Die Angst vor der demographischen Zukunft, in: Stefan Hradil (Hg.), *Deutsche Verhältnisse. Eine Sozialkunde,* Bonn, S. 41–64.

Jänicke, Martin (1984), *Umweltpolitische Prävention als ökologische Modernisierung und Strukturpolitik,* in: Wissenschaftszentrum Berlin (WZB) (Hg.), IIUG Discussion Papers, Berlin.

Kny, Josefa/Schmies, Maximilian/Sommer, Bernd/Welzer, Harald/Wiefek, Jasmin (2015), Von der Nische in den Mainstream. Wie gute Beispiele nachhaltigen Handelns in einem breiten gesellschaftlichen Kontext verankert werden, in: Umweltbundesamt (Hg.), Texte 86/2015, Dessau-Roßlau, 10.04.2016, *http:// www.umweltbundesamt.de/publikationen/von-der-nische-in-den-mainstream.*

Lessenich, Stephan (2015), Die Externalisierungsgesellschaft, *Soziologie,* Jg. 44, H. 1, S. 22–32.

Liesen, Andrea/Dietsche, Christian/Gebauer, Jana (2013), Wachstumsneutrale Unternehmen. Pilotstudie zur Unternehmensperspektive im Postwachstums-diskurs, *Schriftenreihe des IÖW,* 205/13, Berlin.

Luhmann, Niklas (1986), *Ökologische Kommunikation. Kann die moderne Gesellschaft sich auf ökologische Gesellschaften einstellen?,* Opladen.

Mauelshagen, Franz/Pfister, Christian (2010), Vom Klima zur Gesellschaft. Klimageschichte im 21. Jahrhundert, in: Harald Welzer/Hans-Georg Soeffner/ Dana Giesecke (Hg.), *KlimaKulturen. Soziale Wirklichkeiten im Klimawandel,* Frankfurt/M., S. 241–269.

McNeill, John R. (2005), *Blue Planet. Die Geschichte der Umwelt im 20. Jahrhundert,* Bonn.

Mitchell, Timothy (2011), *Carbon Democracy. Political Power in the Age of Oil,* London/ New York.

Paech, Nico (2012), *Befreiung vom Überfluss. Auf dem Weg in die Postwachstumsökonomie,* München.

Schimank, Uwe (2012), Sozialer Wandel? Wohin geht die Entwicklung, in: Stefan Hradil (Hg.), *Deutsche Verhältnisse. Eine Sozialkunde,* Bonn, S. 17–40.

Schor, Juliet B. (2016), *Wahrer Wohlstand. Mit weniger Arbeit besser Leben,* München.

Sieferle, Rolf Peter (1982), *Der unterirdische Wald. Energiekrise und industrielle Revolution*, München.

Sieferle, Rolf Peter (2010*), Lehren aus der Vergangenheit. Expertise für das WBGU-Hauptgutachten »Welt im Wandel: Gesellschaftsvertrag für eine Große Transformation«*, Berlin.

Simmel, Georg (1989), Über sociale Differenzierung, in: Ders., *Aufsätze 1887–1890, Gesamtausgabe*, Bd. 2, Frankfurt/M., S. 109–295.

Sommer, Bernd/Welzer, Harald (2014), *Transformationsdesign. Wege in eine zukunftsfähige Moderne*, München.

Steffen, Will/Broadgate, Wendy/Deutsch, Lisa/Gaffney, Owen/Ludwig, Cornelia (2015), The trajectory of the Anthropocene: The Great Acceleration, *The Anthropocene Review*, Jg. 2, H. 1, S. 81–98.

Streeck, Wolfgang (2013), *Gekaufte Zeit. Die vertagte Krise des demokratischen Kapitalismus*, Berlin.

Tainter, Joseph A. (1988), *The Collapse of Complex Societies*, Cambridge.

Tocqueville, Alexis de (2002), *Democracy in America*, Bd. 1 und 2, New York.

UBA – Umweltbundesamt (2013), Bodenversiegelung in Deutschland, 25.09.2015, *http://www.umweltbundesamt.de/daten/bodenbelastung-land-oekosysteme/bodenversiegelung*.

Uchatius, Wolfgang (2013), Jan Müller hat genug, *Die Zeit*, 10/2013, 10.04.2016, *http://www.zeit.de/2013/10/DOS-Konsum/komplettansicht*.

Victor, Peter A. (2015), Growth, in: Giacomo D'Alisa/Frederico Demaria/Giorgos Kallis (Hg.), *Degrowth. A Vocabulary for a New Era*, New York/London, S. 109–112.

WBGU – Wissenschaftlicher Beirat Globale Umweltveränderungen (2011), *Welt im Wandel. Gesellschaftsvertrag für eine Große Transformation*, Berlin.

Welzer, Harald (2011), *Mentale Infrastrukturen. Wie das Wachstum in die Welt und in die Seelen kam*, Berlin.

Welzer, Harald/Giesecke, Dana/Tremel, Luise (2014), Der zweite Zukunftsalmanach, in: Harald Welzer/Dana Giesecke/Luise Tremel (Hg.), *FUTURZWEI. Zukunftsalmanach 2015/16. Geschichten vom guten Umgang mit der Welt*, Schwerpunkt Material, Frankfurt/M., S. 5–8.

Demokratische Transformation als Transformation der Demokratie: Postwachstum und radikale Demokratie

Ulf Bohmann und Barbara Muraca

Wer von der Transformation zur Postwachstumsgesellschaft spricht, der sollte von der Demokratie nicht schweigen.[1] Und zwar in einem zweifachen, aufeinander verweisenden Sinn: Einerseits bietet sich an, das tentative *Ziel*, die angestrebte andere Gesellschaft in mehr als nur nebensächlicher Hinsicht als demokratisch zu zeichnen und andererseits dann auch den *Weg* dorthin, die treibende Kraft als demokratisch zu beschreiben. Nun wird sowohl in der anwachsenden Menge der Literatur und der anwachsenden Bewegung nicht von Demokratie geschwiegen – allzu viel dazu gesagt wird jedoch ebenfalls nicht. Gerade in ebenjener Literatur fällt schnell ins Auge, dass der Terminus ›Demokratie‹ als *desideratum* gekennzeichnet wird, und zwar als ein besonders relevantes. Die eigentümliche Mischung aus zugeschriebener Bedeutung, Nichtbearbeitung und Unterbestimmtheit lässt sich auch und gerade daran ablesen, dass die Frage der Demokratie signifikant als Ausblick an das Ende von Texten gesetzt wird, mithin als dasjenige, was zwar noch nötig oder wünschenswert wäre, zu dem sich derweil aber kaum mehr Näheres sagen lässt.[2] Insofern verwundert es kaum, wenn das Verhältnis von Demokratie und Postwachstum – tatsächlich in dieser Pauschalität – noch als weitgehend unerschlossenes Neuland gelten darf.[3]

---

[1] In diesem Aufsatz werden grammatikalisch erforderliche Geschlechtsangaben unsystematisch variiert.

[2] Siehe etwa Brand (2014). Als Beispiel für die energisch vorgetragene praktische Forderung, sich mit dieser Frage intensiv auseinanderzusetzen, siehe das Manifest von Hirsch (2013).

[3] Die vielversprechendsten und explizitesten Behandlungen aus dem Bereich der politischen Philosophie und Demokratietheorie finden sich bei Asara/Profumi/Kallis (2013), die ebenjene Lücke beanstanden sowie in den Beiträgen der *Special Issue: Politics, Democracy and Degrowth* der Zeitschrift *Futures* (Cattaneo u.a. 2012), wobei die maßgebliche inhaltliche Differenz zwischen den verschiedenen Zugängen – welche Demokratie? – unser weiterführendes Interesse leitet, wie sich im Folgenden noch zeigen wird.

Das Ziel dieses Beitrages ist somit ein doppeltes: Zunächst wird in groben Zügen skizziert werden, wann Demokratie und Postwachstum *überhaupt* Hand in Hand gehen (1); sodann wird etwas ausführlicher erkundet, von *welcher* Demokratie denn eigentlich die Rede sein könnte (oder sollte), und zwar gemäß des Selbstverständnisses der handelnden Protagonistinnen wie auch in demokratietheoretischer Hinsicht (2). Die These ist dabei die folgende: Eine Transformation jetziger Wachstums- zu Postwachstumsgesellschaften muss sowohl eine *demokratische* Transformation sein als auch – und darauf wird sich dieser Beitrag konzentrieren – eine Transformation *der Demokratie selbst*. Der Umstand, dass die derzeit ohne großes Wagnis als vorherrschend zu bezeichnende liberal-kapitalistische Form der Demokratie eine zwar illusionäre, gleichwohl jedoch wirkmächtige Einheit ganz unterschiedlicher Elemente darstellt,[4] eröffnet im Wesentlichen zwei Strategien der Transformation: Entweder man entkoppelt erstens (oder in einem emphatischeren Sinne: ›reinigt‹) die liberale Demokratie vom Kapitalismus, welcher typischerweise für die Verwerfungen der Wachstumsgesellschaften ursächlich verantwortlich gemacht wird,[5] oder man verabschiedet zweitens beides zugunsten neuer Wege. Nach einer Abwägung, inwiefern diese Separierung überhaupt trennscharf möglich ist, wird der Fokus auf die zweitgenannte Option gerichtet. Sie trägt eine schillernde Vielzahl von Namen – wir greifen auf die Bezeichnung *radikale Demokratie* zurück. Da jedoch auch ebendieser Sammelbegriff selbst ein schillerndes Dasein führt, wird es daran anschließend nötig sein, den Bedeutungsgehalt zu skizzieren, auf zwei für eine Postwachstumsdiskussion maßgebliche Ansätze zu verdichten und schließlich eine potenzielle Verknüpfung anzudeuten (3).

1.   Postwachstum und Demokratie

Die Erkundung des Zusammenhangs von Demokratie und Postwachstum ist, wie angedeutet, eigentlich ohnehin schon hinreichend angezeigt. Sie wird

---

4 In der ›westlichen‹ Welt der Gegenwart besteht diese illusionäre Einheit laut Geuss (2001) aus Liberalismus, Demokratie, Staat, Kapitalismus und Menschenrechten, die er wiederum genealogisch auflöst.

5 Ob nun Industrialismus oder Kapitalismus die Ursache (und ergo das Problem) sind, ist in diesem Band Gegenstand der virtuellen Debatte zwischen Lorenz auf der einen und Barth/Reitz auf der anderen Seite.

allerdings zusätzlich motiviert durch die Beobachtung, dass eine maßgebliche *Verschiebung* in der politischen Ökonomie stattgefunden hat: In der Nachkriegszeit galt es mindestens im europäischen Raum – und vermutlich weit darüber hinaus – geradezu als Binsenweisheit, dass eine fruchtbare Allianz zwischen Wirtschaftswachstum und der Ausbreitung und Vertiefung von Demokratie bestand (eine Einschätzung, die im Großen und Ganzen Liberale wie Sozialistinnen gleichermaßen einte). Ebenjene Allianz ist in Anbetracht der ökonomisch-ökologischen Doppelkrise gegenwärtig schwer unter Druck geraten, wenn nicht bereits vollständig im Auflösen begriffen – gesteigertes Wachstum scheint nur noch unter einem kruden Regime von ungezügelter Marktherrschaft und/oder einem autoritären Kapitalismus erreichbar, dessen demokratiegefährdendes Wesen eigentlich keiner weiteren Erläuterung bedarf.[6]

›Das‹ Demokratieverständnis ›der‹ Postwachstumsbewegung zu skizzieren ist jedoch, wenig überraschend, kein völlig unkompliziertes Unterfangen und in dieser Absolutheit auch nicht allzu sinnvoll. Ebenso verhält es sich mit der Frage, an welcher Stelle und ab welcher Schwelle die Bewegung überhaupt in einem gehaltvollen Sinne als demokratisch zu bezeichnen ist. Die hier angewandte Untersuchungsstrategie ist, in groben Zügen eine Kartographie des Feldes ›Postwachstum‹ in Hinblick auf ausgewählte und hier als zielführend identifizierte Dimensionen zu zeichnen. Dabei setzt sich das Feld ›Postwachstum‹ vordringlich aus (mehr oder weniger organisierten) *Akteuren* als auch aus *Theoretikern* zusammen, und zwar in einer spezifischen Art: So gibt es zwar verbindende Elemente und Begegnungsorte von Theorie und Praxis (mit klar erkennbarem akademischen Überhang) – man denke etwa an den ›Postwachstumsblog‹ –, doch gerade jenseits des universitären Umfelds wird es schwierig, Akteure klar und eindeutig abzugrenzen. Mehr noch: Es ist ebenfalls ein Charakteristikum, dass die Bewegung gewissermaßen keine Adresse hat, kaum handelsübliche organisationale Strukturen, sondern eher einer Netzwerkkonstellation entspricht, die signifikante Anlaufstellen und Knoten aufweist, aber ansonsten lose und in den Übergängen fluide bleibt.[7] Zugleich ist auffällig, dass der Postwachstumsgedanke organi-

---

6 Weiterführend hierzu Bonaiuti (2012).

7 Charakteristisch ist, dass einer Institution wie der zweijährlichen internationalen *Degrowth-Conference*, die ohne klassische Verbandsstruktur auskommt, ein führender Status innerhalb des Feldes zukommt. Sie wurde von der nichthierarchischen, dezidiert akademischen Vereinigung *Research & Degrowth* (vermutlich derzeit die größte ihrer Art) ins Leben gerufen,

sationstechnisch eher die Rolle eines Teilaspektes der Arbeit größerer Organisationen (Gewerkschaften, Umweltorganisationen etc.) einnimmt. Gleiches gilt für Neue Soziale Bewegungen mit ausdrücklich demokratiebezogener Ausrichtung wie *Occupy*, die *Indignados* oder die *Buen-Vivir*-Bewegung, die allesamt verwandte Themen adressieren, ohne Postwachstum zu ihrem erklärten Wesenskern zu erheben.[8] Mag sie auch noch diffus und heterogen sein: Es überzeugt, zusammengenommen von einer Bewegung zu sprechen.[9]

Wie sieht nun das Verhältnis dieser Bewegung zur Demokratie in etwa aus? Für eine differenziertere Beantwortung identifizieren wir schematisch drei große Gruppierungen von Postwachstumsvertretern im entsprechenden Diskurs:[10] erstens ein konservatives, zweitens ein indifferentes und drittens ein emanzipatorisches Lager.

(1) Das *konservative* Lager, das bisher von ›der‹ Postwachstumsbewegung im erläuterten Sinne erfolgreich ausgegrenzt wurde, hat eine spannungsreiche Beziehung zur Demokratie. Die enge Verbindung zwischen liberaler, repräsentativer Demokratie und Wachstum – sowie die destabilisierende Funktion von Postwachstum für erstere – sind den Vertreterinnen dieser Position generell sehr wohl bekannt. Leitend ist hier gleichwohl die Vorstellung, entweder eine unambitionierte Demokratie möglichst zahnlos zu belassen und konservativen Werten unterzuordnen oder die moderne Demokratie gar grundsätzlich auszuhöhlen. Es ist entsprechend in zwei Untertypen aufteilbar:

---

um sich anschließend zunehmend zu verselbständigen – und damit noch weniger verbandsartig zu werden. Dort, wo bei einschlägiger Selbstzuschreibung die Organisationsstrukturen konventionell sind, ist der akademische Einschlag ebenfalls dominant, siehe etwa das CASSE (Center for the Advancement of the Steady State Economy).

8 Etwa die *Indignados* haben sich gleichwohl sehr klar zu Postwachstumszielen bekannt. Viele Postwachstumsaktivisten waren zudem an der Organisation der entsprechenden Aktionen in Barcelona beteiligt (Asara/Muraca 2015).

9 Zu dieser Diagnose und ihrer Diskussion siehe Schmelzer in diesem Band. Wie schwer es ist, von einer Bewegung zu sprechen, zeigen Petridis u.a. (2015). Gleichwohl ist dies vermehrt in der Literatur der Fall. Als Teile einer Bewegung identifizieren sich jedenfalls die verschiedenen Gruppen und Individuen, die regelmäßig an den internationalen *Degrowth-Conferences* teilnehmen. Der Postwachstumsdiskurs geht deutlich darüber hinaus.

10 Eine ähnliche Strategie verfolgt Schmelzer in diesem Band, der fünf Spielarten von Wachstumskritik im deutschsprachigen Diskursraum unterscheidet: konservativ, reformerisch, suffizienzorientiert, kapitalismuskritisch und feministisch. Hierbei gibt es naheliegenderweise inhaltliche Überschneidungen zu unserer Sortierung, die jedoch eine etwas andere (zugleich gröbere und im Sinne unserer These spezifischere) Stoßrichtung aufweist.

(a) ein liberalkonservativer Flügel. Für selbigen steht im deutschsprachigen Diskurs wie kein Zweiter Meinhard Miegel, Mitbegründer der arbeitgeberfinanzierten »Initiative Neue Soziale Marktwirtschaft«. Die Position könnte konzise mit folgendem Slogan auf den Punkt gebracht werden: ›Sei zufrieden mit weniger‹. Dabei wird Postwachstum nicht als gesellschaftliches Transformationsprojekt, sondern als unvermeidbares Schicksal verstanden (Muraca 2014). Die Strategie ist Anpassung qua Einstellungswandel hin zu Werten der Selbstgenügsamkeit, der Konsumreduzierung, des Postmaterialismus (und, neben diesen postwachstumsaffineren Dingen, auch zu einer Priorisierung von Familie, Gemeinschaft und Religion). Hier wird die schrumpfende Wirtschaft mit schrumpfenden Steuereinnahmen und schließlich einem schrumpfenden Wohlfahrtsstaat gleichgesetzt. Mit dem Ende des Wachstumsversprechens wird auch das Ende der wohlfahrtsstaatlichen Demokratie verkündet. Es bleibt ein Scheinbild der demokratischen Verwaltung von extremer Ungleichheit zurück.

(b) ein rechter Flügel. Vertreter sind unter anderem US-Think Tanks und politische Plattformen wie das ›Carrying Capacity Network‹ oder ›Population-Environment Balance‹ (und ähnliche Initiativen in der Schweiz), die Maßnahmen wie eine 95-prozentige Reduzierung der Einwanderung fordern, um den anthropozentrischen Abdruck auf ›natürliche‹ Regionen zu begrenzen. Hierzu gehören auch Einrichtungen der Neuen Rechten wie der Think Tank ›GRECE – Groupement de Recherche et d'Études pour la Civilization Européene‹ um ihren Vordenker Alain de Benoist, die eine als neo- oder ökofaschistisch zu bezeichnende Agenda verfolgt. Dieses Lager proklamiert kulturelle Homogenität in Verbindung mit einer scharfen Zurückweisung von Aufklärung und Moderne und ihren demokratiebezogenen Versprechungen wie Egalitarismus und Menschenrechte. Hier gilt Demokratie als Hindernis einer wirksamen ökologischen Politik. Mal wird sie stillschweigend vorausgesetzt (De Benoist 2009), mal wird explizit eine dominante Führungsschicht gefordert, die durch ihr tugendhaftes Vorbild die Gesellschaft kulturell und geistig prägt und ›Ordnung schafft‹ (De Benoist 1986).

(2) Das *indifferente* Lager ist ambitioniert, was das Erkennen und Lösen von Postwachstumsproblemen anbelangt. Hervorstechendes Merkmal ist jedoch, diese zu isolieren und mithin die Demokratiefrage nicht zu stellen oder diese als bestenfalls sekundär zu sehen. Dabei wird die existierende politische Form der liberalen und repräsentativen Demokratie als Rahmenbedingung stillschweigend zugrunde gelegt. Ihre historische und strukturelle

Abhängigkeit von ökonomischem Wachstum wird nicht eingesehen oder nicht thematisiert. Auch dieses Lager lässt sich in zwei Untertypen aufteilen, je nachdem ob es um ›rein ökonomische‹ oder ›rein ökologische‹ Fragen geht. Diese Aufteilung ist gleichwohl eher analytischer Natur, da die Kombination aus beiden den typischen Fall darstellt – was an der erwähnten Leerstelle aber nicht viel ändert. Die Mitstreiterinnen dieses Lagers beteiligen sich zweifelsfrei konstruktiv am demokratischen Prozess und speisen bedeutsame politische Ideen und Maßnahmen ein, versehen Demokratie jedoch nicht mit einem maßgeblichen Eigenwert.

(a) Ökonomie. Dieser hauptsächlich akademisch geprägte Untertyp, der zugleich in Reinform eher selten auftritt, entwirft beispielsweise alternative Pfade des Wirtschaftens jenseits des Wachstums. Zu den typischen Vorschlägen zählen etwa eine Relokalisierung der Produktion (›economy of proximity‹) oder kreative Suffizienz durch Tauschökonomien oder die Ausdehnung von Produktlebenszyklen, welche gleichsam als hinreichende Gegenmaßnahmen markiert werden.

(b) Ökologie. Hierzu zählen vordringlich klassische Umweltbewegungen, die auf eine Reduktion des Ressourcenverbrauchs und damit einhergehender Umweltzerstörung abzielen, oder eine umweltfreundlichere Art des Konsumierens fordern (teilweise mit Überschneidungen zum liberalkonservativen Lager). Green-Growth-Initiativen finden hier ebenfalls ihren Platz, wobei sich selbige bereits an der Grenze dessen bewegen, was noch als Postwachstum zu verstehen ist.

(3) Das *emanzipatorische* Lager. Dieses Ensemble wird nur allzu häufig synonym gesetzt, wenn von einem Aktivismus des Postwachstums die Rede ist. Hier herrscht eine starke Betonung von Protest und Autonomie vor, das Selbstverständnis darf praktisch durchweg – zu unterschiedlichen Graden – als im weitesten Sinne kapitalismuskritisch gelten.[11] Es gibt zahlreiche Allianzen mit dem zweiten Lager, auffällig ist jedoch, dass ökonomische, ökologische, soziale und politische Fragen grundsätzlich simultan verhandelt werden. Dieses dritte Lager bildet den Kern der bereits erwähnten Postwachstumsbewegung, ist jedoch in sich am ausdifferenziertesten. Da wir hier im Folgenden anschließen, werden wir es zunächst nicht weiter unterteilen. Entscheidend ist die grundsätzliche und emphatische Einforderung des Demokratieprinzips, das durch das Beharren auf Wachstum um jeden Preis und auch durch das ökonomische Schrumpfen als unabänderliches Schicksal als

---

11 Für eine modelltheoretische Ausdifferenzierung von verschiedenen Formen der Kritik am Kapitalismus siehe Bohmann/Gertenbach/Laux (2010).

bedroht angesehen wird. Diese Einforderung beschränkt sich allerdings nicht nur darauf, Demokratie zu erhalten, was an sich schon einen qualitativen Unterschied zu den beiden anderen Lagern darstellt – sie verlangt typischerweise nach einer Transformation der Demokratie selbst.[12]

2. Welche Demokratie?

Während tatsächlich bereits das Kriterium ›Demokratie als Eigenwert – ja oder nein‹ für eine grobe Sortierung funktioniert, ist damit noch nichts darüber gesagt, welche Demokratie denn eigentlich gemeint ist. Nun lässt sich dem emanzipativen Lager, so unsere weiterführende These, schematisch eine bestimmte Art der Demokratievorstellung zuschreiben, und dies sowohl als theoretische Diagnose wie auch als faktisches Selbstverständnis der handelnden Akteure. So diffus und implizit dies mitunter sein mag, halten wir es für angemessen, hier die Bezeichung ›radikale Demokratie‹ als Sammelterminus einzusetzen. Dieser Begriff setzt sich einerseits von einer Reihe konventioneller Demokratievorstellungen ab, weist aber andererseits ein nicht unerhebliches Maß an Offenheit auf. Eine entsprechende Perspektive zeichnet sich allgemein dadurch aus, dass gegenüber dem status quo eine andere, tiefere, umfassendere Form von Demokratie eingefordert wird. So nimmt es nicht wunder, dass sich sowohl das radikaldemokratische Denken als auch emanzipativ orientierte Postwachstumsaktivisten in der zunehmend populären gegenwärtigen Problemdiagnose der Postdemokratie treffen.[13] Die Herausforderung lautet gleichwohl: Erkunden, was ›radikale Demokratie‹ *eigentlich bedeutet.* Dies ist keineswegs trivial, erweist es sich doch als durchaus schwierig, wesentliche Elemente einer radikalen Demokratie positiv zu bestimmen. Nicht nur ist sie bezeichnenderweise in quasi allen verbreiteten Lehrbüchern zur Demokratietheorie absent, mehr noch: Die Flüchtigkeit des Begriffs scheint selbst ein Wesensmerkmal vieler einschlägiger zeitgenössischer Ansätze der radikalen Demokratie zu sein.

---

12 Keine Einteilung ohne Grenzfälle – während etwa Serge Latouche (2009) zum emanzipativen Lager gehört, spricht er sich für eine Beibehaltung liberal-repräsentativer Demokratieformen aus.

13 In gewisser Hinsicht die Gegenposition vertritt elaboriert Blühdorn (2011), der die enorme Anpassungsfähigkeit der Demokratie betont. Gleichwohl argumentiert er, dass die Grenzen des Wachstums gerade dazu führen, dass die Demokratie eine neue, reaktionäre Form annimmt.

Der Umstand, dass in diesem Feld noch erhebliche Unklarheit herrscht, heißt nicht, dass das Thema ein noch nie dagewesenes wäre. In philosophischen und politischen *Debatten* der mehr oder weniger jüngeren Vergangenheit hat die radikale Demokratie bereits eine wichtige Rolle gespielt.[14] So gab es beispielsweise in den 1990er Jahren eine lebendige Auseinandersetzung mit vornehmlich US-amerikanischen Beteiligten, theoretisch angestoßen von einem Essay von Stanley Aronowitz (1994) *The Situation of the Left in the United States*. Die Hauptstoßrichtung dabei war, Sozialismus durch radikale Demokratie als neue Leitvorstellung der Linken zu ersetzen.[15] Dies gilt auch praktisch: So ist der Slogan der *US Socialist Party*: »Socialism as Radical Democracy«. Nichtsdestotrotz bleibt der Begriff verschwommen und ist selbst bei stark divergierenden Vorstellungen uneindeutig, etwa bei der Rolle des Staates: Geht es darum, ihn umzuprogrammieren oder zu untergraben? Ähnlich verhält es sich auch bei der Einordnung philosophischer Klassiker wie Marx oder Rousseau, die mal als anti-politisch und totalitär, mal als radikaldemokratisch gefasst werden.[16] Wie nähert man sich also diesem Begriff, dem »beautiful enigma of radical democracy« (Keenan 1997)?

Die Grundidee zeitgenössischer Ansätze radikaler Demokratie besagt, die Bestimmung der Demokratie über ihre vorherrschenden *liberalen* Formen hinaus zu erweitern (ohne notwendigerweise all ihre Prinzipien über Bord zu werfen), sie möglichst weitreichend zu vertiefen und durch ein gesteigertes Maß an Auseinandersetzung zu politisieren.[17] Ebendies ist auch das Anliegen des emanzipativen Postwachstumslagers, was insofern nicht überrascht, als der politische Liberalismus laut seiner Kritikerinnen häufig mit einer stillschweigenden Wachstumsannahme operiert, wie es beispielsweise Rawls gerne (und nicht zu Unrecht) vorgehalten wird. Eine Möglichkeit be-

---

14 Für ideengeschichtliche Hintergründe wiederum, insbesondere zu radikaldemokratischen Praktiken in der Französischen und Amerikanischen Revolution, siehe Jörke (2011); empfehlenswert ist auch die Studie von Saar (2013), der die Idee der radikalen Demokratie bei Spinoza stark macht.

15 Interessanterweise gibt es auch schon bei Aronowitz (1987) eine Problematisierung des wachstumsorientierten Modernismus unter ökonomischen, ökologischen und demokratiebezogenen Gesichtspunkten.

16 Zur Debatte – und radikaldemokratischen Einordnung – siehe Ingram (2015) zu Marx und Insten (2010) zu Rousseau.

17 Norval (2001: 587) identifiziert die Arbeit The Life and Times of Liberal Democracy von Macpherson (1977) als entsprechenden Ausgangspunkt des heutigen Denkens über radikale Demokratie.

stünde mithin darin, radikale und liberale Formen der Demokratie gegenüberzustellen, um so zu einer gewissermaßen *negativen* Bestimmung zu gelangen. Unterstellt man eine scharfe Unterscheidbarkeit, könnte man die Differenz etwa an folgenden ausgewählten dualen Oppositionen näherungsweise festmachen: Unmittelbarkeit versus Repräsentativität, positive versus negative Freiheit, Transformierung versus Stabilisierung, kollektivistisch/kulturbasiert versus individualistisch/rechtebasiert, intrinsische versus instrumentelle Handlungsmotivation, faktische Zielerreichung versus potenzielle Chancengerechtigkeit, input-orientierte versus output-orientierte Legitimation, Abschaffung versus Einhegung des Kapitalismus, und viele mehr. Einen radikalen und einen liberalen Ansatz voneinander abzugrenzen ist somit heuristisch attraktiv – doch unpraktischerweise ist große Skepsis angebracht, ob diese Unterscheidung auch trägt.

Neben der erwähnten Flüchtigkeit des Begriffs der radikalen Demokratie ist auch die liberale Demokratie schwer zu fassen, und zwar zum einen weil sie als Sammelbegriff unzähliger Unterformen fungiert und zum anderen weil sie in der gegenwärtigen Demokratietheorie quasi synonym mit jeglicher modernen Demokratie verstanden wird.[18] Insbesondere der letzte Punkt macht es geradezu unmöglich, Bestimmungsmöglichkeiten moderner Demokratie jenseits eines liberalen Rahmens zu finden. Die letztliche *Untauglichkeit* einer scharfen Unterscheidung wird umso deutlicher, wenn man sich Vertretern radikaler Demokratie zuwendet, die sich ausdrücklich mit ebendieser Frage beschäftigen. Am klarsten zeigt sich dies im Zugriff von Chantal Mouffe (1996). Während sie eine erklärte Widersacherin von Rawls, Dworkin oder Habermas ist (da diese den Antagonismus und existierende Machtverhältnisse leugnen würden), diagnostiziert sie eine »growing convergence between left liberals and post marxists on the radical potential of liberal-democratic tradition« (ebd.: 25). Sie teilt zudem etwa mit Bobbio gar die Überzeugung, dass sozialistische Ziele nur in einem liberalen Rahmen erreichbar seien. Was sie vertrete, sei eine Bejahung des politischen Liberalismus bei gleichzeitiger Ablehnung eines individualistischen und ökonomischen Liberalismus. Radikale Demokratie meint für sie die Ausweitung der Idee der Freiheit und Gleichheit auf immer weitere Bereiche des sozialen Lebens. Insgesamt proklamiert sie mithin eine »radical liberal democracy« (ebd.: 20).

---

18 Die Gleichsetzung ›Demokratie‹ und ›liberale Demokratie‹ findet sich als Eingeständnis etwa explizit im einflussreichen Lehrbuch von Sartori (1987: 450), ist gleichwohl aber in so gut wie jedem beliebigen Lehrbuch zu finden.

Da also diese potenziell einfache und handliche Abgrenzung ›radikal-liberal‹ nur als erste Annäherung taugt und letztlich nicht hinreichend tragfähig ist, und gleichzeitig eine etablierte und klare Bestimmung radikaler Demokratie nicht verfügbar ist, muss ein *anderer Erkundungsweg* eingeschlagen werden. Hierzu schlagen wir vor, die Unübersichtlichkeit zu reduzieren, indem innerhalb des radikaldemokratischen Denkens schematisch zwei breite Ansätze identifiziert werden, auf die sich das Gros der gegenwärtigen Positionierungen zurückführen lassen. Erkenntnisleitend ist dabei nicht die systematische Abbildung aller denkbaren Varianten, sondern die heuristische Bündelung derjenigen Vorstellungen, welche zur theoretischen Position wie zum praktischen Selbstverständnis von emanzipativen Postwachstumsanhängern passen und/oder diesen etwas zu sagen haben. Die zwei im Folgenden rudimentär umrissenen Ansätze unterscheiden sich augenfällig vor allem durch die konstitutive Rolle, die entweder Konsens oder Dissens spielen sowie durch ihre besonders konkrete oder besonders abstrakte Perspektive; wir fassen sie als ›neo-athenischen‹ und als ›postmarxistischen‹ Ansatz radikaler Demokratie.

3.   Zwei Ansätze radikaler Demokratie[19]

3.1   Neo-Athen

Ein Typus von radikalen Demokratievorstellungen lässt sich darauf verdichten, dass heutige Massendemokratien wieder (wortwörtlich) auf ihre *Wurzeln zurückgeführt* werden sollten. Der Name ›Athen‹ bezeichnet das hypostasierte

---

19 Ein weiterer Ansatz mit der Bezeichnung »Radikale Demokratie« findet sich in ganz anderem Sinne als in den nun skizzierten zwei Varianten auch bei Habermas, jedoch weniger als eigener Anspruch denn als Einordnung, wie bei Larmore (1993). Selbiger erblickt die Wurzeln radikaler Demokratie bereits (und einzig) in folgendem bekannten Postulat von Habermas: »Gültig sind genau die Handlungsnormen, denen alle möglicherweise Betroffenen als Teilnehmer an rationalen Diskursen zustimmen könnten« (ebd.: 326). Auch hierzu gibt es Postwachstumsanwendungen, siehe Ott (2012), wo der Ansatz aber – zu Recht – als mäßig radikale Variante eingeordnet wird. Gegen eine eigene Behandlung spricht zudem, dass es diesbezüglich kaum Verankerungen im Selbstverständnis der Postwachstumsbewegung gibt.

Idealbild eines Arrangements der faktischen Selbstregierung aller Gemeinschaftsmitglieder.[20] *Unmittelbarkeit, Inklusivität, (kollektive) Autonomie* und die Suche nach dem *guten Leben* machen den Kern dieser Vorstellungen aus. Demokratietheoretisch bedeutet das zunächst eine klare Differenz zu klassisch wahlbasierter parlamentarischer Repräsentation auf nationaler Ebene. So unterscheidet auch der altehrwürdige Sheldon Wolin (1993) dualistisch diejenigen Demokratietypen, die »electoral« sind, von denjenigen, die er als »athenian« bezeichnet, wobei erstere eher mit dem Selbstschutz von Eliten vor den wilden Massen und zweitere eher mit klassenloser Demokratie verknüpft werden (seine Präferenz sollte offenkundig sein). Allgemein gesprochen zeichnet sich ein solcher Ansatz nicht einfach durch gesteigerte Partizipationsmöglichkeiten aus: Direkte Demokratie wird nicht als unterstützendes Instrument gedacht, sondern ganz emphatisch als Lebensform verstanden.[21] Ziel ist die Selbstregierung jenseits von Markt und Staat, mithin ›von unten‹ statt ›von oben‹. Zugleich bringen die Prinzipien der Unmittelbarkeit und der vollständigen Inklusivität in der Regel die Annahme mit sich, dass das politische Leben in *überschaubaren Gemeinschaften* stattfinden muss, in der alle Mitglieder direkt beteiligt sind.

Bezogen auf das Postwachstumsparadigma ist die Annahme leitend, dass der anonyme Zwang zum Wachstum auf dieser tatsächlich überblickbaren Ebene nicht mehr alternativlos erscheint. Vielmehr soll eine direkt involvierte, sich selbst versorgende Einheit, die zugleich eine politische Einheit ist, tatsächlich autonom entscheiden, ohne unter dem Diktat des Wachstumszwangs zu stehen. Wachstum wird hier als ein alldurchdringendes Paradigma verstanden, welches das individuelle und kollektive Imaginäre kolonisiert hat. Serge Latouche, der als gegenwärtig leitende Figur der Postwachstumsbewegung gilt, sieht in der Dekolonisierung des Imaginären die notwendige Befreiung hin zu einer wahrlich autonomen Gesellschaft

---

20 Der Umstand, dass die historischen Wirklichkeiten des Ursprungsmythos Athen dieses Ideal durchweg eklatant verfehlt haben, wird in denjenigen Debatten, die eine gewisse Naivitätsschwelle überschritten haben, stets deutlich artikuliert (siehe die Diskussionen in Trent 1996). Für eine umfassende ideengeschichtlich-demokratietheoretische Einordnung siehe Dunn (2005); ein umfangreiches Zeugnis etwa der rassistischen Aspekte des perpetuierten Idealbildes legt Bernal (1987–2006) in seinem dreibändigen Werk Black Athena ab.

21 In der Ideengeschichte der Moderne wird eine solche Position – als radikaldemokratisch – vordringlich mit Rousseau assoziiert (vgl. Insten 2010), in gewisser Hinsicht auch mit Arendt (Marchart 2006).

(Latouche 2009). Als Vordenker in Bezug auf die Ebene überschaubarer Gemeinschaften darf hier Ivan Illich gelten, dessen Hinweise auf die Frage der Größenordnung und Reichweite (*scale*) breit rezipiert werden. Seine Kernthese lautet, dass ein *inverses* Verhältnis zwischen Größenordnung und Demokratie bestehe. Jenseits einer bestimmten Systemgröße werde die Machtverteilung immer asymmetrischer, da sich zunehmend eine herrschende Klasse herausbilde (ausführlich diskutiert in Cattaneo u.a. 2012). Entsprechend laufen viele in die Diskussion eingespeiste praktische Postwachstumsszenarien und Selbstverständnisse auf kleinere Selbstversorgungsgemeinschaften, die implizit oder explizit auch Selbstregierungsgemeinschaften sind, hinaus.[22] Der potenziell große Gewinn dieser Perspektive besteht darin, *neue* Formen des Zusammenlebens und der kollektiven Ausübung von Autonomie jenseits des Wachstumszwangs zu erkunden, und die lokale Ebene erscheint für ein solch experimentelles Vorgehen durchaus vielversprechend. Während viele dieser sozialen Experimente in ihrer Nische verhaftet bleiben und wenig zur allgemeinen demokratischen Praxis beitragen, zeichnen sich einige Leuchtturmprojekte gerade durch ihre bewusste und explizite Auseinandersetzung mit politischen Entscheidungsprozessen, mit Formen der internen Organisation ohne Machthierarchien sowie durch Vernetzung und Solidarität mit ähnlichen Modellen vor Ort und weltweit aus. Insbesondere im Zusammenhang mit der Erfahrung der *Indignados* in Spanien haben sich Strukturen direkter, konsensorientierter Demokratie auch nach den Platzbesetzungen in verschiedenen Stadtviertelexperimenten fortgesetzt (Asara 2015).

Im Folgenden möchten wir als Beispiele vorliegender (radikal-)*demokratiespezifischer* Diskussionsbeiträge neo-athenischer Ausprägung mit *explizitem Postwachstumsbezug* zwei Projekte herausgreifen, die trotz recht unterschiedlichem Entstehungskontext bemerkenswert ähnlich gelagert sind. (1) Größere Aufmerksamkeit erhielten bereits die Beiträge von Takis Fotopoulos, die vor allem auf der umfangreichen Arbeit zu seinem Projekt der »Inclusive Democracy« (1997) fußen, flankiert von einer eigenen gleichlautenden Zeitschrift, in der entsprechende Debatten – oft mit seiner Beteiligung – geführt werden (besonders prominent mit Serge Latouche, der sich allerdings sehr kritisch gegenüber Fotopoulos geäußert hat und die Rolle von vermittelnden Institutionen verteidigte). Fotopoulos versteht sein Projekt ausdrücklich als Gegenmittel zu den Wachstumszwängen einer heteronomen Moderne, die

---

22 In diese Richtung geht etwa Habermann in diesem Band.

sich in einer multidimensionalen Krise befinde und gibt ihm besonders deutlich ›neo-athenische‹ Züge: Das letztendliche Scheitern des historischen Modells sei dadurch bedingt gewesen, dass »the Athenian democracy never matured to become an inclusive democracy« (ebd.: 194). Die Charakteristiken bleiben gleichwohl ähnliche: Die politische Teilhabe ist Selbstzweck, anzustreben sei eine gleichmäßige Verteilung politischer Macht, Repräsentation wird abgelehnt. Institutionell setzt Fotopoulos ganz klassisch auf die Versammlung der Bürgerschaft (einer bestimmten geographischen Einheit) als alleiniges Entscheidungsorgan, das durch die Beratung von Experten unterstützt wird. (2) Ein ungleich jüngeres Projekt betreibt *Ashish Kothari*, eher mit Blick auf die aktivistische Praxis, mit seinem kurzen programmatischen Text *Radical Ecological Democracy* (Kothari 2014). Wesentlich Problemdiagnosen teilend, berichtet Kothari paradigmatisch vom Beispiel der Gond-Gemeinschaft in Zentralindien. Die autonome Selbstregierung geschehe dort durch die Institution der *gram sabha* (Versammlung aller Einwohner, Konsensentscheidungen zu Kernfragen) und unterstützende Einrichtungen wie die *abhyas gats* (Studienkreise), die die nötigen Informationen für die Entscheidungsfindung bereitstellen (ebd.: 2). Statt artifizielle politische Einheiten oder vermeintlich ursprüngliche ethnische Gemeinschaften schweben ihm nach ökologischen Anforderungen sortierte »bioregions« vor; jedoch betont Kothari: »One's identity and relations need not to be limited to a single territory; there could be fluid, diverse, and overlapping identities.« (ebd.: 4) Naheliegende Konflikte behandelt er jedoch nicht.

Beide Projekte haben gemein, dass die *Verknüpfung* üblicherweise getrennter Sphären und der maximale demokratische Zugriff auf ebenjene Gesamtheit ein wesentliches Strukturprinzip ausmacht. Diese ›Ganzheitlichkeit‹ besteht in beiden Fällen aus genau vier Säulen: Ökologische, ökonomische, soziokulturelle und politische Fragen seien unbedingt zusammen zu behandeln (Kothari 2014: 2ff.; Fotopoulos 1997: 206ff.), und dies jeweils *jenseits von Staat und Markt* – erst dann liegt demzufolge eine radikale und umfassende Demokratie vor. Derlei Entdifferenzierungen sind leichter vorstellbar, wenn man von überschaubaren Gemeinschaften ausgeht, deren Belange einen geringeren Komplexitätsgrad aufweisen. Illichs Frage der *scale* muss aber ebenso umgedreht werden, nämlich wenn es um die unvermeidliche *Koordination* auf höherer Ebene geht – einsame Inseln haben auch solche Entwürfe, die zur Verklärung neigen, nicht vor Augen. In gewisser Hinsicht kommt dabei die eigentlich abgelehnte staatliche Ebene wieder hinzu. Beide Projekte sehen auch einen Verbund verschiedener Gemeinschaften vor, unterscheiden sich aber danach, wie ausdrücklich auf kultureller Diversität und auf Pluralismus bestanden wird – Kothari, der auf besagte *bioregions* setzt, stärker als Fotopoulos, dem eine Föderation von *demoi* vorschwebt.[23]

Das *Hauptproblem* dieses Ansatzes ist jedoch ausgerechnet ein *demokratiebezogenes*: Solche Vorstellungen bergen die ernsthafte Gefahr einer Tyrannei der Mehrheit und setzen letztlich vormodern auf kulturelle Homogenitätsannahmen.[24] Neben dem Umstand, dass bereits präjudiziert wird, dass alle Menschen in gleichsam verklärten kleinteiligen Gemeinschaften leben wollen, ist auch auffällig wenig von Widerstandsmöglichkeiten die Rede – es seien ja bereits alle inkludiert und an der Selbstherrschaft beteiligt. Eine elaborierte Theorie radikaler Demokratie kommt nicht umhin, dieses Problem zu adressieren, letztlich vermutlich in Form demokratischer Schutzvorrichtungen, die bezeichnenderweise oft klassisch liberaler Natur sind und mit zunehmendem Grad an Unantastbarkeit wiederum zu einem Dilemma für radikale Demokratie zu werden drohen.

3.2   Postmarxismus

Wenn gegenwärtig von radikaler Demokratie gesprochen wird, ist meist ein dezidiert postmarxistischer Ansatz aufgerufen. Dieser zeichnet sich durch eine tiefgreifende Problematisierung existierender liberal-kapitalistischer Gesellschaften und einem entschlossenen, teilweise polemischen Disput mit liberaler Demokratietheorie aus. Gleichzeitig gibt es innerhalb dieses Ansatzes quasi *keine* erklärten unmittelbaren Postwachstumsadvokaten. Der Bezug wird somit erst durch *Anwendung* der dort verhandelten allgemeinen radikaldemokratischen Motive auf das interessierende Feld hergestellt. Dafür werden wir uns also zunächst spezifischen Charakteristika des Ansatzes anzunähern versuchen, um alsdann einschlägige Motive maßgeblicher Vertreterinnen aufzurufen, um schließlich das Verhältnis zum und Relevanz für das Postwachstumsparadigma anzudeuten.

---

23 Zu diesem Aspekt der Koordination mehrerer vollständig direktdemokratischer Einheiten gibt es natürlich auch andere und präzisere institutionelle Vorschläge aus dem Feld der radikalen Demokratie, etwa zu Rätesystemen (Markovic 1994; politiktheoretisch hierzu einschlägig auch Arendt 1965).

24 Weiterführend dazu, vor allem am Beispiel alternativer Wirtschaftsgemeinschaften und ›Commons‹, van Dyk in diesem Band.

Die Flüchtigkeit eines Begriffes radikaler Demokratie wird bei diesem Ansatz schnell ersichtlich. *Radikal* ist hier gerade nicht in dem Sinne einer radikalen Lösung zu verstehen, die ein für alle Mal festlegt, wie Demokratie aussehen sollte, und zielt also nicht auf eine ›wahre‹ oder ›reine‹ Demokratie ab; radikal ist selbige vielmehr in ihrer radikalen Unmöglichkeit und nur durch dieses Eingeständnis sei sie überhaupt zu retten (Norval 2001: 589). Radikal ist sie zudem insofern, als bereits ihre ureigentliche Definition zum umstrittenen Gegenstand wird (Trent 1996: 17). Eine so verstandene radikale Demokratie *teilt* darüber hinaus mit dem neo-athenischen Ansatz, nicht bloß eine Regierungsform zu sein, sondern vielmehr eine umfassende Lebensform; dazu gehört nicht zuletzt ganz elementar, dass eine Demokratisierung auf allen gesellschaftlichen Ebenen angestrebt wird. Jenseits dieser einfachen Gemeinsamkeit wird (radikale) Demokratie im postmarxistischen Ansatz typischerweise synonym mit einem emphatischen Verständnis *des Politischen* gesetzt (Marchart 2010). Besonders charakteristisch ist jedoch ein auflehnender, anarchistischer, rebellischer und revolutionärer Gestus bei gleichzeitiger philosophischer Finesse. Gemein ist zudem quasi allen Protagonistinnen, dass sie sich als Intellektuelle – neben manchem Widerstandsaufruf – wiederholt mehr oder weniger deutlich für direkte Demokratie gegenüber repräsentativen Formen stark gemacht haben. Mehr als für Philosophen oftmals üblich werden umgekehrt Artikulationen Neuer Sozialer Bewegungen und Protestgruppen ernstgenommen – und theoretisch radikalisiert (Heil/Hetzel 2006: 8).

Es bleibt etwas uneindeutig, wer nun notwendigerweise zum Kreis der Protagonisten des Ansatzes zu zählen ist und wer nicht, fehlen doch weitestgehend handfeste Kriterien. Stattdessen kann man von einer weniger trennscharfen Familienähnlichkeit ausgehen, die im Folgenden grob umrissen wird, indem recht schlaglichtartig einzelne Motive beleuchtet werden. Erst in der (obgleich hier sträflich oberflächlich gehaltenen) Zusammenschau dieses Spektrums wird etwas deutlicher, was den Ansatz auszeichnet.

Als vielleicht wichtigster Wegbereiter eines postmarxistischen Verständnisses radikaler Demokratie kann *Claude Lefort* gelten. Sein Diktum vom ›leeren Ort der Macht‹ – verstanden zugleich als Abwesenheit einer substantialistischen Füllung und dauerhaften Besetzung – fungiert als »einzige Universalie im radikaldemokratischen Denken« (Heil/Hetzel 2006: 10). Das Wesen der Demokratie ist demnach, nicht angeben zu können (und zu sollen), wer außer temporären und symbolischen Platzhaltern in einem bestimmten historischen Moment die Herrschaft ausübt; entsprechend kann weder ›das Volk‹ vollständig repräsentiert werden noch eine feste, vermeintlich demokratische Doktrin den Platz konstitutiv füllen. Gleichwohl müssen, so die Überzeugung von *Étienne Balibar*, die demokratischen Ideale der Freiheit und Gleichheit (die offenkundig zumindest nominell mit dem Liberalismus geteilt werden) vertieft und radikalisiert werden; dafür reserviert er, deren wechselseitige Bedingtheit betonend, den häufiger aufgegriffenen Ausdruck der *égaliberté*, der zugleich eine unauflösbare Spannung zwischen konstituierender und konstituierter Macht bezeichnen soll. Die Unmöglichkeit, dass auch diese klar benannten Ideale jemals vollständig verwirklicht werden, entspricht der hier allgemein geteilten Position von *Jacques Derrida*, dass allein von einer ›kommenden Demokratie‹ die Rede sein kann. Dies beinhaltet jedoch keineswegs eine abwartende Haltung: Mit *Jacques Rancière* hält die Überzeugung Einzug, dass die Essenz der Demokratie in der Eruption derjenigen zu finden ist, die gegen ihren – erneut: radikalen – Ausschluss aufbegehren; dies nennt er die Einforderung des ›Anteils der Anteilslosen‹. In ganz ähnlichen Bahnen läuft sein zentrales Konzept der ›Unterbrechung‹, das das fraglose Bestehen und ungestörte Funktionieren gegebener Hierarchien, Ordnungen und Herrschaftsstrukturen unterbinden soll. Eine große Nähe zu einer solchen Betonung des Dissenses besteht insbesondere gegenüber *Ernesto Laclau* und *Chantal Mouffe*, in deren Diskurs- und Hegemonietheorie der Antagonismus geradezu synonym mit radikaler Demokratie verwendet wird. Eine (post-)operaistische Variante postulieren *Michael Hardt* und *Antonio Negri*, die auf eine radikale Aneignung der Demokratie durch die vielfältige ›Multitude‹ setzen. Eine dezidiert ›rebellierende‹ Demokratie vertritt *Miguel Abensour*, für den Demokratie ›antistaatlich oder gar nicht‹ ist – worin er sich weitestgehend mit *Alain Badiou* trifft.

Wie sieht es nun mit dem *Verhältnis zum Postwachstum* aus? Der negative Charakter vieler Prinzipien *korrespondiert* insofern mit emanzipativen Postwachstumsbewegungen, als man diesen unterstellen kann, vordringlich *weg* vom Wachstumsregime zu wollen (bzw. zumindest hier der größte gemeinsame Nenner besteht).[25] »Gegen die Agonie der vermeintlichen Sachzwänge« und »vor allem gegen die Hegemonie des Kapitalismus« (Heil/Hetzel 2006: 8), gegen die Herrschaft eines Wachstumsglaubens – derlei Abgrenzungen sind mindestens kompatibel. Die Postwachstumsbewegung kann von diesem Ansatz *lernen*, von der vermeintlichen Unhintergehbarkeit

---

25 Naheliegender Kandidat für ein positives Postwachstumsziel wäre das gute Leben (Muraca 2014), was sich allerdings bisweilen weniger gut mit der postmarxistischen Rhetorik verträgt.

substantialistischer Annahmen wie essenziell fixierter Grenzen des ›Systems Erde‹ Abstand zu nehmen; der herrschenden kapitalistischen Wachstumsdoktrin – ob durch Markt oder Staat verfolgt – konfrontativ oder auch subversiv zu begegnen; auf dem Weg in die Postwachstumsgesellschaft eine simultane Vertiefung der Ideen von Freiheit und Gleichheit nicht geringzuschätzen; sowie die damit verbundenen Herausforderung politisch energisch anzugehen, ohne falsche Hoffnungen in eine je erreichbare vollständige Realisierung zu haben, aber auch ohne Energien an prinzipiell fehlgeleitete Ideallösungen zu verschwenden. Derweilen hat sich eine klare Annäherung zwischen einigen Spitzenfiguren der katalanischen Partei *Podemos*, die sich explizit auf Laclaus Demokratieverständnis bezieht und einigen Aktivisten (und Wissenschaftlerinnen) bei *Research & Degrowth* ergeben. Erste Debatten über radikale Demokratie nach dieser Spielart fanden auf den alternativen sozialen Medien der Bewegung statt.

Das *Hauptproblem* dieses Ansatzes bleibt, bisweilen nicht über rein philosophische oder gar bloß metaphorische Plausibilität hinauszugelangen; mögliche und gangbare Ausgestaltungen der genannten Postulate werden wenig behandelt. Zugleich hängt die Triftigkeit der meisten Positionen in gewisser Hinsicht davon ab, aus einer unverrückbar oppositionellen Stellung heraus geäußert zu werden, was per definitionem verhindert, dass sich radikale Demokratie dauerhaft durchsetzt; vielmehr legen einige Positionen nahe, entweder von einem Zustand permanenter Revolution oder von seltenen, ereignishaften Eruptionen des Demokratischen auszugehen. Des Weiteren ist die motivationale Kraft in Bezug auf real existierende Postwachstumsbewegungen entsprechend eher ambivalent: Der praktisch allen einschlägigen postmarxistischen Denkern anhaftende Gestus des Aufstandes könnte sich zwar einerseits mit dem jeweiligen Selbstverständnis der Bewegungen decken und Wirkung entfalten; andererseits sind der abstrakte und bisweilen paradoxale Charakter des Ansatzes, der mit der eigenen Unmöglichkeit operiert, vermutlich weniger zuträglich. Die vordringliche Herausforderung wäre somit, wesentliche Momente dieses Denkens in angemessener Weise praktisch werden zu lassen und mit Leben zu erfüllen.

3.3   Eine Vermittlungsmöglichkeit?

Aus der hier verfolgten Perspektive lassen sich die beiden skizzierten Ansätze nicht aufeinander reduzieren, genauso wenig wie einer von beiden allein triumphiert. Eine vielversprechende Möglichkeit besteht jedoch darin,
nach einer Vermittlung zu suchen. Für weiterführende Erkundungen bietet
sich hier Cornelius Castoriadis an. Sein Denken besitzt dafür gute Voraussetzungen, bedient er doch *alle hier aufgerufenen Bereiche*: Einerseits wird er
gleichzeitig von maßgeblichen Postwachstumsdenkern wie Latouche rezipiert, wie auch – seiner Selbsteinschätzung entsprechend – eindeutig als Ra-
dikaldemokrat angesprochen (Karalis 2014); und innerhalb des radikaldemokratischen Denkens kann er vermittelnd zwischen dem neo-athenischen und
dem postmarxistischen Ansatz stehen. Für letzteren ist er einschlägig bekannt (Sörensen 2016a); im Zuge der obigen Skizze ist etwa der für ihn elementare Gedanke einschlägig, dass in demokratischen Gesellschaften ein
»Unvorhersehbares und Unbestimmtes« im Zentrum steht (Castoriadis
2006: 79). Für ersteren sprechen sein emphatischer Autonomiebegriff, der
ökologische, ökonomische, soziokulturelle wie politische Argumente vereint
sowie Texte wie insbesondere *Die griechische polis und die Schaffung der Demokratie* (Castoriadis 1990) oder auch die intensive Bezugnahme von Fotopoulos.[26] Einen eigenständigen *Mehrwert* für den hier interessierenden Zusammenhang bietet Castoriadis vor allem in zweierlei Hinsicht: Zum einen durch
das Konzept des *social imaginary* (etwa Castoriadis 1990), welches wie selbstverständlich gültige, allgemein gesellschaftlich geteilte Vorstellungsrahmen
jenseits von bloß theoretischem Wissen bezeichnet; hier setzt insbesondere
Latouche (2009) mit seiner charakteristischen Forderung nach einer Dekolonisierung des (bisher wachstumsbasierten) *social imaginary* an.[27] Zum anderen kann über Castoriadis die Wahlverwandtschaft von *anarchistischen* und
radikaldemokratischen Bewegungen etabliert werden, etwa am Beispiel von
Occupy (Breckman 2012). Durch eine solche Vermittlung werden keineswegs alle genannten Problematiken umgangen – Castoriadis ist ganz besonders metaphorisch, und wohlsortierte Baukästen mit klaren institutionellen

---

26 Doch weder Latouche noch Fotopoulos würden Castoriadis wirklich gerecht, so
     Asara/Profumi/Kallas (2013).
27 Inhaltlich ähnlich auch Welzers Mentale Infrastrukturen (2011). Besonders nachdrücklich
     fordert Hirsch (2013: 51ff.) eine entsprechende »Erneuerung des Denkens« – mit aus-
     drücklich radikaldemokratischer Ausrichtung.

Lösungen zu demokratiepraktischen Fragen sind ebenfalls nicht zu erwarten; gleichwohl besteht Grund zur Annahme, dass sich eine weiterführende Sondierung lohnen könnte.

Ebenjene Sondierung sollte sich zuvorderst auf den Autonomiebegriff stützen: Gegen ein bloß abstraktes und leeres Verständnis von Freiheit, das Castoriadis Lefort vorwirft, bezeichnet Autonomie die Fähigkeit der *Selbstinstituierung* der Gesellschaft gegen alle vermeintlichen Determinismen (szientistisch, historisch oder sozial begründet) und sich verselbständigende Deutungs- und Legitimationsmuster (religiöser, wissenschaftlicher oder marktökonomischer Art). Demnach würde der Wachstumszwang (als politökonomisches Diktat und gleichzeitig als – so könnte man mit Foucault sagen – Subjektivierungsprinzip spätkapitalistischer Gesellschaften) mit den Bedingungen der Möglichkeit von Autonomie und Demokratie im Widerspruch stehen. Deswegen identifizierte Castoriadis gerade in der politischen Ökologie die subversive Kraft, die das kapitalistische Imaginäre mit ihrem Legitimationsnarrativ von unablässig steigender Produktion und zunehmendem Konsum radikal infrage stellt. Anders als bei Lefort bedeutet Freiheit als Autonomie für Castoriadis Selbsteinschränkung (gegen jegliche Fremdeinschränkung oder Heteronomie) und die kreative Gestaltung der Grundinstitutionen einer Gesellschaft als Ganzes. Ebenfalls gegen Leforts anti-institutionalistische Position plädiert Castoriadis für ein radikaldemokratisches Autonomieprojekt, welches das Ganze der gesellschaftlichen Organisation trotz diverser lokaler Perspektiven nicht aus den Augen verliert (Poirier 2011). Autonomie wird dabei als offener Prozess verstanden, der durch kollektive Praxis gelernt werden kann und muss.

An dieser Stelle ließen sich weitere Inspirationsmotive der emanzipativen Postwachstumsbewegung anführen, die Autonomie eher als *anarchistische* Praxis im Sinne David Graebers verstehen (Graeber 2004). Das, was Castoriadis *paideia* (Bildung zur Autonomie und Demokratie)[28] nannte, wird in vielen sozialen Experimenten der Postwachstumsbewegung als ein Prozess der Umdeutung und Resignifizierung des Sozialen Imaginären durch subversive und kollektive Praktiken umgesetzt, die neue Formen der Relationen und – womöglich – alternative Subjektpositionen performativ und präfigurativ verkörpern. Die Selbstversorgungsgemeinschaften werden somit *Laboratorien* der Autonomie und experimentelle Räume alternativer Lebensformen. So kann vielleicht Demokratie als Praxis den totalisierenden Beige-

---

28 Zur Ausbuchstabierung einer dezidiert »radikaldemokratischen Erziehung« siehe Sörensen (2016b).

schmack einer gesellschaftlichen Restrukturierung nach Fotopoulos' *demoi*-Modell verlieren und das Feld für vielfältige institutionelle Varianten offen lassen.

4.   Konklusion

Es wurde argumentiert, dass Demokratie und Postwachstum genau dann gehaltvoll korrespondieren, wenn ein emanzipatives Postwachstumslager und radikale Demokratievorstellungen zusammentreffen. Dies betrifft zugleich theoretische Entsprechungen und faktische Selbstverständnisse von Protestgruppen.[29] Eine wünschenswerte Transformation zur Postwachstumsgesellschaft wird nur dann gelingen und nachhaltige Wirksamkeit entfalten, wenn es sich um eine dezidiert demokratische Transformation handelt. Doch die Gestalt der Demokratie kann dabei, so unsere Überzeugung, nicht unverändert bleiben – auch sie wird sich im Zuge eines Übergangs parallel transformieren müssen. Gleichwohl fehlen eine umfassende, elaborierte Theorie radikaler Demokratie, wie auch zugehörige institutionelle Vorschläge oder praktische Maßnahmen. Derzeit wird im heterogenen emanzipativen Postwachstumsspektrum kreativ in diesem Sinne experimentiert – was bereits eine subversive Wiederaneignung des selbstinstituierenden Charakters einer Gesellschaft und ihrer Institutionen darstellt. Hier gibt es noch viel zu erkunden, es seien nur die ganze Bandbreite basisdemokratischer Instrumente oder etwa delegative Modelle der Entscheidungsfindung genannt. Gerade unter dem Stichwort *liquid democracy* hat sich zuletzt ein neuartiges wie vielversprechendes Untersuchungsfeld aufgetan. Sowohl die politische Bewegung als auch die akademische Forschung täten gut daran, ihre Energien in systematisierende Bestandsaufnahmen und schlüssige Weiterentwicklungen zu stecken.

---

29 Hinweise darauf – insbesondere, wenn die Wahlverwandtschaft anarchistischer und radikaldemokratischer Bewegungen unterstellt wird – gibt beispielsweise die Befragung der Teilnehmer der letzten *Degrowth-Conference* von 2014 (Eversberg/Schmelzer 2015).

Literatur

Arendt, Hannah (1965), *Über die Revolution*, München.

Aronowitz, Stanley (1987), Postmodernism and Politics, *Social Text*, H. 18, S. 99–115.

Aronowitz, Stanley (1994), The Situation of the Left in the United States, *Socialist Review*, Jg. 23, H. 3, S. 5–79.

Asara, Viviana (2015), *Democracy without growth. The political ecology of the Indignados movement*, Dissertation: Universitat Autonoma de Barcelona.

Asara, Viviana/Muraca, Barbara (2015), Indignados (Occupy), in: Giscomo D'Alisa/Frederico Demaria/Gergios Kallis (Hg.), *Degrowth. A vocabulary for a new paradigm*, Oxford, S. 168–171.

Asara, Viviana/Profumi, Emanuele/Kallis, Giorgos (2013), Degrowth, Democracy and Autonomy, *Environmental Values*, Jg. 22, H. 1, S. 217–240.

Bernal, Martin (1987–2006), *Black Athena. The Afroasiatic Roots of Classical Civilization*. Drei Bände, New Brunswick.

Blühdorn, Ingolfur (2011), The sustainability of democracy. On limits to growth, the post-democratic turn and reactionary democrats, in: Eurozine.com, 29.05.2016, *http://www.eurozine.com/articles/2011-07-11-bluhdorn-en.html*.

Bohmann, Ulf/Gertenbach, Lars/Laux, Henning (2010), Ein Spiel zwischen Nähe und Distanz. Formen der Kritik unter nachmetaphysischen Bedingungen, in: Karin Becker/Lars Gertenbach/Henning Laux/Tilman Reitz (Hg.), *Grenzverschiebungen des Kapitalismus*, Frankfurt/M./New York, S. 55–74.

Bonaiuti, Mauro (2012), Growth and democracy: Trade-offs and paradoxes, *Futures*, Jg. 44, H. 6, S. 524–534.

Brand, Ulrich (2014), Kapitalistisches Wachstum und soziale Herrschaft. Motive, Argumente und Schwächen aktueller Wachstumskritik, *Prokla*, Jg. 44, H. 175, S. 289–306.

Breckman, Warren (2012), »Occupy«. Der Augenblick des Cornelius Castoriadis, *Zeitschrift für Ideengeschichte*, Jg. 6, H. 3, S. 119–123.

Castoriadis, Cornelius (1990), Die griechische *polis* und die Schaffung der Demokratie, in: Ulrich Rödel (Hg.), *Autonome Gesellschaft und libertäre Demokratie*, Frankfurt/M., S. 298–328.

Castoriadis, Cornelius (2006), Welche Demokratie?, in: Ders., *Autonomie oder Barbarei? Schriften Bd. 1*, Lich, S. 69–112.

Cattaneo, Claudio/D'Alisa, Giacomo/Kallis, Giorgos/Zografos, Christos (2012) (Hg.), Special Issue: Politics, Democracy and Degrowth, *Futures,* Jg. 44, H. 6, S. 515–654.

De Benoist, Alain (1986), *Demokratie: das Problem*, Tübingen/Zürich/Paris.

De Benoist, Alain (2009), *Abschied vom Wachstum. Für eine Kultur des Maßhaltens*, Berlin.

Dunn, John (2005), *Setting the People Free. The Story of Democracy*, London.

Eversberg, Dennis/Schmelzer, Matthias (2015*), Degrowth. Kapitalismuskritik muss praktisch werden! Grundkonsens und Differenzen einer entstehenden Bewegung*, Working

Paper der DFG-KollegforscherInnengruppe Postwachstumsgesellschaften, 1/2015, Jena.

Fotopoulos, Takis (1997), *Towards an Inclusive Democracy. The crisis of the growth economy and the need for a new liberatory project*, London/New York.

Geuss, Raymond (2001), *History and Illusion in Politics*, Cambridge.

Graeber, David (2004), *Fragments of an Anarchist Anthropology*, Chicago.

Heil, Reinhard/Hetzel, Andreas (2006), Die unendliche Aufgabe. Perspektiven und Grenzen radikaler Demokratie, in: Dies. (Hg.), *Die unendliche Aufgabe. Kritik und Perspektiven der Demokratietheorie*, Bielefeld, S. 7–23.

Hirsch, Michael (2013), *Warum wir eine andere Gesellschaft brauchen!*, München.

Ingram, James (2015), Democracy and Its Conditions. Étienne Balibar and the Contribution of Marxism to Radical Democracy, in: Martin Breaugh u.a. (Hg.), *Thinking Radical Democracy*, Toronto, S. 210–233.

Insten, Kevin (2010), *Rousseau and Radical Democracy*, London.

Jörke, Dirk (2011), *Kritik demokratischer Praxis. Eine ideengeschichtliche Studie*, Baden-Baden.

Karalis, Vrasridis (Hg.) (2014), *Cornelius Castoriadis and Radical Democracy*, Leiden.

Keenan, Alan (1997), The Beautiful Enigma of Radical Democracy, *Theory & Event* 1, Nr. 3.

Kothari, Ashish (2014), Radical Ecological Democracy. A Path Forward for India and Beyond, *Great Transition Initiative*.

Larmore, Charles (1993), Die Wurzeln radikaler Demokratie, *Deutsche Zeitschrift für Philosophie*, Jg. 41, H. 2, S. 321–327.

Latouche, Serge (2009), *Farewell to Growth*, Cambridge.

Macpherson, Crawford Brough (1977), *The Life and Times of Liberal Democracy*, Oxford.

Marchart, Oliver (2006), Ein revolutionärer Republikanismus – Hannah Arendt aus radikaldemokratischer Perspektive, in: Reinhard Heil/Andreas Hetzel (Hg.), *Die unendliche Aufgabe. Kritik und Perspektiven der Demokratietheorie*, Bielefeld, S. 151–168.

Marchart, Oliver (2010), *Die politische Differenz. Zum Denken des Politischen bei Nancy, Lefort, Badiou, Laclau und Agamben*, Berlin.

Markovic, Mihail (1994), Radical Democracy, in: Lyman H. Legters/John P. Burke/Arthur DiQuattro (Hg.), *Critical Perspectives on Democracy*, London, S. 131–145.

Mouffe, Chantal (1996), Radical and Liberal Democracy, in: Trent, David (Hg.), *Radical Democracy. Identity, Citizenship and the State*, New York, S. 19–26.

Muraca, Barbara (2014), *Gut leben. Eine Gesellschaft jenseits des Wachstums*, Berlin.

Norval, Aletta (2001), Radical Democracy, in: Paul Barry Clarke/Joe Foweraker (Hg.), *Encyclopedia of Democratic Thought*, London, S. 587–594.

Ott, Konrad (2012), Variants of de-growth and deliberative democracy: A Habermasian approach, *Futures* 44, S. 571–581.

Petridis, Panos/Muraca, Barbara/Kallis, Giorgos (2015), Degrowth, between a scientific concept and a slogan for a social movement, in: Joan Martinez-

Alier/Roldan Muradian (Hg.), *Handbook of Ecological Economics*, Cheltenham, S. 176–200.

Poirier, Nicolas (2011), *L'Ontologie Politique de Castoriadis. Création et Institution*, Paris.

Saar, Martin (2013), *Die Immanenz der Macht. Politische Theorie nach Spinoza*, Berlin.

Sartori, Giovanni (1987), *The Theory of Democracy Revisited*, Bd. 2, Chatham.

Sörensen, Paul (2016a), *Entfremdung als Schlüsselbegriff einer kritischen Theorie der Politik. Eine Systematisierung im Ausgang von Karl Marx, Hannah Arendt und Cornelius Castoriadis*, Baden-Baden.

Sörensen, Paul (2016b), Radikaldemokratische Erziehung? Zur Bestimmung und Füllung einer Leerstelle im aktuellen demokratietheoretischen Diskurs, Schwerpunktheft: Das politische und soziale Denken von Cornelius Castoriadis, *kultuR-Revolution. Zeitschrift für angewandte Diskurstheorie*, H. 71 (im Erscheinen).

Trent, David (1996) (Hg.), *Radical Democracy. Identity, Citizenship and the State*, New York.

Welzer, Harald (2011), *Mentale Infrastrukturen. Wie das Wachstum in die Welt und in die Seelen kam*, Berlin.

Wolin, Sheldon (1993), Democracy. Electoral and Athenian, *Political Science and Politics*, Jg. 26, H. 3, S. 475–477.

Autorinnen und Autoren

Thomas Barth, Dr., ist akademischer Rat auf Zeit am Lehrstuhl für Soziale Entwicklungen und Strukturen am Institut für Soziologie der Ludwig-Maximilians-Universität München. Arbeitsschwerpunkte: Politische Soziologie, Umweltsoziologie und Umweltpolitik, Arbeit und Natur.

Ulf Bohmann, Dr., ist wissenschaftlicher Mitarbeiter am Lehrstuhl für Allgemeine und Theoretische Soziologie der Friedrich-Schiller-Universität Jena. Arbeitsschwerpunkte: Gesellschaftstheorie, Politische Philosophie, Zeitsoziologie, Qualitative Sozialforschung, Ideengeschichte, Demokratietheorie.

Ulrich Brand, Dr., forscht und lehrt als Professor für Internationale Politik an der Universität Wien. Arbeitsschwerpunkte: Kritische Staats- und Gesellschaftstheorie, internationale Umwelt- und Ressourcenpolitik, sozial-ökologische Transformation und Lateinamerika.

Silke van Dyk, Dr., forscht und lehrt als Professorin für Politische Soziologie an der Friedrich-Schiller-Universität Jena. Arbeitsschwerpunkte: Politische Soziologie, Soziologie der Sozialpolitik und des Wohlfahrtsstaats, Soziologie des Alters und der Demografie, kritische Gesellschaftstheorie, Diskurstheorie und empirische Diskursforschung.

Stefanie Graefe, PD Dr., Privatdozentin für Soziologie an der Friedrich-Schiller-Universität Jena. Arbeitsschwerpunkte: Politische Soziologie, Subjektivität und sozialer Wandel, Biopolitik und Gesundheit, Soziologie des Alter(n)s und der Demografie, qualiatative Sozialforschung.

Friederike Habermann, Dr., freie Wissenschaftlerin. Arbeitsschwerpunkte: Interdependenz von Herrschaftsverhältnissen, globale emanzipatorische Bewegungen, nicht-kapitalistisches Wirtschaften.

Stephan Lorenz, PD Dr., Vertretung der Professur »Allgemeine und theoretische Soziologie« an der Friedrich-Schiller-Universität Jena. Arbeitsschwerpunkte: Umwelt, Nachhaltigkeit und Demokratie; Überfluss, Ernährungskultur und soziale Ausgrenzung; Gesellschaftstheorie; qualitative Methodik.

Barbara Muraca, Dr., ist Assistant Professor für Umwelt- und Sozialphilosophie an der Oregon State University in Corvallis, Oregon. Forschungsschwerpunkte: Degrowth, Umweltphilosophie, Prozessphilosophie, Nachhaltigkeitstheorie.

Jörg Oberthür, Dr., forscht und lehrt als Mitarbeiter am Arbeitsbereich für allgemeine und theoretische Soziologie des Instituts für Soziologie der Friedrich-Schiller-Universität Jena. Arbeitsschwerpunkte: Gesellschaftstheorie, normativer und institutioneller Wandel von Gegenwartsgesellschaften, Politikfeld- und Diskursanalyse.

Niko Paech, Dr., ist außerplanmäßiger Professor an der Universität Oldenburg und Lehrbeauftragter an der Universität Siegen. Arbeitsschwerpunkte: Postwachstumsökonomik, Nachhaltigkeitsmanagement, Innovations- und Diffusionsforschung, Supply Chain Management, Konsumforschung.

Tilman Reitz, Dr., ist Professor für Wissenssoziologie und Gesellschaftstheorie am Institut für Soziologie der Friedrich-Schiller-Universität Jena. Arbeitsschwerpunkte: Soziologie der Geistes- und Sozialwissenschaften, Theorien der Wissensökonomie, politische Theorie, Ästhetik und Ideologiekritik.

Norbert Reuter, Dr., leitet die Tarifpolitische Grundsatzabteilung im ver.di-Bundesvorstand in Berlin, lehrt als Privatdozent Volkswirtschaftslehre an der Rheinisch-Westfälischen Technischen Hochschule Aachen. Arbeitsschwerpunkte: Arbeitsmarkt- und Tarifpolitik, Strukturwandel, Wachstums- und Wohlstandsfragen.

Stefan Schmalz, PD Dr., Vertretung der Professur »Arbeits-, Industrie- und Wirtschaftssoziologie« an der Friedrich-Schiller-Universität Jena. Arbeitsschwerpunkte: Politische Ökonomie, Entwicklungssoziologie, Global Labor Studies.

Matthias Schmelzer, Dr., ist Mitarbeiter beim Konzeptwerk Neue Ökonomie in Leipzig, ist Permanent Fellow am DFG-Kolleg »Postwachstumsgesellschaften« an der Friedrich-Schiller-Universität Jena und ist in der globalisierungskritischen Bewegung aktiv. Forschungsschwerpunkte: Wirtschaftsgeschichte, Wachstumskritik, Neoliberalismus, soziale Bewegungen.

Peter Schulz, M.A., ist wissenschaftlicher Mitarbeiter am Arbeitsbereich allgemeine und theoretische Soziologie an der Friedrich-Schiller-Universität Jena. Arbeitsgebiete: Kapitalismustheorie, Subjektivierungstheorie, Kritische Theorie, Techniksoziologie und Rechtsextremismusforschung.

Bernd Sommer, Dr., ist Leiter des Bereichs »Klima, Kultur und Nachhaltigkeit« am Norbert Elias Center für Transformationsdesign & -forschung (NEC) der Europa-Universität Flensburg. Arbeitsschwerpunkte: Gesellschaftliche Dimensionen des Klimawandels, sozial-ökologische Transformationen, Soziologische Theorien (insbesondere Prozesssoziologie und Theorien des sozialen Wandels).

Karl Georg Zinn, Dr., ist Professor em. der Volkswirtschaftslehre an der Rheinisch-Westfälischen Technischen Hochschule Aachen. Arbeitsschwerpunkte: Geschichte der politischen Ökonomie, Makroökonomie, Ursprünge sozialökonomischer Ungleichheit.